本著作系作者主持的
四川省高校人文社科重点研究基地——社区矫正研究中心
2018年度重点项目《社区矫正基本制度研究》（项目编号：SQJZ2018-03）以及
2020年度重点项目《未成年人社区矫正问题研究》（项目编号：SQJZ2020-01）的
阶段性成果

SHEQU JIAOZHENG
JIBEN WENTI YANJIU

社区矫正
基本问题研究

肖乾利　熊启然 / 著

法律出版社
LAW PRESS · CHINA
北京

图书在版编目(CIP)数据

社区矫正基本问题研究 / 肖乾利，熊启然著. -- 北京 : 法律出版社，2022
ISBN 978 - 7 - 5197 - 6404 - 3

Ⅰ. ①社… Ⅱ. ①肖… ②熊… Ⅲ. ①社区－监督改造－研究－中国 Ⅳ. ①D926.7

中国版本图书馆 CIP 数据核字(2022)第 012290 号

社区矫正基本问题研究
SHEQU JIAOZHENG JIBEN WENTI YANJIU

肖乾利　熊启然　著

责任编辑　许　睿
装帧设计　汪奇峰

出版发行　法律出版社
编辑统筹　司法实务出版分社
责任校对　朱铁佳
责任印制　胡晓雅
经　　销　新华书店

开本　710 毫米 × 1000 毫米　1/16
印张　21.5　　**字数**　374 千
版本　2022 年 3 月第 1 版
印次　2022 年 3 月第 1 次印刷
印刷　三河市龙大印装有限公司

地址：北京市丰台区莲花池西里 7 号(100073)
网址：www.lawpress.com.cn
投稿邮箱：info@lawpress.com.cn
举报盗版邮箱：jbwq@lawpress.com.cn

销售电话：010 - 83938349
客服电话：010 - 83938350
咨询电话：010 - 63939796

书号：ISBN 978 - 7 - 5197 - 6404 - 3
定价：85.00 元

凡购买本社图书，如有印装错误，我社负责退换。电话：010 - 83938349

序

《社区矫正法》是贯彻落实党的十九届四中全会提出的系统治理、依法治理、综合治理、源头治理，不断完善社会主义法治体系要求的体现。《社区矫正法》的颁布实施也是推进国家治理体系和治理能力现代化的重要内容。《社区矫正法》在立法理念上发生了重大转变：改变了以往“非监禁刑罚执行”性质的表述，使用更为中性的“刑事判决、刑事裁定和暂予监外执行决定的执行”；实施社区矫正的目的由“社区矫正人员改造成为守法公民”转变为“促进社区矫正对象顺利融入社会”，在文字上不再刻意突出对社区矫正对象的惩罚、改造，而是强调对社区矫正对象的再社会化，要求充分体现刑事人道，不得对其正常工作、生活实施过度干预。前述目的的实现，特别强调利用社会力量的广泛参与。

作为在司法部预防犯罪研究所工作多年并长期从事社区矫正工作的老同志，作为司法部首批介入社区矫正考察、研究、论证的理论工作者，作为社区矫正工作的推动者、参与者、见证者，对于我国社区矫正工作所取得的成效深感慰藉。

2017 年 2 月，供职于司法部预防犯罪研究所的我，根据安排来四川宜宾调研社区矫正中心功能、社区矫正工作人员执法身份课题时，认识了宜宾学院法学院的肖乾利教授，他作为四川省高校人文社会科学重点研究基地——社区矫正研究中心的副主任，陪同我先后到宜宾市翠屏区、珙县、叙州区等地调研，让我知悉宜宾学院还有一茬人在尽心尽力地从事社区矫正研究工作，而且小有成就。2017 年 5 月，我受聘为宜宾学院特聘教授，主要跟进社区矫正研究中心的科研工作。此后，我多次前往宜宾学院履职，指导青年教师申报科研项目，指导青年教师撰写论著，帮助谋划学术会议。我本人总体印象是宜宾学院非常重视科研平台建设，重视社区矫正科学研究工作，特别是 2018 年由宜宾学院与宜宾市司法局共同主办“社区矫正立法、理论与实务论坛”全国性会议期间，该校党委书记蔡乐才教授出席会议并致辞,他不仅关心外地来校参会学者,还饶有兴致地与我们讨论社区矫正工作人员"警察化"身份问题。在2021年5月宜宾学院与宜宾市司法局共同主办的"《社区矫正法》实施及相关问题"学术会议上,校级领导仍然出席会议、关注会议。在这样的学术氛围熏染下,肖乾利教授、熊启然检察长合作完成的著作,我欣然受邀作序。《社区矫正基本问题研究》一书具有以下几个特点:

首先,该书内容翔实,体系完整。该书较为系统地介绍了国外社区矫正缘起、现状,以及国内社区矫正试点、试行到全面推行,乃至《社区矫正法》《社区矫正法实施办法》施行的整个历程。时间跨度大、撰写内容多,在对国外社区矫正机构设置、队伍建设基础上,针对国内存在的问题进行了较有深度的评析,并找寻了解决对策,对社区矫正做了系统性研究。

其次,该书将理论与实务结合得堪称完美。从事理论研究的高校教师与实务部门领导合作,在相关理论指导下,利用实务部门的典型个案与数据,实施协同创新研究,也是当下倡导的"校检合作"模式,有效地克服法学研究中普遍存在的宏大叙事和文本主义的倾向。该书在许多地方将2012年《社区矫正实施办法》,与《社区矫正法》《社区矫正法实施办法》做比较研究,对若干具体制度进行了详细剖析。特别是在分类管理、分类教育、未成年人社区矫正等方面形成了较好的结合度,对当前的社区矫正实务工作有较好的指导与参考价值。

再次,该书对学科前沿的诠释颇有深度。两位作者关于"循证矫正及其应用"部分,在介绍国外理论以及国内学者见地基础上提出了自己的看法。作者提出的"在中国语境下应用循证矫正,需要运用综合性评估和干预方法,有效地恢复社区矫正对象的社会关系和社会生活,而不是简单地控制再犯风险","循证矫正的本土实践,既要遵循西方循证矫正的基本原则,还需要对西方循证矫正进行本土化改造"等观点,有较好的学术价值。

最后,两位作者在书中提出的不少观点,可以对《社区矫正法》的后续修订提供参考价值。基于理论储备的不足,连"社区矫正概念、性质"等基本范畴,目前在理论界与实务界还极具争议。加之,司法行政部门对《社区矫正法》缺失"警察化"身份、缺失执法权限与执法手段等问题的抱怨。《社区矫正法》施行一定时间,自然面临修订。而该书有较强的实践导向,问题意识明显。针对社区矫正工作中的问题而提出的不少对策建议,为下一步的修法可以提供借鉴。

从《社区矫正法》施行一年多的情况来看,实践中还存在诸多难题。社区矫正机构如何设置、社区矫正工作人员的执法权限与身份、司法所在社区矫正中如何定位、社区矫正机构与公、检、法机关之间如何实现信息系统互联互通与业务数据信息实时交换，社会力量如何介入社区矫正，特别是政府购买服务中专职社工的身份与价值冲突的问题，如何推进智慧矫正，强化科技保障等。前述问题牵涉到社区矫正适用范围与未来发展方向，亟须在中国语境下梳理与澄清，需要我们把握立法精髓基础上，缜密论证，找寻解决问题之道，为实务部门提供理论指导。

作为一名在司法行政战线工作多年的老同志，在欣然受邀作序的同时，期待两位作者，以及四川省高校人文社会科学重点研究基地——社区矫正研究中心能为社区矫正事业奉献更多精品，为社区矫正事业作出更大贡献！

是为序。

司法部预防犯罪研究所　鲁　兰

2021 年 10 月

自 序

作为宜宾学院法学院一名刑法学、刑事诉讼法学教师，且在这个学校耕耘30多年的老教师，为适应学校科研平台建设的需要，自2013年开始我有幸能加入宜宾学院法学院筹建申报四川省高校人文社科重点研究基地——社区矫正研究中心（以下简称“中心”）的工作，拟在法学院的刑事法学研究所、法学研究所平台基础上，申报省教育厅重点研究基地“四川省社区矫正研究中心”。经过充分准备、精心论证，并被召唤去成都参与省教育厅的申报答辩，终于在2014年春，获得四川省教育厅批准，四川省高校人文社会科学重点研究基地——社区矫正研究中心在我校授牌成立。“中心”研究方向主要包括社区矫正基本理论、农村社区矫正、未成年人矫正、域外社区矫正。自此，我就半路出家开始学习、研究社区矫正。原本以为社区矫正就是刑事法学的一个新领域，对我已经从事20多年刑法学、刑事诉讼法学的教师而言，应该有较好的理论功底。但是，经过短暂的接触社区矫正相关材料、案例与实践中的“工作档案”就发现：社区矫正是一个庞杂的系统工程，要把一位社区罪犯，通过监督管理、教育帮扶，帮助其顺利回归社会，广泛猎涉法学、社会学、心理学、犯罪学，乃至思想政治教育等学科知识。而且，涉及的相关数据、典型个案乃至工作流程具有一定保密性，作为科研平台要获得这些信息与数据存在不小难度。此时，作为“四川省社区矫正研究中心”共建单位之一的宜宾市司法局，主动为我们排难解忧，与我校达成“校地合作”的一揽子战略协议，其中之一便是我被学校派往宜宾市司法局挂职，担任宜宾市司法局社区矫正执法支队的支队长助理。挂职期间，收获颇多，但最主要的还是收集到不少科研素材。随后，“中心”与宜宾市司法局在2015年共同组建了“宜宾市大学生社区矫正志愿者工作站”，这是西南地区首个大学生社区矫正志愿者工作站，在指导教师的带领下，先后到翠屏区、宜宾县（今叙州区）、南溪区、临港分局常年对社区矫正对象，尤其是对未成年社区矫正对象开展志愿帮教活动，取得了较好的成效，媒体也多有报道。2015年年底，在中共宜宾市委政法委员会、宜宾市法学会的领导下，以“中心”骨干教师领衔的宜宾市刑法学研究会落户我校，并将“社区矫正研究”作为宜宾市刑法学研究会的三个主要研究方向之一。至此，社区矫正研究中心、宜宾市大学生社区矫正志愿者工作站、宜宾市刑法学研究会等多个平台挂牌在宜宾学院法学院。

为适应学校转型发展、协同创新、服务地方的需要，作为开放式科研平台的主要职能是科学研究、学术交流、服务地方。为此，“中心”自2014年开始每年向国内高校、实务部门发布开放式课题；自2015年开始不定期举办学术会议。2015年举办了“健全社区矫正制度，推动社区矫正立法”的全国性学术会议。2017年举办了“犯罪防控与公共安全治理”全国性学术会议。2018年，先是与广西社区矫正研究会共同主办“中国社区矫正制度的建构与立法问题”学术会议。随后在同年11月，“中心”与宜宾市司法局共同主办了“社区矫正立法、理论与实务”全国性论坛。2021年5月，“中心”与宜宾市司法局再次联合共同主办“《社区矫正法》实施及相关问题”全国性学术会议。前述会议期间，先后聘请司法部预防犯罪研究所鲁兰研究员、四川省司法厅刘朝宽副厅长、上海政法学院王志亮教授、西南政法大学王利荣教授、中国政法大学王顺安教授作为“中心”的特聘（客座）教授，给予“中心”学术指导。在前述多次会议之后，还将参会代表的学术论文集出版，至今已经先后出版《社区矫正理论与实务研究》1－3卷，分别由中国政法大学出版社、法律出版社出版。“中心”成员也积极申报高级别项目，先后于2015年、2016年、2018年成功申报四川省社科联多项社科规划项目。“中心”还受四川省司法厅委托，完成多项调研课题。

近年来，社区矫正研究中心学术研究取得了一定成就，先后出版学术专著多部，有多篇论文被中国人民大学报刊复印资料《刑事法学》全文转载。“中心”成员主动对接司法行政部门，先后撰写了10余份被省、市、县地方政府及其主管部门采纳的智库报告。其中有多份被四川省司法厅、四川省人民检察院、四川省高级人民法院等实务部门采纳，并获得分管领导的肯定性批示。

本书是作为“中心”两个立项课题的研究成果，也是本人从事社区矫正研究工作多年的一个阶段性总结。基于社区矫正有较强的司法实务性，基于资料、数据、典型个案收集之需要，本人与宜宾市人民检察院的熊启然检察长合作，力图对社区矫正的基本理论、基本制度系统梳理，借鉴国（境）外经验基础上，结合《社区矫正法》的施行，找寻目前社区矫正实务中存在的问题，并提出一些对策建议,以构建有中国特色的社区矫正制度。

在此,需要特别说明的是,无论是我本人,还是宜宾学院法学院,与宜宾市人民检察院有着多年的合作情缘:20 世纪 90 年代宜宾市人民检察院就成为宜宾学院法学专业的实践教学基地,宜宾学院法学院也积极为宜宾市检察系统实施学历提升;双方还协同实施课题研究,2007 年我本人与国建检察长、代松副检察长成功申报并完成四川省人民检察院重点调研课题《刑事公诉附带民事诉讼研究》;我曾到宜宾市人民检察院公诉处挂职锻炼,此后受聘为宜宾市人民检察院专家咨询委员。特别是宜宾市人民检察院还是"中心"的共建单位,长期为"中心"的科学研究提供数据与案例支持。本书也是"校检"再次合作的结晶,熊启然检察长在繁忙的工作之余,多次与我一道圈定目录框架、搜寻案例素材、提炼观点表述,并将宜宾市乃至四川省社区矫正检察监督的创新样本充实于书稿,使该书得以顺利完成。

以恢复性司法理念为基础、针对监狱弊端而实施行刑社会化尝试的社区矫正,肇始于西欧和英国,发展于美国,自 20 世纪 70 年代以来就已成为刑事司法制度适用的主导。社区矫正涉及社会防卫、惩罚报复和教育矫正罪犯等多重社会目标,注定是一项复杂多元的社会工程。为此也导致我国社区矫正的概念如何界定?社区矫正的本质属性是刑罚执行,还是社会(帮扶)属性,抑或综合性非监禁处遇?社区矫正机构如何设置,司法所能否独撑社区矫正?特别是社区矫正机构工作人员执法身份是采用"警察化"抑或"矫正官"路径,理论界长期存在较大分歧。2019 年 12 月 28 日全国人大常委会通过的《社区矫正法》,绕开理论界的不少争议,并逆转此前的社区矫正演进方向。没有遵循从行刑或者矫正概念、矫正性质中推导出矫正部门所主张的"制服效应"逻辑,而是淡化"监管"、强调"帮助",凸显了社区矫正蕴含的惩罚性和恢复性双重价值。

《社区矫正法》填补了我国社区矫正工作缺乏统领性主干法律依据的空白,在完善社区矫正法律规范体系的进程中迈出关键性一步。它使社区矫正有了正式的法律依据,真正实现了有法可依,化解了司法行政机关从事社区矫正工作的"合法性危机",明确了司法行政机关社区矫正执行主体的法律地位,并确立了从中央到地方,从管理机构到日常工作机构的社区矫正组织体系。《社区矫正法》所注重的社会关系修复和矫正对象融入社会,鼓励和引导多元社会力量参与,注重教育帮扶,强调保障社区矫正对象享有的合法权益,要求对其工作与生活"不得过度干预",鲜明体现了社区矫正的中国特色。

尽管司法行政部门对《社区矫正法》有极大抱怨，现实中的社区矫正工作面临诸多困境，尤其是具有独立执法主体资格的社区矫正机构尚未完全设立、社区矫正队伍尚未专业化、社会力量介入缓慢、监督管理手段弱化、政府购买服务中专职社工的身份与价值冲突、“智慧矫正”推进缓慢、循证矫正难以应用、检察监督滞后等一系列的难题，亟须在中国语境下梳理与澄清、磨合与修正、调适与完善。但《社区矫正法》确立的“尊重和保障人权”，强调“监管为基础，帮教为核心”的矫正理念，以及社区矫正工作由社区矫正委员会“统筹协调”，司法行政机关“主管”，社区矫正机构“具体实施”，司法所“受委托参与”的工作架构，开启了矫治法治化新时代。正如卡多佐指出：“现行的规则和原则能确定我们目前的位置、航向以及经纬度。过夜的小旅馆绝非行程的目的地。法律，就像一个旅行者，必须准备翌日的旅程。它亟须一个成长的原则。”相信，经过一定时期发展，我国社区矫正一定会助推“中国之治”，在国家的犯罪治理体系与治理能力现代化中发挥重要作用。

本书的顺利完成，得益于司法部预防犯罪研究所鲁兰研究员、上海政法学院王志亮教授、河南司法警官职业学院连春亮教授的学术帮助与支持，得益于宜宾学院法管学部的何一部长、刘廷华书记对我本人科研工作的支持与宽容，得益于宜宾市人民检察院研究室冯鹰主任、宜宾学院王莉雯同学、四川轻化工大学王幸同学的文字校对以及法律出版社的许睿编辑鼎力相助，在此一并衷心致谢。

因我们收集资料所限，加之能力不足，在观点见解、理论深度、体例安排等方面都有不尽如人意之处，真诚希望能得到理论界同仁与实务部门领导的批评与斧正！

肖乾利

2021 年 9 月 28 日

于宜宾学院社区矫正研究中心

法律法规缩略语对照

1.《中华人民共和国立法法》(2000 年 3 月 15 日第九届全国人民代表大会第三次会议通过　根据 2015 年 3 月 15 日第十二届全国人民代表大会第三次会议《关于修改〈中华人民共和国立法法〉的决定》修正),以下简称《立法法》。

2.《中华人民共和国社区矫正法》(2019 年 12 月 28 日第十三届全国人民代表大会常务委员会第十五次会议通过),以下简称《社区矫正法》。

3.《中华人民共和国刑事诉讼法》(1979 年 7 月 1 日第五届全国人民代表大会第二次会议通过　根据 1996 年 3 月 17 日第八届全国人民代表大会第四次会议《关于修改〈中华人民共和国刑事诉讼法〉的决定》第一次修正　根据 2012 年 3 月 14 日第十一届全国人民代表大会第五次会议《关于修改〈中华人民共和国刑事诉讼法〉的决定》第二次修正　根据 2018 年 10 月 26 日第十三届全国人民代表大会常务委员会第六次会议《关于修改〈中华人民共和国刑事诉讼法〉的决定》第三次修正),以下简称《刑事诉讼法》。

4.《中华人民共和国未成年人保护法》(1991 年 9 月 4 日第七届全国人民代表大会常务委员会第二十一次会议通过　2006 年 12 月 29 日第十届全国人民代表大会常务委员会第二十五次会议第一次修订　根据 2012 年 10 月 26 日第十一届全国人民代表大会常务委员会第二十九次会议《关于修改〈中华人民共和国未成年人保护法〉的决定》修正　2020 年 10 月 17 日第十三届全国人民代表大会常务委员会第二十二次会议第二次修订),以下简称《未成年人保护法》。

5.《中华人民共和国预防未成年人犯罪法》(1999 年 6 月 28 日第九届全国人民代表大会常务委员会第十次会议通过　根据 2012 年 10 月 26 日第十一届全国人民代表大会常务委员会第二十九次会议《关于修改〈中华人民共和国预防未成年人犯罪法〉的决定》修正　2020 年 12 月 26 日第十三届全国人民代表大会常务委员会第二十四次会议修订),以下简称《预防未成年人犯罪法》。

6.《中华人民共和国治安管理处罚法》(2005 年 8 月 28 日第十届全国人民代表大会常务委员会第十七次会议通过　根据2012 年 10 月 26 日第十一届全国人民代表大会常务委员会第二十九次会议《关于修改〈中华人民共和国治安管理处罚法〉的决定》修正),以下简称《治安管理处罚法》。

7.《中华人民共和国刑法修正案(八)》(2011 年 2 月 25 日第十一届全国人民代表大会常务委员会第十九次会议通过),以下简称《刑法修正案(八)》。

8.《最高人民法院、最高人民检察院、公安部、司法部关于开展社区矫正试点工作的通知》(司发〔2003〕12 号,已失效),以下简称《试点通知》。

9.《最高人民法院、最高人民检察院、公安部、司法部关于扩大社区矫正试点范围的通知》(司发〔2005〕3 号,已失效),以下简称《扩大试点范围通知》。

10.《最高人民法院、最高人民检察院、公安部、司法部印发〈关于对判处管制、宣告缓刑的犯罪分子适用禁止令有关问题的规定(试行)〉的通知》(法发〔2011〕9 号),以下简称《禁止令规定》。

11.《最高人民法院、最高人民检察院、公安部、司法部关于印发〈社区矫正法实施办法〉的通知》(司发通〔2012〕12 号,已失效),以下简称 2012 年《实施办法》。

12.《最高人民法院、最高人民检察院、公安部、司法部关于印发〈中华人民共和国社区矫正法实施办法〉的通知》(司发通〔2020〕59 号),以下简称 2020 年《实施办法》。

13.《司法部、中央综治办、教育部、民政部、财政部、人力资源社会保障部关于组织社会力量参与社区矫正工作的意见》(司发〔2014〕14 号),以下简称《社会力量参与意见》。

14.《最高人民法院、最高人民检察院、公安部、司法部关于进一步加强社区矫正工作衔接配合管理的意见》(司发通〔2016〕88 号),以下简称《衔接配合意见》。

15.《人民检察院刑事诉讼规则》(高检发释字〔2019〕4 号),以下简称《最高检刑诉规则》。

16.《最高人民法院、最高人民检察院、公安部、司法部、国家卫生计生委关于印发〈暂予监外执行规定〉的通知》(司发通〔2014〕112 号),以下简称《暂予监外执行规定》。

17.《联合国非拘禁措施最低限度标准规则》(联合国大会 1990 年 12 月 14 日第 45/110 号决议通过),以下简称联合国《东京规则》。

目 录

第一章

社区矫正的起源与性质

“社区矫正”,在欧美国家是指通过利用社会力量对社区罪犯进行的监督与帮助活动的总称。非监禁性、适度惩罚性、回归性、社会性是其基本构成要素。社区矫正制度肇始于欧美。20 世纪 80 年代,轻微犯罪实施非监禁的社区矫正,已成为西方国家占主导地位的罪犯处遇方式,并成为世界各国刑事执行体制发展的方向。

一、社区矫正的概念与起源

(一)社区矫正的概念

作为近年来刑事执行法学领域高频用词的“社区矫正”概念,是由英语文献“community correction”或者“community - based correction”翻译而来。英文“community”,即“社区”,是一个社会学范畴,是指互相保持联系的人们参加人类活动的区域。它的构成有两个核心要素:场域、具有“共同体”特征的社会联系。“共同体”,是指人们因某种共同因素而构成的集合或者整体。它可以由血缘、地缘、业缘和其他各种社会经济潜在或显在的关系构成,如“退伍军人共同体”等。通常情况下,社区可以被视为是“地域性的共同体”。[①] 英文“Correction”是个多义词,既有“订正、校正”,又有“惩罚、惩戒”等含义。[②] 依据英译汉的惯例,通常是在英文单词的众多含义中选择其中一个最贴近的词来表述,因此,在我国通常将“Correction”翻译成“矫正”。由于语境、文化背景等差异,一

① 刘江:《重识社区:从“共同体”到“场域”的转向》,载《社会工作》2016 年第 2 期。

② 郭世英主编:《现代英汉词典》(第三版),外语教学与研究出版社 2009 年版,第 964 页。

些国家则没有使用“社区矫正”概念,而称之为“社区惩罚”,如英国、法国。还有的将“Correction”的两方面意蕴均囊括一起而称之为“社区惩教”。“社区惩教”概念既囊括了“矫正”内涵,又包含了“惩戒”内容。如我国香港特别行政区政府对“Corrections”一词的官方翻译是“惩教”而不是“矫正”,将管理罪犯的部门称为“惩教署”;我国澳门特别行政区也是使用“惩教”,在其政府部门下设惩教局,负责罪犯的刑事执行。

欧美国家使用的“Correction”一词,是刑事执行法学的一个基本范畴。且通常是使用复数“Corrections”而非单数“Correction”。如美国、澳大利亚、新西兰、加拿大等国均是如此。该复数词特指对认定有罪的,包括被起诉的犯罪人进行的监督与帮助活动。前述活动包括惩罚、监管、教育矫正、社会支持等各种项目。因此,“Community Corrections”一词,在美国等国家,是指在社区中执法和相关机构对罪犯惩罚、监管、治疗、帮助其重返社会的全部活动的总称。可见,“Community Corrections”是指在社区进行的对犯罪者的监督与帮助活动。

毋庸置疑,在利用社区力量对罪犯进行监督与帮助的社区矫正活动中,必然包含“惩罚”。但是否有必要对此进行强调,甚至将“惩罚”与“矫正”并列呢?实际上,在不同国家,社区矫正的“惩罚”与“矫正”内容会有侧重。如英国、法国强调“惩罚”,而日本侧重于“矫正”。即使同一国家在不同时期侧重也会有所不同,如美国在20世纪70年代中期以前强调“矫正”,此后至90年代强调的则是“惩罚”,而21世纪以来则强调对两者应理性对待。

纵观人类刑罚嬗变历史,自教育刑产生以来,“矫正”逐渐成为国际上通用的法律术语。从“劳动改造”到“教育改造”,从“改造”到“矫正”,法律术语的演变不仅体现立法技术的成熟,而更为重要的是折射了理念的转变。在行刑由严酷向宽缓转型的全球趋势下,“把惩罚减到最低限度,这既是人道的命令,也是策略的考虑”①。各国都意识到,惩罚只是一种手段,从根本上实现对不端行为的矫正和对犯罪的预防,才是刑罚的最高境界。如果“矫正”必需,则“惩罚”可以成为手段;如果“矫正”不需要,则“惩罚”不应作为独立的社区矫正的目的。②为此,2019年12月我国颁布的《社区矫正法》,拒绝从行刑或者矫正性质中推导矫正部门所主张的“制服效应”,绕开由职能部门角色和意识主宰立法取向直

① [法]米歇尔·福柯:《规训与惩罚》,刘北成、杨远婴译,三联书店1999年版,第102页。

② 何显兵、王平:《社区矫正概念的反思与重构》,载《犯罪与改造研究》2010年第2期。

至决定立法品相的陷阱，力图通过淡化“监管惩罚”而强调“矫正”，凸显了社区矫正的恢复性价值，体现了立法者坚持对轻缓罪犯的去标签化，这一立法思路值得肯定。

关于“社区矫正”的定义，目前世界各国因适用对象的不同而没有统一的界定，表述多样，即使在同一国家，诸如美国，各州关于“社区矫正”也有着不同的界定。美国《国家咨询委员会刑事司法准则与目标》将“社区矫正”定义为社区中的所有犯罪矫正措施。美国学者福克斯则认为，“社区矫正”是指发生在社区，运用社区资源并具有补充、协助和支持传统犯罪矫正功能的各项措施。① 美国矫正协会社区矫正委员会 1996 年将“社区矫正”定义为：社区矫正是为保护公共安全而对罪犯和被告进行惩罚和服务，并使他们在社区继续生活的刑事司法制度，主要通过选择合适的参与者，相信罪犯是可以信任的，修复犯罪给受害者和社区带来的损害，监督和治疗罪犯等措施来实现，使罪犯和社区之间保持一种积极的联系。该观点主张社区矫正不仅应针对法院定罪的罪犯，还应针对起诉阶段的被告人；不仅应关注犯罪人的矫正，还应关注受害者和社区由于罪犯所受损害的修复。②

在西方发达国家，一般将“社区矫正”定义为：一种不使罪犯与社会隔离、与家庭脱离，并利用社区资源教育矫正罪犯的刑事司法制度，是所有在社区环境中监督与帮助罪犯措施的总称。这些国家包括美国、加拿大、澳大利亚、新西兰等。基于研究的需要，我国有学者将西方国家“社区矫正”概念划分为最狭义、狭义、广义、最广义四种类型。③ 但总体而言，西方国家狭义的“社区矫正”，通常包括缓刑、假释与社区服务刑；而广义的“社区矫正”，是指在整个刑事诉讼活动过程中，为避免羁押和监禁所采用的非监禁性监管、教育和帮扶措施。除缓刑、假释和社区服务刑外，还包括审前释放、转处监视居住、中间制裁和各种重返社会方案，甚至包括出狱人帮扶。

实际上，“社区矫正”概念是采用广义还是狭义，离不开一国的刑事政策，犯罪情势、司法资源、法治水平乃至刑事执行目的的定位。广义说的社区矫正，着眼于社会防卫和解决再犯问题，主张将未经审判的被告人和经过定罪判刑的犯

---

① 林茂荣、杨士隆：《犯罪矫正原理与实务》，台北，五南图书出版公司 1994 年版，第 224 页。
② 但未丽：《社区矫正概念的反思与重构》，载《武汉理工大学学报（社会科学版）》2008 年第 1 期。
③ 王顺安：《论中国特色的社区矫正概念与性质》，载《宜宾学院学报》2021 年第 1 期。

罪人、服过一定刑期的犯罪人，以及服完所有刑期的出狱人、甚至仅仅是有犯罪危险的人，都纳入社区矫正体系。依据我国现有的物质资源、司法资源以及矫正经验考量，若采用广义说社区矫正，社区矫正机构难以承受这么大的工作负荷。且将有犯罪风险的人也纳入社区矫正，如果没有完善的程序保障，很容易导致侵犯此类群体的人权状况的发生。①

我国社区矫正领域知名学者吴宗宪教授认为，社区矫正"是依法在社区中对犯罪人实施惩罚和提供帮助，以促进其过守法生活的刑罚执行活动"。② 2009年《最高人民法院、最高人民检察院、公安部、司法部关于在全国试行社区矫正工作的意见》(已失效)中，对"社区矫正"概念界定为：是指将符合法定条件的罪犯置于社区内，由专门的国家机关在相关社会团体、民间组织和社会志愿者的协助下，在判决、裁定或决定的期限内，矫正其犯罪心理和行为恶习，促进其顺利回归社会的非监禁刑罚执行活动。基于实施时间不长、理论储备不充足，以及缓刑考验期满"原判刑罚不再执行"存在不同认识等背景，我国学界关于"社区矫正"的概念与性质还存在较大争议：有的认为社区矫正"是刑罚执行活动"；③有的认为社区矫正并非"刑罚执行活动"，而是"综合性的非监禁处遇"④；有的认为，社区矫正是指法定执行机关及其工作人员在社区并依托社区资源和力量，对被判处管制刑、宣告缓刑、裁定假释、决定或批准暂予监外执行的罪犯，予以监督管理和教育帮扶，旨在有针对性地消除可能重新犯罪的因素，帮助其成为守法公民的一项非监禁刑事执行制度。⑤ 为避免争议，第十三届全国人民代表大会常务委员会第十五次会议2019年12月28日通过的《社区矫正法》绕开"社区矫正"概念、性质，直接规定社区矫正的目的是帮助社区矫正对象"回归社会"与"特殊预防"(预防社区矫正对象重新犯罪)。

尽管"社区矫正"定义表述各异，但笔者认为其构成要素可以囊括为以下几个方面：一是非监禁性。社区矫正是将被判处管制、宣告缓刑、裁定假释以及暂予监外执行的罪犯置于社区并依托社区力量监督管理与教育帮扶，不脱离社会

---

① 但未丽：《社区矫正概念的反思与重构》，载《武汉理工大学学报(社会科学版)》2008年第1期。

② 吴宗宪：《社区矫正比较研究》(上)，中国人民大学出版社2011年版，第4页。

③ 吴宗宪：《社区矫正比较研究》(上)，中国人民大学出版社2011年版，第4页。

④ 翟中东：《社区性刑罚的崛起与社区矫正的新模式——国际的视角》，中国政法大学出版社2013年版，第170页。

⑤ 王顺安：《论中国特色的社区矫正概念与性质》，载《宜宾学院学报》2021年第1期。

与家庭,与剥夺自由的监禁矫正有显著区别。这里的“非监禁性”,是指尽量通过犯罪人的内心觉醒,不过度干预其工作与生活,避免让“监禁”的替代形式演变成“替代”的监禁。二是适度惩罚性。将符合法定条件的“四类罪犯”置于社区,虽然不能过度干预其工作与生活,但并不意味着可以让其放任自流,必须要让其感受到犯罪的痛苦与代价。“如果刑罚全然失去了惩罚的目的,如果刑罚真的只具有教育、改造,甚至治疗的目的,那么人们不禁要问:当罪犯没有受到身体上的痛苦、其犯罪所获得的唯一后果却是免费教育的特权时,刑罚的存在还有何意义”①,这种质疑是有道理的。社区矫正是以“适度惩罚”为基础。这个“适度惩罚”性体现在:(1)名誉贬损。当一个人被判前羁押、被公开审判、被定罪判处刑罚,意味着他遭受法律的否定性评价,社会名誉遭受否定;(2)人身自由受限。根据《刑法》《社区矫正法》的相关规定,社区矫正对象未经社区矫正机构的批准不得离开所居住的市、县,不得迁居,不得出境。若被人民法院判处禁止令的,则禁止其从事特定活动、禁止进入特定区域(场所)、禁止接触特定的人。在国外,人身自由限制措施还可以包括夜间宵禁、周末拘禁、每月或者更频繁地向官员报告、矫正官员的突然探视、经常接受搜查、雇主要向矫正机构报告(社区矫正对象)工作效果、参加戒毒治疗等②;(3)权利限制。一旦被判处或决定适用社区矫正,社区矫正对象的相关权利将受到限制乃至剥夺。如定期报告③、行踪限制④、执行禁止令、参加教育学习、参加公益活动⑤等。若是被判处管制的社区矫正对象,未经社区矫正机构批准,不得行使言论、出版、集会、结社、游行、示威等政治权利;(4)刑罚威慑。社区矫正对象若严重违反监管规定,严重违反禁止令,存在给予治安管理处罚乃至收监执行刑罚的可能。三是回归性。“适度惩罚”虽然是社区矫正的基础抑或前提,但社区矫正的核心要义不在于“惩罚”,而是通过弱化监狱的“惩罚”“封闭”,放宽罪犯的自由度、增加罪犯与社会的联系,帮扶罪犯掌握生活技能与社会知识,塑造罪犯符合社会正常生

---

① [意]加罗法洛:《犯罪学》,耿伟等译,中国大百科全书出版社 1996 年版,第 228 页。

② 吴宗宪:《社区矫正比较研究》(上),中国人民大学出版社 2011 年版,第 23 页。

③ 如执行地变动、工作变动、家庭变故,需及时报告。外出、迁居需经审批。保外就医的社区矫正对象需每月报告病情,每三个月提交病情复查情况。

④ 如社区矫正对象有违反人民法院禁止令等五种情形之一的,可以对其使用电子定位装置,以限制行踪。

⑤ 《社区矫正法》第 42 条将 2012 年《社区矫正实施办法》第 16 条关于“社区矫正人员每月参加社区服务时间不少于八小时”修改为“可以……组织其参加公益活动”。

活的信念和人格，最终促进其“回归社会”，达到预防重新犯罪的目的。这里的“回归”，不仅是社区矫正对象沉重的肉身，还是那一直在寻找精神家园的迷茫的心灵。虽然有学者认为应以“再社会化”概念取代“回归社会”，认为社区矫正对象不存在因自由被剥夺而与社会隔离，也就不存在空间意义上的由监禁状态向自由社会回归的问题。[①] 笔者认为，此处的“回归”并非指“空间意义”的“回归”，而是指已经发生偏差的行为恶习、犯罪心理，让其扶正，回归“正轨”。故此，笔者依然坚持使用“回归社会”概念。四是社会性。在我国，“社区”并非仅指城市或农村的居民小区，而是泛指通过村(居)委会载体并有一定共同体特征的“地域性社会”。社区矫正不仅是将罪犯“置于社区”，而更重要的是“由社区来矫正”。社区矫正对象在不脱离家庭、不脱离社区、不脱离社会的境况下，通过利用社会资源，动员社会力量对其实施教育矫正，使其顺利重返社会，预防其再犯罪。“社区矫正的灵魂和要义就在于社会化”。[②]

综上所述，“社区矫正”这个舶来品，是翻译外国文献形成的概念，在西方国家是指对社区罪犯的各种监督与帮助活动的总称。是与监禁矫正相对应的开放型矫正形式。[③] 非监禁性、适度惩罚性、回归性、社会性是其基本构成要素，是刑罚轻缓化、人道化、司法文明化的重要标志。

(二)社区矫正的起源

作为刑事司法意义的社区矫正，其理念肇始于刑事近代学派的行刑社会化思潮。刑事近代学派的大师们通过大量实证研究发现：封闭的监禁矫正，极易使罪犯形成“监狱人格”、监狱依赖、交叉感染、行为固化等缺陷。为此，近代学派的大师们进而提出了非监禁刑罚措施以及对罪犯人格的矫正，社区矫正便由此发端。20 世纪 50 年代兴起的罪犯再社会化思潮，以安塞尔为代表的新社会防卫学派提出对罪犯实行人道和再社会化，使社区矫正思想由孕育走向成熟，并逐渐由学说渗透到立法，再转化为各国的行刑实践。

社区矫正的具体种类在不同国家不尽相同，但缓刑、假释均是大多数国家的主要种类。社区矫正起源于假释、兴盛于缓刑、成熟于社区服务刑。

---

① 冯卫国：《刑事执行与罪犯处遇新探索》，法律出版社 2019 年版，第 279 页。

② 张绍彦：《明确社区矫正立法的基础和方向》，载《中国社会科学报》2017 年 11 月 1 日。

③ 程应需：《社区矫正的概念及其性质新论》，载《郑州大学学报》2006 年第 4 期。

西方学者一般认为，缓刑起源于美国。通常认为，缓刑起源于美国波士顿修鞋匠约翰·奥古斯塔斯的保释活动。作为修鞋匠的约翰·奥古斯塔斯，同时是波士顿禁酒协会会员。该协会成员承诺禁酒并对酗酒者报以善待而非惩罚。因此，奥古斯塔斯和他的会员们常对酗酒者予以帮助。当时一些酗酒者常因在公共场合酗酒而被逮捕并关进看守所。在他 57 岁那年，对法院的工作产生了兴趣。1841 年 8 月的一天，一个年轻人被带进法院，奥古斯塔斯凭经验知道，这是一个在公共场所酗酒闹事者。按照当时的法律，“酗酒闹事”是一种轻微的罪行，只要交一小笔保释金，便可判一年“监外改造”。若不交保释金，那只能在盗窃犯、抢劫犯、强奸犯、诈骗犯集中的监狱里关押一年。从监狱出来多半变成一个对社会充满怨恨的职业罪犯。对此，奥古斯塔斯在修鞋职业中见多了，但他还是对眼前这个充满悔意、惶恐的青年，产生了恻隐之情。在法庭对这个酒鬼作出判决前，奥古斯塔斯主动与酗酒者进行了一次短暂的对话。通过对话发现，此人并未对生活绝望，也有悔改之心。他向奥古斯塔斯保证，只要可以不被关进监狱，他绝不再酗酒。奥古斯塔斯看到希望并决定帮助这位酗酒者。他请求法官允许他保释这名酗酒者并保证他 3 个星期后按时返回法庭并接受判决。在奥古斯塔斯的帮助下，这位被保释酒鬼三周内滴酒未沾，一直勤劳工作，照料亲人，空余时间还去教堂做义工。当他 3 个星期后按时返回法庭时，完全判若两人。甚至连法庭警察都不相信他是 3 个星期前的那个人。见此改变，法官也很高兴，决定不将此人判以监禁，而仅象征性地罚此人一分钱外加法庭开支，共 3.76 美元。奥古斯塔斯的志愿行为及监管此人的成功赢得了法官对志愿者的信任及对保释的支持。修鞋老人的爱心和法官的灵光一闪，便开创了美国法律史上一个全新的思维——“惩罚与教育”相结合的新局面。他认为“法律的目的不是残忍地惩罚或报复，而是改造并预防犯罪”。在随后的 17 年里奥古斯塔斯保释了 1152 名男性和 794 名女性嫌疑犯，[①]改变了 2000 多人一生的命运，也影响了美国司法制度的文明进程，以至于后来，麻省专门成立了一个“缓刑司”机构，全美国各州纷纷仿效。奥古斯塔斯被载入美国法律史册，并被誉为“缓刑之父”。奥古斯塔斯的尝试推动了马萨诸塞州在 1878 年成为世界上第一个通过

---

① 江山河：《美国社区矫正的起源、发展、现状及对中国的启示》，载《青少年犯罪问题》2019 年第 2 期。

缓刑法令的地区。[①] 到1930年,美国有36个州通过了缓刑法令。

西方学者一般认为假释起源于欧洲。为了解决监狱内重新犯罪及社会其他严重犯罪问题,英国政府采用了流放政策。1839年亚历山大·麦克诺其被英国政府指派就任流放犯人的诺福克岛监狱的监狱长。为稳定监狱秩序,他提出实施"计分制",主张给犯人行为和劳动表现奖励分。随着奖励分的增长,该犯人的自由度和其他相应的奖励也增加。当犯人的表现奖励分达到一定标准时,该犯人可以获得一般公民的自由。他承诺:当一个犯人累计到100分时就有希望得到自由,可以在岛上结婚、生活并掌控自己的行为。1844年麦克诺奇被解职后,克罗夫顿继续秉持麦克诺其的改革实践和理念,并在爱尔兰监狱系统创立了认同犯人改造并助其回归自由社会的"三阶段制"[②]。如果犯人遵纪守法,就可以在社会上就业并发放"离监证",作为一种允许犯人离开监狱到所在县工作的条件性赦免。尽管这类犯人不允许离开其所在的县并且在遇到盘查时必须出示"离监证",但他们在其剩余的服刑期间不受矫正监控。克罗夫顿的爱尔兰监狱改革促使了假释制度的产生。为此,麦克诺其被不少学者誉为"假释之父"。假释制度的正式立法是美国1869年参考爱尔兰制定的《假释法》,到19世纪末20世纪初,西方国家相继建立了假释制度。

综上所述,社区矫正制度肇始于欧美。社区矫正注重对罪犯的改造、回归而不是报复。其目的是将人格扭曲、无法正常进行社会生活的犯罪人再社会化。1954年,美国监狱协会更名为"矫正协会",标志着西方国家在行刑理念和实践上发生重大变化。处于社区矫正监督之下的罪犯数量远远超过监狱和其他监禁机构中羁押的罪犯人数。20世纪初加拿大社区服刑人员占所有服刑人员总数的79.76%、澳大利亚的比例为77.48%、新西兰的比例为76.15%、法国的比例为72.63%、美国的比例为70.25%。[③] 在英国,根据2007年9月的统计,法庭判处的所有犯罪人数量为46,698人,其中判处各类社区刑罚的为35,112人,被判处社区刑罚的犯罪人占被判刑犯罪人总数的75.19%。[④] 在挪

---

① 吴何奇:《兴起、修正、进阶:社区矫正的发展逻辑》,载《濮阳职业技术学院学报》2017年第3期。

② 第一阶段是"独居监禁"。犯人被单独禁闭并从事单调乏味的劳动。六个月后进入第二阶段,即"集体劳动"。犯人可被分配到以组为单位的劳动。每位犯人都要对组内其他犯人的行为负责。组内任何一位成员的错误行为都会导致所有成员返回到第一阶段;第三阶段是过渡性监狱。允许犯人到监狱外参加非监管的日间工作。犯人能否升入下一阶段,取决于他是否达到某一分数。

③ 李恩慈:《论社区矫正的几个问题》,载《中国法学》2004年第4期。

④ 吴宗宪:《社区矫正比较研究》(上),中国人民大学出版社2011年版,第31-32页。

威,截至2021年1月1日,挪威全国所有监狱合计仅监禁了2523名服刑人员以及862名未决羁押人员,同一时期,却有高达7351名服刑人员接受社区矫正。[①]根据托比昂等学者的实证研究结果显示,挪威矫正对象解除矫正后的再犯率仅为7.3‰,[②]远远低于挪威刑满释放人员的再犯率。自20世纪80年代以来,社区矫正已成为西方国家占主导地位的行刑方式,并成为世界各国刑罚体制改革发展的方向。

在中国,普通民众首次听到"社区矫正"概念还是2002年我国香港特别行政区某著名歌星在一宗交通意外中找人"顶包"案件的报道[③],法院裁定构成串谋妨碍司法公正罪,判其240小时社区服务令。这使普通大众一下记住了"社区服务"这一新名词。可以说,社区矫正是伴随"明星效应"走进了中国公众视野。由于社区矫正契合了"和谐社会"执政理念和"宽严相济"刑事政策,我国从2003年开始试点、2009年全面试行以来,截至2019年6月,全国累计接收社区矫正对象431万人,累计解除矫正361万人。在册社区矫正对象70万人。社区矫正的人均执行成本只有监狱的1/10,矫正期间社区矫正对象的再犯罪率只有0.2%。[④]社区矫正工作对维护社会和谐稳定,推进平安中国、法治中国建设发挥了积极作用。虽然在现实中还存在矫正经费难以保障、矫正机构执法权限与手段不足、矫正项目缺乏针对性、风险评估体系不健全、公、检、法司机关缺失协调联动机制等问题,但社区矫正事业的蓬勃发展得到了政策与法律的回应。党的十八届三中全会通过的《关于全面深化改革若干重大问题的决定》提出要"健全社区矫正制度",党的十八届四中全会通过的《关于全面推进依法治国若干重大问题的决定》提出"制定社区矫正法",中共中央的前述举措回应了社会关切,为建立完善中国特色刑事执行体系、完善中国特色社会主义法治体系以及建构中国特色的社区矫正制度提供了政策支撑与发展方向。

---

① Statistics Norway (SSB), "Offences reported to the police", updated 2020 - 06 - 24, available at https://www.ssb.no/en/sosiale-forhold-og-kriminalitet/statistikker/lovbrudda/aar, last visited on 2021 - 05 - 06.

② Torbjørn Skardhamar, Kjetil Telle. Post - release Employment and Recidivism in Norway. Journal of Quantitative Criminology, 2012, 28(4): 629 - 649.

③ 载人民网,http://www.people.com.cn/GB/yule/1082/659007.html,最后访问日期:2021年3月2日。

④ 王爱立、姜爱东主编:《中华人民共和国社区矫正法释义》,中国民主法制出版社2020年版,第21页。

自2011年《刑法修正案(八)》和2012年《刑事诉讼法》修正案相继对“社区矫正”作出规定后,有关社区矫正的专门立法活动受到了理论与实务界的高度关注。为了促进社区矫正的精准适用,《刑法修正案(八)》对缓刑、假释的适用条件进行了重新建构:对于其实质条件的判断,由“不致再危害社会”,修改为“没有再犯罪危险”,并严格考量社区矫正适用对社区的影响。《刑法修正案(八)》中规定:“宣告缓刑对所居住社区没有重大不良影响”“对犯罪分子决定假释时,应当考虑其假释后对所居住社区的影响”。为了强化社区矫正效果,《刑法修正案(八)》还设立了针对管制、缓刑人员的禁止令。

2012年《刑事诉讼法》修正案中规定,“对被判处管制、宣告缓刑、假释或者暂予监外执行的罪犯,依法实行社区矫正,由社区矫正机构负责执行。”从而确立了社区矫正的合法身份,明确了社区矫正的属性。2012年《刑事诉讼法》修正案还将“暂予监外执行罪犯”纳入了社区矫正范畴,并对暂予监外执行的适用条件、适用程序、执行等问题进行了完善。

2012年1月10日最高人民法院、最高人民检察院、公安部、司法部联合印发《实施办法》,是我国2020年7月1日《社区矫正法》施行之前该领域唯一的一部有关社区矫正的系统性的规范性文件。对我国社区矫正的性质、适用范围、工作主体、处罚主体、适用程序等内容作了系统性规定。

2015年《刑法修正案(九)》中规定对假释人员可以适用“职业禁止”。此后,为了进一步加强社区矫正各部门的衔接配合,2016年8月30日“两高两部”再次联合印发了《衔接配合意见》。该意见增设对社区矫正对象交付接收、收监执行等环节的衔接制度,对于公、检、法、司各机关在社区矫正工作中的职责、分工、衔接、配合等问题进行了进一步细化。

从2012年至2018年,国务院每年都将社区矫正立法列为立法项目,全国人大常委会从2015年开始,连续四年将社区矫正立法列入立法或审议计划。2019年6月25-29日,第十三届全国人大常委会第十一次会议第一次审议《社区矫正法(草案)》,并向全民征求意见。2019年10月《社区矫正法(草案)》二审稿在中国人大网公布并再次公开向社会征求意见,特别是草案二审稿将“正确执行刑罚”修改为“正确执行刑事判决、裁定和暂予监外执行决定”。2019年12月28日,党的第十三届全国人大常委会第十五次会议全票表决通过了《社区矫正法》。社区矫正立法既是对社区矫正工作实践经验的总结,解决了实践中出现的一些突出问题,促进社区矫正的规范发展,也是贯彻落实党的十九届四中全会提出的系统治理、依法治理、综合治理、源头治理，不断完善社会主义法治体系的体现。社区矫正的立法与实践，正在中国大地如火如荼开展。

回顾我国《社区矫正法》的立法进程，从2013年被纳入全国人大立法计划，到2016年的《社区矫正法(征求意见稿)》，再到"一审稿""二审稿""三审稿"，至《社区矫正法》的出台，历经6年多的时间，可谓"千呼万唤始出来"。全国人大常委会通过的《社区矫正法》，对于实践中的"刑罚执行一体化"，对于监狱、戒毒系统与司法行政系统的"互帮共建"，均没有提及。对于多年来"互帮共建"工作在实践中取得的丰硕成果也没有涉及，甚至从法律字里行间里感受到了"互帮共建"将被取消的影子。但从《社区矫正法》的内容看，突出了罪犯社会复归的立法价值，同时，采用"社区矫正对象"这个法律术语，体现了立法者坚持对轻缓罪犯去标签化，重视人权保障。

二、社区矫正与监禁矫正

社区矫正的历史嬗变，离不开监狱体制的变革。监禁矫正虽以强化外在监督隔离的方式防范罪犯危害社会的风险，但基于惩罚威慑的监禁处遇，在实现特殊预防目的时困难重重：交叉感染、社会剥离和犯罪标签等导致罪犯教育矫正效果低下、无法有效融入社会而再犯罪率高涨。同时，也正如德国著名刑法学家李斯特所言："犯罪原因在于社会因素和个人因素，而其中社会因素居于主导地位"。因此，反思刑罚本身的局限性，是实施社区矫正的重要原因之一。我们不应仅仅从刑法学视角来看待社区矫正，而应更多地从犯罪学、社会学、心理学等学科视角来看待社区矫正。深刻理解犯罪不仅是罪犯的道德问题、政治问题，更是一个复杂的社会问题。

监禁矫正与社区矫正不仅本质上都是刑事执行，而且在矫正目标、教育内容、矫正技术等方面均有非常高的契合度。[①] 两者在工作方法和工作措施方面也有许多共同之处，可以资源共享、优势互补。我国监狱在刑罚执行方面已经积累了许多宝贵经验，尤其是在罪犯的教育、改造上，已经形成了一整套行之有效的管理办法。伴随社区矫正的深入推进，独具特色的监狱矫正与社区矫正"双轨制"在我国已然形成。为此，司法部自2018年推行的监狱、社区矫正刑罚

---

① 张东平：《监禁行刑与社区矫正的互动衔接研究》，中国法制出版社2017年版，第57页。

执行一体化建设思路①,值得肯定。虽然社区矫正与监狱矫正都是以国家强制力为保障的刑事执行活动。但在以下方面存在显著区别:

(1)矫正环境不同。监禁矫正是在监狱等封闭环境中进行矫正,它以剥夺罪犯的人身自由为前提;而社区矫正是将罪犯置于社区,即社会上进行矫正,它以限制罪犯的人身自由为前提。正如美国学者巴特勒斯所言,“矫正方案与社区之间的相互联系的这种性质,是社区矫正不同于以监狱为基础的矫正方案的最显著的特征”。②

(2)矫正主体不同。监禁矫正的主体是监狱人民警察,社区矫正的主体是社区矫正工作人员、社会工作者以及志愿者。特别是动员了社会力量参与矫正,这是社区矫正本质特点之一。

(3)矫正对象不同。监狱矫正对象主要是依法被判处有期徒刑、无期徒刑、死刑缓期执行的罪犯;社区矫正在我国目前的适用对象是被判处管制、宣告缓刑、裁定假释、暂予监外执行的四类罪犯。

(4)矫正方式有所不同。虽然管理、劳动、教育都是两者的主要矫正手段,但在运用上述手段的具体方式上,两者又有所区别。监禁矫正主要是通过狱内管理三课教育、辅助教育、心理咨询与矫治、生产劳动等方式实施矫正;社区矫正是依托并充分利用社会(社区)资源对罪犯实施教育矫正,无论在社会力量介入的深度、广度抑或形式的多样性上,监禁矫正均是无法比拟的。

当然,社区矫正与监禁矫正并非“非此即彼”的对立,而是一种关联互补、交互融合的关系。社区矫正机构是监狱中假释犯、暂予监外执行犯刑罚执行的“接力”机构,监狱则是撤销缓刑、撤销假释而收监执行罪犯的“接力”机构,两者相互衔接。监狱的高墙将罪犯与社会隔离,但是监狱也需要积极创造有利于罪犯回归社会的条件。当然,我国还存在社区矫正与监禁矫正“接力”不畅的问题。这里的“接力”不畅,既包括“进口不畅”问题,又存在“出口不畅”问题。具体而言:

一是“进口不畅”。所谓“进口不畅”,是指罪犯合法顺利地进入社区矫正,现实中存在办理难、移交难等问题。诸如,流动人口犯罪中,法官基于对适用社

---

① 刑罚执行一体化,是指监狱与社区矫正机构在对监狱服刑人员、社区矫正对象的刑罚执行和教育改造过程中,信息共享、工作互通、人员互派、优势互补,以提高教育矫正质量,确保刑罚执行效果的最大化。

② [美]巴特勒斯:《罪犯矫正概述》,龙学群译,群众出版社1987年版,第55页。

区矫正的顾虑,将本应适用社区矫正的罪犯,判处了监禁刑。因为在“人户分离”背景下,流动人口犯罪人在城市中没有户口或固定居所,往往很难落实监管措施,而监管缺位则易导致重新犯罪。法官在对这类群体适用社区矫正时多持保守立场。加之,流动人口不但多数无固定住所,通常还无稳定的经济生活来源,也无稳定的社会关系,实施监管和帮教的难度增大,导致“流入地”社区矫正机构大多不愿接收此类罪犯。为此,主观恶性不大原本可以宣告缓刑的轻微罪犯,大多被判处监禁刑而投送到了监狱。此类做法,不仅阻却了罪犯社区矫正的“进口”,还加剧了同案不同判、同罪不同判现象发生,也有违刑罚适用、刑罚执行的平等原则。

而在国外,诸如英国,罪犯在监狱服刑过半,就自动假释,进入社区矫正;在加拿大,罪犯在监狱服刑期达到2/3,则实施法定假释制度。在有的国家,罪犯在监狱服刑达到1/3,即实施法定假释。从欧美国家整体看,假释制度出现了新的发展动向,在强调犯罪人与受害人利益平衡基础上,假释的性质“由恩典变成了权利”。[①] 假释已经不仅被当作激励罪犯改造的奖励措施,而且是监狱罪犯所拥有的一项权利。而在我国,监狱罪犯实施假释还存在诸多的限制:监狱在假释之前必须委托社区矫正机构实施危险性评估。基于社区民众、地方政府不接受假释人员侵扰社区生活的个案,监狱、法院等具体承办人员不愿意承担责任,矫正部门不愿意承担风险因而评估结论往往是否定假释。加之,部分罪犯家属的不配合,不愿作为保证人等因素的存在,导致监狱服刑罪犯的假释程序难以顺畅走完。

此外,相关假释理论也值得探讨,如累犯可否假释、重罪犯可否假释。笔者认为,现行《刑法》第81条第2款[②]将累犯排除假释之外,缺乏正当性,这是因为:(1)累犯仅仅可能表明过去矫正的失败,而不代表第二次矫正就不可能成功。如果认为累犯第二次矫正难以成功,无疑使监狱行刑机关将放弃对累犯的矫正而转为“抛弃”策略,显然不符合行刑目的;(2)累犯并不绝对表明犯罪人的主观恶性和人身危险性很大。犯罪原因异常复杂,一些被害人具有严重过错甚至主要过错的犯罪,以及基于犯罪人认识错误的犯罪,就不能说明犯罪人的

---

① 张甘妹:《刑事政策》,台北,三民书局股份有限公司1979年版,第180页。

② 《刑法》第81条第2款规定:“对累犯以及因故意杀人、强奸、抢劫、绑架、放火、爆炸、投放危险物质或者有组织的暴力性犯罪被判处十年以上有期徒刑、无期徒刑的犯罪分子,不得假释。”

主观恶性和人身危险性必然很大。

同样，现行《刑法》将重刑（被判处有期徒刑10年以上）犯排除假释之外，笔者认为，也缺乏正当性。因为：（1）适用假释的本质条件是“确有悔改”“没有再犯罪危险”。而“重刑犯”只说明其原来犯罪性质严重，并不说明其在监狱改造中就不能成功实现矫正的目的；（2）假释的重要功能之一就是鼓励罪犯积极改造。而规定“重刑犯”不得假释，无疑断绝了“重刑犯”早日回归社会的希望，显然不利于这部分罪犯的改造，甚至可能使其产生逆反心理，对整个监狱的改造秩序产生不良影响，削弱监狱的矫正功能；（3）规定“重刑犯”不得适用假释，违背了行刑经济原则。不仅加重了政府的财政负担，而且造成对罪犯的“刑罚过剩”；（4）“重刑犯”不得假释，在刑罚论上是过分追求刑罚的威慑效果和报应公正，忽视刑罚矫正功能的结果，不符合现代行刑人道化和重视矫正的教育刑主义思潮。当然，“重刑犯”的社会危害性较大，为了平息公众对犯罪的愤怒和维护罪刑均衡原则，对“重刑犯”适当加大打击力度是合理的。但笔者认为，为了兼顾刑罚的报应、威慑、矫正目的，正确的做法应当是限制“重刑犯”的假释，对其规定更加严格的限制性条件，但是不应“一刀切”绝对禁止“重刑犯”的假释，否则将产生一系列不良效果。

二是“出口不畅”。所谓“出口不畅”，是指由社区矫正进入监禁矫正困难，抑或收监执行困难的问题，尤其是暂予监外执行矫正对象收监执行困难。由于暂予监外执行是基于“不宜羁押”，而非犯罪情节或悔罪表现，相对于犯罪情节较轻的缓刑、管制对象，其人身危险性和再犯风险性较高；同时，暂予监外执行罪犯多为艾滋病、急性传染病、严重疾病、残疾人、未成年子女唯一监护人等特殊群体，对这部分人因看守所大多不同意收押，法院心存顾虑，难以裁定收监执行。此外，对于怀孕，特别是通过连续恶意怀孕方式以逃避收监执行的社区矫正对象，实践中要收监执行较为棘手。尽管不少地方出台了关于看守所、监狱对法院裁定收监的罪犯不得以身体健康原因拒收的相关规定，但实际效果仍然欠佳，造成现实生活中“管不住，送不进，关不了”的尴尬局面。

三、社区矫正的利弊

社区矫正是一种非监禁的刑事执行。刑事执行之目的，不仅要将惩罚性措施落实到位，更重要的是要将罪犯教育改造成守法公民，预防其再犯罪。整个刑事司法之目的在于通过恢复社会关系来修复被犯罪所破坏的社会秩序，所有关乎刑事诉讼的具体制度都必须以此为本[①]。正如李斯特所言:“刑罚的任务是将罪犯改造成为一个对社会有用之才”[②]。

(一)社区矫正的优势

分析社区矫正利弊,有助于我们更加全面地认识与剖析社区矫正。社区矫正的优势,是指社区矫正所具有的对国家、社会乃至社区矫正对象本人均有利的特性。其主要是通过与监禁矫正相比较而凸显。总体而言,对轻微罪犯实施社区矫正具有以下优势:

1. 可以避免监禁刑的弊端

社区矫正可以摆脱监禁刑无法缓解的两个困境:罪犯监狱化与再社会化的矛盾、监狱的封闭性与社会的开放性的矛盾。

在西方发达国家,监狱人满为患已经成为一个不争的事实。截至 2011 年 1 月,全球在押人口达到 1000 万。按照全球药物政策委员会的说法,“人满为患是包括美国在内的世界各地监狱系统所面临的最大的问题”。2011 年 10 月,非营利性国际组织的国际刑法改革协会的报告声称,这一现状危及被监禁人的身体健康并阻碍监狱功能的正常发挥。即便是最好的监狱,其运行现状也令人担忧。如位列“世界正义工程”法治指数前茅的挪威监狱罪犯,有 1/5 的人再陷囹圄。据路透社报道,罗马教皇本尼迪克特十六世(Pope Benedict ⅩⅥ)访问意大利最大的监狱时,他将监狱的过度拥挤和退化称为一种“双重量刑”。对美国而言,这一问题更为严重。诚如美国前总统吉米·卡特在《纽约时报》中指出,“在 1980 年年底,美国有 50 万在押罪犯;2008 年,其关押人数接近 230 万。每 10 万美国人中有 762 人被监禁在监狱中,[③]这一比例比任何其他国家都高,是欧洲在押人数的 7 倍。有大约 720 万人口或者被监禁在狱中,或被缓刑或假释—超过全美成年人的 3%”。

美国刑法学者 Murton 在论及以监狱为主的机构性处遇的弊病时曾说:“将一个人置于监狱加以训练,以期能适应民主社会生活,此举犹如将人送上月球,

---

① 陈卫东:《认罪认罚从宽制度研究》,载《中国法学》2016 年第 2 期。

② [德]李斯特:《德国刑法教科书》(修订译本),徐久生译,法律出版社第 2006 年版,第 9 页。

③ 《报告称美国囚犯人数已达到 230 万(图)》,载搜狐新闻,http://news.sohu.com/20080607/n257347481.shtml,最后访问日期:2020 年 4 月 11 日。

以学习适应地球生活方式般之荒谬。”[①]1974 年，美国学者马丁森发表题为《有什么效果？关于监狱改革的问题与答案》的研究报告，得出监禁矫正对减少重新犯罪没有明显效果的结论。这一著名的“马丁森炸弹”抛出后，引发了人们对监禁行刑痼疾的反思，并逐渐达成更多的共识，如监狱森严的高墙壁垒与其自身追求罪犯再社会化及复归社会的矫正目标格格不入，尤其是长期监禁不仅可能制造出明显的监狱化人格，而且对恢复罪犯的法律主体资格及为犯罪所侵害的社会关系均显不利。更何况，在监禁矫正条件下，如果罪轻之犯与罪重之犯长期接触，那么势必产生交叉感染，导致犯罪恶性较浅不仅无法获得有效矫治，反而在犯罪恶习的道路上越陷越深。[②]

而社区矫正的实施，可以让罪犯继续保持与家庭、社会的联系，有利于塑造罪犯的“公民人格”。犯罪学的研究表明，犯罪人的家庭和社会资源，是帮助犯罪人改过自新的重要支持系统，是任何其他的力量都不能取代的改造力量。[③]社区矫正可以避免监禁矫正所带来的负面效应，避免“监狱化”人格的出现。美国普林斯顿大学学者 Sykes 指出监禁刑会给受刑人带来五大痛苦：自由之剥夺、物质与接受服务之剥夺、异性关系之剥夺、自主性之丧失和安全感之剥夺。[④] 这些痛苦对罪犯的人格和自我价值感构成巨大的威胁，极易造成自律力萎缩、意志力丧失、孤僻和颓废等“监狱化”人格现象。而社区矫正的罪犯不会受到监禁环境的感染，正常的家庭生活，稳定的就业机会，正常的休闲活动，加上适度的监管教育，可以较好地矫正罪犯的反社会人格，从而使其顺利地融入社会，回归社会。

从近期我国发生的一些典型个案，也可以从中窥视监禁矫正的弊端。如被再审改判无罪，从监狱服刑 26 年出狱的张玉环，不会使用冰箱，不会使用手机，不会使用刮胡刀。仿佛瞬间从 1993 年穿越到现在，其思维模式与方式仍然停留在其入狱以前的状态。又如，因村干部未解决住房而起杀心的刑释人员曾春亮，其 26 岁以后的人生轨迹即为盗窃坐牢——从 2002 年 12 月至 2009 年 8 月；再次盗窃坐牢——从 2012 年 6 月至 2020 年 5 月；实施杀人（2020 年 8 月 8 日

---

① 杨士隆、林健阳：《犯罪矫治——问题与对策》，台北，五南图书出版公司 1994 年版，第 301 页。

② 张东平：《监禁行刑与社区矫正的互动衔接研究》，中国法制出版社 2017 年版，第 89 页。

③ 袁登明：《海外行刑社会化实践的考察及评析》，载《刑法问题与争鸣》（总第 9 辑），中国方正出版社 2004 年版，第 334－375 页。

④ 冯卫国：《行刑社会化研究》，北京大学出版社 2003 年版，第 88 页。

至13日连杀3人伤1人)。缘何"二进宫"出狱尚不满3个月,就实施第3次犯罪?在监狱中还曾被减刑的曾春亮缘何如此快地就实施再次犯罪?诚然,造成重新犯罪周期短的原因是多方面,但与突然刑满释放后短期内无法适应社会生活密不可分。罪犯减刑出狱或者刑满释放,陡然从封闭的"高墙"进入完全自由的社会,如同"高楼坠地",中间缺乏必要的缓冲,容易造成"非死即伤"的后果。其实,国家应有责任在监狱的高楼上搭建梯子,让罪犯缓缓落地。而假释就是最好的梯子和过渡或缓冲平台。在假释制度下,罪犯虽然进入自由社会,但要受到一定的监督,对于有困难的罪犯要提供一定的帮扶。这样不仅可避免曾春亮之类的人重新犯罪,而且可以减少因他们的重新犯罪而导致社会秩序的恐慌与不安。目前,我国监狱依然采用的是"减刑为主、假释为辅"的出狱模式。罪犯出狱后立马获得完全自由,缺乏从监禁状态进入社区的逐步过渡,忽视了国家、社会对罪犯个人的帮扶责任,导致再犯率不断增长。上海某监狱曾对减过刑的刑释人员追踪调查发现,监狱刑满释放人员的再犯罪率高达36%,[①]其他地方也有类似统计数据。说明罪犯出狱后往往存在社会适应障碍,如果没有适当的监管帮扶,很容易重新犯罪。

2. 降低行刑成本

以经济学视野考量,任何资源都是有限的,国家的司法资源也是如此。刑事处罚不仅是一种重要的控制犯罪手段,也是一种有限的社会资源。刑事执行的过程就是资源消耗的过程。在监禁矫正的情况下,国家不仅要花费大笔资金建造监狱及其配套设施,还需配备大量看守人员、管教人员和武装警戒人员,还要为监狱设施的运行、服刑罪犯的生活乃至医疗保障等支付大笔费用。对于任何国家而言,监禁矫正都是一类成本昂贵的行刑方式。以美国为例,在监狱服刑期间每个罪犯每年的花费为2万-3万美元,[②]而实施社区矫正的缓刑的花费却仅仅为500-1000美元,强化的监督和特别的社区矫正项目也仅是缓刑花费的1-3倍。由此可见,社区矫正的成本明显要低得多,完全符合经济学的成本效益原则。[③] 而我国监狱羁押罪犯数量已经由1982年的62万增加到2002年的154万,各级政府用于监狱的经费也逐年增加,2002年全国监狱执法经费

---

① 《死缓为何阻止不了连环杀人犯》,载腾讯网,https://view.news.qq.com/zt2012/lhsrf/index.htm,最后访问日期:2021年7月10日。

② 刘强、武玉红:《社区刑罚执行评论》(第九卷),中国人民公安大学出版社2019年版,第2页。

③ 王喆、王傲:《浅析社区矫正的理论基础》,载《吉林广播电视大学学报》2015年第1期。

支出达到 144 亿元,平均关押每个罪犯年费用为 9300 多元。[①] 这仅是监狱运作的费用,如果把建造监狱的资金也算在内,要超过 14,000 元。2004 年,我国在罪犯矫治方面每年投入的资金不低于 1000 亿元。一个监狱罪犯每年要投入 12 万元,这还不包括对监狱民警的投入。[②] 目前我国的现实是:每年 30 万名监狱警察管理着 150 万名犯人,每个犯人经费开支达 1 万 -2 万元。[③]

相比之下,社区矫正不需要建立大量设施,不需要配备很多工作人员,也不必负担社区罪犯的生活、医保等费用,因此,在降低行刑成本方面的效果是很明显的。社区矫正能起到节约刑罚执行成本的效果在国外已经得到证实。例如,从美国科罗拉多、北卡罗来纳、俄亥俄和弗吉尼亚 4 个州的情况来看,社区矫正的费用为监禁矫正经费的 2.25% -70.21% ,社区服务、缓刑、严格监督的缓刑、电子监控、日间报告、家庭监禁和中途之家这 7 种社区矫正形式的平均费用,仅为监狱平均费用的 19.33% 。[④] 社区矫正的执行费用一般不超过监禁费用的 10% -20% 。[⑤] 有的报道还证实:一名社区矫正对象的年矫正经费仅为监狱罪犯的 1/10[⑥]。社区矫正能起到节约刑罚执行成本的效果在我国也已有证实。以上海为例,每年监狱关押一名罪犯的平均费用是 2.53 万元,而 2006 年上海市社区矫正成本仅为每人每年 6000 元。[⑦] 目前,我国社区矫正对象与监狱在押犯的比例接近 1:2,国家层面有逐步提高假释比例的趋势,未来将有更多罪犯纳入社区矫正。社区矫正工作取得的成绩得到了社会各界的广泛认可,公众认可率不断攀升,由试点初期的 25% 上升到目前的 80% 以上。[⑧]

3. 体现刑罚人道

刑罚人道化是人类社会发展的基本趋势,也是人类文明进步的重要体现。

---

① 谢澍:《十年回望:社区矫正在中国》,载《检察风云》2013 年第 4 期。

② 崔海梅:《行刑经济性视角下的监管工作对〈刑法修正案(八)〉的应对》,载《犯罪与改造研究》2013 年第 4 期。

③ 张绍彦:《社区矫正在中国——基础分析,前景与困境》,载《环球法律评论》2006 年第 3 期。

④ 刘渝峡:《社区矫正制度研究》,西南交通大学出版社 2016 年版,第 52 页。

⑤ 郭建安、郑霞泽主编:《社区矫正通论》,法律出版社 2004 年版,第 85 页。

⑥ 王学比:《改造在高墙之外,社区矫正不只是监管》,载《人民日报》2009 年 11 月 2 日,第 10 版。

⑦ 张东平:《监禁行刑与社区矫正的互动衔接研究》,中国法制出版社 2017 年版,第 21 页。

⑧ 邓中文、肖乾利:《社区矫正理论与实务研究》(第 2 卷),中国政法大学出版社 2019 年版,第 3 页。

人道，是现代刑法追求的三大价值目标之一。[①] 人道主义是一种以人为中心和目的，关于人性、人的价值和尊严、人的现实生活和幸福、人的解放的学说。宽容、轻缓和道义是人道主义的具体表现。人道的基本要求是人类出于良知而在其行为中表现出的善良与仁爱的态度与做法，即把任何一个人都作为人来看待。罪犯也是人，也有其人格的尊严，也有追求其自身自由和幸福的权利，也有获得尊重与自我实现的需求。德国耶赛克曾指出："作为刑事政策基础的人道主义不再是每个人对于事物所持的同情态度这样一种个人的事情，而是社会对于犯罪现象所应承担的共同责任问题。对于犯罪人的关怀不再是一种恩惠，而是法制国家一项义务性的社会任务"。[②] 回溯社区矫正的演变历史，可以发现早期的社区矫正的萌芽均是出于人道的关爱和对轻微犯罪者的同情。"人类任何行为，包括犯罪，都是性格和情况，或者说个人和环境这两个因素的产物"。[③] 因此，国家在惩戒犯罪的同时，负有促进他们重返社会的义务与责任。社区矫正制度的发展，实质是人道主义理念深化的体现。

社区矫正的人道价值，可以从多方面进行解读。首先，社区矫正体现了刑罚的宽容精神。对实施了反社会行为的罪犯，国家和社会并不抛弃他们，而是给予重返社会的机会，并为其营造宽容的社会氛围；其次，社区矫正体现了人性关爱的理念。尽管罪犯实施了危害社会的行为，被判罪服刑，但他也有与正常人一样的需求和情感，社区矫正在很大程度上满足了罪犯的需求和情感；最后，社区矫正以罪犯的复归社会为终极目标。社区矫正的实施，让罪犯不脱离家庭、社区、社会，通过罪犯权利保护、罪犯处遇以及教育扶助，有利于塑造其"公民人格"。为此，针对2020年某大学有关努某某强奸案的报道[④]，笔者认为，一个涉嫌强奸犯罪的大学生，具有自首、中止情节，人民法院判处有期徒刑一年半，缓刑一年半。从相关犯罪事实与情节来看，尽管处罚偏轻，但不违反法律规定。倘若不开除学籍，让努某某继续完成学业，更能体现对罪犯权利的保护，至少更有助于其学业的完成。但是，基于舆论压力，某大学最终还是作出开除努

---

① 陈兴良教授在《刑法哲学》一书中提出"公正、谦抑、人道是现代刑法的三大价值目标"。并认为这是构成刑法的三个支点，也是刑法哲学应当贯彻的三条红线。

② 高芸：《社区矫正的价值论》，载《犯罪与改造研究》2003年第4期。

③ ［德］拉德布鲁赫：《法学导论》，米健、朱林译，中国大百科全书出版社1997年版，第73页。

④ 载乌有之乡，http://www.wyzxwk.com/Article/shiping/2020/08/421858.html，最后访问日期：2021年3月11日。

某某学籍的处分决定,令人惋惜。毕竟,将犯罪人开除学籍容易而开除社会难。

(二)社区矫正的缺陷

与任何法律制度一样,社区矫正也是一种既有明显优势又有一定缺陷的制度。总体上讲,社区矫正存在以下缺陷:(1)刑罚威慑力的降低。相比监狱高墙,社区是一个比较宽松、开放的环境,对罪犯人身自由的限制往往有限,部分矫正对象甚至会对刑罚无所畏惧;(2)社区安全难以保障。在实行社区矫正的情况下,社区矫正对象具有很大的行动自由,在客观上具备从事危害社会活动的条件,他们有可能从事危害社会的行为。同时,让罪犯在社区服从监管,会增加社区居民的不安全感。社区居民认为这种刑罚形式无异于"放虎归山",认为这些人员的存在对其自身的安全会构成威胁;(3)扩大了社会控制的网络。在适用社区矫正的情况下,受到国家控制的人数会增加。国家似乎有了更多地控制人们行为的手段,如电子监控;(4)无论是域外,还是我国目前的社区矫正,对被害人的关注度较为羸弱。社区矫正制度通常是以"犯罪人中心"的思路予以设计、实践,很大程度上忽视了被害人的参与。

当然,上述缺陷应理性看待。如社区矫正虽然在表面上没有了传统刑罚的威慑力,但实际上在现行法律框架内,社区矫正仍然具有一定的威慑力。其突出表现在:社区矫正对象要服从监督管理,社区矫正对象的人身自由和行动受到一定限制,社区矫正对象的权利行使受到限制,社区矫正对象必须履行一定的法律义务。社区矫正对象若不服从监督管理规定,仍然可能被收监执行。刑罚仅仅是"退居二线",成了社区矫正的"后防"而已。因此,我们不必太过担心刑罚威慑的降低。

四、我国社区矫正的适用对象

我国自 2003 年起开展的社区矫正试点工作,根据"两高两部"2003 年 7 月 10 日联合印发的《试点通知》,将被判处管制、宣告缓刑、裁定假释、暂予监外执行以及剥夺政治权利"五类罪犯"纳入社区矫正范围。前述"五类罪犯"是罪行较轻或者已在监狱执行一定期限监禁刑后社会危险性降低或者有特殊情况需要在社区中执行刑罚的罪犯。

2011 年施行的《刑法修正案(八)》,仅对三类罪犯(管制犯、缓刑犯和假释犯)规定"依法实行社区矫正",而未涉及对其他两类罪犯是否继续实行社区矫正。2012 年修订的《刑事诉讼法》第 103 条明确适用社区矫正的对象为“四类罪犯”，即被判处管制、宣告缓刑、裁定假释、暂予监外执行的罪犯，并明确“由社区矫正机构负责执行”，正式将“剥夺政治权利罪犯”排除出社区矫正。2016 年 12 月 1 日国务院法制办公室发布的《社区矫正法（征求意见稿）》，将“对被判处管制、宣告缓刑、假释或者暂予监外执行的罪犯”统称为“社区矫正人员”。某种程度上，是对被剥夺政治权利的罪犯从社区矫正实践中的进一步排除。一直到 2019 年 12 月《社区矫正法》的颁布，依然确定社区矫正适用对象仅限于前述“四类罪犯”，这是对剥夺政治权利罪犯的最终排除。

对于被剥夺政治权利罪犯是否应纳入社区矫正，理论界、实务界有不同的认识。从公开的资料看，对该问题予以明确解释和分析的文献很少。全国人大常委会法工委原副主任郎胜认为，剥夺政治权利是我国《刑法》规定的一种附加刑，可以附加主刑适用，也可以单独适用，是依法剥夺罪犯参加国家管理和政治活动等权利，对其进行监督管理改造的刑罚。被判处剥夺政治权利的罪犯不得行使《刑法》第 54 条所规定的选举权与被选举权，不得行使言论、出版、集会、结社、游行、示威自由的权利，不得担任国家机关职务，不得担任国有公司、企事业单位和人民团体领导职务。不同于管制、缓刑、假释、暂予监外执行，剥夺政治权利罪犯不需要由社区矫正机构对其进行综合的教育改造以及监督，而是需要执行机关监督罪犯不行使某些权利，尤其是行使集会、结社、游行、示威自由的权利，由公安机关进行日常的监督和管理更为便利、有效。认为《刑法》第 54 条对剥夺政治权利罪犯的权利限制，都是消极的不作为的义务，通过个人消极的不作为即能实现，不要求其以某种积极的作为去履行义务。①

笔者认为，上述观点值得商榷。主要理由如下：一是对于被剥夺政治权利罪犯，虽然不需要如“四类罪犯”一样进行教育矫正，但对其相关权利的行使仍需要监督管理，其回归社会困难时也需要社会帮扶。由社区矫正机构执行剥夺政治权利，不存在法理上的障碍；二是将剥夺政治权利罪犯纳入社区矫正，有利于刑事执行权的统一行使，符合党的十八届四中全会关于“优化司法职权配置”的精神。剥夺政治权利属于刑罚执行，这一点是确定无疑的。随着社会主义法治建设的推进，公安机关逐渐剥离了刑罚执行的职能，将监狱转归司法行政机

① 王爱立、姜爱东主编：《中华人民共和国社区矫正法释义》，中国民主法制出版社 2020 年版，第 24 页。

关管理,将监外执行交由司法行政机关执行。那么,从统一刑罚执行权的角度,在立法上明确由司法行政机关继续对监外执行进行社区矫正,可以说是顺理成章。单独将剥夺政治权利交由公安机关执行似乎有“开倒车”之嫌;三是司法行政机关对剥夺政治权利具有较长时间的执行经验,总的来看,效果还是比较好的。从2003年社区矫正试点开始,司法行政机关就对包括剥夺政治权利在内的“五种人”开展社区矫正,通过对社区矫正对象进行分类管理,完全可以避免对剥夺政治权利罪犯与其他“四类罪犯”一样矫正方式的问题,实践证明这是可行的、有效的;四是鉴于公安机关本身就担当重任,在对社区矫正对象的监督、教育矫正方面,难免差强人意。而将剥夺政治权利的罪犯交由公安机关监管,必然造成地方公安机关的超负荷运转。

近年来,有人建议将附条件不起诉的未成年人、屡教不改的违法人员、涉邪教人员等纳入社区矫正范围。甚至有人建议将社区矫正延伸到判决前的对适用非羁押性强制措施的人员的处遇,以及对刑满释放后的对出狱人的安置帮教。如有学者认为,社区矫正制度只是限制而非剥夺人身自由,并更多追求教育目的,致力于帮助曾危害社会的人再次回归社会,具有前瞻性、可塑性和不可预估的未来价值,在性质定位上不应仅止于部分非监禁刑的执行方式。尤其是当前中国刑事诉讼和刑罚结构存在诸多缺陷正在改革之中,社区矫正的性质、制度潜力和适用范围非常有必要做更多开拓。[①] 未来社区矫正工作的规模和适用范围会适时稳步扩大,这符合刑罚人道、行刑社会化的国际发展趋势。[②] 据此,笔者认为,在以我国现行法律规定的“四类罪犯”为社区矫正适用范围的主体,同时着眼于我国“宽严相济”刑事政策的不断调整,着眼于非监禁刑事执行方式的不断扩张,特别是《社区矫正法》第1条关于“保障刑事判决、刑事裁定和暂予监外执行决定正确执行”的表述,将社区矫正“刑罚执行”定性修改为“刑事执行”,为社区矫正适用范围的扩容留下空间。可以将剥夺政治权利罪犯、附条件不起诉未成年人等纳入社区矫正。在当前,至少可以把附条件不起诉的未成年人纳入社区矫正的范围。根据《刑事诉讼法》第271条的规定“对于未成年人涉嫌刑法分则第四章、第五章、第六章规定的犯罪,可能判处一年有期徒刑以下刑罚,符合起诉条件,但有悔罪表现的,人民检察院可以作出附条件不起诉的

① 但未丽:《当前中国社区矫正发展的困境及应对》,载《中国人民公安大学学报》2015年第5期。

② 姜爱东:《关于社区矫正立法中的几个问题》,载《中国政法大学学报》2010年第6期。

决定”。目前,从《刑事诉讼法》的规定看,对被附条件不起诉的未成年犯罪嫌疑人进行监督考察的主体是人民检察院。但从工作性质和分工来看,监督考察是司法行政部门的工作职责,人民检察院并不是适格的监督考察主体,也无力承担繁重的监督考察工作。倘若将附条件不起诉的未成年人纳入社区矫正,配合更加专业的教育矫治,切实履行在监督考察期间所负义务,可以确保附条件不起诉的司法适用效果。

关于出狱人安置帮教问题。按照现行规定,对刑满释放人员、解除矫正人员要进行为期 3 年的安置帮教工作。笔者认为,监狱刑满释放人员确有必要纳入安置帮教。在监狱服刑的罪犯,出狱后有的家庭状况通常会有很大变化,有的妻离子散,有的成了“三无人员”,有的已经和社会发展脱节造成就业困难,有的因被歧视或有心理落差形成心理问题,这些情况都需要开展安置帮教工作,帮助他们克服心理障碍和家庭个人的实际困难,尽快适应社会成为正常的公民。而对于社区矫正对象,在矫正期间社区矫正机构对其开展的监督管理、教育帮扶工作基本不影响他们正常的生产生活,除不得随意离开居住县市、定期报告等管理规定,他们是相当自由的,都能延续正常的生活工作状态。矫正对象在矫正期间如果家庭特别困难,吃穿无着,矫正机构也会协调基层政府采取纳入贫困户进行帮扶,或开展临时救助、办理“低保”等救助措施。《社区矫正法》第 43 条也规定,社区矫正对象可以按照国家有关规定申请社会救助、参加社会保险、获得法律援助,社区矫正机构应当给予必要的协助。所以不存在矫正解除后再对其进行安置的问题。

在我国社区矫正扩容过程中,笔者认为可以通过立法修改,增加刑罚种类的方式来实现。如可以通过增设社区服务、刑事赔偿、家中监禁等刑罚种类以实现社区矫正的扩容。社区服务,是法院判决犯罪人到社区从事一定时间无偿劳动的刑罚方法。起源于英国的这种刑罚方法,已经在很多国家的立法中得到采用,并取得了良好效果。如我国加以借鉴,可以解决现实中社区矫正机构组织公益活动被认为是“法外加刑”的问题。刑事赔偿,是指由犯罪人通过适当方式补偿被害人所受损害的刑罚方法。如果把刑事赔偿作为解决轻微刑事案件的唯一方法,只要被告人履行赔偿责任,就可以结束刑事案件,那么,可以大大调动被告人履行赔偿义务的积极性。[①] 犯罪人进行赔偿的方式既可以是提供钱

---

① 吴宗宪:《试论中国社区矫正制度的基本框架》,载《犯罪与改造研究》2005 年第 5 期。

款,也可以是在监督之下提供劳动或者服务。如对于过失烧毁森林的犯罪人,可以判处犯罪人在一定时间内恢复被烧毁的植被,即“种植复绿”,向森林所有人进行赔偿;对于破坏公共财物的犯罪人,可以在判决中要求他们在规定的时间内恢复原状。这样,就可以使刑事赔偿成为社区矫正的形式之一。目前,此类案件在我国通常是通过刑事附带民事诉讼或者刑事附带民事公益诉讼的方式来解决,但被告人感受到自己已经受到刑事处罚乃至遭受实刑,还要给予民事赔偿。因此,对民事赔偿判决持消极被动,甚至是抵制和抗拒,结果导致民事赔偿判决无法执行。如若借鉴西方国家的“刑事赔偿”,履行赔偿后即结束刑事案件,有利于增强犯罪人修复其损害的社会关系。家中监禁,在美国作为一类中间制裁刑罚,通常与严格监督型缓刑结合使用,要求社区矫正对象除工作、上学或者治疗活动外,其余时间只能待在家中。它对于约束力较弱又容易受周遭环境感染的未成年罪犯特别适用,值得我们借鉴。

五、关于社区矫正的性质

社区矫正的性质是指社区矫正工作的法律属性。明确社区矫正的性质,对于构建具有中国特色的社区矫正模式、完善社区矫正法律制度和指导社区矫正工作具有重要意义。

(一)国外对社区矫正性质的认定

即使在欧美、日本等发达国家,社区矫正已经发展得较为成熟和完备,但因政治、法律、经济、历史、文化等差异,关于社区矫正性质的界定也备受争议。大体存在以下几种模式:

第一种模式:将社区矫正设置为刑罚体系中的刑种。此类模式以英国为代表。社区矫正实际上就是一种有别于传统的剥夺罪犯人身自由为手段的监禁矫正,是将罪犯放到社区,让罪犯享有一定人身及生活自由的情况下对其实施矫正的刑罚种类。

第二种模式:将社区矫正作为刑事执法活动。刑事执法活动包括了审查、起诉、审判、执行等阶段和环节,比刑罚执行要宽泛许多。美国是采用这种模式的典型代表。美国的社区矫正措施包括了缓刑、假释、审前转处、社区劳役、家庭监禁、中途训练所、电子监管、罚款、赔偿以及日报告中心等,可以看出美国的社区矫正涉及了刑事司法全过程,并非仅仅限于刑罚执行,其性质是一种范围宽泛的刑事执法活动。

第三种模式：将社区矫正作为罪犯的社会内处遇。这一观点的代表是日本。日本把社区矫正认定为一种社会内处遇，而有别于英美法系认定为刑罚种类、刑事执法活动，在严肃性和惩罚性上都有较为宽松的要求，其措施不仅指向了对罪犯缓刑、假释的适用，也指向了对刑释人员的管护、指导和帮助，具有社会安保、接纳、福利的意味。

综上所述，目前社区矫正在世界各国都得到了重视和发展，但对其的法律性质的认识并不完全相同，大部分国家并未对社区矫正在法律上进行明确定性，我们只能从其对社区矫正的适用对象、执行主体、矫正措施等方面综合考虑作出判定。从各国对社区矫正性质的规定看，它是一项既有惩罚性又有恢复性的刑事司法制度，只是各国强调的侧重不同而已。

（二）我国社区矫正性质的争论

对社区矫正性质问题的不同认识，关乎着社区矫正的走向及其制度设计。由于理论界、实务界在此存在巨大争议，为便于《社区矫正法》的通过，立法者只好绕开这一争议，直接规定社区矫正的目的是“回归社会”与“特殊预防”。尽管这一做法体现了立法智慧，但在理论上仍然有探讨社区矫正性质的必要。

从我国社区矫正立法进程看，从 2003 年试点开始的《试点通知》一直到 2016 年的《社区矫正法（征求意见稿）》，2019 年《社区矫正法（草案）》一审稿，始终认为社区矫正是“刑罚执行活动”。

2003 年“两高两部”联合印发的《试点通知》，将我国社区矫正界定为“非监禁刑罚执行活动”。这是我国官方首次以规范性文件的方式对社区矫正作出定性。该《试点通知》创造了一个在我国《刑法》中找不到的“非监禁刑”的概念，把占社区矫正绝大多数的作为刑罚的附条件不执行的缓刑以及作为附条件提前释放的假释这两种制度都变成了刑罚本身，并由此引发理论界与实务界的巨大争议。2009 年最高人民法院、最高人民检察院、公安部、司法部联合发布了《关于在全国试行社区矫正工作的意见》（已失效），该意见对社区矫正性质的认识仍然保持未变,并对我国的社区矫正做了定义。[①] 但这一观点并未得到刑法学界及国家立法层面的普遍认可。2011 年的《刑法修正案(八)》和 2012 年修订的《刑事诉讼法》也没有对社区矫正的性质做出明确表述。“两高两部”2012 年《实施办法》仅将社区矫正的目的表述为“依法规范实施社区矫正,将社区矫正人员改造成为守法公民”,没有涉及“非监禁刑罚执行”的表述。

《社区矫正法(草案)》一审稿,曾将社区矫正的性质表述为“正确执行刑罚”,但《社区矫正法(草案)》二审稿将“正确执行刑罚”修改为“正确执行刑事判决、裁定和暂予监外执行决定”。《社区矫正法》取消了草案一审稿和“两高两部”从 2003 年以来一直坚持的社区矫正是“刑罚执行”的性质表述,而改为“保障刑事判决、刑事裁定和暂予监外执行决定的正确执行”。

理论界关于社区矫正的性质,有多种立场,至少有保安处分说、社会处遇说、矫正和社会服务说、刑罚执行与社会福利说、刑罚执行说等观点:

1. 保安处分说。认为我国《刑法》规定,如果在缓刑考验期限内没有应当撤销缓刑的情形,缓刑考验期满“原判的刑罚就不再执行”,说明缓刑根本不涉及刑罚执行。[②] 那社区矫正是什么呢? 社区矫正的性质并不是刑事执法活动,而是通过对罪犯的管束保护和观察保护,限制其人身自由,以体现社会的人道关怀[③]。

2. 矫正和社会服务说。认为社区矫正是依法对社区矫正对象实施的矫正和提供的社会服务的总称。[④] 如果将社区矫正的性质等同刑罚执行活动,将有悖于社区矫正工作的初衷。[⑤]

3. 刑罚执行和社会工作说。认为社区矫正具有刑罚执行和社会工作的双重属性,前者为主属性,而后者为从属性。[⑥]

4. 刑罚执行和社会福利说。认为社区矫正不仅是刑罚执行,还具有社会福

---

① 《关于在全国试行社区矫正工作的意见》中将“社区矫正”概念定义为,“是指将符合法定条件的罪犯置于社区内,由专门的国家机关在相关社会团体、民间组织和社会志愿者的协助下,在判决、裁定或决定的期限内,矫正其犯罪心理和行为恶习,促进其顺利回归社会的非监禁刑罚执行活动”。

② 左坚卫、肖栈光:《缓刑法律性质新探》,载《云南大学学报(法学版)》2003 年第 1 期。

③ 程应需:《社区矫正的概念及其性质新论》,载《郑州大学学报(哲学社会科学版)》2006 年第 4 期。

④ 何显兵、王平:《社区矫正概念的反思与重构》,载《犯罪与改造研究》2010 年第 2 期。

⑤ 化耀民:《社区矫正制度探析》,载《湖北警官学院学报》2014 年第 5 期。

⑥ 但未丽:《社区矫正:立论基础与制度构建》,中国人民公安大学出版社 2008 年版,第 27 页。

利的性质。社区矫正作为一个新的刑罚理念和制度,其性质定位可以从多角度给予解读,其中刑罚执行和社会福利是最基本的性质定位。①

5. 刑种、量刑与行刑制度的结合说。认为社区矫正不是单纯的刑罚执行,而是刑种、量刑与行刑制度的结合。把社区矫正对象分为刑种类,如管制;量刑类,如缓刑;行刑类,如暂予监外执行。②

6. 社区刑罚执行说。认为我国社区矫正的性质应定性为“社区刑罚执行”。惩罚是刑罚包括刑罚执行的本质属性,因此,社区矫正作为一种刑罚执行方式,其性质自然也应具有惩罚属性。当然这并不意味着对罪犯的单纯监管与惩罚,从而排斥对罪犯的教育矫正和为罪犯提供社会支持与帮助。③

7. 风险管控说。认为现代社会充满各种风险,社会治理的目标就是评估、管理、控制、预防各种风险。犯罪作为一种人为的极端性社会风险,刑事法律制度应当对此作出回应。社区矫正制度的构建应以风险管控为基本理念。具体而言,是通过合理安排社区矫正监管力量,使危险性大的矫正对象得到有效管控,保证社区公众安全,同时运用矫正项目提高矫正工作的有效性,从而促进矫正对象融入社会,恢复被犯罪分子破坏的社会关系,预防社区矫正对象重新犯罪。④

8. 综合性的非监禁处遇方式。⑤“处遇”一词最早是由实证派犯罪学家菲利和萨瑟兰作为刑罚替代措施提出。处遇,即处置和待遇。它包括两个方面的内容:既要对犯罪的人加以处置,即以一定量的惩戒;又要保障犯罪人作为社会成员的待遇,即以合理的方式对其犯罪心理和犯罪恶习进行矫治,在其遇到困难时给予救济,以帮助其更好地适应社会,防止其受害或再犯。促使其不良心理和行为发生转化,顺利回归社会。

笔者认为,鉴于社区矫正涉及多学科领域,基于语境差异,前述观点其实都具有一定的合理性。但不少观点值得进一步商榷:

第一,刑事法学范畴中的“保安处分”,是针对有人身危险性的人基于保卫

---

① 史柏年:《刑罚执行与社会福利:社区矫正性质定位思辨》,载《华东理工大学学报(社会科学版)》2009 年第 1 期。

② 郭建安、郑霞泽主编:《社区矫正通论》,法律出版社 2004 年版,第 68 - 69 页。

③ 刘强:《论社区矫正顶层设计需要澄清的基本问题》,载《净月学刊》2016 年第 6 期。

④ 翟中东:《社区性刑罚的崛起与社区矫正的新模式——国际的视角》,中国政法大学出版社 2013 年版,第 170 页。

⑤ 王顺安:《社区矫正的法律问题》,载《政法论坛》2004 年第 3 期。

社会安全而采取的强制性措施。从国外保安处分的情况来看,保安处分主要依据是人身危险性。仅有一定的违法事实存在,而没有人身危险性,不能适用保安处分。如果仅有人身危险性而没有一定的违法事实,却可以适用保安处分。保安处分的对象一般是无责任能力的人,如精神病人、酒精或者毒品成瘾者、不负刑事责任的少年等。保安处分一般采用强制隔离的方法进行,诸如在精神病医院、戒毒所、感化院等场所强制隔离管理、戒治。可见,无论是处罚依据,还是处罚对象、处置方式,与我国现行的四类社区矫正对象是有差异的。

第二,矫正和社会服务说,关注到了社区矫正应加强对社区矫正对象的教育矫正和提供必要的社会服务。应该说,我国通过社区矫正的试点和推行,将原来对社区矫正对象的单纯监管发展到包括教育帮扶,这是重大进步。尽管如此,社区矫正首先需要对矫正对象的权利给予一定的限制和剥夺,以体现犯罪的代价与刑事惩罚,体现国家对其犯罪行为的否定评价。即使是在考验期内,不能因为通过多方努力,罪犯没有重新犯罪的可能性而缩短超出法律规定的考验期,或者因为考验期届满罪犯仍然有重新犯罪的可能性而延长其考验期。因为罪犯考验期的确定是根据其犯罪构成的要件,而非教育矫正的效果。教育矫正虽然是社区矫正的核心与灵魂,但“监督管理”是社区矫正工作的前提,在无法管控社区矫正对象背景下,“矫正与社会服务”显然难以完成。

第三,刑种是要解决对什么样的犯罪行为处以什么样具体刑罚的问题。对于已经被判处管制或者有期徒刑刑罚的罪犯,如何具体实现是刑罚的执行。刑种是社区矫正的前提,与社区矫正密切相关,但它不是社区矫正本身。如英国将“社区服务令”规定为一个刑种,但社区服务令本身不是社区矫正,使社区服务令的内容达到落实才是社区矫正。[①] 同时,我国的缓刑并非“刑罚执行制度”,而是“刑罚裁量制度”,其执行的是附条件的考验期及其考验内容。

假释是将本来应该在监狱中执行的刑期变更到社区来执行,是执行场所的变更,不是刑罚执行本身的变更,更不是刑罚执行性质的改变。缓刑也是一样,根据罪犯的犯罪事实和社会危害性,判处监禁刑本来应该在监狱或拘役所执行刑罚的,但鉴于其犯罪情节较轻、社会危险性不大,并有悔罪表现,因此,不将其置于监禁环境执行刑罚,而将罪犯置于社区中执行。因此,缓刑是监禁刑执行的替代方法。为此,社区矫正是“刑种、量刑与行刑制度的结合”论点难以成立。

---

① 陈志海:《社区矫正性质研究》,载《犯罪与改造研究》2014 年第 7 期。

第四，将社区矫正对象作为风险管控，忽略了社区矫正的监督管理、教育帮扶任务，实际上是“风险刑法”理论在社区矫正领域的应用。“风险”的人为性、不确定性特征，警醒社区矫正机构等实务部门应时刻注意防范自身职业风险。当然，风险刑法假借“风险社会”之名，有扩张刑法范围之嫌。在社区矫正领域如何防范，不过度干预矫正对象的社会生活而符合刑法谦抑原则，值得我们进一步思考。笔者认为，“风险管控”说实际上是“监管中心主义”在理论界的表现，不值得提倡。

第五，关于社区矫正是刑罚执行还是社会工作（社会福利），或者兼而有之的问题。笔者认为，社区矫正适用对象范围的选定，需要考虑社会公众的承受能力和被害人的态度。联合国《东京规则》中多次强调，“主管当局在决定罪犯应遵守的条件时，应考虑到社会的需要以及罪犯和受害者的需要和权利”。[①] 为此，社区矫正“福利说”性质不甚妥当，帮困扶助并不是一种福利，对社区矫正对象不能过分宽容和放纵；同时还应考虑被害人的感受。社区矫正涉及教育帮扶工作，需要借助社会工作“助人自助”理念，但是，社区矫正并非一般社会学意义的“社会工作”，它是恢复罪犯心理常态、接受社会教育、改变人生观、社会观、化解社会仇恨为主要目的的社会行为，它是犯罪学意义的社会工作[②]。

（三）社区矫正是兼具刑事处罚与社会处遇的非监禁刑事执行

从目前适用的四类对象来看，管制是我国独立的一个刑种，是刑罚执行，没有争议。假释与暂予监外执行，一般认为是刑罚执行场所的变更，前述两者是刑罚执行，一般也不存在多大争议。争议主要在于缓刑是不是刑罚执行？

伴随刑罚轻缓化、行刑社会化的世界潮流，以及宽严相济刑事政策、刑罚个别化理念的演进，近年来，我国基层法院缓刑裁判率不断攀升，职务犯罪中适用率达到60%、交通肇事犯罪（含危险驾驶）判缓刑高达70%以上，缓刑已经成为我国刑罚裁量的基本形式。在整个社区矫正对象中，缓刑犯已占90%左右[③]。

有学者认为，“缓刑的执行其实就是刑罚的执行，只不过是执行的场所、执

---

① 程味秋等编：《联合国人权公约和刑事司法文献汇编》，中国法制出版社2000年版，第279页。

② 王燕飞：《我国社区矫正性质的新思考——以最近刑法、刑诉法的修改为视角》，载《山东警察学院学报》2012年第4期。

③ 王平：《社区矫正对象的身份定性与汉语表达》，载《中国司法》2020年第2期。

行方式不同罢了"[①],"不再执行"是指不在监狱或看守所执行,而将其置于社区执行,即对3年以下有期徒刑和拘役实施变通执行。还有学者从以下三个方面作"缓刑是刑罚执行"诠释:一是从我国司法实践来看,2012年最高人民法院印发的《关于办理减刑、假释案件具体应用法律若干问题的规定》(已失效)第13条第2款规定,前款规定的罪犯在缓刑考验期限内有重大立功表现的,可以参照《刑法》第78条予以减刑,同时应依法缩减其缓刑考验期限。如果缓刑期间不是刑罚执行,又怎么能够减刑呢? 减刑的前提是刑罚执行期间有悔改表现,如果没有刑罚执行,即使表现再好也不存在减刑的问题。因此,我国的司法实践中,最高人民法院是将缓刑考验期内的执行活动认定为刑罚执行的;二是可以将缓刑与死刑缓期执行作类比,在判决死刑的同时宣告缓期两年执行,缓期两年执行是对死刑的暂缓执行,但监禁刑仍然要执行。缓刑就是有期徒刑不执行,非监禁的缓刑仍然要执行;[②]三是我国刑法规定社区矫正中对缓刑犯的要求与对假释犯的要求是完全一样的,也说明缓刑就是刑罚执行。

我国《刑法》第76条规定:"对宣告缓刑的犯罪分子,在缓刑考验期限内,依法实行社区矫正,如果没有本法第七十七条规定的情形,缓刑考验期满,原判的刑罚就不再执行,并公开予以宣告。"否认者认为,既然"原判刑罚不再执行",那么缓刑就不是刑罚执行;如果考验期也是刑罚执行,若考验期内出现"再犯新罪"、"发现漏罪"或"严重违规"而撤销缓刑后又要执行原判刑罚,就会导致刑罚执行的超量,有违罪刑均衡原则。[③] 诚然,考验期内要对缓刑犯实施"监督考察",对缓刑犯实施权益的剥夺与自由的限制,这不能算是一种"刑罚",而是对刑罚的阻断或替代措施。与此同时,如果把对缓刑犯的"监督考察"视为"刑罚执行",那么本来没有执行原判刑罚的缓刑犯就会落得一个刑满释放人的地位,对其就业、声誉会造成负面影响,还存在涉嫌侵犯犯罪人人权问题的质疑。

笔者认为,可以将社区矫正界定为对犯罪人实施的刑事处罚与社会处遇的非监禁刑事执行制度。

1. 社区矫正是非监禁的刑事执行制度

自19世纪以来,监狱矫正逐渐暴露出许多问题,学者们认识到监禁矫正的

---

① 陈志海:《社区矫正性质研究》,载《犯罪与改造研究》2014年第7期。

② 刘强、姜爱东主编:《社区矫正评论》(第六卷),中国人民公安大学出版社2016年版,第43页。

③ 屈学武:《中国社区矫正制度设计及其践行思考》,载《中国刑事法杂志》2013年第10期。

不足，提出了以非监禁矫正代替监狱矫正对罪犯进行教育改造的主张。20 世纪 50 年代，以法国马克·安塞尔为代表的新社会防卫学派提出对罪犯实行人道主义和再社会化的主张，推动社区矫正思想逐渐由学说上升到立法，并为各国效仿。

缓刑、假释和暂予监外执行，虽然都是刑罚制度的产物，都是由于违反了刑法而招致的一种刑事处分，也不必在监禁的状态下执行。从本质上讲缓刑属于短期监禁刑的替代制度、假释和暂予监外执行都是刑罚执行的变更制度；而非监禁刑罚执行主要针对的是管制，这是一种独立的刑种，属于刑罚种类的范围。因此，简单地将缓刑、假释、暂予监外执行笼统地归入非监禁刑范围，是混同了刑种与刑罚替代、刑罚执行变更等几个概念。因此，笔者赞同，社区矫正是一种刑事执行制度，其范围大于刑罚执行，其外延包括管制、假释、暂予监外执行等非监禁刑的执行，以及刑罚替代措施的缓刑，甚至在未来还可以包括一些具有教育矫正性质的特殊刑事处遇措施的执行，如《刑事诉讼法》规定的对附条件不起诉未成年人的监督考察、《反恐怖主义法》中的安置教育等。

2. 社区矫正应弱化的刑事惩罚性

笔者认为，缓刑执行的是《刑法》第 75 条规定的“监督考察”。这里监督考察的对象是已经被人民法院判决的刑事犯罪者，当然具有刑事惩罚的性质。给予社区矫正对象相应的惩罚，包括名誉贬损、权益剥夺、自由限制，是实施社区矫正的前提。加罗法洛指出，当罪犯没有受到身体上的痛苦，其犯罪所获得的唯一后果却是免费教育的特权时，这种做法很明显的结果就是消除犯罪的动机。这种情况实际上是不可能的，如果不约束罪犯的身体，那么怎样才能使罪犯遵守纪律呢?[①] 以美国为例，社区矫正在 20 世纪六七十年代获得美国公众的大力支持，但由于美国街头犯罪的增长及社区治安的恶化，公众对社区矫正过于轻缓的惩罚性措施越来越不满，要求对犯罪增加惩处力度的呼声越来越高，很多社区甚至拒绝接受社区罪犯，美国社区矫正中间制裁措施应运而生，使社区矫正兼顾了惩罚与保护。若片面将其理解为“感化运动”，不可抗拒的人性往往导致缺少强制后盾的立法走向失败。[②]

当代刑罚的目的已非仅限于报应或威慑，而是走向特别预防、矫正医疗与

① ［意］加罗法洛：《犯罪学》，耿伟等译，中国大百科全书出版社 1996 年版，第 228 页。

② 吴宗宪：《社区矫正比较研究》（下），中国人民大学出版社 2011 年版，第 207 页。

修复式正义之方向①。从目前社区矫正实施成效看,其人本主义取向已使其超越了刑法制裁的边界,“如果说监禁矫正还是仅停留于以惩罚为主,以带给服刑人员痛苦体验为主要宗旨的矫正形式的话,那么立于传统非监禁刑之上兴起的社区矫正处遇方式则真正地将其转化为一项人道化的社会行动”②。随着社会的发展,刑事惩罚功能也在不断演变,除了通过惩罚满足公正报应、伸张正义、安抚被害人、一般威慑和特殊威慑功能外,还具有教育矫正、有利于犯罪人回归社会、恢复和弥合因犯罪而破坏的社会关系等。

3. 社会处遇是社区矫正的基本属性

“处遇”一词源于西方,本义是指医学上对病人的处置和治疗。“二战”后随着人权运动的蓬勃发展,以及刑罚社会化、刑罚个别化思想的兴起,“处遇”一词被借用到刑事法领域,它包括机构处遇与社会处遇。随着社区矫正工作的不断深入,人们不断发现社区矫正在具有“刑事执行”属性的同时,更需要社会参与和支持。或者说,社区矫正并非单一的刑事惩罚,而是集惩罚、恢复矫正对象的社会功能、社会建构于一体的复合性制度。当然,惩罚性与社会性哪一个更重要呢?社会性集中体现为社会力量广泛参与社区矫正。回顾社区矫正的发展历史,伊丽莎白·弗莱女士的狱内帮扶,奥古斯特斯的缓刑实践,怀斯特与金源明善氏的出狱人保护等早期社区矫正的萌芽形式,均表现为社会力量的参与。当前社会力量通过参与恢复性司法、社区矫正机构委托及志愿服务等方式全程参与社区矫正工作,相对于社区矫正有限的惩戒与监管能力,内容丰富的矫正社会工作是促进矫正对象转变的最重要因素。

因此,社区矫正制度的功能不仅在于惩罚,更在于矫正和帮扶。但由于受重刑主义文化传统和报应主义刑罚观念的影响,加上社会维稳工作的需要,社区矫正执行主体对于社区矫正的功能理解有一定偏差,从而导致实践中的“重监管,轻帮教”现象,掣肘了社区矫正制度功能的发挥。为此,需要强化社区矫正“两重属性”的认识。应充分认识到惩罚性是社区矫正的首要属性。社区矫正所适用对象是犯罪者,对社会关系造成过损害的人,加强对其监管,限制其人身自由,督促其履行特定义务,是刑事执行的应有之义。社会性是社区矫正的

① 许春金、谢文彦、刘宽宏:《台湾的社区矫正:基本理念与处遇形态》,载《北京联合大学学报(人文社会科学版)》2017年第4期。

② 朱久伟、姚建龙主编:《上海市青少年社区服刑人员教育矫正的理论与实践》,法律出版社2012年版,第56页。

基本属性,也是社区矫正与监禁矫正的根本区别。在工作与行动中应自觉做到:既要管住人,更要管住心;既要刑事执行,更要人文关怀;既要监管,更要矫正;既要威慑,更要感化;既要惩罚,更要帮扶;既要剥夺,更要给予。

《社区矫正法》颁行前,不少社区矫正机构不断突破法律的创新层层加码,给社区矫正工作者和社区矫正对象增加额外义务。如将"监督考察"变成了人身管束,处处对标监狱,将底线安全、确保社区矫正对象不违法犯罪等仅适用于监管场所的理念和要求引入社区矫正领域。而各地为了所谓矫正底线安全,在管理上层层加码。但措施虽多,真正适销对路、有实际效果者却不多,反而导致材料越来越多、档案越来越厚。这不仅让基层工作人员疲于应付,更导致了管理措施同社区矫正对象生活、工作需求之间的冲突。一旦社区矫正对象重新犯罪,造成重大损失,就启动倒查机制,社区矫正工作人员在履职中的不规范行为,特别是容易被量化的"双八活动"、查核走访,而这些并非来源于法律规定,仅仅是来源于2012年《实施办法》及各地实施细则。正是2012年《实施办法》及各地实施细则,套住了大家。从诸多社区矫正机构工作人员玩忽职守罪判决来看,必提及没有按照2012年《实施办法》和细则落实……所以,《社区矫正法》删除"正确执行刑罚"的规定,实际上是前述问题的纠偏,为社区矫正的性质回归监督考察提供了法律依据。

与监禁刑罚执行方式相比,社区矫正作为一种刑事处罚方式主要适用于那些社会危害性小、违法程度轻微、再犯罪的可能性低的罪犯。因此,社区矫正必然具有不同于惩罚性的其他属性。而单纯地认为社区矫正的本质属性是惩罚性的行刑说则没有完全认识到社区矫正与监禁刑罚执行方式存在的本质差别,只是视其为执行刑罚的空间场域变化而已。对此有学者就明确指出:将社区矫正视为"更换了一个执行机构和监内与监外场所空间移转的场景,其制度安排不仅无任何执行制度意义上的创新价值,还会固化传统监管惩罚甚至制裁的思维逻辑,以至于最终丧失社区矫正的现代意义。"①由此可见,惩罚性是社区矫正的内在属性,但不具有根本性的地位,社会处遇才是社区矫正的基本属性。

---

① 郭华:《〈社区矫正法〉制定中的争议问题研究》,载《法学》2017年第7期。

第二章

社区矫正的历史演变

人类自创设刑罚应对犯罪以来,刑罚制度就经历了漫长的嬗变。从肉刑、死刑到监禁刑,再到以社区矫正为代表的非监禁刑,刑罚制度的每一次嬗变都是人类文明的一次飞跃。

社区矫正肇始于欧美,在日本、英国得到进一步发展。国外社区矫正经历了从萌芽产生到快速发展,再到更趋理性运用的路程。社区矫正在中国的推进,既是我国经济、政治和法治不断进步的体现,也是历史发展的必然选择。

一、国外社区矫正的演变

社区矫正起源于西方国家。社区矫正的历史嬗变,离不开西方的监狱变革。社区矫正是西方监狱变革的替代措施之一。社区矫正在西方国家经历了萌芽产生、快速发展、调整、理性运用等历程。社区矫正发展至今,在许多西方国家,社区罪犯数量大大超过了监禁罪犯。如美国 2008 年刑事犯罪人数达 730 万,其中监禁人数有 240 万,约占 30%,而社区罪犯的人数达 510 万,约占总数的 70%。①

从 19 世纪 40 年代至 19 世纪末期,是社区矫正萌芽期。社区矫正还仅仅是作为“矫正措施”而实施的行刑实践探索。如 19 世纪中叶英国地方法院对有改造可能的未成年罪犯,采取不关押而将其置于监护人的保护之下的“保护观察”措施;麦克诺其“计分制”方案以及克罗夫顿爱尔兰监狱系统改制、美国奥古斯

---

① 曾桂梅:《论美国社区矫正制度》,西南政法大学 2013 年硕士学位论文。

塔斯的保释活动等。这些探索活动因缺乏专门的执行机关、缺乏系统而专门的矫正项目，还谈不上属于严格意义的社区矫正。如对缓刑犯的监督并非国家机关的专门工作人员，此时的缓刑有矫正的要求但缺乏系统的矫正项目。假释制度此时更多的是作为累进处遇，还缺乏系统的监督机构与具体的矫正项目。

20 世纪 30 年代至 50 年代，社区矫正在欧美国家获得了一个平稳的发展期，为以后的成功奠定了良好的基础。在欧美国家，社区矫正是一种不使罪犯与社会隔离并利用社区资源改造罪犯的方法，是所有在社区环境中管理教育罪犯方式的总称。[①] 社区矫正的前身，国外最初称为"社区治疗"，兴起于 20 世纪三四十年代，它是对犯罪人在社区内进行矫治的一种方法。这种方法将犯罪人看作病人，是疾病患者而非坏人，并认为是他（她）的病态驱使他（她）去犯罪。因此，对犯罪人不能施以监禁，应该把他们放在社区，像医生对待病人那样对他们予以治疗，即包括身体治疗和心理治疗。20 世纪 50 年代被认为是"治疗时代"，美国的许多州将治疗作为矫正制度的主要目标，并开发出一系列以心理治疗为主的项目，如团体治疗、行为矫正、休克疗法、个别咨询。然而，这种矫治方法过多的强调犯罪人生物方面的原因和表现，而忽视了社会方面的原因和表现，仅仅把它看成犯罪发生的场所，而把犯罪行为的主要原因归咎于犯罪人自身，如酗酒、贫困、饥饿等的影响。当时人们并没有意识到犯罪原因的多样性，忽略了社会的影响，因此，矫正机构主要起着隔离犯罪和诱惑物的作用。不仅有失片面，而且在事实上往往难以取得疗效，对于减少重新犯罪的效果微乎其微。

现代社区矫正观念源于"二战"结束之初对退伍军人的心理辅导。当时西方国家有许多老兵在退役后遭受社会不适应之困扰，为协助他们完成由军旅生活向社会生活的过渡，一些社会团体和志愿人员专为老兵提供各种心理咨询与治疗，成效显著。有关司法部门受此启发，遂将此种做法引入刑事司法体系。[②] 此后经数十年的发展，社区矫正制度日趋完善，成为西方国家矫治罪犯的首选方案。

第二次世界大战后，特别是越南战争后，美国面临一系列社会问题：犯罪率

---

① 康树华：《社区矫正的历史、现状与重大理论价值》，载《法学杂志》2003 年第 5 期。

② 冯卫国：《行刑社会化研究》，北京大学出版社 2003 年版，第 178 页。

不断攀升，监狱人满为患，监狱暴力冲突升级，再犯情况严重等。民众开始对医疗模式在预防和减少犯罪方面的作用产生质疑。与此同时，以安塞尔为代表的新社会防卫学说、芝加哥学派的社会失序和文化冲突理论、萨瑟兰的差异交往理论以及科恩的亚文化理论，不仅揭示了监狱矫正罪犯的局限性，而且阐释了社会因素对犯罪的影响，促使人们将关注的重点由罪犯个体转向促使犯罪的社会因素，由监狱改造转向社会改造。于是，现代意义的"社区矫正"概念应运而生，罪犯的社区矫正模式逐渐形成。由于几乎所有的罪犯最终都要回到原来的社区，所以，他们应该早日得到社区的帮助。所有的社会力量应该联合起来，帮助罪犯恢复家庭联系，获得就业和受教育的机会，找到自己在社会上的合适位置。1968 年美国国会通过《犯罪综合控制与安全街道法》，此后，社会机构开始大规模参与罪犯的矫正工作，中途之家、工作释放中心和社区矫正中心开始涌现。帮助罪犯解决住宿、就业和教育问题开始成为矫正机构的一项重要工作。基于这种回归社会、预防犯罪理论，社区矫正自 20 世纪 60 年代至 70 年代中期，在美国几乎每个州都得到了迅速发展。1971 年 9 月 30 日，在纽约州立阿提卡监狱发生的罪犯暴动和人质事件促使了社区矫正观念在美国的迅速推广。这次血腥骚乱造成 29 名囚徒和 10 名人质死亡，被称为"自内战以来美国人之间最血腥冲突的一天"。[①] 为此，民众强烈要求政府通过社区矫正，利用缓刑、中途之家和社区服务等监禁替代措施推进非监禁化。

从 20 世纪初至 70 年代，是社区矫正高速发展期。这是作为"矫正模式"意义的社区矫正开始兴起并被广泛推进的时期。在这一时期欧美国家创立了系统的社区矫正机制。缓刑、假释制度被广泛运用，它们的适用条件被不断放宽。在政府强有力的组织与财政支持下，推出了丰富多样的矫正项目，社区矫正逐渐演变为刑罚适用的主导。美国的明尼苏达州在 1973 年由州议会通过了美国也是世界上的第一部《社区矫正法》，用于在全州范围内规范地方政府的社区矫正计划、社区矫正项目的发展、对犯罪人执行刑罚和为犯罪人提供服务，以及规范地方政府社区矫正运作的相关权利、义务关系等方面。20 世纪 70 年代，美国联邦政府还为其投资颇多，设立了法律实施委员会、未成年人预防犯罪工作署、劳动署、健康教育和福利发展署等机构，类似希望之家、迪莫斯之家、塔博特之家等。此时，国际中途之家联合会、酗酒者中途之家联合会等民间志愿帮扶组

---

① 翟中东：《社区性刑罚的崛起与社区矫正的新模式》，中国政法大学出版社 2013 年版，第 61 页。

织纷纷成立。1977年,国际中途之家联合会报告称其可以为超过10万的社区罪犯提供栖身之地。

20世纪70年代中期至90年代初期,是社区矫正的调整期。由于欧美国家在20世纪六七十年代,大力推行社区矫正过程中过分强调社区矫正对象权利保障、过于推广社区矫正适用范围,导致社区矫正不堪重负,对社区罪犯缺乏有效监管,缓刑变成了事实上的"无刑",假释变成了事实上的"真释"。在1974年马丁森"矫治无效"论断抛出后,社会公众既厌恶监禁刑的弊端,又怀疑社区矫正的效果。既然社区矫正难以取得降低再次犯罪的效果,那么社区矫正的首要目标将不再是重返社会,而是确保社会公众的安全。在这样的背景下,社区矫正进入调整期。社区矫正机关"忠告、帮助与友好对待"的社会福利原则为犯罪人管理中的经济理性和"改造日益纳入风险框架而非福利框架"的风险驱动议程所取代。[①] 为此,欧美国家一方面开始限制社区矫正的适用,法官限制缓刑的适用,假释委员会严格限制假释。美国加利福尼亚州出台了著名的"三振出局"法案[②],一些州甚至取消了假释;另一方面强化社区监督。在英国,1977年创制出"社区服务令",并得到前所未有的重视。2000年《刑事司法法》将社区服务令修改为社区惩罚令,更强调其惩罚性的一面。此外,英国还创设了"日报告中心制度",要求社区罪犯经常性甚至每日都必须向社区矫正中心报到,以确保对其行踪的完全掌控;在美国,创制出了所谓的"中间制裁",包括强化监督的缓刑、震惊式监禁、电子监控、家庭监禁、社区矫正中心居住等一系列强化监督的举措。在美国,1996年甚至出台了极具争议性的"梅根法案",该法案强制所有州制定法律,要求性侵罪犯假释或刑满出狱后,必须向警方登记住所,并公布给社区知悉。因特网上张贴性侵犯者的照片和其他个人信息,以便保护住在其周围的邻居免受他们的侵犯。刑满释放的性侵罪犯只有离开美国才能逃避登记和自己的资料被公之于众的命运。"梅根法案"是美国刑事政策转向公众保护与隔离政策的重要标志,尽管该"法案"直接导致性侵犯罪人被社会彻底抛弃,但仍然受到刑罚平民主义者的强烈支持。

自20世纪80年代以来,美、英、加拿大等国都普遍存在监狱爆满问题,如

---

① 王平、何显兵:《欧美社区矫正面临的调整期及启示》,载《宜宾学院学报》2017年第4期。

② "三振出局"本是一个体育名词,是指在棒球比赛中,击球手若三次都未击中投球手所投的球,则必须出局。由此引申至法律领域,"三振出局"法案意指罪犯在两次实施严重犯罪之后再一次犯罪的,则将受到严厉惩罚,其中的"出局"被视为与社会隔离、被社会淘汰,也有"不受宪法保护"之义。

美国从1990年至2005年就新建了超过500座监狱。1992年英国监狱人口为4万人,而1999年则猛增加到6万人。[①] 为解决监狱爆满问题,各种监禁替代措施开始迅速发展。这是英、美等国20世纪80年代以后社区刑罚或者中间制裁措施开始大量出现的最直接原因。

20世纪90年代以来,是欧美国家社区矫正理性发展时期。这一时期,中间制裁广为流行,并在许多国家推广。中间制裁,是指介于传统的缓刑和监禁刑之间的一种替代性制裁。为解决监狱爆满、矫正无效等问题,在这一时期降低了社区矫正的适用率、强化了考察监督,社区矫正的目的不再着眼于重返社会,而是强调作为监禁替代措施。应运而生的中间制裁,集合预防犯罪和惩罚、矫治犯罪人的功能,依托社区资源,强调社会力量的参与,主要是为了解决传统监禁对犯罪人的惩罚过于严厉,传统的缓刑和假释对犯罪人惩罚力度又过轻的问题。中间制裁结合机构处遇与社区处遇的执行方式,缓和了机构处遇中隔离与监禁的严厉性,使监禁刑的固有弊端在很大程度上得到规避,不仅通过矫治犯罪人使其成为守法公民,帮助其服刑完毕后更好地回归社会,从长远来说也帮助预防了未来再次犯罪。在当时,犯罪人数居高不下,监狱人满为患,政府建造监狱的资金不足,现有监狱不足以容纳如此之多的罪犯,监狱暴动频发。因此,对于政府来说,如何把管理好罪犯和行刑经济化最大限度地结合起来就成了当务之急。

总的来看,从20世纪40年代在西方兴起的以改造理论为基础、以教育帮扶为基调、以替代监禁刑为主要目的的社区矫正。到80年代以后,迅速演变为以公平惩罚为理论基础、以监管和控制再犯为基调、以丰富刑罚执行手段和确保社区安全为主要目的的刑事司法制度。[②] 各国的社区矫正发展进程随着国家力量与社会力量的变化而不断变化,其始终是向前发展的。当前,西方国家普遍接受国家力量与社会力量共同参与罪犯管理。各国在探索中不断地完善社区矫正,建立了符合本国国情且比较成熟的社区矫正制度。

虽然,英、美等国发源之初的社区矫正,是在宗教社团、慈善人士的推动下建立的,政府本身并没有介入。后来政府力量介入,发展出众多的矫正项目,但随之而来的犯罪浪潮一波又一波,在社区矫正力量不足的情况下接纳了大量社

---

① 梅义征:《社区矫正制度的移植、嵌入与重构》,中国民主法制出版社2015年版,第29页。

② 梅义征:《社区矫正制度的移植、嵌入与重构》,中国民主法制出版社2015年版,第31页。

区罪犯，在这样的背景下，社区矫正机关只能精心挑选极少数社区罪犯提供矫正服务，而大量的社区罪犯都处于社区矫正机关的监督之外。这样，社会大众不满意，因为他们觉得社区监督过于宽松，国家对罪犯过于宽容；专家学者不满意，因为有限的社区矫正项目难以降低累犯率，社区矫正似乎没有发挥应有的效果；国家也不满意，政客为获得竞选的成功，也必须争取选民的支持。因此，社区矫正调整期并非是对社区矫正的否定，而不过是对社区"矫正"的一种回归。

社区矫正本身即应包括两层含义：一是"社区"。将罪犯置于社区，获得社区资源的介入与支持；二是"矫正"。能对社区罪犯提供特定的矫正服务，而非放任自流。社区矫正要取得预期的效果，就必须完全符合上述两层含义所要求的必备要素，否则不可能获得成功。英、美社区矫正遭遇到调整期，其原因就是"社区"因素已有，而缺乏"矫正"项目。表面看来，矫正项目繁多，但由于社区罪犯的基数过大，很难将矫正项目完全实施。大多数社区罪犯处于几乎无监督的状态。这样，社区矫正不仅无法获得"矫正"效果，就连"社区"支持也必将受损。

二、美国的社区矫正

在世界范围内，美国的社区矫正最具代表性。社区矫正在美国具有 160 多年的历史，其最早的实践始于 1841 年波士顿市约翰·奥古斯塔斯的缓刑尝试，20 世纪 60 年代末 70 年代初达到发展的顶点。20 世纪 70 年代，美国许多州一度实行将暴力犯以外的所有罪犯都留在社区实施矫正，造成了社区矫正的滥用。70 年代末，由于社区矫正的效果并不理想，犯罪和重新犯罪的人数不断激增，美国公众对社区矫正的热情开始下降，强烈要求对社区罪犯采取更加严厉的制裁措施，旧的惩罚模式重新抬头，曾广泛适用的缓刑、居住方案、工作释放和假释等社区矫正制度受到不同程度的限制，尤其是对假释适用的限制倾向更为明显，有的州甚至一度取消了假释。至此，社区矫正的发展逐渐陷入低谷。自 20 世纪 90 年代初以来，是美国社区矫正转型阶段。特别是"梅根法案"的出台，[①]是美国刑事执行政策由社区罪犯重返社会转向公众保护的重要标志。但

① 1994 年，有过两次性侵前科而刚刚刑满释放的男子杰西，将邻居的一名 7 岁小女孩实施强奸并杀害。1996 年，美国国会通过"梅根法案"，强制要求所有州应制定法律，对性侵者在假释或刑满释放后，必须向警方登记住所，并向社区公布其个人信息和照片，以便人们有所防范。

即便如此,今天被适用社区矫正的罪犯仍多于关押在监狱中的罪犯,并且法院还在继续对将超过60%的被告判处缓刑。[①] 截至2016年12月31日,美国总服刑人数为6,613,500,其中,监禁人数为2,162,400,社区矫正人数(成年人,含缓刑和假释)为4,537,100。社区矫正人数占总服刑人数的68.60%。[②]

美国的社区矫正不仅适用于已决犯,而且可以适用于未决犯;不仅体现出对犯罪人的惩罚,如罚金、社区服务等,也体现出对犯罪人的提供的待遇,如转处、审前释放等。可以说,美国的社区矫正是一种对涉嫌犯罪的人的综合性非监禁处遇措施。

美国是世界上社区矫正实行比较早而且是比较成功的国家。到目前为止,美国有28个州通过了社区矫正法,它有许多成功的经验值得我们了解和借鉴。美国的社区矫正体系分为联邦和州两个层次。在管理和监督体制上,联邦法务部下设监狱局,监狱局分管联邦的监狱和联邦的社区矫正。美国大部分州均设有矫正局,负责各州的监狱和社区矫正的监督管理,并形成由全国到地方的一系列相应的社区矫正机构体系。目前,美国的社区矫正主要包括以下五类:

(一)转向

转向,又称"审前转处",是指对本应受刑事处罚但情节和危害较轻的罪犯,由检察官采用非刑事方法处理。只要对罪犯的犯罪指控在一个特定的时间段里被撤销或者如果罪犯成功地完成该转处项目,诉讼将不再受理。避免因进入刑事司法程序而引发的"标签效应"副作用。转向尤其适用于青少年犯罪人,使低危险的罪犯不进监狱的"前门"(看守所),限制罪犯入监的人数。传统的青少年刑事司法模式强调对青少年犯罪人的谴责和惩罚,期待以刑罚来遏制青少年犯罪。可是从实际上取得的效果来看,意欲通过监禁刑对青少年犯罪人进行改造的想法已经被证实是很难实现的。美国青少年司法转处制度有效地消除了传统青少年刑事司法模式这些弊端,它没有单纯着眼于对青少年罪行的报复和惩罚,而是着眼于对少年犯的教育和改造,使之弃恶从善,回归社会,取得了良好的效果。其最初是作为替代看守所监禁的措施出现,主要是针对轻微的毒品犯罪。如首次因携带毒品被警察逮捕的罪犯,法官经公诉人同意,可以在逮

① 刘守芬等:《社区矫正立法化研究》,载《吉林大学学报(社会科学版)》2005年第2期。

② 颜九红:《专职专业社区矫正执法官之提倡》,载《北京政法职业学院学报》2019年第4期。

捕后的几个小时内,要求其接受戒毒治疗机构的治疗,且许诺只要完成戒毒治疗项目,就可以不再对其定罪量刑。转向的具体形式主要包括:第一,对于法定应进入司法程序的酌情不予进入;第二,对于已经进入司法程序的犯罪者予以暂停或者中止;第三,减少对犯罪者的监督控制的程度,或者将犯罪者安置到非司法机构进行管理教育和矫治,或者对应进行常规检查的对象不予监督;第四,对犯罪嫌疑人在进入审判之前给予法定的暂停或者中止。

(二)缓刑

缓刑是指法院作出的刑事制裁,强制性的要求缓刑人员在社区执行和接受监督。1878 年马萨诸塞州正式通过第一部缓刑法建立缓刑机构,将判处监禁的犯罪者有条件地释放,使其在社区内由缓刑官监督执行,如果犯罪者能履行法院规定的条件,则不再宣告其刑罚或者不再执行其刑罚的制度。如果违反缓刑规定,将会被重新判处监禁。大部分缓刑犯是非暴力犯罪。

缓刑是美国最基本的社区矫正项目,它既是一个判决,又是一种状况。作为判决,缓刑意味着对有罪的人应允许他继续居住在社区,但是给予公开的警告以防止他重新犯罪。同时,缓刑也是一种矫正的中间过渡状况。犯罪人在社区中要受到监督。缓刑的形式多种多样,如有的缓刑要求犯罪人对受害者提供附加赔偿,有的缓刑要求罪犯缓刑前先实行一段时间的监狱刑,也有的要求罪犯参加治疗项目。

在美国,缓刑可分为四类:常规缓刑,即刑的缓执行(类似我国的一般缓刑);严格监督的缓刑(IPS),是对于传统缓刑监督措施的强化;延迟宣判,即刑的缓宣判;审前转处,认罪之前判处的可导致撤销指控的缓刑。[①]

一般缓刑又称"震慑缓刑"(Shockprobation),缓刑人员要经受两次震惊:当法官向罪犯宣判监禁期限时并不说明这将是缓刑,而是先将其入狱服刑,使其目睹、体验狱中失去自由的痛苦,受到第一次震惊,此时他们多有早知今日、何必当初的悔改之意;在服刑 1 -3 个月之后,法官在罪犯以为需要长期服刑的时候突然给予其缓刑,中止刑罚执行,让其回到社区在缓刑官的监督下完成最后的刑期。此类缓刑,对于那些具有暴力倾向的罪犯在适用社区矫正之前进行一个短期的羁押,往往能起到对罪犯的威慑效果,同时也符合民众的意愿。

---

① 吴宗宪:《非监禁刑研究》,中国人民公安大学出版社 2003 年版,第 367 页。

缓刑附带有监督。缓刑官通常根据需要或罪犯对社区的危险程度，将缓刑监督分成两类：一类是标准缓刑（传统缓刑）。由缓刑官决定执行缓刑的要求（如犯罪人每月要向缓刑官报告几次）并进行监控，罪犯通常要进行社区服务，交付罚金，进行例行药检，并在相关的矫正项目中接受治疗；另一类是强化监督的缓刑。针对那些适用标准缓刑过于危险的罪犯，如侵犯他人财产犯罪、与酗酒和麻醉剂有关的犯罪，制定了一整套严密的措施对其进行监督、咨询和治疗，确保缓刑期间监控的有效性。如报告频率高于传统缓刑，犯罪人每周要见缓刑官3－5次。缓刑官还可以对犯罪人的家庭或工作场所进行“访问”以及随机的药品检测。

缓刑监督的标准根据罪犯的情况而有所差异。如在未成年人社区矫正中，一般缓刑监督是每月与未成年人进行四次面对面谈话，与其父母有两次面谈，与直接相关的人员每月一次面谈，与学校的工作人员每月联系一次；强化监督的缓刑，则是在一般缓刑基础上采取的强化监督方法。如缓刑官通过与警察的合作来加强对缓刑犯的监督。通常是对具有高危险性的社区矫正对象实施强化监督。

（三）中间制裁

中间制裁又称中间惩罚，它是为了弥补社区矫正惩罚性不足的问题，在社区矫正（一般缓刑）与监禁矫正之间设立的制裁方式，[①]提供的是一个比一般缓刑更严厉，但比监禁有所减轻的处置方法。是20世纪80年代初期为了解决监狱拥挤和缓刑犯中累犯率过高的问题而发展起来的替代性措施。

根据是否需要在特定地方居住，中间制裁分为居住式与非居住式两类。比较常见的中间制裁有日罚款、社区服务、每月报告、强化的缓刑和假释监督、家中监督、电子监控、中途之家、日报告中心、军训式矫正中心等。不同的措施可以并用，也可以先后适用。中间制裁从“日罚款”到“军训式矫正中心”严厉程度不断加深，能填补监禁和一般缓刑之间的缺口。中间制裁适用于犯特定罪行的罪犯：非暴力罪犯、罪行较轻的毒品罪犯、技术性违规但没有犯新罪的缓刑犯和假释犯。中间制裁的资金主要来源于联邦和州财政，同时罪犯本人也需要支付监管和毒品测试的费用。由于中间制裁成本低，矫正效果良好，能够最大化

---

① 尹露：《美国中间制裁的法律定位与本土化思考》，载《河南财经政法大学学报》2018年第6期。

地满足社会在预防、减少犯罪的需要同时兼顾刑罚经济性的目标，因此，相关国际组织也积极对其总结和推广。

（四）假释

假释在美国历史悠久。美国约85%的罪犯可以通过假释的形式离开监狱返回社会。[①] 它有两个不同的概念：第一是“释放”的概念。在罪犯服完他们的刑期前，假释委员会选择一定数量的罪犯释放到社区；第二是“监督”的功能。假释工作人员对罪犯实施监督并提供一定的服务。

假释期间一旦发现罪犯有违规行为或违法犯罪，可随时收监。假释由司法部下设的假释委员会的管理运作，各地假释委员会负责假释的决定和监督。法院对假释人员没有执行权，不介入假释人员的监督管理。

（五）审前释放

审前释放是指在法院审判前，犯罪人的实际情况表明他所居住的社区内有可靠的基础，根据犯人本人具结的保证书和交付的保释金，由法院批准释放。犯罪人须承诺在审前释放期间，不危及他人安全、随时出庭等义务。

美国的社区矫正项目具有多样化、针对性强等特点。具体而言，美国的社区矫正项目主要分为四大类：一是干预类项目，包括性犯罪者的干预项目（如心理治疗、化学阉割、行为治疗、认知治疗等项目）、未成年罪犯的干预项目、家暴犯罪的干预项目（如男女平等、伴侣攻击复制项目等）；二是改造类项目，包括学历教育与生活技能项目、职业教育与工作项目、认知行为治疗项目；三是药物滥用的管理与治疗项目，主要针对因毒品犯罪者，包括脱瘾治疗、社区毒瘾治疗、美沙酮维持治疗等；四是管控和惩戒项目，包括矫正训练营以及各类中间制裁项目，如家中监禁、电子监控、日报告、强化监督等。

前述的每一大类项目，又分为若干具体的项目。如未成年罪犯的干预项目种类繁多，通常会根据每个未成年罪犯的具体情况，选择适用以下几个具体项目：（1）养育家庭项目。在原生家庭缺失或者监护人不能提供安全、舒适的家庭住所（如过于贫困、赌博、酗酒）时，将未成年罪犯安置于替代性寄养家庭中，让其得到类似于原生家庭的爱护；（2）日处遇项目。未成年罪犯的家庭教育出现

---

① 种若静：《美国社区矫正制度》，载《中国司法》2008年第10期。

问题时,将其在白天送到指定地点参加教育矫正,晚上则返回自己家中;(3)预备海事学校。未成年罪犯接受海事训练并完成考核,包括驾船及潜水技能培训、海洋生物科学的学习、水难救助和危机介入等;(4)争取生存项目。组织者将未成年罪犯带到事先考察好的山区或者旷野中开展野外训练和环境教育;(5)小组之家项目。将年龄相仿的未成年罪犯组建成"临时家庭",对小组内成员进行日常生活的照料以及监督管理教育;(6)新兵训练营。将一些性格顽劣、学校和家庭都难以管教的未成年缓刑犯集中进行军事化管理与训练。通过艰苦的军营训练,培养其遵规守纪意识。

在美国,帮助或者服务(包括"治疗""社区矫正计划""释放后安置""改造"等多种提法)犯罪人,是社区矫正工作的重要职责。从西方国家社区矫正产生的历史来看,社区矫正(特别是缓刑)最初产生时,是以帮助社区罪犯为主要特色。仅仅是随着矫正哲学和刑事政策的转变,特别是 20 世纪 70 年代中期以来刑事政策趋于严厉,监督地位更加凸显,而帮助似乎降到了次要地位。尽管如此,帮助或者服务,仍然是社区矫正的重要方面。

在对社区罪犯的"帮扶"领域,美国推崇的是矫正机构民营化、市场化运作。在解决过渡性安置以及就业的美国迪兰西街矫正中心①、纽约矫正局"绿光重返社会"项目②均强调民营化、市场化运作,政府则给予税收减免或经济补偿。其理念在于:刑事司法不仅要履行实现公正、惩罚犯罪的任务,还要尽可能地创造机会,对犯罪人予以关注、给予帮助,使他们能重新回到主流社会的正道。③ 此外,美国在帮扶社区罪犯就业方面,强调"公平就业"。一些州的《矫正法》或《公平雇佣法》以及联邦《1963 年民权法》,专门强调维护社区罪犯重新就业权利并同时保证雇主利益不受损害。如果雇主违反了"公平就业"规定,求职的社

---

① 美国迪兰西街矫正中心,是美国利用社会力量通过市场化运作参与罪犯矫正的成功典范。宗旨是为被假释的重罪犯人、吸毒者和无家可归者提供一个能够接受系统教育的生活环境,教授他们学习劳动技能的私人矫正机构。除提供心理辅导等专业化服务外,还拥有餐厅、书店、搬运公司、家居店等产业,为社区矫正对象提供融入社会的机会。

② 该项目是美国纽约矫正局与维拉司法研究所在 2002 年设立旨在帮助被假释人与社会重新建立联系的项目,其特点是关注罪犯的能力与需要,在咨询人员、假释监督人员、家庭成员的共同帮助下按照阶段制订计划,达到帮助社区矫正对象重新融入社会。其内容涉及寻找就业机会、生活技能的训练、社会关系的建立等多方面的帮扶,在帮扶的过程中会有纽约市政府成立的相应机构予以支持,如"纽约市住房帮助委员会""毒品教育与防止复吸班"等。该项目通过对假释人员的帮扶,解决了其部分生活难题。

③ 颜九红:《美国社区矫正的成功典范——迪兰西街矫正中心》,载《北京政法职业学院学报》2005 年第 2 期。

区罪犯就可以起诉其就业歧视;另外,任何时候只要是雇员伤害了该机构或企业外的第三方,雇主都必须基于过失雇佣而直接对受害的第三方承担责任,为避免雇主因此不愿意雇佣犯罪人,美国一些州规定:雇主在尽到法律规定的基本的背景检查义务后雇佣的社区罪犯,可以免除雇主通常应该承担的雇佣责任。此类有利于雇主的风险应对机制,刺激了雇主聘用社区罪犯的积极性。美国的一些州为避免犯罪记录对刑释人员造成负面影响,还尝试将一些刑释人员的犯罪记录全部或部分去掉,并完全恢复他们的公民权。

在美国,内涵丰富、形式各异的社区矫正措施大大拓展了社区矫正制度的生存和发展空间,为其他国家刑事执行制度的改革和发展提供了有益的借鉴。特别是中间制裁的推行,较好地解决公众对社区罪犯惩罚过于轻缓的抱怨,通过适当增加惩罚力度较好地体现了法律的公平正义。

三、英国的社区矫正

英国的刑罚体系分三个层次:罚金刑、非监禁刑和监禁刑。其中,罚金刑的适用范围最为宽泛,非监禁刑(社区服务刑)的适用效果最为显著,监禁刑的适用条件最为严格。根据英国国家缓刑局的统计,2000 年英国判处的各种刑事案件刑罚适用比例是:不起诉,占 19%,;被判罚金刑,占 23%;被判社区服务刑,占 33%;监禁刑,占 25%。[①] 英国的社区服务刑不是单一的刑种,而是包括缓刑令、社区服务令、结合令、宵禁令等多种措施的复合性多元化的一个刑种群,其排列根据受刑人年龄和犯罪情况从轻到重呈递进性体系,适用宽泛。司法机关在个案审判中,对某个被告人宣告的社区矫正刑,可以包括一个或多个社区矫正令。在英国,法院对罪行较轻的犯罪人判处社区服务刑的基本理念是:“让罪犯在原来的社区环境中改正恶习,避免因监禁而造成交叉感染”。

英国社区矫正工作机构的主要任务由国家缓刑局及其分支机构、地方假释委员会和全国未成年人司法委员会共同完成。国家缓刑局向内政部负责并由内政部拨款(后转入法务部)。2004 年英国再次对组织机构改革,将监狱局和缓刑局合并,成立国家罪犯管理局。合并的目的是实现监狱监禁和社区刑罚的无缝对接。国家缓刑局直接管理 42 个地区分局,是法务部下的一体化罪犯管

---

① 刘晓梅:《英国的社区矫正制度及其对我国刑罚制度改革的启示》,载《犯罪研究》2006 年第 3 期。

理模式。

2014年,英国罪犯管理署的经费支出为40亿英镑,其中监狱为30亿英镑,缓刑管理为10亿英镑。按罪犯人头计算,监狱押犯每人每年需花费3.5万英镑,缓刑管理每人每年需花费4545英镑,监禁刑和非监禁刑的成本差异大。[①] 2014年,英国实施更生转型计划,组建社区更生公司。社区更生公司(CRC)的组建源于英国政府《减少犯罪——改变人生》的咨文,在罪犯管理上引入委托管理和竞争机制。社区更生公司的构成可包括民营、志愿者组织、非政府组织等。社区更生公司的职责是:为从监狱释放的罪犯提供安置服务;管理最低至中等风险的多数罪犯,识别风险变化;设计和完成更生计划;提供特定的干预措施和服务;承担看护中心的管理。

社区更生公司属于民营性质,通过招标的形式,允许民间力量以竞聘的形式获得对社区更生公司的管理。在管理中,英国将社区罪犯根据风险程度分为三类:高度、一般、低度。高度风险罪犯由国家法务部罪犯管理局下设的缓刑局工作人员管理,一般风险罪犯和低度风险罪犯由社区更生公司管理。社区更生公司与罪犯管理局是民事合同关系,没有行政隶属关系,公司在人、财、物方面完全独立运作。每位工作人员独立承担对社区罪犯的全部管理,并通过对重新犯罪率的考核后的物质奖励来调动工作人员的积极性,将工作人员的付出、效率与物质奖励紧密结合。

在英国,社区矫正已经融入刑罚体系,社区矫正被作为刑罚执行模式,社区矫正的决定多以法院命令的形式出现,要求罪犯强制执行。其显著特点:一是社区矫正以法院命令为主。最常见的是缓刑令、社区服务令(2000年改为"社区惩罚令")、宵禁令、毒品治疗与检测令、假释、行为规划令等;二是社区矫正的决定机关:假释由假释委员会裁决,其他社区矫正刑主要由法院决定。

根据2000年英国国会通过的刑事法院量刑权限法案[Powers of Criminal Courts (sentencing) Act]的规定,英国社区矫正的种类由社区令、补偿令、缓刑(暂缓执行)和假释构成。第33条第1款规定,"社区令"包括宵禁令、缓刑令、社区服务令、结合令、毒品治疗和测试令、管护中心令、监督令和行动计划令。其中,宵禁令适用于所有年龄段的罪犯;缓刑令、社区服务令、结合令以及毒品

---

① 武玉红:《英国社区矫正组织管理模式的改革、创新与启示》,载《河南司法警官职业学院学报》2018年第1期。

治疗和检测令,仅适用于已满 16 周岁的罪犯;管护中心令适用于未满 21 周岁的罪犯和不履行责任者;监督令、行动计划令仅适用于未满 18 周岁的罪犯。补偿令适用于未成年人罪犯。缓刑(暂缓执行)适用于被判处 2 年以下监禁刑的罪犯。[①]

英国社区矫正的主要内容包括:

(一)社区服务令

社区服务正式成为一种刑罚措施纳入法律,首次见于英国 1972 年的《刑事司法法》规定的“社区服务令”,法院可根据罪犯所犯之罪的严重程度及其主观恶性大小,判处其在社区从事无偿劳动。[②] 社区服务令,首先在英格兰的 6 个区域试行,1978 年后逐步扩大到全国。

社区服务令是英国刑罚的独立的主刑,它不得与其他主刑同时适用,能与其他社区矫正刑共同适用。它的期限是 6 个月以上 3 年以下。

根据英国 2000 年《刑事法院权力(判决)法》规定,社区服务令的适用对象主要是已满 16 周岁被认定犯有应判监禁之罪的人。法庭在发出社区服务令之前,一般要征求犯罪人的意愿,并要求提供量刑前调查报告。被判处社区服务令的罪犯必须做到:(1)随时根据缓刑官或其他负责官员(18 周岁以下的罪犯的监督官员可以是社会工作者或专职从事青少年罪犯帮教的工作人员)的指示行事并与其保持联系,居住地变更需随时报告;(2)在法令生效的 12 个月内完成规定的劳动小时数(40 小时以上不超过 240 小时,具体时间由法官判定)。其目的是加强矫正官员与犯罪人的联系,对犯罪人进行教育,保证犯罪人顺利实现再社会化。

为强化对社区服刑罪犯的惩罚力度,在美国 20 世纪 80 年代以来采取“中间制裁”措施的影响下,英国在 2000 年《刑事司法法》将“社区服务令”改为“社区惩罚令”,彰显社区服务是一种由法院做出裁决的惩罚。社区惩罚令是对社区服务令的延伸,它通过要求犯罪人在社区内提供无偿劳动来达到对犯罪人的惩罚,实现对被害人进行补偿。犯罪人要提供 40 – 240 个小时的无偿劳动,每周至少要劳动 5 个小时,一周不超过 21 个小时,在一年内完成。劳动形式多

---

① 陈和华、叶利芳:《国外社区矫正的经验和问题》,载《犯罪研究》2006 年第 1 期。

② 刘强主编:《英国社区刑罚执行制度研究》,中国法制出版社 2011 年版,第 117 页。

样,诸如粉刷学校围墙、回收废品、为老年人打扫房屋等。当然对不执行社区惩罚令的罪犯,也有相应的惩罚:一是给予司法警告;二是根据违法情节处以罚款。如果在一定的时间内再犯罪,就构成重犯。

(二)宵禁令

宵禁令是规定对特定人在特定时间、特定地点的活动内容的刑罚,如规定晚上不得外出等。宵禁令是治安法院、皇家法院以及青少年法院限制 10 周岁以上的除犯有谋杀罪及法律规定的有关罪行之外的犯罪人的任何罪犯。根据 2002 年《刑事司法法典》第 184 条的规定,被判处宵禁的罪犯必须在指定的时间呆在指定地点,时间不低于 2 小时不高于 15 小时。如 2015 年媒体报道,一英国男子盗走慈善晚会上的巨型泰迪熊玩偶被判 5 周宵禁令,晚上 7 时至次日早上 7 时禁止出行。[①] 根据该法第 185 条的规定,排除罪犯出入特定场所的时间不超过 2 年。宵禁令通常与罚金、剥夺驾驶、刑事赔偿等结合使用,而不与监禁刑、保护观察刑等结合使用。相对来说,宵禁刑的罪犯的人身自由比较小,但这也有利于减少犯罪,稳定社会。

(三)毒品测试与检测令

治安法院、王座法院以及少年法庭对 16 岁以上并具有以下特征的犯罪人使用毒品治疗与检测令:犯罪人依赖毒品或者有滥用毒品的倾向,其依赖性或者倾向性是比较严重的,以至于需要接受戒毒治疗。它的形式有:一是治疗要求,强制犯罪人必须接受戒毒治疗;二是检测要求,需要犯罪人在执行毒品治疗与检测令期间,定期提供血液样品,以检测戒毒成效。

(四)出席中心令、监督令与行为规划令

出席中心令的对象是 10 岁至 20 岁,监督令的对象为 10 岁以上 17 岁以下,该令在对少年犯进行教育的同时对其进行监督。少年犯可以在教育中心参加集体活动,在志愿者的帮助下进行学习。同时,他们要在指定的时间内参加特定的活动,向监督人员报到,对特定的人或社区从事一定的服务等。

---

① 《英国一男子盗走供慈善拍卖玩偶被判 5 周宵禁令》,载中新网,http://www.chinanews.com/gj/2015/02-12/7057430.shtml,最后访问日期:2021 年 11 月 2 日。

英国的《刑事法院权力法(判决)2000》总则部分第36条规定,社区矫正判决的程序要求是判决前报告。在量刑阶段,必须由社区刑罚执行机关缓刑局向法院提供判决前的报告,内容包括罪犯的犯罪性质、犯罪原因,并提出相应的判决建议和意见,法官在量刑时要进行参考。缓刑官的这一职责,使社区矫正前瞻介入量刑阶段,这是英国的一大特色。①

四、日本的社区矫正

日本的社区矫正来源于保护观察制度和更生保护制度。保护观察制度,是指在一定条件和期间内对保护观察对象进行社会保护和监督的法律制度。日本的保护观察制度起始于1923年实施的《少年法》。随后,保护观察制度引申至成人。在保护观察制度中设立了基层行政机构——保护观察所及保护观察官,在保护观察官以下政府聘任了大量的民间有识之士组成保护司,采取一对一的保护监督方式协助保护观察官工作。

更生保护制度主要来自民间,“出狱小屋”和“出狱人保护公司”的建立至今已有120年至300年的历史,政府采取制定法律规制和资金奖励的方式辅助民间的更生保护。更生保护制度起始于对刑满释放人员的社会保护,民间创设该制度。更生保护制度又分为设施外与设施内。设施外保护,是指更生保护对象自行选择居住地,由所在地的保护司和民间组织进行帮扶。设施内保护,则指提供食宿的“更生保护设施”内的保护。更生保护始于1669年加贺藩设立的出狱小屋制,完善于慈善家金原明善在1888年3月建立的“静冈县出狱人保护公司”。②

2007年日本整合了相关法律,将保护观察制度和更生保护制度一体化。在两种制度的合流过程中政府与民间是“你中有我,我中有你”,保护观察官指导与监督,民间自主运营,志愿者积极参与,政府投资与民间融资共存,形成官民有效互动的制度体系。③

---

① 陈梦琪:《英国社区矫正制度评析》,载《青少年犯罪问题》2003年第6期。

② 据记载,刑满释放人员吾助因受监狱长感化,真心忏悔,不愿意重蹈犯罪覆辙,但出狱后被家庭和社会抛弃,最终选择了溺水自杀。慈善家金原明善为该事件所震撼,决定出资创立“静冈县出狱人保护公司”,并带动了京都、东京、新泻、埼玉等地纷纷成立类似机构,接收对象也逐渐由刑满释放人员扩展到缓刑人员。

③ 张荆:《中日两国社区矫正制度建设比较研究》,载《北京联合大学学报》2016年第4期。

一般意义上的“社区矫正”，在日本被称为“更生保护制度”，它适用的对象包括缓刑、假释和罪犯释放(出狱)后的安置。目的在于让犯罪者作为健全的社会人，在平常的社会环境中通过接受指导、帮助使其实现更生。该制度遵循“官民协作、以民为主”运作理念，注重发挥“保护司”这一志愿者的作用与贡献，令世人关注，颇有特色。日本的社会内处遇制度，起源于民间慈善家的倡议，以志愿者的广泛参与为显著特色，志愿者实际上成为社区处遇的主要力量。从1950年以来全国每年约有48,000人担任志愿缓刑官职务。[①] 在国际社会广获赞誉的日本保护观察制度，不足千人的专职“保护观察官员”指导着5万余人的民间人士“保护司”开展工作，其特征是“官民结合，以民为主”。保护司(类似我国的志愿者)被视为非专职、无薪酬的国家公务员，任期一般为2年，可以连任但不得超过76周岁。担任保护司必须具备诸多条件：一是具有良好的社会信誉和声望；二是具有充分的热情和时间；三是生活安定；四是身体健康。保护司的产生一般由地区推荐，再由保护观察所委托一个委员会进行审查，审查通过后由法务大臣颁发证书。其主要工作是对正在接受监督考察的人员进行指导，对监狱和其他管教场所释放人员的居住地进行调整，即环境调整，开展犯罪预防活动。

统计数据表明，日本犯罪嫌疑人被判刑并实际在监狱执行的仅占总数的2%，在监狱服刑的罪犯仅有4.3万人(1999年统计)，绝大多数的罪犯并未进入监狱执行刑罚，而是放在社会上接受“社区矫正处遇”。这些措施使日本成为世界上监禁率最低的国家，仅为10万分之32.1。[②]

日本社区矫正的管理机构是法务省下的矫正局和更生保护局。同时，另设更生保护审查会，由委员长和委员4人组成合议制机关，主要负责向法务大臣提出针对特定者的恩赦申请。在全国高等法院所辖的8个矫正管区内，设置相同数量的地方更生保护委员会，负责本管区内保护观察所的事务工作。全国8所地方更生保护委员会下，再设立50个保护观察所，具体负责本管区内的罪犯更生保护工作。此外，保护观察所还设有8个子分部，下设调查联络科、观察科和保护科共3个部门。

---

① 林遐：《日本罪犯社区处遇概况》，载《犯罪与改造研究》2002年第7期。

② 袁登明：《海外行刑社会化实践的考察及评析》，载《刑法问题与争鸣》(总第9辑)，中国方正出版社2004年版，第334页。

英、美国家最初的缓刑制度,其决定权和执行权都在法院的权限之下,由民间志愿者开展缓刑监督;而日本则是与法院相分离,通过政府强有力的组织推动,形成由层层政府机关领导民间志愿者——保护司来开展社区矫正工作。

在日本,承担更生保护职责的还有更生保护设施、更生保护协会、更生保护妇女会、BBS 会、合作雇主等。所谓更生保护设施,是经法务大臣认可,由更生保护法人运营的设施,其主要职责就是为那些刑满释放或假释但由于种种原因难以立即实现自力更生的人,提供所谓的紧急更生保护措施,即在一定的期限内提供食宿、就业指导等回归社会所必需的生活指导,帮助其顺利地实现社会回归。更生保护设施一般由私人或机构经营,保护观察所根据设施收留人数的多少给予适当补助,一般是每人每天 5000 日元(2006 年标准)。无论是刑满释放还是假释者,在更生保护设施内滞留的时间最长不能超过六个月。在此期间,他可以出去找工作,没有工作欲望者,设施可以拒绝接纳。更生保护设施所开展的活动由当地保护观察所与之协商进行,并接受保护观察所的指导。更生保护协会主要协助更生保护设施、保护司以及更生保护妇女会等开展活动,包括制作资料、举办培训、提供资金等。预防犯罪以及有关更生保护的宣传也是其一项十分重要的职责。此外,它还为那些从监管改造场所释放但经济困难的人提供旅费及相关的经济资助。这类机构在日本有 66 家。更生保护妇女会是从妇女的角度来开展社区犯罪预防和帮助违法犯罪人重新做人的志愿者团体,在全国大约有 20 万会员。它主要通过就家庭问题、不良行为问题举办社区居民讨论会、对本地区的罪犯子女进行援助、接受监督教育者参加社会活动、组织参观更生保护设施和监管改造设施等方式开展活动。BBS 会直译是“大哥大姐运动”(Big Brothers and Sisters Movement),是一种青年志愿者团体,主要目的是通过与少年一起进行娱乐活动,在帮助少年健康成长的同时,防止少年不良行为的发生。合作雇主是指那些不介意接受保护观察或紧急更生保护的人员的前科,通过积极雇佣他们来帮助其悔过自新的民间企业经营者。

五、俄罗斯的社区矫正

自 20 世纪 90 年代以来,俄罗斯制定了一系列刑事法律制度,形成了以《俄罗斯刑事执行法典》为中心、辅之以配套法规的社区矫正法治体系。据 2012 年 10 月统计,俄罗斯有 2459 个社区矫正执行机关担负着对占所有罪犯 2/5,共计

47.14 万被判处非监禁刑的罪犯进行管理和矫正工作。[1] 俄罗斯的社区矫正制度有以下特点：

(一)垂直管理体制及其经费保障机制

俄罗斯社区矫正的管理机关包括：既直属联邦总统领导又隶属于联邦政府的司法部刑罚执行总局下设的非监禁刑罚执行司；各联邦主体下设的非监禁刑罚执行管理处对辖区内的社区矫正工作进行统一管理和协调；其社区矫正的执行机关是由隶属于上级社区矫正管理机构的刑事执行监查机关，专门负责包括社区矫正在内的非监禁刑罚执行的具体事务。俄罗斯垂直管理的社区矫正组织管理体制背后是与之相适应的经费保障机制，即与监禁行刑经费一样，由俄罗斯司法部刑事执行总局保障社区矫正管理和执行机关的工作经费。

(二)社区矫正机关主导、社会共同参与

社区矫正机关依法定职权在对社区罪犯的组织管理、刑事执行工作中发挥着主导作用。相关政府机构和社会组织，则依照法律规定的职责要求共同参与社区矫正工作。如地方政府依照法定职责要为限制自由刑的执行提供相应的便利条件，罪犯居住地的相关组织、工作单位依法定职责就罪犯遵守相应自由限制的状况进行监督并对社区矫正机关及时报告相关异常情况，而后由社区矫正机关依法对相应状况及时做出处置。

(三)独具特色的社区矫正管理队伍

社区矫正执法人员在大多数国家属于普通公职人员序列。而在俄罗斯，包括社区矫正机关在内的整个刑事执行机关工作人员都属于警察序列，而且，授予军衔。社区矫正管理人员享有警察待遇及其相应的职权。

(四)刑罚替代转处机制

俄罗斯《刑事执行法》中，既设立了剥夺自由刑与较轻刑罚之间的替代转处。如表现良好的被处刑人员在实际履行法定部分的刑期后，可以提出申请以较轻刑罚类别替代其未履行完毕的部分刑罚；又设立了限制自由刑向剥夺自由

---

① 栗志杰、李玉娥、田越光：《俄罗斯社区矫正制度评述与启示》，载《河北法学》2014 年第 1 期。

刑的转处。如对蓄意违反管制规定的人以拘役刑甚至短期有期徒刑来替代。对破坏行刑程序或蓄意逃避义务性劳动刑、罚金刑、矫正性劳动刑的罪犯，社区矫正机关可以向法院提请变更为其他更重的刑罚类别。刑罚替代转处机制的建立，既激励表现良好的罪犯积极矫正，又有力保证了社区矫正刑罚执行的强制性和威慑性。

俄罗斯的刑罚替代转处机制对我国社区矫正实践有借鉴之处，如针对实践中存在的管制犯不履行法定义务，无法像缓刑、假释犯那样有收监执行作为“杀手锏”，依据现有法律规定，管制罪犯被治安拘留期满或者被采取刑事强制措施后被释放或者被免予起诉的，没有任何后续的惩戒措施，非常不利于对管制罪犯的监管。我们认为，可以借鉴俄罗斯的刑罚替代转处机制，即如果恶意逃避法律制裁、拒不履行有关义务，可以撤销管制易科拘役的处罚，使管制的执行保持必要的张力，督促管制犯积极遵守和履行法定的规则和义务，保证行刑效果。

六、国外社区矫正的启示

通过对国外社区矫正历史演变的研究可以发现，国外社区矫正缺乏统一规定，范围宽泛，不仅包括非监禁刑罚的执行，还包括审前措施的执行，以及对刑释人员的帮助。如国外的缓刑，包括暂缓起诉、暂缓判决（暂缓宣告有罪、作有罪宣告但暂缓宣告其刑）、暂缓执行，但宗旨均相同，都在于避免刑罚尤其是监禁刑的弊端、促使犯罪人重返社会。综观国外社区矫正发展历程，笔者认为，可以得出以下基本认识：

（一）社区矫正需要广泛的民意基础

从英、美以及其他国家社区矫正的演变进程看，无论是在社区矫正的萌芽产生阶段，抑或社区矫正的广泛适用、理性运用阶段，还是社区矫正的调整适用阶段，民间力量均伴随其整个发展进程。英、美等国社区矫正的起源和建立离不开志愿者的参与和推动，与此同时，志愿者既是“第一任矫正官”，也是自我淘汰的推动者。为了社区矫正的发展，他们推动了英、美等国缓刑法和假释法的颁布，青少年犯法庭的建立。换句话说，他们推动了英、美等国社区矫正的正规化、专业化。

尽管社会公众对罪犯心存恐惧，但总有民间慈善人士、虔诚的宗教徒秉承人道与宽容理念，坚持启发社区共同体的道德思维。这些举措，既解脱了社区矫正对象的罪恶感,又让更多的民众参与到社区矫正的疏导与教化之中,从而令社区矫正在西方社会有着深厚的民意基础。

(二)"严而不厉"的刑事政策导致使矫正系统不堪重负

欧美等发达国家长期以来推行"严而不厉"的刑事政策,法网严密,犯罪圈周延,但惩罚力度过于轻缓,即所谓的"高高举起、轻轻放下"。"严而不厉"刑事政策存在一个重大的弊端,即社会公众感受到自己似乎总为犯罪所包围,缺乏社会安全感。犯罪圈过大,犯罪人数不断攀升,社区矫正机构必然承载大量的社区罪犯的矫正任务,而这个任务又几乎不可能实现,其弊端自然丛生,使社会公众感到失望。

(三)社区矫正作用发挥,必须具备特定的前提

国外成熟的社区矫正包括审前适用诉讼程序的分流、审判中刑罚裁量的非监禁化、刑罚执行过程中的非监禁化,存在于审前、审中、审后阶段,不仅适用于已决犯还适用于未决犯(如审前转处)。我国社区矫正仅仅适用于已决犯,存在于审判和执行阶段,对于未决犯的社区矫正属于空白。对那些审前处于非羁押状态,不捕不诉或附条件不起诉的犯罪嫌疑人缺乏适用社区矫正的法律空间。虽然《社区矫正法》对我国社区矫正"非监禁刑事执行"的定位,可以为前述审前未决羁押犯纳入社区矫正提供探索空间。但是,我们应明白:"社区矫正"包含"社区""矫正"两个核心要素。"社区",不仅是一个"地域归属",更强调的是"主人翁"责任的承担。"社区"的存在,才能动员社会力量的参与;"矫正"要求社区矫正机构对矫正对象提供特定的监督与帮助,而非放任自流,否则,难以实现其重返社会、预防重新犯罪。英美等国自20世纪70年代以来,社区矫正遭遇到调整期,其原因就是"社区"因素已有,而缺乏"矫正"项目。表面来看,矫正项目丰富,但因社区罪犯的基数过大,缓刑官、假释官监督对象太多(有的国家达100人以上),很难将矫正项目按规定动作加以实施,大多数社区罪犯都处于几乎无监督的状态。这些教训警醒我们:在一个国家的社区矫正设施及其系统尚未完善之前,大规模提高社区矫正的适用率,将给社区矫正机构带来巨大的风险与压力。特别是在目前,"社区"大多仅仅是在原有的村(居)委会基础上重新划定的一种"地域规模",缺乏"共同体"价值的塑造。城市社区的设置主要是为了解决单位解体后的社会整合与社会控制,而非促进市民社会发展。

农村社区,可能连基本的“社区”要素都不完备。在此基础上鼓励社会力量参与社区矫正,对其能够发挥的作用我们认为应当有一个正确的预期。如若大规模地适用社区矫正,我们认为会隐含极大的安全隐患。

(四)风险管理模式已经左右欧美社区矫正实践

尽管近年来欧美国家官方的犯罪统计数据存在下降趋势,但犯罪的绝对数量仍然十分庞大。在这样的背景中,倡导风险管理模式的“精算式司法”在西方国家的矫正领域发挥了主导作用。主张对罪犯实施风险甄别,对危险犯的管理是社区矫正的核心任务。他们认为,对于社区矫正而言,主张惩罚、教育、帮扶等功能都不是最重要的,最重要的是管理好具有社会危险性的矫正对象,特别是有脱管、漏管或重新犯罪危险的社区罪犯。将社区罪犯作为“风险”来“管理”,是否可取?值得我们关注与思考。

七、我国社区矫正的试点、试行

我国社区矫正经历了试点、试行、全面推进的过程。从 2003 年的试点到 2019 年《社区矫正法》颁布,2020 年《社区矫正法》实施,经历了一个不断探索完善的过程。

(一)我国社区矫正的源起

早在新民主主义时期,中国共产党领导的革命根据地建设中,就尝试过“回村服刑”“春耕假”“秋收假”“保外服役”等制度,这些将服刑人员交由基层组织和群众监督、教育、改造的监外行刑制度,堪称我国现代社区矫正制度的萌芽。

2001 年 5 月,河北省石家庄市长安区检察院向涉嫌盗窃的未成年犯罪嫌疑人黎某下达了一个特殊的法律文书——“社区服务令”,指令他到某居委会以“社会志愿者”的身份进行无薪社会服务。同年 7 月 26 日,“社区服务令”期满,长安区检察院鉴于黎某在“社区服务令”期间确有悔改表现,对其做出了不起诉的决定。[①] 这是我国第一例社区服务令,被认为开了国内社区矫正之先河。

张某是房山区大石窝镇某村村民,18 岁时因犯故意伤害罪,被判处有期徒

① 叶祖盛:《程序分流对未成年人的特殊保护》,载 http://gxfy.chinacourt.org/article/detail/2011/08/id/2441696.shtml,最后访问日期:2020 年 10 月 12 日。

刑 8 个月,缓刑 1 年。于 2003 年 6 月 28 日至 2004 年 6 月 27 日在大石窝镇司法所接受社区矫正教育。2002 年 7 月,北京市司法局在房山区周口店镇开展“社区矫治”的试点工作,房山区成为全国开展社区矫正工作的试点地区。一年后,大石窝镇司法所接收了第一例矫正对象,也是全国开展社区矫正工作接收的首例罪犯。①

2009 年上海市女子监狱对罪犯尝试了半监禁刑的探索,对于符合条件的罪犯,允许周一至周五参加社区劳动,周末回监狱服刑。这是我国刑罚执行机关在司法实践中首次探索使用带有社区矫正性质的制度。

前述刑事执行案例,可以说是我国社区矫正的萌芽。

(二)我国社区矫正的发展历程

2002 年 8 月,上海在全国率先启动社区矫正试点。全国首家非营利的社区矫正组织上海市新航社区服务总站于 2004 年成立。

我国从 2003 年开始正式使用“社区矫正”概念,并把其作为一项制度在沿海 6 省市试点;2005 年增加了 12 个省(市、区);2009 年在全国全面试行。②

2011 年《刑法修正案(八)》、2012 年《刑事诉讼法》被写入“社区矫正”。《刑法修正案(八)》规定:“适用缓刑、假释应当考虑对所居住社区的影响”,虽然缺失程序性要求,但为审前社会调查提供了实体性的法律依据。该制度得以基本法律的形式确立。2012 年修订的《刑事诉讼法》,对未成年人犯罪案件明确规定必须进行社会调查。根据最高人民检察院 2017 年《未成年人刑事案件工作指引》(试行)第 29 条之规定,对于未成年人刑事案件,一般“应当进行社会调查”。实践中,人民法院对未成年被告案件均会委托调查。庭审中通常由人民陪审员宣读。未成年人刑事案件引入“社会调查”后,调查评估报告已经成为人民法院教育和量刑的重要参考。

---

① 《北京房山区社区矫正样本:接收全国首例矫正对象》,载 http://www.china.com.cn/news/txt/2014-01/16/content_31205110.htm,最后访问日期:2020 年 10 月 12 日。

② 最高人民法院、最高人民检察院、公安部、司法部先后联合发布了三个关于社区矫正试点工作文件:2003 年 7 月 10 日发布《关于开展社区矫正试点工作的通知》(已失效),确定北京、天津、上海、江苏、浙江、山东六省(市)从 2003 年开始为进行社区矫正工作的试点省(市);2005 年 1 月 20 日发布《关于扩大社区矫正试点范围的通知》(已失效),确定将重庆、广东、内蒙古、海南、四川、黑龙江、安徽、湖北、湖南、河北、广西、贵州等 12 省市(自治区)为第二批社区矫正试点地区;2009 年 9 月 2 日发布《关于在全国试行社区矫正工作的意见》(已失效)。

2012 年《实施办法》,对社区矫正工作规范与流程作了系统性规范。2015 年《刑法修正案(九)》中还对假释人员适用“职业禁止”问题进行了规制。鉴于 2012 年《实施办法》相关制度规定太过笼统、模糊,[①]缺乏可操作性,以及部门衔接不畅。[②] 2016 年“两高两部”又联合颁行《衔接配合意见》。该意见新增对社区矫正对象交付接收、收监执行等环节的衔接制度,对审前社会调查评估程序进行了一定程度的规范与细化。并明确规定:“调查评估意见作为委托机关依法适用或者提请适用社区矫正的参考”。上述立法和相关司法规范性文件中,基本确立了由公、检、法、司监分工合作的社区矫正工作体系框架。

自 2012 年以来,国务院每年都将社区矫正立法列为立法项目,全国人大常委会自 2015 年以来,已经连续四年将社区矫正立法列入立法或审议计划。2016 年 12 月 1 日国务院法制办公室公布《社区矫正法(征求意见稿)》。2018 年中央政法工作会议提出,要深入推进社区矫正社会化,依法逐步提高假释比例,意味着将有更多的罪犯将会在社区环境下逐步融入社会。2019 年 7 月 5 日中国人大网发布《社区矫正法(草案)》并向全民公开征求意见稿。社区矫正的立法与实践,正在中国大地如火如荼开展。

《社区矫正法》通过之前,社区矫正工作存在的不足明显,如日常监管中未充分发挥矫正小组作用,存在“单打独斗”情形;没有明确的矫正方案,矫正项目缺乏个性、针对性;监管手段简单化、模式化;分类管理执行不严格;教育学习和社区服务趋向形式化、虚无化;外出审批不规范等。

2019 年 12 月 28 日全国人大常委会通过《社区矫正法》,不仅标志着社区矫正领域首部专门性法律出台,对于推进社区矫正工作的规范化、专业化、法治化以及国家治理体系和治理能力建设均具有重要意义。

与此同时,各省(自治区、直辖市)也制定了社区矫正《实施细则》《社区矫正社会调查评估办法》等配套的地方规范性文件。

近年来,我国社区矫正机构每年新接收社区矫正对象 50 多万人,每年列管

---

① 如社区矫正对象需 24 小时随时携带定位手机。但依然无法避免其将定位手机放置家中或交由亲朋后未经审批外出的监管盲点;2012 年《实施办法》规定,社区矫正对象受到司法行政机关警告三次后仍不改正,才可以提请收监。因违规成本低,社区矫正对象普遍存在侥幸心理。

② 刑事诉讼中,立案、侦查、起诉、审判,乃至执行等各阶段必须坚持公、检、法等办案机关之间的分工、配合及相互制约机制,这是刑事诉讼的基本原则。社区矫正是刑事执行,当然应受制于该原则。但遗憾的是,部门配合衔接的基本情况是“各打各的拳,各出各的招”。即使是司法行政系统内,在涉及跨市(州)管辖、执行地变更也难以协调,影响了社区矫正的效果,社区矫正工作存在较大的安全隐患。

约120万人。全国累计接收社区矫正对象537万人，累计解除矫正473万人，[①]矫正期间再犯罪率，一直处于0.2%的较低水平。社区矫正工作对维护社会和谐稳定，推进平安中国、法治中国建设发挥了积极作用。虽然在现实中还存在经费无法保障、场所无法落实、司法行政人员缺失执法身份与权限、矫正项目缺乏针对性、风险评估体系不健全、公、检、法机关与司法行政部门缺失协调联动机制等问题，但社区矫正事业的蓬勃发展得到了政策与法律的回应、得到了公众的认同。

当然，在此有一个对"再犯罪率"正确认识的问题。目前，统计社区矫正对象再犯罪率时仅仅是矫正期间的再犯率。笔者认为，再犯罪率应该从多方面进行考量：既要考察社区矫正期间的再犯罪率，也要考察解矫之后的再犯罪率。如解矫后两年或三年内的再犯罪率。只有这样，社区矫正在预防和减少再犯罪方面，与监狱矫正相比，才具有比较优势；社区矫正的目的，是让轻微犯罪人重新回归社会，因此，将"降低重新犯罪率"作为社区矫正的主要目标是可以的。但如果将"降低重新犯罪率"作为评估社区矫正工作成败的唯一标准，则很难说是科学的。因为犯罪原因是多方面的，矫正期间重新犯罪的原因也是多方面。且由于侦查等原因，重新犯罪有可能未被发现，而有的犯罪可能因为数额不够等而未被定罪，或者因为其他原因而未被起诉等，"重新犯罪率"很难被准确测定。如果一味追求降低重新犯罪率，笔者担心，很可能形成不正确的矫正导向，使基层的矫正工作形成某些不正之风。

八、社区矫正的中国特色

根据我国城乡二元结构的社会特征，社区矫正可以分为城市社区矫正和农村社区矫正。城市社区矫正已经创建了以司法行政力量为核心的北京模式，以社会组织承接为核心的上海模式，以及有学者提炼出以项目化购买为核心的深圳模式。[②] 但笔者认为，其实深圳模式与上海模式如出一辙，均突出政府购买服

---

① 《学习贯彻习近平总书记"七一"重要讲话精神　深入推进社区矫正工作规范化精细化智能化》，载人民网，http://www.people.com.cn/BIG5/n1/2021/0826/c32306－32209041.html，最后访问日期：2021年10月6日。

② 首先由司法行政系统向民政系统申请购买服务岗位，然后民政局向社会工作服务机构公开招标，再由中标机构派驻社工到司法局或司法所开展专业矫正服务。参见熊贵彬：《循证矫正视角下的社区矫正与社会工作：调查·理论·实务》，中国政法大学出版社2021年版，第112页。

务,只不过操作模式略有不同而已。

“北京模式”的总体思路是“政府出资,团体运作,面向社会招聘,购买专业服务,实行资源共享。”建立了阳光社区矫正服务中心、社区矫正职业技能培训基地、惠泽心理矫正工作室。注重通过行政化的教育来实现对矫正对象的心理矫正。显著特点是:首都“维稳”理念下强调对社区矫正对象的严格管理;借用监狱(戒毒)人民警察全程参与(也即“延伸用警”);“40-50协管员”[①]作为社会力量辅助开展社区矫正;建立“中途之家”对“三无人员”进行集中培训与过渡安置。“上海模式”的总体思路是“政府主导推动、社团自主运行、社会多方参与”。组建了的三个民办非企业性质社团组织,即上海市自强社会服务总社、上海市新航社区服务总站、上海市阳光青少年事务中心。显著特点是:设计者与实施者超越了传统依靠行政方法的实施专政的理念,而采用了社会工作关于平等、尊严、接纳、诚信等方面的理念,以及发挥社会工作康复、预防功能的理念。将社会工作的价值理念运用到社区矫正的过程,通过政府购买社工服务的方式推动民间社团的自主运作,实行专门化机关管理和社会化管理相结合。

在试点阶段,上海曾排除警察或监狱干警的对社区矫正对象的考察监督,而由社会工作者进行心理辅导和帮扶解困。应该说“上海模式”更接近于国际社区矫正的范式,因为联合国决议曾强调,对缓刑者进行保护观察不可使用警察。不过,出于“刑罚执行”的定性和“社会稳定”的政治考量,监狱(戒毒)干警入驻基层司法所,全程参与社区矫正的“北京模式”更符合该界定,并最终获得全国的效仿,“上海模式”逐渐式微。但该界定限制了刑满释放人员进入社区矫正,也使中国社区矫正的未来走势趋向于惩罚性、强制性和专业性,并对社会组织、民间志愿者参与社区矫正形成排斥。

在广阔的乡村,如何将邻里守望、乡村伦理、礼治秩序等优势与社区矫正有机结合起来,探索适合农村之社区矫正路径,将社区矫正对象改造为守法公民?社区矫正机构不断探索、勇于创新,积累了大量适合农村社区矫正工作的经验,其中浙江省的“枫桥5+1模式”最为显著。[②] “枫桥模式”的显著特点在于充分发挥了村民自治组织的整合功能。全国各地司法行政部门通过努力耕耘,成效

① “40-50协管员”是指从街道40岁至50岁年龄段失业1年以上的下岗职工中,通过笔试或面试,招聘具有一定文化程度和工作责任心,能胜任社区矫正工作岗位的人员担任协管员。

② 枫桥“5+1”模式,其中“5”是指社区司法助理员、社区民警、驻村指导员、村责任人和矫正对象家属五个方面的人员;“1”是指社区矫正对象本人。

初步显露，社区矫正已经逐步形成了“中国特色”。社区矫正的“中国特色”体现在：

（一）适用范围相对较小

在国外，社区矫正适用范围比较宽泛，不仅包括被法院定罪的罪犯，还包括有犯罪事实但未进入审判程序的犯罪嫌疑人，甚至包括有犯罪危险还没着手实施犯罪的人以及刑满释放人员。既包括常见的缓刑、假释、社区服务刑、中间制裁，还包括诸如美国的审前转处（缓起诉），以及日本等国的出狱人保护。是“所有在社区中进行的针对偏差、越轨和不良行为开展矫正规训和帮教活动”。[①] 与西方国家相较，目前我国社区矫正的对象仅仅是被判处管制、宣告缓刑、裁定假释和暂予监外执行四类罪犯。四类罪犯中的缓刑、假释的适用，刑法还设置了“没有再犯罪危险”这个极高而又难以评估的标准，导致我国社区矫正适用率一直偏低，实际上在某种程度上背离了“犯罪总会保持一定比例”的“犯罪饱和法则”。

虽然《社区矫正法》已将社区矫正的性质定性为“刑事执行”，意味着社区矫正对象适用范围可以扩容，附条件不起诉的未成年人可以纳入社区矫正，个别地区已先行尝试探索。[②] 但社区矫正适用范围的扩大面临与《刑法修正案（八）》和《刑事诉讼法》规定保持一致的难题。在《刑法》《刑事诉讼法》等“前位法”尚未修订而扩容背景下，作为“后位法”的《社区矫正法》扩容，将面临正当性的质疑。加之，社区矫正工作人员的人手短缺、权限不足、手段不足等因素，笔者认为，目前不宜盲目扩容，社区矫正的适用对象将限定在四类罪犯范围内。

（二）政府主导推动，社会力量广泛参与

西方国家推行社区矫正，社会大众中有广泛的民意基础，以社区主导为主。而在我国，政府具有强大的资源优势和高效社会治理能力，宗教力量很少介入民间事务、社会事务，介入罪犯矫正更是罕见。同时，社区尚未发育成熟，社区

---

① 熊贵彬：《循证矫正视角下的社区矫正与社会工作：调查·理论·实务》，中国政法大学出版社 2021 年版，第 9 页。

② 《内蒙古扎兰屯：首次将附条件不起诉对象纳入社区矫正》，载正义网，http://www.jcrb.com/procuratorate/jcpd/201911/t20191126_2081973.html，最后访问日期：2021 年 8 月 20 日。

群众志愿团体也不成熟,城镇的社区义务志愿服务文化的土壤还没有成为熟土,志愿者文化在乡村更是较为贫乏,也就是社区矫正工作依赖的社区功能还不具备,只能在相当程度上依赖政府机构的动员组织机制。与此同时,社区矫正机构对当前“四类罪犯”的监督管理,与2012年前公安机关对“四类罪犯”的监督考察最大区别在于,增加了帮助矫正对象回归社会的教育帮扶内容。对“四类罪犯”的教育帮扶是社区矫正机构的职责,从协调同级政府有关部门为教育帮扶工作提供场所和条件、动员社会组织和人民团体参与教育帮扶工作,到组织学习教育、公益活动以及协调有关部门开展就业扶持,以及委托相关社会组织具体开展教育帮扶工作,这些显然也不是社区这个群众自治性组织能承担的,只能由人民政府设立的专门机构来协调开展。

为此,我国的社区矫正是政府倡导型的,从一开始就有政府的强力支持,具有先天优势。而不像有些国家,如日本,社区矫正从古至今都是民间主导,政府处于被动、消极地位。我国的“政府主导”不仅表现在政府提供社区矫正所需要的财政经费,更表现在政府把握社区矫正的发展方向、发展要求、社会参与程度、社会工作者的执业条件以及专门机关与有关部门关系的合理化设置。[①]

社会参与是社区矫正的基本特征之一。社会力量的中国参与包括契约型参与、组织型参与和志愿型参与。契约型参与,是指政府通过购买服务岗位或者购买服务项目的方式引导社会组织,社会组织按照购买服务的要求兑现社会服务。如上海市司法行政机关、上海市社会帮教志愿者协会每年与新航总站签订《政府购买服务合同》,以合同的形式明确各自的职责范围和权利义务。新航社工服务总站在全市各区设立工作站,按社工与社区矫正对象1∶30的比例聘任并下派社工,社工的培训和工资发放均由服务站提供,从而形成全面完整的工作站网络。组织型参与,是指在司法行政机关组织下,运用政府机关、群团组织、企事业单位的已有资源为社区矫正工作提供教育帮扶支持。如为社区矫正对象提供就业岗位、技能培训、临时性过渡安置或者提供公益劳动场所。志愿型参与,则以志愿的方式无偿为社区矫正对象提供心理咨询、法律服务、就业帮扶等。

为践行党的十九届四中全会提出的“共建共治共享”社会治理理念,并学习

---

① 周鹏:《社区矫正的理性回归——兼评〈中华人民共和国社区矫正法〉》,载《犯罪与改造研究》2020年第1期。

“枫桥经验”，利用社会力量教育帮扶罪犯，《社区矫正法》特别强调应“鼓励、引导”社会力量参与社区矫正。明确规定，社区矫正机构可以“通过购买服务、项目委托”等方式委托社会组织从事专业的教育帮扶，以不断提高矫治质量。以矫正小组为依托，立足社区、依靠社区，实行专群结合，坚持充分利用各种社会资源、广泛动员各种社会力量积极参与社区矫正工作，既是实践经验的总结，也是社区矫正的中国特色。随着《社区矫正法》的施行，2020 年《实施办法》以及地方省市《社区矫正实施细则》的颁行，党委政府统一领导、司法行政机关主管、社区矫正机构具体实施、相关部门密切配合、社会力量广泛参与、检察机关法律监督的社区矫正领导体制和工作机制在我国已经初步构建。

（三）队伍建设的逐步规范化

较之西方发达国家的矫正官（缓刑官、假释官）的专业能力、知识与素养，我国承担社区矫正工作的官员多为普通公务员（个别地方还有事业编制人员），除了通过短期培训，迅速掌握监管、训诫、法治教育等方法之外，无论是精力、时间都难以在短时间内掌握更多的心理学、社会学、教育学、法学等学科的知识，以及对社区矫正对象的管理技能。这支队伍目前在执法权限、执法身份、执法手段以及专业素养等方面虽然存在诸多问题，但这些问题没有阻碍社区矫正队伍的建设，在十几年内，形成了一支初步具备专业化、规范化、职业化的管理队伍。

（四）大力推进政府购买专业社工服务

目前，在社区矫正实践中，社区矫正工作人员严重不足、同时，在岗工作人员缺乏专业素养。为此，各地社区矫正机构不断探索，通过政府购买的方式，实现“专业的人做专业的事”之目标，全面落实社区矫正“监管、教育、帮扶”任务。在我国的社区矫正实践中，上海市新航总站、江苏省扬州市“珍艾”社工、浙江省北仑红领之家、杭州市拱墅区社区矫正服务中心、玉环市天宜社工组织、海宁市紫薇社会服务工作站、成都市黄大姐宝洁公司等，在政府主导的社区矫正工作中均发挥着积极有效的作用。

第三章

社区矫正的法理基础与刑事政策依据

作为一种行刑理念与制度的社区矫正，既是现代社会对犯罪行为、刑事责任以及人权保护等因素认识深化的结果，也是对刑罚功能及其规律探求的结果。正如贝卡里亚所言，“在刚刚摆脱野蛮状态的国家里，刑罚给予那些僵硬心灵的印象应该比较强烈和易感。但是，随着人的心灵在社会状态中柔化和感觉能力的增长，如果想保持客观与感受之间的稳定关系，就应该降低刑罚的强度”[①]。这说明刑罚的强度不是一成不变的，随着社会文明程度的提高，刑罚的强度应当逐渐降低。社区矫正体现了刑罚的发展方向，是刑罚轻缓化的一个重要标志。社区矫正的出现与发展并非偶然，它的存在与发展有其坚固的理论根基。

一、标签理论

标签理论，也称标定理论，最初是由谭纳邦在其 1938 年出版的《犯罪与社会》一书中提出。认为人的行为的定性并不取决于事物的内在性质，而是取决于社会解释方式。即行为者接受周围人对自己的看法，也就是被“标定”后才形成的。违规者一旦被贴上“罪犯”标签，就会在其心灵上打下耻辱的烙印，产生“自我降格”的心理过程，进而顺应社会对其的评价，对自己的形象加以接受：“大家都说我是坏人，那我就是坏人了。”最终演变为行为人难以改变的生活方式。长此以往，被贴标签者便会认可这种标签，进而实施更加严重的违法犯罪行为，最终成为职业犯。[②] 标签理论的基本观点是犯罪是由社会制造的，犯罪人

---

① ［意］贝卡里亚：《论犯罪与刑罚》，黄风译，中国大百科全书出版社 1993 年版，第 29 页。

② 参见《犯罪学》，法律出版社 2016 年版，第 34 页。

的产生过程，是一个社区对不良行为者给予消极反应，使其对这种消极反应产生认同，从而逐步走上犯罪道路的互动过程。

标签理论的主要代表人物是莱蒙特和贝克尔。他们认为罪犯判刑是最深刻的“标签化”过程，如果将一些罪犯在监狱服刑转到社区实施矫正，可以减少“标签化”带来的副作用。为什么人们在初次犯罪之后，还会一而再再而三地犯罪。已经犯罪的人被视为“刑满释放者”，在社会中遭到很多不公平的待遇。他们很难再找到工作，他们的家人、朋友都会因此而受到影响。并且人们会以一种警惕不安的态度来对待他们，将他们排除在正常的生活之外。于是他们只好孤独地生活，或者迫于无奈与其他被贴标签者聚集，一起报复社会，又走上犯罪道路。

将罪犯放置在监狱服刑无疑是最深刻的“标签化”过程。尤其是对于社会上的偶犯、初犯，“标签化”过程可能导致其顺应社会的评价，产生更为严重的犯罪行为。为此，标签理论的法学家们主张将罪犯由置放在监狱内执行刑罚移转到社会内矫正，从而减轻监禁机构对受刑人所造成的消极标签影响。标签理论不仅倡导将狱内矫正转换为社区矫正，而且主张判令犯罪人通过支付赔偿金或其他方式对受害人进行赔偿，或者提供社区服务来补偿其犯罪行为所造成的损害。

标签理论提出的上述刑事政策建议对社区矫正的刑事立法和司法活动产生了深远的影响。标签理论强调了社会对于犯罪人的重大影响，这为社区矫正理论提供了有利的理论基础。正是意识到社会评价对于犯罪人的影响，随后的社区矫正才特别强调要弱化社会对犯罪人的歧视，给予罪犯人文关怀。在给行为人贴“犯罪”标签和对被贴上犯罪标签的犯罪人进行社区矫正时，要协调好惩罚与人道的关系。当代社会，不仅应注重人的自然属性或有形损害所造成的痛苦，更应注重人的社会属性或无形谴责所造成的痛苦。①

与传统监禁刑相比，在标签理论基础上产生的社区矫正避免了对犯罪人最深刻的“标签化”过程，让其心理不致产生严重的“自我降格”过程。尤其是在对偶犯、初犯的处罚上，社区矫正体现出与传统监禁刑相比的绝对优势。它避免了监狱内不同犯罪人间的交叉感染，同时通过提供社区服务和义务劳动等方式来修补被破坏的社会关系，社区居民乃至被害人通过接纳与帮助社区罪犯，

---

① 骆群等：《寻求行为的融洽点：标签理论与社区矫正》，载《行政与法》2006 年第 12 期。

不对其进行道德、法律上的二次评价，可以让其重新树立信心，进而顺利回归社会。

二、恢复性司法理论

从20世纪70年代开始，刑事司法领域在反思传统刑事司法或者说"报应性司法"的基础上，开始关注被害人权益保护问题，并进而发展形成一种新型的刑事司法制度：强调罪犯与被害人、与社区的关系，而非单纯强调罪犯与国家的关系；刑罚上强调罪犯对被害人实施损害赔偿，以促进罪犯顺利融入社会为目标，而不是通过国家强制力来剥夺其自由；强调双方当事人通过对话协商，而非仇视对立，来修复被损害的社会关系。

"恢复性司法"术语最早由美国巴尼特在1977年提出，此后出现了多种版本的界定。这一司法理念的创设是为了化解冲突进而修复被犯罪人因犯罪所破坏的社会关系，"是指在刑事案件审理过程中，通过让犯罪方主动对受害方承担一定的责任，以取得被害人的谅解，在犯罪方与被害方之间建立对话关系，从更深层次化解双方的对立与冲突，并通过动员社区的力量参与其中，对犯罪人提供帮助，以修复受损社会关系的一种替代性司法活动"。[①] 虽然"恢复性司法"的定义有纷争，但其包含的五大要素已达成共识：(1)关注补偿被害人利益，包含情感需求、物质需求、社会认可需求等；(2)让犯罪人成功地重返社区。社区只有接纳了犯罪人，犯罪人才能切实融入社区，进而对其实施犯罪行为进行防控；(3)提供机会让犯罪人对其损害承担积极责任，不仅是刑事责任，更包含了经济赔偿、诚挚忏悔、赔礼道歉等；(4)注重社区建设在犯罪防控方面的重要作用；(5)提供新的替代措施，以避免司法制度的进一步升级和相对高昂的代价以及迟缓的行动。

"恢复性司法"认为，犯罪就其本质而言，首先是对被害人利益的侵犯；其次是对社区关系的损害；最后才是对国家利益与法律秩序的破坏。因此，对犯罪人的处罚，不能采用传统"报应性司法"以国家利益为重，国家垄断对犯罪人处理的方式，而是应关注被害人、社区和加害人的损害以及由此引发的需要，并通过平等协商，使各方利益获得平衡，这是修复受犯罪损害的社会关系的基础；犯罪人的责任不是被动接受国家刑罚的惩罚，而是需要积极挽回因犯罪造成的不

---

① 赵云霞、张会清：《恢复性司法理念下社区矫正相关问题研究》，载《河北法学》2012年第1期。

良后果,消除对被害人和社区的损害。同时,社区也应对犯罪人的犯罪行为承担相应的责任。为此,社区及其成员应积极帮助犯罪人,为其悔过自新提供力所能及的支持。

"恢复性司法"尝试整合犯罪行为所致的破碎关系,追求被害人与罪犯之间的和解,并以全面的方式关注被害人的诉求。在传统刑事司法以"犯罪人为中心"的思路设计相比,很大程度上忽视了被害人的参与。然而,被害人是犯罪行为最直接的作用对象,赋予其参与社区矫正的权利显然具有合法性、合理性。[①]该理论不仅为社区矫正提供了理论依据,而且拓宽了社区矫正的应用范围。

"恢复性司法"自70年代兴起以后已经成为一种潮流,并受到了国际社会的推崇。世界上第一个"恢复性司法"案例,发生在加拿大安大略省基陈纳市。1974年该市的两名年轻人因实施一系列破坏性犯罪,在当地缓刑机关、宗教组织的努力下,两名罪犯与22名被害人分别进行了会见。通过会见,两人从被害人的陈述中切实了解到自己的行为给被害人造成的损害和不便,并交清了全部赔偿金。这种被害人与犯罪人的和解程序被视为"恢复性司法"的起源。

20世纪90年代,"恢复性司法"在欧美数十个国家得到发展和广泛应用,在一定程度上冲击了传统的以报应刑为基础的刑事法治模式,促进了刑罚结构逐步走向轻缓化,对于缩减监狱行刑规模,拓展社区矫正的运用,起到了重要的作用。但美、加等国"恢复性司法"采用的是"被害人—加害人"和解的"家庭小组会议""圆桌会议"等模式,通过特定机构的工作,在受害方和加害方之间建立对话关系,由加害方向受害方承担责任,修复受损关系,恢复至原有社区秩序。而英国的"恢复性司法",则最初仅适用于青少年犯罪。当警察发现青少年实施犯罪后,并不立即逮捕并送交审判,而是先对其进行谈话,然后带其去案发现场,与受害人面谈,促使其认识到行为的危害性,协商达成补偿方案,取得受害人谅解,从而使该青少年罪犯免受起诉。现在,在英、美等国"恢复性司法"的适用,已经由青少年犯罪案件,逐渐扩展到轻罪案件,甚至一些重罪案件也尝试适用恢复性司法方式处理。

"恢复性司法"理论主张与犯罪有利害关系的各方共同参与犯罪治理,通过家庭小组会议、刑事和解等方式,在被害人利益恢复、社区关系恢复基础上,促

---

① 吴何奇:《社区矫正顶层设计的理性批判——以修复性司法为视角》,载《商丘师范学院学报》2018年第4期。

进犯罪人自我恢复(其最显性指标在于不再重新犯罪)。“恢复性司法”理论推动了刑罚观念的重大进步,是对传统刑事司法的重要补充,已成为现代刑事司法的一个重要范式。

“恢复性司法”也被我国实务界大量运用于司法实践。例如,通过“补植复绿”“增殖放养”“复垦土地”等“恢复生态环境”形式,将恢复性司法适用于环境资源犯罪案件,在惩治环境资源犯罪的同时,修复被犯罪破坏的生态环境。2018 年 3 月“两高”还通过颁布《关于检察公益诉讼案件适用法律若干问题的解释》进一步明确:在环境资源犯罪、食品药品犯罪案件中,检察机关可以通过提起刑事附带民事公益诉讼,除要求被告人承担刑事处罚、赔偿经济损失外,可以根据具体案情要求被告人承担“停止侵害、排除妨碍、消除危险、恢复原状”等民事责任。笔者在网络上搜索到如此案例:2010 年 3 月,广东省惠州市农民陈某良和曾某强未经林业部门批准,擅自砍伐墩子林场林木并出售。经测量,两人盗伐的林木蓄积量为 27 立方米,盗伐迹地面积 5.5 亩。经审理,惠州市惠城区法院对本案作出一审判决。认定被告人陈某良、曾某强构成盗伐林木罪,分别判处两被告人有期徒刑 4 年,并处罚金 3000 元。一审宣判后,陈某良和曾某强不服,向惠州市中级法院提出上诉。同时,惠城区检察院也提出抗诉。二审期间,陈某良、曾某强多次向法官表示,愿意接受损坏林木价值 5 倍的赔偿惩罚以及在林业部门指定的林地补种树木。鉴于上诉人认罪态度较好,惠州市中级法院对两人分别判处有期徒刑 3 年,缓刑 5 年,以及分别并处罚金人民币 5 万元,同时还判处两上诉人在惠州市林业局指定的 10 亩林地义务种植 500 棵树。本案中,陈某良和曾某强从盗伐林木判处实刑,到承诺补植林木获得缓刑,其“故事”受到了当时社会舆论的广泛关注。基于恢复性司法理念而作出的二审判决,不仅具有司法的人性化,而且,案件的办理也体现了法律效果和社会效果的有机统一。

三、深化的复归理论

19 世纪下半期和 20 世纪上半期是复归理论占统治地位的时期。传统的复归理论认为,所有罪犯都是可复归的。监狱是一个提供矫正罪犯的地方,而不是一个惩罚罪犯、剥夺罪犯能力的场所。“矫正的任务包括在犯人和社区之间建立或重新建立牢固的联系,是罪犯重归社会生活中去,恢复家庭关系,获得职业教育。就广泛的意义而言,即在于为犯人在社会政治生活中获得一席之地提供帮助。这需要发动和改造社会及其各类机构。”然而,西方国家 30% –40% 的累犯比例证明:“监狱,这一与犯罪作斗争的主要工具反而成了重新犯罪的学校”。学者们不得不反思传统的复归理论,对其进行延伸和深化。“将一个人数年之久关押在高度警戒监狱里,告诉他每天睡觉、起床的时间和每日每分钟应做的事,然后将其抛向街头并指望他成为一名模范公民,这是不可思议的”①。在这种情况下只有动用社会资源和力量才能到达行刑的目的。

20 世纪 60 年代以后,人们认识到复归理论仍有缺陷,新社会防卫论的领军人物——法国学者马克·安塞尔提出了深化复归理论。深化复归理论认为,“犯罪是社会多种因素综合作用的产物,改造罪犯必须使其置于由多种社会关系构成的特定环境中,从事多方面社会实践的体验。在罪犯复归社会前后,只有充分调动社会一切积极因素,合力救助、教育改造和防范犯罪分子,才能保证和巩固刑罚执行的效果,确保行刑目的的实现”。② 该理论认为,犯罪不仅是行为人的主观心理活动的结果,也是社会中许多不良因素相互作用的产物;监狱不是改造罪犯的理想场所,恰恰相反,由于众多的罪犯被关押在一起,造成了罪犯之间的交叉感染,不仅达不到教育改造的目的,反而为罪犯们相互学习犯罪技术提供了机会,大大增加了再犯罪的概率。该理论主张应当把社区作为罪犯矫治中心,将罪犯置于社区环境,充分调动各种社区力量形成合力,对罪犯进行救助和教育改造,帮助其矫正不良心理和行为,重新融入社会。马克·安塞尔认为,合理地组织对犯罪的反应的关键在于,以人道主义的刑事政策为基础,承认犯罪人有复归社会的权利,社会有使犯罪人复归社会的义务,把犯罪人教育成为新人、使之复归社会,是真正的最高的人道主义。③

在深化的复归理论推动下,20 世纪 60 年代,人们开始寻求更好的矫正模式,建立在对狱内矫正认识经验基础上,以社区矫正为主要内容的重新回归模式便应运而生。可见,正是深化的复归理论促成了社区矫正的诞生。

四、行刑社会化思潮

从过去到现在的时间一维性来看,伴随刑罚执行的报复刑、威慑刑、教育刑

---

① [美]巴特勒斯:《矫正导论》,孙晓雳等译,中国人民公安大学出版社 1991 年版,第 130 页。
② 金碧华:《社区矫正假释人员回归社会的障碍分析及破解策略》,载《犯罪研究》2020 年第 3 期。
③ 贾宇:《社区矫正导论》,知识产权出版社 2010 年版,第 43 页。

实践,刑罚执行理论的发展也相应地出现了报复刑思想、威慑刑思想、教育刑思想。在报复刑主义看来,犯罪是因,刑罚是果,犯罪种下恶因,其恶因必结恶果,恶行必有恶报,刑罚就是此种恶报的具体结果,刑罚的意义在于以向犯罪人实施报复惩罚为目的,“以血还血”“以牙还牙”“以眼还眼”,天经地义。威慑刑主义认为,依赖“以猛服民”的严刑峻法,更适合于统治需要,以残酷的刑罚手段惩罚犯罪人,展示刑罚威慑作用为目的,使人们产生恐惧心理,不敢犯罪。

教育刑主义倡导并践行在刑罚执行的整个过程中对服刑人施以教育,不应一味惩罚作为社会环境牺牲品的犯罪人,而应当同时教育改造他们,使其尽快回归社会。

从教育刑萌发到20世纪初为监狱行刑教育阶段。英国慈善家、监狱改革家约翰·霍华德(1726年－1790年),曾7次考察英国和欧洲各国的监狱,在1777年出版了《英格兰及威尔士的监狱状况》一书,呼吁监狱改良,要求对犯人采取宗教感化等改革措施。在英国监狱改良的影响下,美国、法国、德国等国家先后也开展了监狱改良运动,创立了累进处遇制、善行折减制、假释制等,尝试了宾州制与奥本制,成立了监狱协会。尤其是美国1780年确立了倡导矫正的《原则宣言》,1808年美国新泽西州监狱竖起一块牌子,上写“执行刑罚固然是惩罚,但目的是矫正罪犯,以便于预防犯罪。”在监狱行刑过程中,对罪犯进行劳动训练,传授文化知识,实行宗教教诲,在许多国家以立法的形式体现出来并付诸实践。

从20世纪初到现在,为教育刑思想与实践的第二个发展阶段。严酷的现实促使人们对监狱行刑教育的效果进行了深刻的反思,认识到犯罪原因不仅有犯罪人的主观因素,而且有社会的客观原因。西方资本主义发展到帝国主义时期,出于政治上的需要,国家有意识地对刑罚理论研究的走向给予行政干预,吸收了历史上存在过的刑罚理论与实践的合理因素,在教育刑思想的范畴内提出了综合刑理论,主张在刑罚剥夺、威慑、教育功能的基础上把行刑矫正罪犯与社会参与结合起来。正如德国刑事社会学派的代表人李斯特所说的“最好的社会政策,也就是最好的刑事政策”。20世纪进入了监狱行刑矫正罪犯与社会参与的时代,监狱的开放式处遇、开放式监狱、社区矫正等取代了监狱行刑矫正罪犯的单一教育手段。

为此,世界各国作了种种尝试,一直在寻求合适的行刑环境方式。因而,在自由开放的社区里执行刑罚的社区矫正就在世界上出现了。实践证明,社区矫正比监狱行刑矫正具有明确的环境优势,社区矫正已成为与监狱行刑并驾齐驱的一种刑事执行方式。

行刑社会化是与行刑监狱化相对应的一种对罪犯进行教育改造的方式。行刑社会化,最早由刑事近代学派提出,最终在社会防卫运动的领军人物安塞尔那里得到系统的表述,是西方国家社区矫正的重要理论基础,“是指为了避免和克服监禁刑存在的某些弊端,使刑事执行服务于罪犯再社会化的目标,而应慎用监禁刑,使其在社会上得到教育改造;同时对于罪行较重,有必要进行监禁的罪犯,应使其尽可能多地接触社会,并使社会最大限度地参与罪犯矫正事业,从而使刑事执行与社会发展保持同步,为罪犯顺利回归社会创造有利条件。”① 我国学者认为“行刑社会化是刑罚执行原则之一,是指刑罚执行过程中要依靠社会力量对受刑人进行帮教,使之易于回归社会。社会化原则包括两个方面的内容:一是调动社会的积极因素影响社会,让社会参与对犯罪人的改造;二是培养受刑人再社会化能力,使之能适应正常的社会生活。”②

由此可见,行刑社会化,是指刑罚的执行方式、刑罚的执行过程,应该在专门机关的主导下,社会公众有更加广泛的参与权,对罪行较轻的犯罪人应该尽可能地适用非监禁刑,对必须监禁的犯罪人则在监禁的同时应使其多接触社会,最大限度地动员社会力量参与对犯罪人的改造、矫正。

需要说明的是,行刑社会化既包括非监禁刑的社会化,也包括监禁刑的社会化。它强调的是在刑罚执行过程中,服刑人员应予社会接触和联系,促使其能够顺利回归并融入社会,以更好的实现刑罚目标。行刑社会化已代表了当今世界刑罚发展的主流趋势,成为衡量国家文明程度的重要标志。

监禁刑在近代以来成为各国刑罚体系的中心。但是监狱行刑一方面应用高墙电网将罪犯隔离于社会,使罪犯无法与社会接触;另一方面强调罪犯刑满释放后与社会的融合,去追求罪犯再社会化的目标,这就形成了手段与目标之间的深刻矛盾,也是改造教育罪犯的悖论。在现代社会中,监禁刑的运行成本在不断增加,而其改造效能却令人失望。为缓解这一问题,在西方兴起了行刑社会化思想。在这一理论基础上的社区矫正,注重借助社会因素帮助罪犯修复人格缺陷,通过社会力量帮助其重塑健康人格,让罪犯在逐步适应社会的同时

---

① 冯卫国:《行刑社会化研究》,北京大学出版社 2003 年版,第 42 页。

② 高铭暄、马克昌主编:《刑法学》,北京大学出版社、高等教育出版社 2000 年版,第 310 页。

在社会中接受矫正、教育，最终平稳过渡、顺利回归社会。

西方国家19世纪末兴起"行刑社会化"思想，这正是社区矫正理念的最初起源。近代以来，将监禁作为不得已而使用的手段，成为诸多联合国刑事司法规则，如《监禁替代措施》、《减少监狱人口、监禁替代措施和犯罪人社会整合》以及联合国《东京规则》等所明确倡导的理念，极大促进了社区矫正在国际社会刑罚执行制度中的适用。①

相较于传统的监狱行刑，行刑社会化有明显的优势。它可以实现让罪犯一边服刑，一边不脱离社会和家庭等多种良性社会关系，从而更好的实现改造目的。同时，由于罪犯在社区服刑，矫正机构可以利用社会上的各种资源为其提供一定的救助和教育，帮助其顺利融入社会。现代西方国家让社会团体或个人等社会资源参与罪犯的矫正工作，成为其一大特色。

五、宽严相济刑事政策

刑事政策是指国家和社会以打击犯罪、预防犯罪、维护稳定的社会秩序为目的而制定的行为规范和行动准则。刑事政策的内涵通常有四个要素：刑事政策的主体是国家和社会（团体）；刑事政策的对象包括犯罪和其他危害社会的行为，统称为犯罪现象；刑事政策的目的是打击和预防犯罪，维护稳定的社会秩序；刑事政策的手段是刑罚和其他非刑罚的方法。而刑事政策的根本目的是预防犯罪，这也是刑事政策作为一种公共政策的根本特征。

2006年党的第十六届六中全会通过的《中共中央关于构建社会主义和谐社会若干重大问题的决定》中，明确提出要在我国实施宽严相济的刑事司法政策。所谓"宽严相济"，就是要求做到当宽则宽，当严则严。具体而言就是，对轻微违法犯罪人员和失足青少年依法从宽处罚，而对严重刑事犯罪则严厉打击。它避免了"严打"的片面性，同时又消除了"惩办与宽大"政策的政治色彩。

宽严相济的"宽"带有宽大、宽缓和宽容之意。"宽"表现为以下三种情形：（1）非犯罪化。即本应作为犯罪处理的行为，基于某种刑事政策的需要不作为犯罪处理。如基于"教育、感化、挽救"需要，对构罪的对未成年人实施的"附条件不起诉"，以及当前试点的、实施轻罪并承诺完善合规前提下的"企业合规不起诉"，以体现刑罚的轻缓化；（2）是非监禁化。即某一行为虽构成犯罪，但根据

---

① 郭建安等：《略论改革和完善我国的社区矫正制度》，载《法治论丛》2003年第3期。

犯罪情节和悔罪表现,处以社区矫正等非监禁刑的刑事处遇。如《刑法修正案(八)》规定,"对于被判处拘役,三年以下有期徒刑的犯罪分子,同时符合下列条件的,可以宣告缓刑,对其中不满十八周岁的人、怀孕的妇女和已满七十五周岁的人,应当宣告缓刑"。在这里将符合缓刑的"老、幼、孕"三类罪犯纳入社区矫正,就突出了"宽"的特点;(3)非司法化。就诉讼程序而言,凡是涉嫌犯罪的都应进入刑事诉讼程序,但在公诉案件中,如果犯罪嫌疑人、被告人真诚悔罪,通过向被害人赔偿损失、赔礼道歉等方式获得被害人谅解,被害人自愿和解的,双方当事人可以和解。非司法化,是对轻微犯罪案件在正式的刑事诉讼之外得以结案的一种方式,体现对轻微犯罪的宽缓处理。

宽严相济的刑事政策,既符合国际刑罚轻刑化、人道化、行刑社会化的发展趋势,也为实施社区矫正提供了政策依据。社区矫正作为对罪行轻微的犯罪人的刑事处遇模式,正是宽严相济刑事政策中"宽"的一面的体现,也符合我国刑罚体制改革发展的方向。从各国关于罪犯矫正来看,一般都是根据犯罪人具体罪行的轻重或改造情况进行分类,对罪行较轻、主观恶性较小、社会危害性不大的罪犯或经过监管改造、确有悔改表现、没有再犯罪危险的罪犯,让他们区别于监狱监禁重刑犯,脱离监狱回到社区矫正。也就是为这部分罪犯提供一种介于"监狱人"和"社会人"之间的过渡,使其尽早回归并融入社会,获得新生。社区矫正的实质就在于对犯罪人进行治理、修复,为犯罪人再社会化增添一座新的桥梁,是实施宽容的刑事政策所不可或缺的具体制度之一。①

社区矫正以非监禁化的方式对轻罪犯罪人实施矫正,是我国为贯彻宽严相济刑事政策而在刑事执行制度方面进行的探索。宽严相济中的"相济",有配合、协调、补充与和谐统一的意思,也就是将宽松与严格的刑事政策相协调适用,努力做到两者相互依存,相互配合,相互协调,相互统一。其中主要是指在对各类犯罪依法处罚时,要善于综合运用宽和严两种手段,对不同的犯罪和犯罪分子区别对待,做到严中有宽、宽以济严;宽中有严、严以济宽。一味的"宽"并不能有效地解决现有一切问题,可能会由于"宽"的政策引导使得社区矫正在法律方面的概括性和不确定性为政策的实施带来阻碍和困难。如对于女性矫正对象恶意利用怀孕逃避收监执行问题,首先在总体上我们应坚持宽严相济刑事政策的"宽"不动摇,毕竟她们是弱势群体。虽然触犯了《刑法》,但是不能剥

---

① 吴宗宪:《关于社区矫正若干问题的思考》,载《中国司法》2004 年第 7 期。

夺其应受到的关怀和帮助。实施社区矫正，保障其生活和健康不但体现了尊重生命权这一举措，也体现了法律对胎儿权利的保护。与此同时，对其人道保护不是无底线地包容和救助，在实施社区矫正中仍旧需要对这些人进行严格的监管与教育，不能因为其特殊身份而罔顾法律实施的公平正义，自身的特殊性并不是逃脱制裁的手段。在执行过程和收监过程都应当把握好“相济”的原则。[①]所谓“该宽的宽”，是指给予其监外执行的机会保障其安全，而非其可以利用身份恣意妄为；所谓“该严的严”，是指对其加强管理与教育，避免其通过怀孕作为手段逃避制裁。司法的公平和正义不允许被挑衅和滥用，面对这种情形必须让犯罪人明白亵玩司法的下场将面临的是更严厉的惩戒和刑罚。

上述理论学说与思想观念于不同的历史时期，从各自独特的角度为社区矫正提供了强大的理论支撑，而在此基础上产生的社区矫正又将各个理论基础融合吸收、推陈出新，在多重理论的互相影响下，保障社区矫正工作在理性、文明的法治轨道上前行。不同的理论基础为社区矫正奠定了坚实的理论根基，而实践中的社区矫正工作又为各个理论的发展完善提供了全面的素材，二者互相影响，互为动力。

---

① 李垣梁：《社区矫正实施的问题及其完善——以宽严相济的刑事政策为视角》，载《黑龙江省政法管理干部学院学报》2019 年第 1 期。

第四章

社区矫正机构与队伍建设

各国社区矫正机构与队伍设置，虽有不同做法，但机构专门化、人员专职化、业务专业化是其发展趋势，前述经验值得我国借鉴。

党的十八届四中全会提出："推进法治专门队伍正规化、专业化、职业化，完善法律职业准入制度，健全从政法专业毕业生中招录人才的规范便捷机制，完善职业保障体系。"《社区矫正法》明确了社区矫正的工作机制、机构设置、队伍建设等问题，为社区矫正机构与队伍建设指明了方向。

一、英国社区矫正机构设置和人员构成

英国的社区矫正工作机构由国家缓刑局及其分支机构、地方假释委员会和未成年人司法委员会（非政府组织）组成。

首先，英国负责社区矫正的工作机构在中央一级为内政部国家缓刑局（也有翻译为"保护观察局"或"惩教督查局"），国家缓刑局接受内政大臣直接领导，缓刑局由负责社区矫正执行和资源设施装备的两个部门组成。在全国的10个行政大区的42个区设有地方缓刑服务局，直属国家缓刑局指导、管理和监督，中央和地方的缓刑机构工作人员共计17,500人，称为"矫正官"，属国家公务员序列，由内政大臣任命，接受国家缓刑局的统一管理。中央和地方的缓刑机构的工作经费和人员工资由中央财政支出①。

国家缓刑局及其分支机构承担社区矫正的主要任务，包括：对犯罪人进行量刑前调查和危险性评价；监督和考察社区罪犯执行矫正情况；管理缓刑集体

---

① 刘晓梅：《英国的社区矫正制度及其对我国刑罚制度改革的启示》，载《犯罪研究》2006年第3期。

宿舍；管理有教育、培训、就业指导、娱乐功能的社区矫正监护中心；为社区罪犯提供帮助和服务等。

其次，英国的42个区除设有地方缓刑服务局以外，还设有地方假释委员会，同样受内政部国家缓刑局领导。42个地方假释委员会工作人员共计630人左右，一部分是国家公务员，另一部分是当地具有一定法律知识、较高社会地位的人士，如法官、政府议员等，他们的选用程序严格，由本人提出申请，经内政部国家缓刑局审批，任期为三年，可连任两届。主要是对符合条件的服监禁刑的罪犯适用假释，并代表地方政府和民众监督地方缓刑服务局工作。

最后，英国还成立了专门针对未成年人社区矫正的非政府组织——全国未成年司法委员会①，由负责缓刑的公务员、律师、警察、教师等人员组成；主要工作是针对未成年罪犯的刑罚适用，负责协调和整合相关部门及社会力量参与其中。

总的来看，在英国社区矫正的执行机构是国家缓刑局，而未成年人的社区矫正机构是全国未成年司法委员会（非政府组织）。一般社区矫正机构属于行政机关，未成年人的社区矫正机构属于非政府组织。这样设置社区矫正机构，可以做到专门化、专业化，提高社区矫正工作人员的素质水平。英国前述各机构分工明确，对不同的社区罪犯适用不同的机构，分别实行教育、监督、管理，充分满足不同群体的矫正需求。英国的社区矫正机构要定期向法院汇报社区罪犯的基本情况，法官会根据社区罪犯的具体表现做出奖惩决定和解除矫正、收监等裁定或判决。对社区罪犯实行的奖惩权、裁定权、判决权均归属于法官。这样有利于保障社区罪犯的基本权利，避免受行政机关或其他组织及个人的侵犯或损害。

二、美国社区矫正机构设置和人员构成（联邦）

美国政府的社区矫正管理机构分为联邦和州两个层次。美国联邦政府下设法务部，在法务部下设监狱局，监狱局主要承担对联邦监狱的管理，曾经也承担对联邦假释的管理，并设有联邦社区矫正的执行机构，如中途住所等。现在的联邦监狱局已基本上不承担对假释的管理了。目前，联邦的缓刑管理是归属

① 刘晓梅：《英国的社区矫正制度及其对我国刑罚制度改革的启示》，载《犯罪研究》2006年第3期。

于联邦的法院系统。从州一级的管理情况来看,最为普遍的社区矫正管理模式是由州一级而非县、市级进行管理,管理的部门是政府部门(主要是矫正局)而非法院系统,全部实行垂直管理。

大多数州的缓刑管理机构归属政府部门下设的惩矫局,该局作为专门承担刑罚执行任务的机构,负责承担对监狱押犯和社区罪犯的管理。惩矫局一般分为两部分:一部分是监狱管理;另一部分是社区罪犯管理,管理对象为缓刑和假释人员。惩矫局一般内设有直属的社区惩矫办公室。无论是联邦,还是各州的社区矫正基层工作机构,是缓刑办公室、假释办公室或将缓刑和假释管理合一的社区惩矫办公室。办公室工作人员少则3-5人,多则50-60人,承担着对司法管辖区内罪犯的监管和教育矫正。办公室人数在10-20人,一般都有更为细化的分工。每个工作人员管理的对象人数有一个相对统一的标准。这样有利于工作人员在工作中的协作、业务的交流、考核奖惩及晋升。

美国是三权分立制衡国家,同时又是联邦制国家,因此,社区矫正机构分为联邦和州两级。联邦和州之间没有隶属关系,各州都有自己的宪法和立法机关。联邦和州的政府管理、组织结构也不完全相同,相同的是联邦和州都下设有立法机关、司法机关和行政机关。联邦、州都设有假释委员会,负责决定假释和监督工作。不同的是,在联邦政府下设法务部,法务部下设监狱局,监狱局分管联邦监狱和联邦社区矫正工作,假释和缓刑管理却归属于联邦法院系统;在州一级,大部分州承担社区矫正工作的是专门的社区矫正机构,统一由司法行政部门管理,只是在名称上有所差异,有的州称作"矫正与改造局",有些州称作"假释和缓刑局"。在州一级,非常重视对社区罪犯回归社会技能的培训。社区罪犯一般都要参加社区矫正项目,如专门开设有安全生产、健康保健、家庭责任等知识培训,以及汽车驾驶、商业和工业技术等劳动技能训练和工作态度培养项目,这些矫正项目更好地帮助其刑满释放后融入社会。①

在美国,社区矫正机构除官方机构外,还有大量的非政府管理机构。非政府管理机构同样遵循社区矫正相关的法律法规,以"帮助罪犯重返社会"为运营目的,由政府统一拨款运营。

美国的社区矫正工作者主要指缓刑和假释工作者,绝大多数是属于政府或者法院的工作人员,列入公务员序列。一般社区矫正官须经过公务员考试和筛

---

① 种若静等:《美国社区矫正制度》,载《中国司法》2008年第10期。

选录取。要想成为一名州、县或市级社区矫正官，申请者首先必须满足下列基本条件：(1)美国公民；(2)未满37周岁(有相关工作经历的申请者可以以他们开始相关工作的年龄为准)；(3)已通过报考社区矫正官的相关笔试，身体素质检查及其他必要检查；(4)具有良好道德品质。[①] 在美国，社区矫正工作者的准入标准一般都高于公安和监狱警察的标准，公安和监狱警察的准入学历标准在绝大部分州仅要求高中学历，而社区矫正工作者一般要求是本科以上学历，有的州甚至还要求研究生学历。美国矫正协会在关于缓刑假释工作者准入资格方面提出了如下标准："至少需要有学士学位或者完成了一个职业的发展项目，这个项目包括与缓刑假释工作相关的经历、训练和学院的学分足以说明其学习的程度相当于学士学位。"[②]同时所有的缓刑和假释机构均要求社区矫正工作者的专业是刑事司法执法、犯罪学、心理学、社会学等方面；鼓励和引导公民积极参与到社区矫正工作中，使社区罪犯感受到社会和公众的接纳、支持和温暖。美国缓刑官、假释官的社会地位和待遇均高于治安警察，并享受工作25年可提前退休的待遇，[③]以确保这一工作岗位的社会吸引力和稳定性。

在美国，缓刑官多由地方政府或法院任命，而假释官都是由州假释委员会或矫正局任命。缓刑官的主要职责包括审前调查和日常监督，前者往往要占去缓刑官更多的时间。假释官职责则主要监管，就针对监管对象的权力而言，假释官要比缓刑官大得多。如假释官可以对假释犯的个人生活的诸多方面施加限制。在有些州，假释官可以不经通知，随时搜查假释犯人的住所，可以将行为不端但尚不构成违法的假释犯在看守所关上一两天，以警告其不要挑战假释官的权威。在美国，除强化监督一般是一个缓刑官或假释官监管30个左右的社区罪犯外，大体是一个缓刑官监管100个左右、一个假释官监管80个左右的社区罪犯。[④]

在美国，每年有30万－50万名志愿者参与到社区矫正工作中去，数量庞大，准入要求较高，矫正效果也十分显著。社会志愿者一般从事社区矫正工作

① 江山河：《美国社区矫正官制度对中国的启示》，载《青少年犯罪问题》2020年第5期。

② 夏文忠：《我国社区矫正发展的路径选择——以美国为鉴》，载《延边党校学报》2018年第1期。

③ 邓中文、肖乾利：《社区矫正理论与实务研究》(第2卷)，中国政法大学出版社2019年版，第11页。

④ 梅义征：《社区矫正制度的移植、嵌入与重构——中国特色社区矫正制度研究》，中国民主法制出版社2015年版，第47－48页。

的具体某个环节，如与罪犯建立一对一帮扶关系、联系罪犯亲属共同改造罪犯、为罪犯开展技能培训等。

三、日本社区矫正机构设置和人员构成

日本在法务部下设有矫正局（管理监狱）和保护局（管理缓刑假释），保护局直接管理全国8个地方更生保护委员会和50个保护观察所。日本的社区矫正机构由更生保护局（管理缓刑和假释）和更生保护局所管辖的机构负责，保护局直接管理全国8个地方更生保护委员会和50个保护观察所①。

日本的社区矫正机构比较完善，其设置有自己的独特之处，这和日本社区矫正制度的性质有关，主要目的是对出狱人的保护。日本实施社区矫正的机关有法务省的相关部门、地方更生保护委员会、保护观察所。法务省下设有保护局、矫正局和中央更生保护审查会。其中，保护局的主要职责是掌管与更生保护相关的事务，内容涉及我国所称的社区矫正、非刑罚处遇以及安置帮教等全部活动，内设总务处、更生保护振兴处、观察处、参事官室等。矫正局的职能是通过各个"矫正官区"的管理和指导，实施对全国矫正设施的管理。具体包括：矫正设施的安全警备、刑务作业、鉴别、医疗、卫生、教育等服刑者相关的事务；矫正设施筹建、运营事务；制定相关事项的法规等。中央更生保护审查会的主要职责是：负责向法务大臣提出针对特定者的恩赦申请；审查对地方更生委员会的决定不服的案件。中央更生保护审查会下面又分别对应8个高等法院的8个地方更生保护委员会，由3－12名专职国家公务员组成，日常事务是审查许可假释或者撤销假释、监督管理保护观察所；同时，在50个地方法院所在地均设有保护观察所，具体执行更胜保护和医疗观察，负责保护观察、环境调整、恩赦提出、紧急保护、精神保健、犯罪预防等日常事务。

日本的社区矫正专职人员，由国家公务员和民间志愿者构成。前者称为"保护观察官"，是经过国家统一培训的国家公务员，人数保持在1000余人，具有心理学、教育学、医学、社会学或罪犯改造保护与预防犯罪等专门知识；后者为"保护司"，是在国内选拔的受人尊敬、爱戴、经济稳定、身体健康、在当地有名望和影响力的人，对保护司不支付报酬，但在预算范围内可以接受为执行职责的全部或部分费用。通常做法是，不管保护司在工作中实际发生了多少支出，

---

① 杨明、李静：《我国社区矫正机构的设置及队伍建设现状和构想》，载《传承》2013年第5期。

按监管对象人数按月付费，出具罪犯出狱前的家庭环境调查报告是按份付费。由于保护司评选条件严格，再加上非全职、半官方地位，很多人将被选为保护司作为国家和社会对自己社会地位认可的表现。[①] “保护司”的人数远远多于“保护观察官”，其编制人数近30年来一直保持在50,000人左右。

通过普通民众参与帮助和监督，发挥民间力量作用，是日本社区矫正制度的特色，也符合社区矫正制度所要求的民间自治、社区自治的本意。全日本参与社区矫正的民间志愿者人数较多，他们多是从民间人士的立场来帮助社会内处遇事业的组织和个人。在日本大约有101个由私营企业经营的矫正援助馆，如日本妇女组建的“矫正援助妇女联合会”、日本青年组织的“大哥哥大姐姐运动”。[②] 这些社会组织都无偿为社区罪犯提供物质和精神帮助，同时，他们对于社区罪犯的矫正针对性也较强，会更多站在社区罪犯的角度保障其权益。

四、俄罗斯社区矫正机构设置和人员构成

在俄罗斯，包括社区矫正机关在内的整个刑罚执行机关工作人员都属于警察序列，而且其警察序列均是授予军衔。社区矫正管理人员属于警察，享有相应的警察待遇并依法拥有相应职权，如对社区矫正中罪犯逃避矫正等情况下采取缉拿并短期控制其人身自由的权力，以及优先乘坐公共交通工具、紧急情况征用公民财产等警察权力[③]。

综上所述，无论是美国、英国及日本、俄罗斯，各国社区矫正管理机构的设置并非统一，但都具有刑事执法性质的管理机构。有较为完善的运行体系，如美国、英国有较完善的社区服务者资格授予制度，有较高的科技含量协助社区矫正制度的运行。

国外的社区矫正工作队伍主要是由缓刑官和假释官来执行，在很多国家和地区，还大量使用志愿者以及准专业人员等，帮助缓刑官和假释官开展相关的社区矫正工作。缓刑官，就是在社区中对缓刑犯进行监督和帮助的矫正官员。缓刑官的主要特点是：第一，从身份来看，他们是专业矫正官员。这意味着，他

① 梅义征：《社区矫正制度的移植、嵌入与重构——中国特色社区矫正制度研究》，中国民主法制出版社2015年版，第53页。

② 冯建仓、闫佳：《国外社区服刑人员权利保障对我国的借鉴》，载《犯罪与改造研究》2017年第7期。

③ 粟志杰、李玉娥、田越光：《俄罗斯社区矫正制度评述与启示》，载《河北法学》2014年第1期。

们是政府的“官员”，是专门从事缓刑犯管理工作的政府工作人员，由政府提供薪水和其他待遇；第二，从职能来看，他们的主要职能或者任务是监督和帮助缓刑犯。不过，随着刑事政策向着严厉化方向的发展，缓刑官在分配履行双重职能的精力方面，逐渐发生了变化，即用更多的精力履行执法或者监督缓刑犯的职能。在美国更是如此；第三，从资格来看，对于缓刑官往往有较高的任职资格方面的要求。例如，普遍要求具有较高学历和专业技术方面的要求等。假释官，就是在社区中对假释犯进行监督和帮助的矫正官员。假释官的特点与缓刑官几乎是相同的，所不同的是，他们的工作对象从缓刑犯变成了假释犯。

在国外，除了缓刑官、假释官之外，在社区矫正领域中对社区罪犯开展工作的还有社区矫正志愿者。社区矫正志愿者是指在社区矫正领域无偿进行辅助工作或者提供有关服务的人员。社区矫正志愿者在社区矫正中发挥着重要的作用。实际上，从西方国家的历史来看，社区矫正志愿者对于社区矫正制度本身的产生，就曾经发挥十分重要的作用。例如，在缓刑的产生与发展历史上，一批世俗社会的志愿人员和宗教人员就发挥了积极的作用，以至于有人说，“美国的缓刑就是作为一种志愿人员服务而兴起的”。在假释制度的发展历史上，也有一批志愿人员帮助假释犯适应监狱外面的生活与环境，鼓励他们更好地重新适应社会生活。目前，在很多国家和地区的社区矫正工作中，活跃着大批的志愿者，他们在帮助社区罪犯方面，发挥着不可代替的极其重要的作用。

通过对前述英、日、美、俄等国社区矫正机构与队伍建设模式剖析，可以发现这些社区矫正发展成熟的国家，社区矫正机构与队伍的设置有着以下共通性：一是建立了从上到下的以垂直管理为主的专业化机构。如英国在国家层面设有专门的管理机关，历经国家缓刑局、罪犯管理局、国家缓刑机构；在基层设有专门的缓刑办公室作为工作实体，直接管理社区罪犯；在国家层面与基层之间，其设置历经全国10个大区的42个缓刑管理机构、全国35个缓刑托管机构、21个社区更生公司。这种垂直管理的优势在于促进工作的专业化。[①] 因为它具有统一的机构，专业化的工作人员；二是社会力量参与度高。在美国，非政府组织也可以参与社区矫正监督管理。通过签订合同或购买服务的形式，非官方组织在严格遵守法律法规的前提下对社区罪犯进行监督管理。在英国、日本，

① 刘强、武玉红等：《社区矫正制度惩罚机制完善研究》，中国人民公安大学出版社2016年版，第74页。

将社会资本引入罪犯矫正领域，组建社区更生公司，实施市场化运作的模式，既能较好解决社区罪犯的就业帮扶，又能降低行刑成本；三是机构人员配置和分工明确。这些对我国社区矫正执行主体的建构都有重要的借鉴意义。

从国外来看，多数国家的社区矫正工作人员都不具有警察身份。警察代表着一种对抗性力量，社区矫正需要的是一种平等、柔和、宽容的氛围。美国也没有设立社区矫正警察，尽管他们会聘用一些退休警察，但社区矫正工作人员没有执法权，仍然需要警察的配合。当然，社区矫正工作人员需要监管的权威。没有他们的监管权威，就谈不上矫正对象对义务、规则的遵循。为此，笔者认为，在《社区矫正法》将来的修订完善中，应考虑如何树立社区矫正工作人员的权威问题。如针对高风险社区矫正对象可以建立由轻到重有梯度的"中间惩罚体系"，包括每日报告、训练营、在家监禁和短期监禁等措施。

五、我国社区矫正机构的设置

（一）《社区矫正法》施行前的社区矫正机构

2003 年社区矫正试点之前，在我国由公安机关承担对管制犯、缓刑犯、假释犯、暂予监外执行犯的管理工作。公安机关并没有设置专门的社区矫正执法机构，社区矫正对象归属公安机关的治安条线管理，具体工作由公安派出所监管。

2003 年《试点通知》，明确了"司法行政机关要牵头组织有关单位和社区基层组织开展社区矫正试点工作，会同公安机关搞好对社区服刑人员的监督考察，组织协调对社区服刑人员的教育改造和帮助工作。街道、乡镇司法所要具体承担社区矫正的日常管理工作"；与此同时，《试点通知》又规定："公安机关要配合司法行政机关依法加强对社区服刑人员的监督考察，依法履行有关法律程序。对违反监督、考察规定的社区服刑人员，根据具体情况依法采取必要的措施；对创新犯罪的社区服刑人员，及时依法处理"。这就形成了所谓的"双主体"模式，即公安机关是"执法主体"、司法行政机关是"工作主体"，具体工作由乡镇、街道司法所承担。并以这种模式向全国推行。

2012 年《实施办法》还将司法行政机关、公安机关在社区矫正工作者的职责进行了细化。2012 年《实施办法》第 2 条规定："司法行政机关负责指导管理、组织实施社区矫正工作"，"公安机关对违反治安管理规定和创新犯罪的社区矫正人员及时依法处理"，并以此为前提就社区矫正所涉及的各环节中的两个部门的合作衔接进行了规定，如 2012 年《实施办法》第 24 条规定："社区矫正人员违反监督管理规定或者人民法院禁止令，依法应予治安管理处罚的，县级司法行政机关应当及时提请同级公安机关依法给予处罚。公安机关应当将处理结果通知县级司法行政机关"。第 35 条第 2 款还规定："司法行政机关应当建立突发事件处置机制，发现社区矫正人员非正常死亡、实施犯罪、参与群体性事件的，应当立即与公安机关等有关部门协调联动、妥善处置，并将有关情况及时报告上级司法行政机关和有关部门。"从前述规定可以看出，2012 年《实施办法》延续了《试点通知》的职责划分思路，将司法行政机关规定为社区矫正执行的主导部门，而公安机关的职责与权能则集中体现为对于社区矫正对象再次违法犯罪的事后处罚。

2012 年修订的《刑事诉讼法》，虽然将对社区矫正对象的管理机构从原来的"公安机关"改为"社区矫正机构"，但并没有明确"社区矫正机构"的性质与设置。2016 年 9 月 21 日，"两高两部"颁发的《衔接配合意见》强调了司法行政机关在社区矫正工作中的主导地位，同时，强调了公安机关在追捕在逃的社区矫正对象方面的重要作用。《衔接配合意见》第 20 条第 1 款规定："被裁定、决定收监执行的社区服刑人员在逃的，居住地社区矫正机构应当在收到人民法院、公安机关、监狱管理机关的裁定、决定后，立即通知居住地县级公安机关，由其负责实施追捕。"该条第 2 款规定："撤销缓刑、撤销假释裁定书和对暂予监外执行罪犯收监执行决定书，可以作为公安机关网上追逃依据。公安机关根据案情决定是否实施网上追逃。"

在 2020 年 7 月 1 日《社区矫正法》施行之前，我国社区矫正机构设置是：司法行政机关承担对社区矫正的管理，在中央层级，在司法部内设与监狱管理局相并列的社区矫正管理局；在省（自治区、直辖市）层级的司法厅（局）下设社区矫正管理处（局），在地级市（区）司法局下设社区矫正处（局、科），在县（区）级司法局下设社区矫正科（股），以上都是社区矫正的行政管理机构，最基层的工作机构是乡镇（街道）的司法所。司法所在原有八项任务的基础上，增设社区矫正，共计九项职责（个别省市，如吉林省，还增设"社区戒毒"职责）。

在中央鼓励社会管理创新的背景下，为解决司法所承担社区矫正工作力不从心的处境，一些地方在社区矫正机构建设方面进行了探索，比较有代表性的模式主要有两种：一种是以台州市司法局为代表的"队建制"模式。在市级社区矫正管理局增挂社区矫正执法支队牌子，县级全面设立社区矫正执法大队，乡镇(街道)根据需要跨行政区划设立社区矫正执法中队,村级设立村居社区矫正工作站。[①] 打破乡镇街道行政区划,积极探索专门化、实体化的社区矫正机构建设;另一种是以江苏省司法厅为代表的"社区矫正管理教育服务中心"模式。建立集管理教育、公益劳动、心理矫正等综合功能于一体的"社区矫正管理教育服务中心"。[②] 借助"中心"平台,集中统一规范执法,丰富教育矫治内容,提升教育矫治实效,积极落实帮困扶助。

(二)《社区矫正法》关于社区矫正机构设置的规定

1.《社区矫正法》确立的工作架构

《社区矫正法》第8、9条在社区矫正工作职能上进行了优化设计,明确规定:社区矫正由各级社区矫正委员会"统筹协调和指导",各级司法行政机关"主管",区县社区矫正机构"具体实施",司法所则由"承担日常工作"变更为受区县社区矫正机构委托"承担相关工作"。《社区矫正法》第16条规定:"国家推进高素质的社区矫正工作队伍建设。社区矫正机构应当加强对社区矫正工作人员的管理、监督、培训和职业保障,不断提高社区矫正工作的规范化、专业化水平。"前述三个条文的规定,表明社区矫正工作架构设计更加健全,职能设计更加优化。在中国特色的体制内,需要一个公、检、法、司之上的统筹协调机构即社区矫正委员会。司法行政部门"主管",是为了防止部门之间相互推诿。同时,社区矫正是一个系统工程,不是司法行政部门一家的事情,需要公、检、法、司等部门的通力协作,避免司法行政"单打独斗"。

2. 对公、检、法、司等职能部门权责的明晰规定

首先,《社区矫正法》第8条第2款强调了各部门的总体分工,即人民法院、人民检察院、公安机关和其他有关部门依照各自职责,依法做好社区矫正工作。人民检察院依法对社区矫正工作实行法律监督。

其次,对各部门权限与职能作出界定。如依据《社区矫正法》第23、27、28条的规定,社区矫正机构对社区矫正对象具有管理权;离开所居住的市、县或者迁居,具有批准和决定权;对社区矫正对象的表现具有考核奖惩权。第40条择

---

① 吴海平、李晏子、蒋晓军:《台州社区矫正机构建设的实践与探索》,载金川主编:《社区矫正机构队伍建设与教育矫正研究:首届浙江台州社区矫正论坛论文集(2016)》,法律出版社2017年版,第24页。

② 郭健:《关于加强县(区)社区矫正中心建设的调研思考》,载《犯罪与改造研究》2017年第4期。

优购买社区矫正社会服务权。

特别是对公安机关的职能做了明晰规定，诸如：(1)对社区矫正对象予以治安管理处罚；到场处置经社区矫正机构制止无效的，正在实施违反监督管理规定或者违反人民法院禁止令等违法行为的社区矫正对象；(2)协助社区矫正机构查找失去联系的社区矫正对象；执行人民法院作出的逮捕决定；被裁定撤销缓刑、撤销假释和被决定收监执行的社区矫正对象逃跑的，予以追捕；(3)对裁定撤销缓刑、撤销假释，或者对人民法院、公安机关决定暂予监外执行收监的社区矫正对象，送交看守所或者监狱执行；(4)执行限制社区矫正对象出境的措施。以往前述事项，都是需要沟通协调，甚至是借助个人"人脉"才能解决的用警问题，现在都依法明确了。职责明晰，为社区矫正工作的顺利开展提供了强有力的保障。

3. 强调部门协作，非司法行政"单打独斗"

《社区矫正法》多次提到部门之间的协作。《社区矫正法》第 5 条规定："国家支持社区矫正机构提高信息化水平，运用现代信息技术开展监督管理和教育帮扶。社区矫正工作相关部门之间依法进行信息共享"；此外，《社区矫正法》第 12 条规定，村(居)委会对社区矫正机构工作的协助；第 30 条关于公安机关等有关单位和人员对社区矫正对象失去联系的，对社区矫正机构配合协助；第 31 条规定，通知公安机关到场处置；第 32 条规定，社区矫正对象有被依法决定拘留、强制隔离戒毒、采取刑事强制措施等限制人身自由情形的，有关机关应当及时通知社区矫正机构；第 35 条规定，有关人民团体应当依法协助社区矫正机构做好教育帮扶工作等，体现了政法机关齐抓共管的立法精神。

4. 社区矫正机构的适格定位

按照目前政法机关在国家机构中的地位来看，每个层级的公、检、法机关，均相当于同级政府的副职级别，司法行政机关级别低于公、检、法机关。当某一项司法行政事务交由公、检、法三机关自行加以管理会出现诸如权力集中、职能冲突、权利保障不力等问题时，该项事务就应从公、检、法三机关独立出来，被确定为"宏观层面的司法行政事务"，并最终被划入司法行政机关的管理职能，社区矫正工作亦是如此。社区矫正工作需要优化资源配置，需要协同作战，如果执法主体资格不对等或者行政级别悬殊过大，必将影响法律的有效实施。为此，笔者认为，对社区矫正机构应该有一个适格的定位，以肩负起法律赋予的职责。笔者建议：一是规格。社区矫正机构规格应当与当地司法行政机关低半格的行政级别设立，行政隶属于当地司法行政机关，成为其独立（直属）的二级单位；二是层级。从司法部到地市级司法局，主要以管理下级社区矫正机构和必要的横向联系，没有直接管理社区矫正对象的职能，可设置为社区矫正管理局，内设机构可依法定职能组建。县级社区矫正机构可设置为社区矫正执行局。设局长 1 名，级别为（副）科级公务员，副局长 1－2 名公务员；组成人员应当在 8 人以上。

（三）《社区矫正法》施行后的机构建设

《社区矫正法》实施一年多来看，《社区矫正法》确立的社区矫正工作由社区矫正委员会“统筹协调”，司法行政机关“主管”，社区矫正机构“具体实施”，司法所“受委托参与”的管理体制，全国正在如火如荼创建。社区矫正委员会、社区矫正机构陆续在全国建立。海南、吉林、安徽、山西等省已经实现了省市县乡四级社区矫正委员会、省市县三级社区矫正机构的全覆盖。《社区矫正法》施行一年来，全国 31 个省（自治区、直辖市）和新疆生产建设兵团普遍成立了省级社区矫正委员会，全国共成立 317 个地市级社区矫正委员会、2582 个县区级社区矫正委员会、12，142 个乡镇级社区矫正委员会。[①] 社区矫正工作体制已经基本建立。不少省份颁行了社区矫正《实施细则》。如上海、河南、福建、湖北、安徽、四川、贵州等省市制定了《社区矫正实施细则》，使社区矫正工作有了各自的地方标准，增强了日常监管、帮扶教育的可操作性，明晰了各部门的执法权限与法律责任。部分省市《实施细则》的规定还具有开创性。如福建省关于“履行生态修复协议”的规定，[②]四川省关于社区矫正工作人员“尽职免责”的规定。[③]

但基于多方面的原因，《社区矫正法》对机构设置中不少重要事项缺乏规定。如对社区矫正中心的功能定位以及与县级社区矫正机构的关系。它是一

---

① 载 https://baijiahao.baidu.com/s?id=1709118913685199681&wfr=spider&for=pc，最后访问日期：2021 年 8 月 20 日。

② 《福建省社区矫正实施细则》中明确，涉及生态修复案件被宣告缓刑的社区矫正对象应当履行生态修复协议，参与生态环境保护活动。人民法院、人民检察院因社区矫正对象未有效履行生态修复协议而发出生态修复令的，县级社区矫正机构应当对该社区矫正对象进行教育，依法依规予以处罚或者提出撤销缓刑建议。

③ 《四川省社区矫正实施细则（试行）》第 193 条规定，对社区矫正工作人员追究法律责任，应当根据其行为的危害程度、造成的后果，以及责任大小予以确定，实事求是，过罚相当。社区矫正工作人员依法履职的，不能仅因社区矫正对象再犯罪而追究其法律责任。

个辅助机构、服务机构抑或社区矫正机构?[①]《社区矫正法》还存在一些"模糊"规定。如《社区矫正法》第9条关于"地方人民政府根据需要设立社区矫正委员会"的表述,没有仿效《法律援助法》关于"县级以上人民政府应当设立法律援助机构"的表述。这里的"根据需要"如何理解,法无明确规定。导致不少地方政府认为"根据需要"就是无须设立。前述内容,《社区矫正法》均没有回应,让社区矫正机构在实践中凸显被动。

此外,《社区矫正法》的个别内容存在立法冲突。如《社区矫正法》规定有权委托调查评估的是决定机关,但决定机关并不包括人民检察院。而依据最高人民检察院2019年12月30日公布的《最高检刑诉规则》第277条[②],以及最高人民法院、最高人民检察院、公安部、国家安全部、司法部(以下简称"两高三部")联合发布的《关于规范量刑程序若干问题的意见》(以下简称《规范量刑意见》)第3条[③],人民检察院也可以委托社区矫正机构进行调查评估。前述规则、意见内容是否有违《社区矫正法》之"嫌疑"? 实践中,往往存在案件还处于侦查阶段、审查起诉阶段就开始委托社区矫正机构进行调查评估。特别是犯罪嫌疑人认罪认罚案件,人民检察院拟提出缓刑或者管制量刑建议,常常委托社区矫正机构从事审前调查评估。面对强势部门的委托,话语权较弱的社区矫正机构是否接受,社区矫正机构在实践中往往左右为难。

自社区矫正试点以来,基层社区矫正执法人员一直期盼借力《社区矫正法》,将社区矫正机构与队伍充实起来,解决"小牛拉大车"问题。但由于法律规定得"模糊",设置社区矫正机构的"标准"缺失,各地社区矫正机构要么没有设立,要么设立"五花八门",人员编制基本未变,大多仅仅是加挂牌子而已。特别是区(县)级社区矫正机构,多数仍然是内设机构,没有解决独立法人问题、编制问题、行政级别问题。《社区矫正法》本意是让乡镇以上的社区矫正委员会在社区矫正工作中发挥"统揽全局"作用。但社区矫正委员会如何设置与运行?《社区矫正法》未作明确规定,导致仅仅是空设一个委员会而已。与此同时,基于分工不同,基层社区矫正的机构建制、编制设定、队伍稳定、执法装备保障、档案管

---

① 郑艳:《社区矫正中心的功能定位与运作模式研究》,载《中国司法》2020年第3期。

② 《最高检刑诉规则》第277条规定,犯罪嫌疑人认罪认罚,人民检察院拟提出适用缓刑或者判处管制的量刑建议,可以委托犯罪嫌疑人居住地的社区矫正机构进行调查评估,也可以自行调查评估。

③ 《规范量刑意见》第3条第1款规定,对于可能判处管制、缓刑的案件,侦查机关、人民检察院、人民法院可以委托社区矫正机构或者有关社会组织进行调查评估,提出意见,供判处管制、缓刑时参考。

理等问题，单纯由县级司法行政机构向县委县政府、县编办等部门协调、解决存在不小的困难，需要上级司法行政部门将整个工作做“一盘棋”统筹谋划。机构编制问题在地方都是红线，只减不增。增加机构、增加编制，不是“基层司法行政机关要积极向党委政府汇报争取支持”就能解决的，这需要中央层面的协调与定调，需要顶层设计的支撑。没有中央政策支持，靠地方报告和协调难以推动。为此，司法部在此应有更大作为。

此外，笔者认为，司法所“受委托”承担社区矫正相关工作是权宜之计。是因为机构不健全的过渡之策，不能成为常态。最终还是要推动社区矫正机构独立承担相应职责。当务之急应尽快建立区（县）社区矫正机构。否则，社区矫正工作难以开展。增设机构和加挂牌子并不一定需要很多人员编制。区县社区矫正机构原来是内设机构，现在应该至少解决为司法行政机关的二级局（或者直属局），对外有独立法人资格。根据工作需要还应尽快设立分支机构，建立社区矫正执法大队，在乡镇（街道）设立社区矫正执法中队。在区县社区矫正中心人员不足，编制缺乏的情况下，一方面可以使用社会工作者，用好政府购买服务。事实上，财政资金既可以用来购买专业社工的服务项目，也可以用以购买专业社工的服务岗位；另一方面可以借鉴学习台州队建制模式，[①]将执法重心上移，权力和工作集中到县级执法大队，通过内部资源的整合，强化执法管控能力，实现社区矫正工作专业化、精细化。

笔者调研发现，四川珙县探索的“队建制”模式，与台州模式类似。2020 年 4 月，珙县司法局启动社区矫正“队建制”试点改革，开展重新组建、职能分离、制度优化等一系列试点。其主要做法是：一是派驻机构“片区化”。按照“优化集中、方便管理、交通便捷、综合平衡”原则，将全县 13 个乡镇划分为巡场、珙泉、孝儿、上罗、洛表五大片区，新组建 5 个片区社区矫正执法中队，由执法中队承担社区矫正日常监管职责，实现了执法中队对乡镇（街道）社区矫正工作全覆盖；二是队所职能“分离化”。探索将社区矫正职能从司法行政职能中分离出来，由社区矫正机构专职承担监管执法工作，司法所其他司法助理员专职从事

---

① 具体是在市级社区矫正管理局增挂社区矫正执法支队牌子，县级全面设立社区矫正执法大队，乡镇（街道）根据需要跨行政区划设立社区矫正执法中队，村级设立村居社区矫正工作站。打破乡镇街道行政区划的界限，积极探索专门化、实体化的社区矫正机构建设。参见吴海平、李晏子、蒋晓军：《台州社区矫正机构建设的实践与探索》，载金川主编：《社区矫正机构队伍建设与教育矫正研究：首届浙江台州社区矫正论坛文集（2016）》，法律出版社 2017 年版，第 24 页。

除社区矫正外的司法行政工作。社区矫正执法中队和司法所同属县司法局派出机构,主要工作时间和工作地点均在基层镇乡,虽分工不同、工作内容不同、职责不同,但仍是司法行政工作整体;三是垂直监管"一体化"。按照"党组指挥、大队调度、中队负责、均衡发展"的建制要求,构建社区矫正执法大队、中队"一体化监管模式",实现了"专职、专责、专业"管理。这一探索,值得区县社区矫正机构借鉴。当然,"队建制"目前因缺乏法律和政策依据,在实践探索中还遭遇不少阻力。虽然成立了社区矫正大队、中队,但是其日常管理、档案整理工作依然是由"片(辖)区"的司法所负责。司法局、司法所加挂了大队、中队的牌子,在人员编制的调配上还难有突破,还只能是内部调剂,还不能从根本上改变人员力量不足的问题。

此外,还应抓住社区矫正委员会的"统筹"机制,解决部门之间推诿扯皮。当然,还要理顺它与本级政法委、社区矫正领导小组、联席会议制度之间的关系。

六、我国社区矫正的队伍建设

社区矫正工作需要建立分类科学、结构合理、权责明晰、晋升顺畅的社区矫正队伍管理机制。我国现行管理体制中的社区矫正工作人员由社区矫正机构工作人员①、专职社会工作人员(辅助人员)、志愿者三支队伍构成。社区矫正机构工作人员,目前主要包括社区矫正机构和司法所的公务员(司法助理员),借用的监狱(戒毒)人民警察。专职社工,主要包括由各区县人民政府公开招聘的社会工作者以及通过政府购买服务方式的社会组织派遣的人员。社区矫正志愿者,主要包括社区离退休人员、下岗人员、村(居)委会工作人员、大学生等。经过长期的摸索与探索,发达国家对社区罪犯已经建立了一支专业化的具有较高素质的执法队伍,不仅确立了较高的准入标准,而且已经成为一个热门的工作岗位。但我国目前的社区矫正专业化队伍尚未真正建立起来。

(一)社区矫正机构工作人员

《社区矫正法》将社区矫正工作人员称为"社区矫正机构工作人员"。笔者

---

① 《社区矫正法》第10条规定,社区矫正机构应当配备具有法律等专业知识的专门国家工作人员(以下称社区矫正机构工作人员),履行监督管理、教育帮扶等执法职责。

认为,这个称谓名称过长,不简洁。同时,笔者认为应该称为"矫正官",这样既能提升司法助理员的地位,还有法治化、正规化的感觉,"矫正官"还可以与检察官、法官对应起来,有利于向职业化发展。个别地方,诸如江西、河南等地正在进行的"矫正官"尝试,①值得提倡与推广。

《社区矫正法》对于"社区矫正机构工作人员"的规定,将社区矫正专职工作者仅限于"社区矫正机构工作人员"。但根据《社区矫正法》,并非所有地方都设立"社区矫正机构",因为县级以上地方人民政府"根据需要"设置社区矫正机构。没有设立社区矫正机构的地方,难道就不存在"社区矫正机构工作人员"吗? 显然不是。为此,笔者认为,在此应当删除"根据需要",每个区(县)均应设置社区矫正机构。另外,司法所"根据社区矫正机构的委托"承担社区矫正相关工作,司法所中负责社区矫正工作的人员,不属于"社区矫正机构工作人员",不能行使相关的执法权力,这种身份安排是否妥当,值得进一步的研究和商榷。

根据联合国《东京规则》的要求,社区矫正工作者队伍的核心或者主力应该由专职公务员组成。根据该规则第 17.1 条的规定,应该鼓励公众参与,但他们只是负责实施非拘禁措施的"补充"力量。第 19.1 条又规定,志愿人员应该接受主管当局的支持和辅导,从事"援助"工作。根据该规则规定,从事社区矫正的专职公务员应该具有相应的专业知识背景,其任职的专业资格包括学历和工作经验,应当通过立法或法规加以明确规定。为此,《社区矫正法》第 10 条规定:"社区矫正机构应当配备具有法律等专业知识的专门国家工作人员,履行监督管理、教育帮扶等执法职责。"

笔者认为,不仅社区矫正专职队伍建设的方向应该是"矫正官"制度,还应当将"矫正官"作为监禁矫正、社区矫正、戒毒矫正等多领域矫正工作人员的专业职务体系。将监狱、戒毒、社区矫正三大领域管教队伍统合,不仅可以保障矫正队伍的专业性,为一线矫正工作者提供长久的职业发展空间,也有利于统筹考虑矫正领域工作人员的身份问题,统一调配矫正领域的人力资源。可以仿照《法官法》《检察官法》《人民警察法》的方式制定《矫正官法》,在《社区矫正法》《监狱法》中规定矫正官制度,同时以国务院行政法规的方式通过《矫正官条

---

① 《方城县 13 名社区矫正官宣誓就职》,载大河网,http://newpaper. dahe. cn/jrab/html/content_495552. htm,最后访问日期:2021 年 7 月 11 日。

例》,或者由司法部以部门规章的形式通过《矫正官管理办法》对矫正官制度予以规范。在矫正官队伍中,还可以设立类似于员额法官、员额检察官的"社区矫正法务官",承担法律文书审查、执法合规审核、执法行为监督、制度机制建设、社矫对象教育训诫等工作职责。近期深圳市福田区实施的"社区矫正法务官制度",①司法所配备"法务官",要求"法务官"拥有法律本科以上学历,并通过国家法律职业资格考试具备。这样,"法务官"在司法助理员基础上,既是社区矫正领域的"合规官"又是"风控官"。可以保证社区矫正工作不偏离法律方向,这一举措无疑具有推广价值。

1. 基层社区矫正执法工作者面临的问题

(1)权责失衡

在宪制的框架下,权责一致是法治政府的基本要求。该原则在多数情况下是针对某些国家公权力"权力大、责任小"或者"有权无责"的情况,而要求其"有权必有责、失责必追究"。这是站在国家与社会二元对立、对政府进行"恶"的基本假设的前提下来关注公权力运行的。然而,该立场却忽略了某些公权力在实践当中也可能面临"权力小、责任大"抑或"有责无权"境况而成为权力体系中的"弱势群体"。自基层司法行政机关在被赋予主管当地社区矫正的职能之后,面临着权责失衡的困境。基层社区矫正机构通常要处理很多自身难以独立应对的任务,尤其是在面临社区矫正对象违规、违法、犯罪时的处置,权限与手段严重不足,面临巨大职业风险。如果社区矫正对象在矫正期间没有出现违规违法犯罪,便相安无事。一旦矫正对象在此期间出现问题,就有可能启动倒查机制,如果遗漏工作环节或者台账存在瑕疵,社区矫正工作人员就有可能被以玩忽职守罪追究刑事责任。

"徒法不足以自行",法律要靠人去实施。司法所虽然是"受委托"参与社区矫正,但目前却仍是社区矫正工作的主力军。依据"两高两部"2020 年 6 月 18 日印发的《中华人民共和国社区矫正法实施办法》(以下简称 2020 年《实施办法》),所有对社区矫正对象的奖惩权均"上提"到区(县)社区矫正机构,连"训诫权"也没有,造成司法所关于社区矫正工作的现状是"权力上收、工作照常、地位下降、责任不明"。

---

① 《全国率先! 深圳市首批社区矫正法务官持证上岗》,载深圳新闻网,https://www.sznews.com/news/content/content_24496667.htm,最后访问日期:2021 年 7 月 11 日。

与此同时,基层社区矫正工作人员缺失职业认同、缺失职业保障。发生在湖北的这一案例足以说明:湖北省某市社区矫正对象刘某处于缓刑考验期间,未经批准,不假外出。司法所通过多方查找,后刘某到司法所报到并说明情况,司法所所长严肃地批评了刘某,并告知其不假外出的法律后果。刘某当时表示愿意服从司法所管理。几个月后刘某又不假外出而不知去向,通信失联。刘某不假外出造成脱管超过一个月,社区矫正机构向人民法院提请对刘某撤销缓刑的建议,并将上述情况同时通报市检察院、公安局。撤销缓刑裁决期间,刘某突然回到家中,并多次来到司法所,态度十分嚣张,扬言:“你要把老子弄进去了,老子出来后的第一天就会搞死你这个司法所所长全家。”其父亲也多次威胁司法所所长:你把我儿子搞进去,老子发誓,要把你在学校读书的儿子弄死。刘某还多次带着父母、妻子、儿子围堵司法所、司法局,更有甚者,指示其父亲带着农药到市社矫局办公室以死相威胁,多次深夜凌晨用电话威胁骚扰司法所所长。[①]本案说明,既要保护社区矫正对象的合法权益不受侵犯,也应保护社区矫正工作人员的合法权益,提升其职业保障。特别是在当前基层社区矫正机构及其司法所人手短缺、青年女性工作人员较多的情况下,怎样才能让其既有职业认同、职业尊严、职业保障,又能权责一致?这是我们必须思考的问题。

(2)人手短缺

司法部2009年11月26日颁布的关于《加强司法所规范化建设意见》中规定,司法所要承担九项工作职能,社区矫正只是其中一项工作。由此可见,司法所要承担除了社区矫正之外的其他大量又繁重的工作。目前,司法所构建大多是一人或者二人所,由于司法所的工作职能,司法所工作人员还要经常面临被政府抓差,因此,司法所工作人员很难集中精力从事社区矫正工作。

《社区矫正法》规定司法所是受“委托”承担社区矫正相关工作。正是考虑到司法所人手短缺、缺乏专业性等具体情况,有些事项不适合委托给司法所,如确定矫正小组;与矫正小组成员签订矫正责任书;制订矫正方案;对失去联系的社区矫正对象立即组织查找;按照因人施教原则开展法治、道德、心理健康等教育;提供临时救助、职业技能培训、就业指导,落实社会保障,协助解决就学等。但“两高两部”2020年《实施办法》以及省市《社区矫正实施细则》,又把原来工

---

① 王爱立、姜爱东主编:《中华人民共和国社区矫正法释义》,中国民主法制出版社2020年版,第292页。

作职责给予“恢复”，只是以“委托”方式赋予司法所，让司法所工作人员不堪重负。

（3）执法权限、手段不足

由于基层社区矫正机构没有独立的处罚权、没有独立的强制措施，缺失相关的执法手段，在工作中突显尴尬与无力。矫正对象毕竟是罪犯，有一定的人身危险性，有的不愿接受社区矫正机构的约束，有的矫正对象甚至对工作人员进行言语侮辱甚至人身威胁。针对这些违法违规的情形，《社区矫正法》缺少应对手段。如《社区矫正法》第30条、2020年《实施办法》第38条规定，社区矫正对象脱离监管的，社区矫正机构应当“立即组织查找”。此处虽然赋予了社区矫正机构追查权，但没有赋予相关的追查手段，让社区矫正机构望洋兴叹。也就是说，司法行政机关的追查权实际上是虚置的，没有规定具体的追查权限、追查方式。例如，社区矫正机构追查到脱管人员，能否对其进行人身控制并将其带回居住地？法律没有规定，似乎也只能请求公安机关协助。问题是，在请求公安机关协助后，警察出警之前，脱管人员又跑了怎么办？法治国家理念要求执法需有法律授权，在法律没有授权的情况下，社区矫正机构似乎束手无策。再如，社区矫正机构并没有治安处罚的权限，而只有提请公安机关予以治安处罚的权限。问题在于：如果公安机关认为不需要进行治安处罚或者治安处罚的具体决定与社区矫正机构不一致的，社区矫正机构并没有任何制约的权力，连申请复议的权力都没有。此外，第47条在社区矫正机构提请撤销缓刑、假释而发现社区矫正对象有逃跑可能时，可以同时向法院提请决定逮捕。法院应在48小时内作出决定。问题是这48小时内社区矫正对象也有逃跑可能，怎么办？社区矫正机构在这48小时内没有临时羁押权。在这个空档期，社区矫正机构应该怎么办？笔者认为，《社区矫正法》至少应赋予社区矫正机构的“禁闭处罚权”，但遗憾没有赋予。

（4）执法身份尴尬

社区矫正是刑事执行工作，执行中需要对矫正对象拥有一定的约束力。如果矫正期间有违规违法犯罪行为，需要及时采取必要的强制措施。在许多情况下如果消极等待公安机关的协助，势必会对社会秩序和公共安全造成负面影响。为此，这里涉及社区矫正执法工作者是否应当具备警察身份，是否一定要依靠"制服"去"压服"?[①] 理论界曾经存在三种观点:一是"全部警察身份"论,认为从事社区矫正的司法所工作人员应成为社区矫正警察,即"全部转警",享受警衔津贴待遇;[②]二是"非警察身份"论。认为警察身份与社区矫正性质不相吻合,其基本主张是:法律所规定的警察职责与社区矫正的工作特质存在较大冲突。穿上警服后可能会沿袭监狱里的警察管教模式,更加强调命令与服从,不利于与矫正对象之间的沟通,还可能会给社区矫正对象带来一定的标签效应,从而影响矫正效果。因而不应赋予社区矫正工作人员以警察身份。因此,像美国、加拿大等西方国家的社区矫正工作人员一律不穿警服,目的就是不给社区罪犯太大的精神压力,使其保持相对的心理自由。[③] 江西省曾进行社区矫正官的试点;三是"部分警察身份"论。认为把社区矫正官都变成警察不恰当、不现实,但在社区矫正机构中需要配备一定数量的警察。[④]

《社区矫正法》施行前,社区矫正执法人员是否纳入警察编制,在实践中有两种模式:第一种是北京、上海、辽宁、河南模式。将监狱、戒毒警察借调至司法行政机关从事社区矫正工作,这样社区矫正工作者本身就具备了警察身份,即"延伸用警模式"。目前,在北京市和辽宁省等地,司法行政部门正考虑如何将借调的人民警察转为专门的社区矫正执法警察,赋予其执法权。第二种是四川德阳模式。四川省德阳市早在2011年成立了全国首个社区矫正司法警察支队,解决了社区矫正工作直接用警问题。

但是前述两种模式,均突破了《人民警察法》《监狱法》《戒毒法》的规定,缺失法律支撑,正当性存疑。笔者认为,社区矫正执法人员警察化不是必然和最佳的选择。联合国在向全球推广缓刑并建议成员方对缓刑犯进行监督时,发出提示:无论何时均不宜由警察监督,应由有关缓刑机构内的有资格的特别人员担任此项工作。[⑤] 此外,社区矫正又不能仅凭说教、没有强制。没有社区矫正工作人员的权威,工作必定难以开展,尤其是在基层。社区矫正在调查评估、接收宣告、禁止令执行、违法违规管控、突发事件处置,特别是脱管追查等环节时确

---

① 鲁兰:《中日矫正理念与实务比较研究》,北京大学出版社2005年版,第267页。

② 李晓娥、史景轩:《稳定社区矫正工作者队伍的方法研究》,载《犯罪与改造研究》2014年第9期。

③ 林育青:《对我国社区矫正制度的观察与思考》,载《法制与社会》2014年第7期。

④ 赵秉志主编:《社区矫正法(专家建议稿)》,中国法制出版社2013年版,第34-35页。

⑤ 陈光中、[加]丹尼尔·普瑞方廷主编:《联合国刑事司法准则与中国刑事法制》,法律出版社1998年版,第456页。

实存在用警需求或者说需要警力协助。此外,在对社区矫正对象的日常管理中,社区矫正机构执法人员也常常遇到各种软对抗。例如,社区矫正对象对应当报告的事项不予报告,不接受信息化核查等。这些都需要我们思考如何树立并保障基层社区矫正工作人员的权威问题,尤其是在司法所从事社区矫正工作大多是年轻女性的情况下。

其实,联合国《东京规则》并不反对配备警察。联合国《东京规则》中提到,对于假释犯的"监督不可委之于警察,而应该结合有效的社会援助"。这是指不能让警察垄断性、排他性地从事监督。[①] 除警察参与监督外,还应当发动社会力量的参与。目前在俄罗斯、英国、美国等均有由警察承担对社区罪犯管理的例证。司法警察介入社区矫正在我国北京、上海等地已经取得成功。以北京市为例,全市共抽调监狱干警 411 名,常年从事社区矫正干警 350 余名,313 个司法所都达到了每所一警。既提升了刑罚执行的专业性、严肃性,也进一步释放了基层司法所的工作力量,使大量司法助理员更注重矫正工作的组织、协调和整体实施。根据司法部社区矫正管理局统计的数据,目前全国有 20 多个省抽调 3000 余名人民警察从事社区矫正工作。实践证明,执法的规范性明显加强,执法的严肃性不断彰显,社区矫正安全感有效提升。[②] 但是,采取增加警察种类或数量的方式以完善社区矫正工作队伍的建设,似乎不利于改善国家形象,并且可能因此产生"矫正警察"与"公安警察"混淆的法律风险。[③] 当今中国法治社会建设颇有成效,贸然新设矫正警察,可能导致社会治理出现不必要的动荡与波折,为新出现的不同警种之职权划分所困扰,也使民众面对不同种类的执法者时无所适从。当社区矫正不再提"刑罚执行",当教育矫正变更为"教育帮扶",当监督管理让位于"不干扰矫正对象正常工作与生活"时,警察意义在哪里? 这个问题值得进一步思考。为此,笔者认为,我们应谨慎、理性地对待一线社区矫正工作人员设立矫正警察的呼声。毕竟,社区矫正执法身份的非警察化,代表的是国际潮流。

近年来,全国各地都开启了监狱(戒毒)人民警察以互帮共建的形式参与到司法行政机关的社区矫正工作,学界称其为"延伸用警"。如媒体报道:2018 年

---

① 吴宗宪:《社区矫正机构应设立矫正警察》,载法制网,www.legaldaily.com.cn,最后访问日期:2017 年 4 月 19 日。

② 梅义征:《社区矫正制度的移植、嵌入与重构》,中国民主法制出版社 2015 年版,第 74 页。

③ 司绍寒:《社区矫正警察队伍建设问题研究》,载《中国司法》2012 年第 4 期。

1月16日司法部召开党组会议:提出社区矫正工作改革要在积极推动立法的同时采取监狱、戒毒人民警察延伸的方法,保证日常用警。[①] 但是,这只是在社区矫正中的暂行办法。社区矫正不仅是刑罚执行,还包含矫正、教育帮扶等工作,这类工作不需要警察的介入而是需要社会力量的参与,特别是专业人才的介入;此外,监狱和戒毒所的工作任务也很繁重,抽调警力从事社区矫正工作无形当中增加了监狱警察和戒毒警察的工作负担。

笔者认为,随着《社区矫正法》的施行,以"互帮共建"名义参与到社区矫正领域工作的监狱(戒毒)人民警察必须绷紧身份意识。即便监狱(戒毒)警察为了工作需要而穿上警服,但不能再用监狱(戒毒)警察的身份对他们进行执法管理。因为《社区矫正法》明确规定了社区矫正工作中遇到的执法用警都必须由公安机关提供,包括押解、投送、抓捕等事项。而且,监狱(戒毒)警察执法的场域,是在监狱(戒毒所),而非社区。这部分监狱(戒毒)警察必须明确,他们仅仅是"协助"开展社区矫正工作,不能以监狱(戒毒)警察身份从事社区矫正执法。

2. 专业化社区矫正执法队伍建设的思考

党的十八届四中全会决定中指出:"完善法律职业准入制度,健全国家统一法律职业资格考试制度,建立法律职业人员统一职前培训制度。"美国矫正协会对缓刑假释工作者的准入资格提出了如下标准:"至少需要有学士学位或者具有完成了一个职业的发展项目(这个项目包括与缓刑假释工作相关的经历、训练和学院的学分)足以说明其学习的程度相当于学士的学位。"且应聘者在正式进入角色前,往往要接受短期的专业培训,在工作岗位上每年还要接受在职工作培训。在美国,社区惩教执法人员的准入标准一般都高于警察标准,警察的准入学历标准在大部分州是要求高中学历。在我国台湾地区,管理社区罪犯的专业人员称为"观护人",列为专门的公务员序列,有专门的任职资格和职前录用考试制度。[②] 我国《社区矫正法》第10条规定:"社区矫正机构应当配备具有法律等专业知识的专门国家工作人员,履行监督管理、教育帮扶等执法职责。"正如笔者前文所述,此处的"专门国家工作人员"若称为"矫正官",可能更为适

---

① 《司法部召开党组会议:提出社区矫正工作改革要在积极推动立法的同时　采取监狱、戒毒人民警察延伸监管等方法　保证日常用警》,载 http://www.sohu.com/a/217360645_660595。

② 刘强、武玉红等:《社区矫正制度惩罚机制完善研究》,中国人民公安大学出版社2016年版,第194页。

宜。“矫正官”称谓，既能提升社区矫正工作人员的地位，还有法治化、正规化的感觉，“矫正官”还可以与检察官、法官对应起来，有利于向矫正职业化发展，对提高社区矫正工作人员的积极性具有重要的积极意义。当然，对矫正官应有入职资格和标准的限制。

（二）专职社会工作者

专职社会工作者，是指根据一定条件选择并经培训后对社区矫正对象开展相关社会工作的全日制专业人员。[①] 社区矫正的实施地在社区，社区矫正的本质在于教育矫正，必须依靠专职、专业的社会工作者。

社会工作者参与社区矫正工作，无论是通过政府购买服务[②]，还是政府通过聘用或者采取由劳务公司劳务派遣形式，雇佣社会工作者到社区矫正机构服务。无论采取哪种形式，社会工作者均已在社区矫正工作中均发挥了巨大作用，甚至在不少司法所中，社区矫正社会工作者已经成为业务骨干，发挥着中流砥柱的作用。在实际工作中，专职社会工作者承担了除审核审批、等级管理等执法事务外的所有事务性工作，甚至本应由公务员身份进行的执法类活动，在不少地方专职社工也一并“统揽”，承担了调查评估、监督管理、组织教育学习与公益活动、等级管理、外出请假审批、执行地变更审核、月度考核、禁止进入场所审核、会客审核、保外就医罪犯参加社会活动审核、提请警告、对暂予监外执行的罪犯收监执行审核等几乎所有社区矫正流程工作。

但与之不相匹配的是，不少地方的专职社会工作者均面临角色尴尬、待遇偏低等严重问题。多数地方的社区矫正机构，没有把专职社会工作者视为“专业人员”，而是当作“辅助人员”。不少地方专职社会工作者仅为当地最低工资标准，无法享受政法专项补贴等问题，与专职社会工作者的专业服务形成巨大反差，严重削弱了其工作积极性，难以形成拴心留人的环境。

社区矫正兼具刑事执行、人本化、社会化的多重属性。社区矫正制度的实

---

① 吴宗宪主编：《社区矫正导论》，中国人民大学出版社 2011 年版，第 114 页。

② 政府通过购买服务的方式鼓励社会力量参与社区矫正，有的地方是购买专业社会组织的服务，最典型最早的就是上海市司法局培育新航社会服务总站，然后整体购买新航的社区矫正服务。大多数地方则以政府购买公共服务的名义直接购买人力，通过劳务派遣等方式成为在司法所工作的社区矫正工作人员。这些工作人员称呼不统一，社区矫正协管员、社区矫正协理员、社区矫正专管员等，也有的省份直接称呼为社区矫正社工或司法社工。

施效果，不仅有赖于司法行政机关的具体工作效果，还取决于以社区为载体的社会力量的参与程度。2014 年 11 月司法部等六部委联合印发《社会力量参与意见》，明确了社会力量参与社区矫正工作的基本方法、实现路径和相关保障。该意见强调，应进一步鼓励、引导包括社会组织在内的社会力量参与社区矫正工作，形成国家与社会在社区矫正实践中良性互动、互利共赢、双管齐下与协商共治的良好局面，推进社区矫正工作常态化、法治化和社会化进程。该意见颁发后，四川省已经明文要求“通过政府购买服务的方式，实现社区矫正社会工作者与社区矫正对象 1∶10 的配备比例”，要求各区县按 2 万 –5 万元/人/年的标准落实社区矫正社会工作者待遇，并按时足额缴纳社会保险费。前述做法在一定程度上保障了社会工作者的待遇，但相比之下，还是显得不够。

《社区矫正法》肯定了专职社工的价值，将专门从事社会工作的社会工作者引入社区矫正领域。认识到了专职社工与志愿者的显著区别，在《社区矫正法》第 11 条[①]中对他们作出了专门规定。笔者认为，社区矫正社会工作者理想的角色定位应是刑事执行的辅助者、教育学习和公益活动的组织者、个案矫正的实施者和社会资源的链接者。从实践来看，社会工作确实也需要向专业化、职业化方向发展，需要将社区矫正中惩罚性监管工作以及形式化的台账从社工工作中剥离出来，保障其集中精力发挥专业优势。如果社工承包查访、教育、谈话、劳动、台账等在内的大部分工作，甚至将监管工作也附加给社工，势必弱化其专业价值。

（三）社区矫正志愿者

社区矫正志愿者，是指具备一定专业知识和能力素养，经社区矫正机构和志愿者组织登记，自愿无偿参与社区矫正工作的人员。[②] 利用社区矫正志愿者开展社区矫正工作，是解决社区矫正工作中专职人员数量不足而社区矫正对象需求繁多的最佳途径之一，也是为社区居民发挥“余热”和奉献社会创造条件的可行方法之一，且联合国《东京规则》第 17 条第 2 款明确规定，“应把公众参与视作社区成员自身为保护社会做出贡献的一个机会”[③]。

---

① 《社区矫正法》第 11 条规定：“社区矫正机构根据需要，组织具有法律、教育、心理、社会工作等专业知识或者实践经验的社会工作者开展社区矫正相关工作。”

② 赵国玲主编：《刑事执行法学》，北京大学出版社 2014 年版，第 90 页。

③ 贡太雷：《惩戒与人权——中国社区矫正制度的法治理论》，法律出版社 2016 年版，第 152 页。

志愿者具有亲和性、服务性和非官方性等特性，使其容易与社区矫正对象进行有效沟通，在深入了解其所思所想的基础上进行有的放矢地帮教。此外，其非官方性的身份还有助于防止社区矫正对象产生犯罪标签的负面效应，减少犯罪标签效应可能给社区矫正对象带来负面作用。而且社会志愿者往往在文化程度、生活阅历、专业技能、脾气性格等方面具有多样性，这种特点正好适应了社区矫正对象的多种需要，有利于加深帮教活动的广度和深度。

笔者在网上发现一起大学生志愿者帮扶未成年社区矫正对象成功的案例，令人欣慰：①广州市海珠区南华西街自 2006 年成立红棉心理矫正室，首批 13 名社区矫正对象成为“矫正室”的常客，不定期地和社区矫正工作者谈心以及汇报思想。16 岁的小王，是第一个走进“红棉心理矫正室”的矫正对象。因抢劫他被法院判处有期徒刑 1 年，缓刑 1 年 6 个月。这个才开始高中生活的学生，原本打算背负着“服刑人员”的名号，潦倒地混下去。没有想到，3 年后的他却改变了命运，并考上了大学。为了帮助小王摆脱心理包袱，红棉心理矫正室出动了 6 人的专家帮教团。这 6 位由心理、法律、社工专业人士组成的专家帮教团为小王制订了专门的矫正方案。来自广东教育学院的心理学教授陈云英通过心理治疗，消除了小王对过去犯罪行为在心理上的障碍。再次回到学校后的小王感到学习非常吃力。在一次期中考试中，他是班上最后一名。幸运的是，在红棉心理矫正室里，还活跃着一群来自高校的志愿者。这些来自华农社工系的大哥哥、大姐姐很快都成为了小王的朋友。小王在学习上遇到的难题就攒着，有机会就向大家请教，不能当面问的，就通过 QQ、电话来沟通。志愿者偶然碰着自己解答不了的，就向其他同学和老师请教。有了这么多的“高参”，小王的学习自然进步很快。在高考前，司法所还专门为小王安排了升学规划的辅导，让他更为科学的选择大学志愿。2008 年 8 月，小王收到了广州一所大学的录取通知书。在社区矫正大学生志愿者的帮助下，失足少年获得新生。这一事例值得各地社区矫正志愿者效仿。

一般来说，社区矫正志愿者还具有自愿性、兼职性、无偿性等特点。当然，“无偿性”并不意味着社区矫正志愿者在从事社区矫正工作时得不到任何报酬，而是意味着他们只能根据开展工作的情况，领取一定的工作津贴，如误餐补贴、

---

① 《红棉心理矫正室走出大学生》，载新浪网，http://news.sina.com.cn/o/143315772974s.shtml，最后访问日期：2021 年 5 月 16 日。

交通津贴、办公用品津贴等。同时，鉴于每个社区矫正志愿者具有的个人背景、知识技能等方面具有较大的差异性，以及志愿者具有较大的流动性，需要探索社区矫正志愿者的长效参与机制、培训机制并提供必要的待遇。

《社会力量参与意见》明确要求，“切实加强社区矫正志愿者队伍建设以及进一步加强矫正小组建设”。《社区矫正法》在此也作出了回应，在《社区矫正法》第13条作出明确规定，国家“鼓励、支持……社会力量依法参与社区矫正工作”。

当然，我们需要统合财政与捐助资金，为志愿者活动提供物质保障。在矫正过程中，志愿者是一支重要的社会力量，他们以自己的善良、技能以及社会资本等帮助这些被矫正者更好地融入社会，为社会所接纳。在参与社区矫正活动中，志愿者的各项权利应当得到充分保障。倘若志愿者的善意换回的却是其合法权益受损的后果，不免会令志愿者发出“我本将心向明月，奈何明月照沟渠”的悲叹。[①] 志愿者参与社区矫正活动必然会产生一定的费用，如培训费、宣传费、场地费、通信费等，这些经费应主要来自国家财政以及社会捐赠。《志愿服务条例》第4条规定：“县级以上人民政府应当将志愿服务事业纳入国民经济和社会发展规划，合理安排志愿服务所需资金。”这为财政支持提供了行政法规上的依据，县级以上人民政府应当将志愿服务资金纳入每一年的财政预算。

司法行政机关或社区矫正志愿者组织也可以设立专门的社区矫正志愿服务的基金账户，接纳社会各界爱心人士的捐献。当然，对于该账户资金应当按国家《慈善法》等法律法规的要求加强监督与管理。当社区矫正志愿服务有了较为充足的资金时，志愿者参与矫正活动才能有较为充足的物质保障，有财力开展形式多样的矫正活动，使矫正活动取得良好的实效。

七、社会力量参与社区矫正的进一步完善

社区矫正承载着惩罚、矫治、再社会化和复归社会的多重社会功能，要实现这种社会功能，就必须借助和发挥社会力量优势。

社区矫正语境中所说的“社会力量”，是指在社区矫正工作中可以利用的社会人力、组织和设施、技术、资金等的总称。[②] 或者说是指可以参与到社区矫正

---

① 习剑平：《论社区矫正志愿者的权利保障》，载《井冈山大学学报（社会科学版）》2020年第3期。

② 吴宗宪：《社会力量参与社区矫正的若干理论问题探讨》，载《法学评论》2008年第3期。

工作中的所有非司法体制内的个人、社区、志愿者、社会关系、社会组织和社会环境。[①] 实践中，专业社会组织、基层自治组织、党团组织、社会企业、公益组织和社会志愿者等社会力量参与社区矫正工作的模式被广泛应用。

《社区矫正法》对社会力量如何参与社区矫正做了具体规定，如第 18 条规定，社会组织可以接受社区矫正决定机关委托从事“第三方”调查评估；以及第 25 条关于矫正小组的组建、第 36 条针对性教育矫正活动的开展、第 38 条居（村）委会教育帮扶、第 40 条实施跨地区帮扶交流与示范，第 52 条未成年人社区矫正实施等规定，表明社会力量可以参与社区矫正的全过程。社会工作者作为专业力量，社会组织作为承载专业社会工作和社区矫正项目购买的主体，前述法条的规定，对社会工作者及其机构介入社区矫正的提供了依据。

《社区矫正法》确立的因“人”施教、因“需”帮扶原则，队伍建设专业化、社会支持多元化、项目委托市场化的帮教机制，以及“社区矫正经费应当列入本级政府预算”等规定，激活了社会力量参与社区矫正工作的热情。各地依据 2020 年《实施办法》以及各省市《社区矫正实施细则》进行了大胆探索。不少省份，如浙江省、安徽省，已经实现了政府购买社区矫正服务的全覆盖。“有偿但不盈利”的政府购买服务属性，以最低的成本实现了社区对罪犯的矫治。[②] 实践证明，社会力量介入社区矫正，以一种平等主体的身份帮助矫正对象，通常会更为尊重和体谅矫正对象的感受，工作方法也是互动式、说服性、接纳式、建议性的而非强制性的，容易使矫正对象接受和认可，减少矫正对象潜在的抵触和戒备心理，往往可以收到良好的矫正效果。

（一）社会力量参与社区矫正所存在的问题

虽然社区矫正实践中，从个性化矫正方案制订、专业化心理疏导干预，到多元化查访巩固、多渠道教育帮扶，均离不开社会力量的介入。但由于我国社会力量介入社区矫正的时间不长、制度缺失、经费不足等原因，社会力量介入社区矫正方面还存在诸多突出问题。

---

① 任文启、杨容城：《社会力量如何参与社区矫正工作——从立法、实践和社会工作介入策略角度解读》，载《中国社会工作》2021 年第 5 期（上）。

② 李蓉、祝千惠：《社区矫正中政府购买服务的风险及防范》，载《湖南科技大学学报（社会科学版）》2020 年第 1 期。

1. 社会力量缺乏培育力度

目前，多数省（自治区、直辖市）主要是从两个方面入手弥补社区矫正工作力量的不足：一是以社工或以协管员（辅助人员）的名义招聘大学毕业生或者失业待岗人员充实社区矫正工作一线。由于辅助性岗位薪酬低，职业晋升通道狭窄，刚毕业的大学生，多将其当作临时的过渡性安排，一旦有好的岗位马上跳槽。造成的结果是，社工岗位多像流动兵站；而那些失业待岗人员，大多只是将这个岗位当作一个糊口的差事而已。此外，多数地方把社工作为公益性聘用岗位招录，但在实际工作中，因具有政法干警编或行政编的司法助理员在司法所中还需承担人民调解、法制宣传、法律援助等事务，社工很大程度上包办了包括部分执法事项在内的绝大多数社区矫正业务。身份上的“不适格”以至于出现社区矫正社会工作者“临时工执法”的现象，尴尬的身份，角色的“越位”；二是通过行政手段、主要是以考核的方式向居（村）委会传递压力，将社区矫正工作当作居（村）委会的职责，从而强制性地将居（村）委会纳入社区矫正工作体制当中。真正下功夫去培育、发动社会组织参与社区矫正工作的地方不是很多。上海虽有社会帮教志愿者组织，但基层的志愿者也主要是居（村）委会干部。其他许多社会志愿者，有的只是偶然性地参与，有的则仅仅是挂名而已，并无实际的志愿行动。

2. 社会力量参与缓慢、形式化倾向凸显

《社区矫正法》设专章对社会力量参与教育帮扶作了规定。但社会力量参与、政府购买服务在实践中推进缓慢。究其原因，笔者认为：一是社会资源缺乏整合。虽然社会参与力量较多，从自治组织到社会组织、公益组织，从退休“老政法”到社会工作者、大学生志愿者，均参与其中。但参与力量是各自为政，未能互通联动，造成了资源的低效与浪费；[1]二是经费不足、承接能力有限。“政府购买服务”的实质是将社区矫正中的“服务”内容予以剥离，以市场化方式交由社会承担。目前，居（村）委员会协助开展社区矫正工作所需经费，《社区矫正法》有明确规定，纳入了本级财政预算。但其他社会组织依法协助开展社区矫正工作所需经费，无法纳入政府预算，具体操作中难度较大。加之，不少区县，特别是西部地区，至今还缺乏承接社区矫正服务的社会组织，导致政府购买服

---

① 金越、胡晓军、郑艳：《社会力量参与社区矫正工作的模式与路径探索：基于枫桥经验的传承与发展》，载《中国司法》2019 年第 7 期。

务推进缓慢。

3. 社会力量参与缺乏规范化建设

实践中社会力量主要来源于各类社会组织、非营利性机构。但不少社会组织尚未发育成熟,缺乏明确的组织制度,内部组织机构松散。加之信息不对称、供需不匹配,在面对复杂情况时无计可施,在关键时刻无法发挥作用。社会组织缺乏规范化建设体现在:一是社区矫正社会工作者人才总量不足。目前全国持证社工虽然超过53万,但各地可以集中动员社会力量参与社区矫正工作的司法社会工作专业力量明显不足①;二是专业水平偏低。当前,社会组织普遍运用社会工作方法教育帮扶社区矫正对象,并积极运用心理咨询、再犯风险测量等方法预防再犯,这些方法对于提升个案矫正质量效果显著,但是教育矫正整体水平偏低。在社区矫正领域,通用社会工作和普通心理咨询对罪犯矫正的效果不明显,因为它们没有瞄准矫正对象的风险等级和犯因性需求;三是社会组织人才队伍建设政策落地性不强。近年来,中央组织部、民政部等部门就社会工作人才队伍建设出台了一系列指导性政策文件,但总体来看落地性不强。目前尽管明确了社会工作方面的专业职称,社会组织的从业人员可以参与职称评定,但在薪资提升和福利回报方面,社会组织人才与党政人才、企业经营管理人才、专业技术人才队伍相比,在政策支持层面还存在较大差距。

4. 社区矫正机构尚未认可社会工作专业

《社区矫正法》虽然把社会工作当作一个专业列入社区矫正体系,并对社区矫正社会工作的定位、角色、与政府的连接方式、服务内容等进行了相关规定,不再把社会工作与一般志愿者、社区协管员同样看待。但实践中,社会工作者通常把社会工作的"个案工作、小组工作、社区工作"三大核心方法简单套用到社区矫正领域,过于强调社会工作的人道主义、助人自助等价值,过于强调社会工作的福利服务属性。实际上社区矫正是一个比较特殊的专门领域,它是针对偏差越轨行为的矫治。然而中国的矫正社会工作教科书很少涉及偏差越轨行为的实证研究,反复言说助人自助、不批判、无条件接纳、关怀、包容、尊重和支持等临床辅导的行话,让保守主义的社区矫正机构工作人员很难接受。社区矫正机构的通常看法是:社区矫正对象是社区罪犯。既然是罪犯,对罪犯怎么能无条件接纳和关怀呢?按照犯罪学的原则,罪犯首先是接受惩罚,其次是接受

① 任文启、杨容城:《社会力量如何参与社区矫正工作》,载《中国社会工作》2021年第5期(上)。

改造(矫正),最后才是需要帮扶教育。社区矫正与社会工作两个专业的价值冲突,让社会工作的这个“好心善意”难以获得社区矫正机构的认可。基于职业风险防范的需要,大多数社区矫正工作人员把刑事执行当作自己的工作本质,把“管得住”矫正对象作为自己的工作底线,至于专职社会工作者参与的“教育帮扶”,只能算作“锦上添花”的事。

5. 政府购买服务仅仅是部分购买

政府购买社区矫正服务包括购买部分与购买全部。《社会力量参与意见》倾向于社会力量参与部分社区矫正工作,并没有考虑让社会力量在政府购买服务的形式下统揽社区矫正的全部工作。为此,我国政府购买社区矫正服务是购买部分服务,承接政府购买服务的社会组织,一般是仅仅从事社区矫正中的教育帮扶工作,涉及审核审批、等级调整与管理、考核奖惩等监管工作,依然由社区矫正执法人员完成。如此管理的分工,一个社区矫正对象需要两个以上机构或者组织的管理,不利于提高工作效率并体现责权利的结合。而让社会组织参与社区矫正全部管理是英国等发达国家在实践中总结和积累的经验。如笔者前述的英国社区更生公司,通过政府购买服务,承担对中、低度风险社区罪犯的全部管理。美国迪兰西街社区矫正中心,也是一家提供社区矫正服务的私人矫正机构,购买的是社区矫正全部服务。① 此类做法,在我国有借鉴价值。笔者认为,可以将大多数低风险社区矫正对象的监督管理、教育帮扶“外包”社工机构或者社会组织,委托其实施社区矫正全部管理,以减轻社区矫正机构及其工作人员的工作负荷。此外,关于政府购买主体,笔者认为,可以授权社区矫正机构申请决定购买。实践中一些地区将社会组织参与项目的购买依托民政部门进行,例如北京市朝阳区,这种做法会限制管理者和需求方挖掘利用社会力量参与社区矫正提供专业服务的空间。

(二)社会力量参与社区矫正的完善举措建议

自20世纪80年代以来,发达国家社区治理的重点是重建居住区的管理和服务模式,修正“二战”以来的“政府包办过多”的弊端,因而社区治理的核心是强调各种利益关系主体共同参与社区建设。作为社区治理重要组成部分的社

---

① 颜九红:《美国社区矫正的成功典范——迪兰西街矫正中心》,载《北京政法职业学院学报》2005年第2期。

区矫正，无论是以非营利组织提供众多公共服务为特色的美国模式，还是充分发挥志愿者作用的日本保护司模式，多中心的、有秩序的、居民占主导、政府合作、社会中介组织支持的发展趋势是社会力量参与社区矫正路径的共同特征。在借鉴国外模式基础上契合我国实际，笔者认为，完善社会力量参与社区矫正需要：

1. 应明确社区矫正具有社会工作属性

社区矫正是刑事执行活动，必然带有一定的惩罚性，但不宜过分强调惩罚性，而应更强调社会工作属性。旗帜鲜明地强调社区矫正的社会工作属性，有助于社区矫正工作者引导社区舆论，组织和开发社区资源，尽量减少污名化效应给社区矫正对象带来的社区联系阻隔。

2. 应明确社会工作者的独特地位和作用

国外的经验及上海的探索充分证明：社会工作者在社区矫正工作的作用是不可替代的，社会工作的理念、方法与科学的矫正方法是高度契合的。从长远看，社会工作者不应是矫正机构的辅助人员或文员，而应是一支重要的专业力量，甚至可以作为基础力量。上海、深圳、成都等地在社区矫正试点初期的探索都证明了社工完全可以成为社区矫正的工作主体。当然，要做到这一点，首先必须为社会工作者正名，建立必要的职业准入门槛，防止名称滥用；其次是逐步建立矫正社会工作的准则，不断提升这一职业群体的专业化水平和职业伦理标准。同时，应借鉴推广上海、广东等地的做法，基于各地经济与社会发展的差异，笔者非常赞同有学者提出的社会工作者参与社区矫正“教育帮扶”应实施差异化的策略。① 如财政资金充裕，并且有推行社区矫正领域发展决心的地区，可以将社区矫正“教育帮扶”工作，选择“社工机构 + 整体外包”的模式推进政府购买服务；有充足的资金，但担心社会组织承接效果的地区，可以倡导将社区矫正教育帮扶的部分工作委托给社会组织，选择“社会组织 + 部分委托”的模式；针对没有充足资金，但想要推进社区矫正方面工作的地区，应侧重于社会倡导，在社区矫正的各个环节中动员社会力量分散参与，获取社会支持，选择“各个环节 + 社会支持”的模式。

3. 引导社区舆论

社区矫正对象生活于特定的社区，传统观念会令民众对矫正对象（尤其是

---

① 任文启、杨容城：《社会力量如何参与社区矫正工作》，载《中国社会工作》2021 年第 5 期。

暴力犯罪者)感到惊异、恐惧和敌意,会本能的对其予以防范、疏离。在这样的社会环境中,社区矫正工作者很难组织志愿且充分的支持系统,而只能依靠协管员、村(居)委会工作人员。这种单线的行政式的管理和帮扶,难以形成系统全面的社区融入。因此,社区矫正机构应当有意识地引导社区舆论,注意采用恢复性司法的工作方法,让社区民众感受到活生生的"人"的形象,而不是僵硬刻板的"犯罪人"标签,帮助矫正对象逐渐重建社区联系,获得社区认同。"如果一个国家的人民缺乏一种赋予这些制度以真实生命力的广泛的现代心理基础,如果执行用着这些现代制度的人,自身还没有从心理、思想、态度和行为方式上都经历一个向现代化的转变,失败和畸形发展的悲剧结局是不可避免的。"①据此,社区矫正制度的生命力在于社会公众的认同与接纳。在提升公众认同方面,新加坡的"黄丝带计划"值得借鉴。② 新加坡政府将每年 10 月 2 日定为"黄丝带佩戴日",来宣示对社区矫正对象重返社会的支持。"黄丝带"计划以媒体宣传、组织演唱会、行走等方式扩大影响,得到了新加坡公众的认同。

4. 发动社区资源

以往的社会力量介入社区矫正,主要体现在参加矫正小组、政府购买社区矫正服务、部分企业机构和个人自愿承担社会责任等方面。但前述方式存在"矫正小组的执行能力较弱、有偿服务机构的供给服务难以跟进、无偿服务机构的供给难以持续"③等问题。其实,无论是城市社区还是乡村社区,社区资源无

---

① [美]阿历克斯·英格尔斯:《人的现代化——心理·思想·态度·行为》,殷陆君译,四川人民出版社 1985 年版,第 4 页。

② 这里有一个 20 世纪 60 年代美国的真实故事:一个因犯罪被判刑 3 年的美国犯人,在临出狱前夕,给妻子写了封信,信中表达了自己因没有尽到作为丈夫、作为父亲的责任而深感悔意。在满心期待能回家,家庭能重新接纳他的同时,又自认为犯了错,没有资格要求家庭接纳他,因此,他极度地期盼知道,如果妻子依然爱他,仍在等他回家,那么就在村口的老橡树上系上一条黄丝带;如果他在树上看不见黄丝带,他也明白妻子的心意,他将继续乘车远去。在从佛罗里达州至迈阿密的长途汽车上,他心里一直忐忑不安,既期待又怕受到伤害。当车子接近迈阿密市镇广场的时候,他甚至不敢睁开眼睛,恳求司机和车厢里的人帮忙看老橡树上是否系着黄丝带。当他听到车上所有乘客的欢呼声时,他睁开了眼睛,看到在村口老橡树上,数百条黄丝带正迎风飘舞……他的妻子带着儿子、女儿和全村的人都在老橡树那里等待着他的归来。车上的、家里的、村里的所有人都在拍手,在欢呼声中,他们一家人紧紧地拥抱在一起。长途汽车司机被这个场面深深地感动了,当即用村口的电话通知了当地的媒体,几乎在同时,这个感人的故事就被传播到了美国全国各地,当时就引起了很大的轰动。时至今天,这个真实、感人的故事仍在继续流传。

③ 哈洪颖、马良灿:《社会力量参与社区矫正遭遇的实践困境与治理图景》,载《山东社会科学》2017 年第 6 期。

处不在，关键是看社区矫正工作者采用什么样的方式去挖掘、组织、开发。社区矫正需要发动社区资源。农村社区的村委会委员、村民小组长、党员、族老，城市社区的居委会委员、小区物业工作人员、党员、志愿者组织、热心公益的企业家、大学生，乃至律师、律师事务所等，都是可以发动并利用的资源。笔者认为，通过号召律师志愿参与社区矫正，组建律师服务团队，或者区（县）社区矫正中心与律所签订合作协议，通过政府购买服务方式聘请律师为法律顾问等方式，让律师介入社区矫正，运用专业知识给社区矫正对象以专业的法律帮助，更容易消除社区矫正对象的误解和冲动，更容易让社区矫正对象认罪服判，更容易让社区矫正对象服从监督管理。

5. 健全相关激励及配套机制

在发达国家，特别是日本，社会力量在社区矫正中发挥着主导性作用。部分原因是这些国家对社会组织、企业组织参与社区矫正实践采取了激励性举措或给予了相应补偿，尤其是针对私营企业雇用社区矫正对象所采取的激励措施更大。如税收激励，若企业雇用了社区罪犯，那么政府将给予其一定比例的税收优惠或优先获得招投标项目等奖励措施；建立风险应对机制，因社区矫正对象带来的损害，如企业已尽到审慎义务可减免损害赔偿等。《社会力量参与意见》中规定“提供社区矫正服务的社会组织符合规定条件的可以享受相应的税收优惠政策”。但遗憾的是，该意见基于其规范性文件的效力层级较低，实践中缺乏执行力度。笔者认为，在此不仅需要提升该意见法律效力层级，还应借鉴《企业所得说法》关于企业吸收残疾人就业的做法。根据《企业所得税法》第 30 条规定，“企业安置残疾人员及国家鼓励安置的其他就业人员所支付的工资，可以在计算应纳税所得额时加计扣除”。《企业所得税法实施条例》第 96 条还进一步规定：“企业安置残疾人员的，在按照支付给残疾职工工资据实扣除的基础上，按照支付给残疾职工工资的 100% 加计扣除。”如果允许吸收社区矫正对象就业的企业，享受接收残疾人就业的税收优惠，势必对吸收社区矫正对象就业的企业产生激励机制。笔者认为，可以行政法规或地方规章的形式，将《企业所得税法》第 30 条“安置残疾人员及国家鼓励安置的其他就业人员所支付的工资，可以在计算应纳税所得额时加计扣除”中的“国家鼓励安置的其他就业人员”扩大到“社区矫正对象”，给予安置企业的税收减免，以此激励对社区矫正对象的就业安置。

综上所述，国家犯罪治理体系现代化需要政府、市场和社会的多方协作参与,社会治理不再是政府单方责任,社会参与对于激发国民的家国情怀、培育公民的社会责任感不可或缺。如何在政府主导与社会多方主体参与之间进行有效平衡,如何在刑事惩罚与教育帮扶之间调整均衡,如何大力培育社会力量、激发社会组织活力,形成国家与社会在社区矫正实践中的良性互动、互利共赢的良好局面。对推进社区矫正工作常态化、法治化和社会化进程意义重大。

第五章

社区矫正对象

“社区矫正对象”称谓，突破了封闭的惩罚理念而走向了开放性，彰显了对社区罪犯的人文关怀和复归社会的期待。社区矫正的惩罚性完全可以通过内化在矫正规范中予以实现，不一定非要通过“罪犯”标签来凸显。社区矫正对象的权利与义务因罪犯身份有一定的特殊性。对罪犯的权利保护是否充分是衡量一个国家法治水平的重要标尺。当前，需要积极寻求有效的改进措施，以完善我国的社区矫正对象权利保障机制。

一、社区矫正对象的概念及法律地位

(一)社区矫正对象的概念

社区矫正对象，是指在实施犯罪行为后依法被判处非监禁刑并在社区接受监督管理和教育帮扶的罪犯。日本将社区罪犯称为“保护观察对象”。我国自开展社区矫正试点工作以来，曾先后使用“罪犯”“犯罪分子”“社区矫正人员”“社区服刑人员”等概念，《社区矫正法》没有采纳呼声很高但罪犯标签色彩鲜明的“社区服刑人员”称谓，而是采用了更为中性化的“社区矫正对象”称谓，并通过在不同章节增设5个法条来保护社区矫正对象的身份信息、个人隐私，保障其就学、就业和享受社会保障等方面不受歧视，并专章设立“教育帮扶”以突出精准矫治和个别化矫正。其最终目的是消除不利于社区矫正对象回归社会的各种因素，预防其重新犯罪。笔者认为，现行的制度设计，可以为将来社区矫正的多元发展留下空间。

与监禁服刑人员相较，社区矫正对象具有以下特点：

1. 被定罪判刑的自然人

在我国当前，社区矫正对象只能是实施了犯罪行为，且被定罪判刑的自然人。由于我国刑法将犯罪界定为严重危害社会的行为，因此，那些只实施了轻微的危害行为，未被法院定罪处刑而是适用其他处理措施的人员，如实施治安管理处罚的违法人员、被人民检察院作出相对不起诉人员、附条件不起诉未成年人等，均不属于社区矫正对象。此外，虽然被人民法院判决有罪，但未被判处任何刑罚措施的人员，因不存在刑事执行的问题，也不属于社区矫正对象。

至于犯罪单位可否实施社区矫正，让其接受监管、矫正，承担诸如"种植复绿"等修复生态的社会责任，这是一个值得研究的课题。笔者认为，在破坏生态环境资源犯罪案件中，如若判处犯罪单位罚金并承担"种植复绿"等修复生态的社会责任，将单位犯罪的"破坏因素"转变为"建设因素"，有利于培育犯罪单位正面的企业文化。与此同时，判处犯罪单位实施社区矫正，不让其破产、解散而招致企业职工失业，有利于克服对犯罪单位刑事追诉引发的负面效应，有利于社会的稳定。

目前，刑事立法对单位犯罪坚持"拟制人格说"，即单位虽然没有自然人的思想，但其可以通过内部工作人员的行为进行犯罪，单位是拟制的自然人，因而是刑法中的犯罪主体。在此理论下，司法上认定单位犯罪坚持"绝对的单位意志"，即只有受单位鼓励、刺激、容忍或者默许的内部成员的行为，才能够被视为单位的犯罪行为，否则均不能认定为单位犯罪。但在如何判断单位的犯罪意志上，目前的单位犯罪理论并没有提供一个比较具有可操作性的标准。如 P2P 非法集资案件中，有些单位三令五申，且通过明确的规章制度要求内部员工在从事集资行为时不得对外宣传保本保息，但单位销售人员为招揽业务、赚取提成仍然对外承诺保本保息，这些销售人员的行为能否反映出单位意志？目前的司法实务中，仍将这种情形认定为单位犯罪，但这是十分牵强的。笔者认为，在如何判断单位意志上，可以结合单位事前构建好的刑事合规制度加以认定。将单位意志与刑事合规制度相结合，通过企业的刑事合规制度判断单位是否具有主观上的犯罪故意。对于已经有刑事合规制度的单位，其主观上的犯罪意志在认定上应当排除或者减弱。相对应地，在刑事责任的认定上，应当予以减轻或者免责。

作为一种犯罪控制模式，刑事合规对预防单位犯罪意义重大。在未来修法时，笔者认为可以将社区矫正适用对象扩展到犯罪单位。特别是在当下，一些企业涉嫌构罪，并进入刑事追诉程序，部分省市检察机关试点探索的企业犯罪附条件不起诉制度具有重要意义。检察机关在依法做出涉案企业附条件不起诉决定的同时，针对企业实际，督促涉案企业作出合规承诺并积极整改落实，促进企业合规守法经营，不仅可以让涉案企业“起死回生”，而且可以减少和预防企业犯罪。良好的营商环境要靠法治来支撑。把刑事处罚作为惩罚企业犯罪的唯一手段，对企业家和管理人员动辄剥夺人身自由，往往会产生企业难以为继、影响当地经济、矛盾风险增多等负面效果。检察机关如果允许涉罪企业履行特定行为（如限期整改、赔偿被害人损失、恢复受损生态环境）等方式，最终作出不起诉的决定，可以在最大限度上降低刑事追诉对企业正常经营发展的消极影响，尽可能平衡惩罚企业犯罪与保障经济发展的关系。笔者很欣慰地获悉，我国检察机关在“十四五”规划期间，将在目前的企业合规改革试点基础上，探索企业犯罪附条件不起诉制度①。目前企业合规试点改革的案件范围仍然很窄，主要是限于构成犯罪但依法可以不追究责任的企业和企业管理人员，且必须履行刑事合规义务。如对涉嫌犯罪的企业在审查起诉过程中设立一定考察期，要求涉罪企业出具合规建设与接受考察承诺书，并在考察期内根据合规计划，完善企业治理结构，健全管理规章制度，规范生产经营方式，进而在考察期结束后综合其合规建设情况、犯罪情节等决定是否起诉。检察机关探索的企业附条件不起诉制度，将进一步扩大我国刑事诉讼的附条件不起诉制度范围，也为未来社区矫正的扩容提供了空间。

2. 身份的法定性和时限性

社区矫正对象这一法定身份必须由法定机构依照法定程序确定。对于管制、缓刑、假释等社区矫正措施而言，须经人民法院依法审理并作出生效裁决，有关人员才能被确定为社区矫正对象。对于暂予监外执行措施，可以由人民法院作出判决时直接决定适用，也可以由省级监狱管理机关在刑罚执行过程中批准适用。同时，社区矫正对象的身份具有时限性，即只限于社区矫正执行期间。一旦解矫，其社区矫正对象身份即告终止，并恢复普通公民身份。

3. 在社区被“监督”

所谓社区，是进行一定社会活动、具有某种互动关系和共同文化维系力的人类群体及其活动领域。在我国，社区分为城市社区与农村社区两大类。由于在社区接受矫正，社区矫正对象不与社会隔离，并有相对的人身自由，可以正常

① 《检察机关“十四五”将研究探索企业犯罪附条件不起诉制度》，载搜狐网，https://www.sohu.com/a/461200088_114988，最后访问日期：2021 年 5 月 16 日。

地生活、学习与工作，在社区矫正机构的监管、教育、帮扶下，将能重新融入社会并成为守法公民。

4. 在被监督中具有主体地位

在人类刑罚制度的历史上，罪犯曾长期被视为单纯的惩罚或改造的客体，仅仅承担义务而不享有权利。现代刑事执行的一个重要特征，就是肯定了罪犯的主体地位。也就是说，在刑事执行过程中，包括社区矫正对象在内的罪犯，既要承担一定的义务，也享有一定的权利，矫正机构在依法剥夺或限制其某些权利的同时，必须尊重和保护其未被剥夺或限制的公民权利。

（二）社区矫正对象的法律地位

社区矫正对象的法律地位，是指社区矫正对象"在国家确立的特定法律关系中所处的位置，具体来讲是指其在矫正期间是否享有权利、承担义务，以及其权利义务的范围和程度"。[①] 一个国家赋予社区矫正对象何种法律地位，对其权利保护的状况和程度，是衡量该国社会文明程度与法治发展水平的重要方面。对于社区矫正对象来讲，并非处于社区矫正期间就不享有合法权益，也不会因为罪犯身份就丧失其享有所有合法权利的资格。与普通公民相比，仅仅是其合法权利受到一定程度限制。譬如，社区矫正对象如果未被依法剥夺或者限制政治权利，在社区矫正期间享有申请入党等政治权利，但是，如果社区矫正对象在之前已经拥有党籍，但因犯罪被开除了党籍，即无法享有再次申请入党的政治权利。为此，《社区矫正法》第 4 条特别强调对社区矫正对象人权的"尊重和保障"，要求"在就业、就学和享受社会保障等方面不受歧视"。第 7 章专门规定的"未成年人社区矫正特别规定"，强调对未成年人的社区矫正，应当与成年人分别进行。《社区矫正法》第 54 条规定，"社区矫正机构工作人员和其他依法参与社区矫正工作的人员对履行职责过程中获得的未成年人身份信息应当予以保密"。在收监执行环节，为了更好地保障社区矫正对象的权益，《社区矫正法》还特别规定了权利救济措施和程序，甚至允许律师辩护和提供法律服务。《社区矫正法》第 48 条第 2 款规定：人民法院拟撤销缓刑、假释的，应当听取社区矫正对象的申辩及其委托的律师的意见。同时第 47 条第 1 款规定对可能逃跑或可能发生社会危险的社区矫正对象可以逮捕。此两处新规定，意味着《社区矫正

---

① 吴宗宪主编：《社区矫正导论》，中国人民大学出版社 2011 年版，第 129 页。

法》将刑事辩护权延伸至了刑事执行阶段。

社区矫正对象的法律地位，在我国包括三个层次：一是社区矫正对象作为人类一员而享有的基本人权；二是社区矫正对象作为公民而享有的权利。在我国，绝大多数社区矫正对象具有中国国籍，属于中华人民共和国公民。虽然他们因犯罪而受到刑事处罚，但他们的公民资格并没有被剥夺，因此仍然在一定范围内享有宪法和法律所规定的公民权利与义务；三是社区矫正对象作为罪犯其法律地位有别于一般公民。其权利和义务的实际状况会发生一定程度的改变。为此，社区矫正对象的权利和一般公民相比具有以下特点：

1. 权利的不完整性

社区矫正对象虽享有广泛的公民权利，但是，这些权利是应然权利，而不是实然权利。由于社区矫正对象受到法律的惩罚，遭受人身管控与监督，所享受的公民权利处于缺损状态。有的权利被依法剥夺，如被剥夺政治权利的社区矫正对象在矫正期间就不能享有选举权、被选举权等宪法规定的各项政治权利，以及入职教师、警察、律师、公证员、公务员等行业考试的权利；有的权利被限制，或者是被禁止在一定时间内不得行使，如担任保险公司的董事、监事、高级管理人员，担任国有独资企业、国有独资公司、国有资本控股公司的董事、监事、高级管理人员，担任会计和注册会计师。

2. 权利义务的不对等性

权利义务的不对等性，是指社区矫正对象所享有的权利和应尽的义务的不对等。在矫正期间，社区矫正对象要按照法律规范的规定，履行特定的义务，如定期报告、参加公益活动、参加教育学习等，这些义务和享受权利之间具有不对等性。

3. 权利行使的局限性

社区矫正对象是被限制自由的，因此，在行使权利时，无论是行使权利的范围，还是行使权利的方式，都具有极大的局限性。如社区矫正对象在其居住的区县内可以自由流动，但要接受分类管理、信息化核查、遵守禁止令、外出请销假等规定；社区矫正对象有会客的权利，但是在行使会客权利时，必须遵守会客的规定，对特定客人未经社区矫正机构批准不得会见等。

4. 义务履行的强制性

对社区矫正对象来说，在矫正期间所要履行的法定义务，是强制附加、无条件履行的。一旦不履行法定义务，则要承担相应的法律责任，会带来对社区矫正对象不利的法律后果。比如，社区矫正对象具有按时报到、服从管理、接受宣告、接受信息化核查（特定情形下的电子定位装置监管）、遵守禁止令等义务，都是在强制前提下完成，社区矫正对象如果不按规定履行义务，出现脱管漏管、违反遵守禁止令乃至重新犯罪，就有可能面临训诫、警告、治安管理处罚乃至收监执行的后果。

二、社区矫正对象的一般权利

人权是指人作为社会存在物基于自然属性和社会属性所享有或者应当享有的权利。我国有关法律对公民合法权利的保护有着明确规定，特别是在2004年宪法修正案中，将"国家尊重和保障人权"写入宪法，作为公民权利的原则性规定，既赋予人权概念以确定的内涵，又从原则上提升了公民权利的实质含义和价值，为人权保障提供了充分的宪法依据。

罪犯权利是人权观念最重要的表现。在封建社会，由于强调"轻权利重权力"的专制集权统治，基本上实施刑罚报应主义，罪刑擅断现象严重。而现代社会，罪犯虽然犯了罪，受到了刑罚应有的惩罚，但并没有开除其国籍，因而，他们仍然是一国公民，拥有一定的法律地位。罪犯权利是作为主体资格的人所应享有的基本人权。国家刑罚权的行使只改变了作为公民的罪犯的权利状况，但并没有否定罪犯的公民资格。因此，国家在惩罚罪犯的同时，也负有保障罪犯权利的义务。在最低限度上，国家既然没有剥夺罪犯的生命，就意味着国家在法律上承认罪犯生命权的存在，因而除保护罪犯生命权外，也必须保障罪犯作为人所共有的基本平等权利。即使对被判处死刑立即执行的罪犯，在执行死刑前，罪犯的公民资格还没有消失，其所享有的法定平等权利也必须受到保护。罪犯是社会上的一个特殊群体，罪犯权利是社会人权的重要组成部分。没有罪犯权利的保障，就没有所有公民的人权保障。社区矫正对象作为罪犯，同样具有宪法与法律所赋予的权利保护的人权内容。

相关国际人权公约是社区矫正对象权利保护的参照。随着国际人权运动的深入开展，国际社会对罪犯权利保障日益重视。通过不懈努力先后达成了一系列关于罪犯权利的国际协议和公约，这些国际协议和公约主要有1955年的《囚犯待遇最低限度标准规则》、1975年的《保护人不受酷刑和其他残忍、不人道或有辱人格的待遇或处罚宣言》、1979年通过的《执法人员行为守则》，以及1990年的联合国《东京规则》等。这些文件是联合国人权法律制度的重要组成部分,表明了对罪犯人权的尊重和对罪犯人格尊严的维护,对罪犯所应享有的权利形成了较为广泛的一致意见,对于推动世界范围内罪犯权利的保障起到了标示作用。我国已签署或者批准加入许多有关罪犯权利保护的国际条约或公约。因此,我国不但要在法律中体现这些国际条约或公约的精神,而且要在司法实践中包括社区矫正工作中予以贯彻和体现。

社区矫正对象法律地位的核心就是权利问题。《社区矫正法》第 4 条第 2 款规定:"社区矫正工作应当依法进行,尊重和保障人权。社区矫正对象依法享有的人身权利、财产权利和其他权利不受侵犯,在就业、就学和享受社会保障等方面不受歧视。"对社区矫正对象的权利,可以从不同的角度出发,划分为不同的类型。例如,从权利的自然属性出发,可分为物质性权利和精神性权利;从权利的法律属性出发,可分为程序法上的权利和实体法上的权利;从权利的社会属性出发,可分为政治权利、经济权利、社会家庭权利等。

社区矫正对象的一般权利,是指社区矫正对象作为公民应当享有的权利。这类权利主要包括生命健康权、人身自由权、人格权、住宅权、通信权、婚姻家庭权、财产继承权、政治权利、宗教信仰自由权、受教育权、劳动权等。基于篇幅,笔者主要剖析以下几类权利:

(一)生命健康权

生命健康权是指公民对自己的生命安全、身体组织的完整性和生理机能的正常性等所享有的权利。社区矫正对象的人身安全不受侵犯,对于侵犯社区矫正对象生命健康权的违法、犯罪行为,要依法追究相应的法律责任,包括刑事责任。有关国际刑事司法准则亦对此有明确规定,如联合国《东京规则》第 3.8 条规定:"非拘禁措施不应涉及对罪犯进行医疗或心理试验或给罪犯的身心带来不当伤害危险。"为此,社区矫正机构在组织社区矫正对象教育学习、公益活动过程中,有义务保障其生命健康权及社会上其他人的生命健康权。

美国的韦伯斯特说过:如果将生命健康与其他利益相比,生命是"1",名誉、金钱、友情、地位等都是"1"后面的"0"。有了"1",这个数字可以是 10、100、1000、10,000乃至无穷大;若失去"1",即失去了生命,后面的名誉、金钱等再多也是"0"。这段话说明了生命健康的重要性。

(二)人身自由权

人身自由权是指公民按照自己的意愿支配其外在的身体行动,不受非法限制、剥夺、妨碍的权利。人身自由权具体包括不受非法逮捕、拘禁,不被非法剥夺、限制自由,以及不受非法搜查身体等权利。据此规定,对社区矫正对象人身自由的剥夺或限制,必须经过正当程序,同时剥夺或限制的程度必须是在法律的范围之内。为此,《社区矫正法》规定"不得限制或者变相限制社区矫正对象的人身自由"。[①] 当然,此款规定的"正常工作和生活"还需要明细规定。譬如,周末社区矫正对象需要陪伴家中老人、小孩,此时社区矫正机构组织教育学习或者公益活动,是否合适,值得进一步探讨。同时,《社区矫正法》还要求"运用现代信息技术开展监督管理和教育帮扶"[②],其实就是要借助现代科学技术,给社区矫正对象足够的自由度,能够通过电话、网络实现的,就不应当再要求到司法所或社区矫正中心报告、学习和谈话。《社区矫正法》还禁止对社区矫正对象全员使用电子定位装置,对使用电子定位装置进行了严格限制。此举折射立法者坚持对轻缓罪犯的去标签化,彰显对社区矫正对象的人文关怀和对其复归社会的期待。

从我国《刑法》第39、75、84条的规定来看,无论是被判处管制的还是被判处缓刑或假释的犯罪分子,法律都要求他们遵守相应的规定,即"按照执行机关规定报告自己的活动情况";"按照考察机关的规定报告自己的活动情况";"按照监督机关的规定报告自己的活动情况"等,在这里"报告自己的活动情况"是法定的义务。至于如何报告,是随时报告还是定期报告,这个权力授予了刑事执行机关。笔者发现,《社区矫正法》、2020年《实施办法》均规定:社区矫正对象有定期报告的义务。这里的"定期",缺乏明确界定,不便于操作。全国目前没有统一的"定期报告"体系。报告的频次、标准各地均不同,报告停留时间也没有规定。实践中,亟须一个"定期报告"的《实施条例》。基于人权保障的需要,笔者认为,应由司法部制定一个全国统一的《报告管理条例》,以适应定期报

---

① 《社区矫正法》第34条第1款规定,开展社区矫正工作,应当保障社区矫正对象的合法权益。社区矫正的措施和方法应当避免对社区矫正对象的正常工作和生活造成不必要的影响;非依法律规定,不得限制或者变相限制社区矫正对象的人身自由。

② 《社区矫正法》第5条规定,国家支持社区矫正机构提高信息化水平,运用现代信息技术开展监督管理和教育帮扶。

告管理的需要。

由于社区矫正对象的犯罪经历,我国相关法律法规都对该类人员的人身自由进行了一定的限制。譬如,禁止出境。但由哪一机关负责通知公安机关限制出境,采取哪些措施限制出境,目前还缺乏具体规定。

(三)人格权

人格权是指公民为维护主体的独立人格所必备的人格尊严、姓名、肖像、名誉、荣誉、隐私等方面的权利。人格权是人身权的重要组成部分。社区矫正对象的人格权不可剥夺,社区矫正工作中必须予以充分重视和保护。

隐私权是人格权的重要内容,是指自然人享有的对自己的个人秘密和私生活进行支配并排除他人干涉的权利。社区矫正对象同普通公民一样享有隐私权。由于其特殊的身份和地位,社区矫正对象的隐私权容易受到侵犯,为此,一些国际性司法文件及某些国家的立法中,对社区罪犯隐私权的保护有专门规定,如联合国《东京规则》第3.11条规定:“在适用非监禁措施时,应尊重罪犯的以及家庭成员的隐私权。”第3.12条规定:“罪犯个人档案记录应予严格保密,不应让第三方接触。只有直接参与处置有关罪犯案件或者其他经过适当授权的人员,才能接触这类档案记录。”《欧洲社区制裁与措施规则》第23条也规定:“社区矫正和措施的执行活动的性质、内容和办法,不应当危害犯罪人及其家庭的隐私或者尊严,也不应当导致对他们的骚扰。不应当损害自尊、家庭关系、与社区的联系和在社会上生活的能力。应当采取措施保护犯罪人免受侮辱,不适当好奇心的干扰或者宣传。”①

在社区矫正工作中应当注重社区矫正对象的隐私权的保护。但是,社区矫正对象被定罪判刑的事实是否属于隐私权保护的范围?虽然现行法律对此没有规定,学界对此基本持否定观点。主流观点认为,隐私包括以下内容:(1)严重的违法隐私行为,如重婚行为;(2)一般违法或者严重违背道德行为,如婚外性行为;(3)轻微违法行为,如一般的辱骂他人的行为;(4)一般违规行为,如随地吐痰、攀折花木的行为;(5)法不调整的行为,如婚前性行为;(6)合法的隐私行为。其中第(3)至(6)项属于隐私权保护范围。② 为此,行为人实施的犯罪行

---

① 冯卫国:《刑事执行与罪犯处遇新探索》,法律出版社2019年版,第151-152页。

② 梁慧星、廖新仲:《隐私的本质与隐私权的概念》,载《人民司法》2003年第4期。

为以及由此衍生出来的罪犯身份,是不属于隐私权保护范围的。至于刑罚执行完毕,曾经的“服刑经历”是否属于隐私权保护范围,各国立法规定不同。在很多国家,普遍建立了前科消灭制度,服刑完毕经过一定期限,犯罪记录即告消灭,记载有关犯罪信息的资料即被销毁或封存,不对社会公开,此时曾经的犯罪记录就成了隐私权保护的范围。在我国,尚未建立起前科消灭制度,相反地,《刑法》还规定了无限期的前科报告制度(轻罪的未成年人除外),显然,曾经的犯罪与服刑记录是不属于法律保护的隐私范围的。

当然,社区矫正对象定罪判刑的事实不属于隐私权保护范围并不代表可以随意宣扬。社区矫正对象的隐私权只是在一定程度上限制了,其仍享有一定范围的隐私权,况且定罪判刑这件事本身与许多个人信息是连在一起的,这些资料基本囊括了社区矫正对象一生的经历,矫正工作者可以利用这些信息更好地制订矫正方案,完成个案矫正,但是一旦为社区普通民众知晓,在更广范围内流传,不仅会影响到矫正对象正常的工作和生活,也会对其亲属造成巨大的困扰。[①]《社区矫正法》第 54 条还特别强调要对未成年社区矫正对象的身份信息“应当予以保密”,对于入矫宣告、解矫宣告均不公开进行。其矫正档案信息“不得提供给任何单位或者个人”。此外,《刑法修正案(八)》对于犯罪时不满 18 周岁被判处 5 年以下有期徒刑的未成年人,规定免除前科报告义务,体现了宽严相济刑事政策精神。笔者认为,从有利于曾经犯罪者回归社会的需要,有必要修改《刑法》中的前科报告制度,并构建有条件的前科消灭制度。可以将免除前科报告义务的范围扩大至所有的社区矫正对象,当然可以按照罪刑种类做一定的保留。譬如对危安犯、暴力犯等不适用。[②] 还可以根据实际情况,给不同的犯罪人设定不同的报告期限。前述修改符合社区矫正的执行目的和执行特点,有助于促进社区矫正对象就业,从而有助于他们融入社会。

在社区矫正对象隐私权保护问题上要注意处理好个人隐私与公共利益的关系。当个人隐私与公共利益发生冲突时,应当服从公共利益的需要。在社区矫正实践中,基于刑事执行与教育矫正的需要,必要时可以对社区矫正对象的隐私权作出一定的限制。例如,社区矫正机构为了寻求合理的处遇模式,而对社区矫正对象的生活经历、家庭情况、人际交往等进行必要的调查,只要调查行

---

① 程晓溪:《社区服刑人员隐私权保护问题研究》,载《江西广播电视大学学报》2015 年第 3 期。

② 戴艳玲:《社区矫正帮困扶助的基本实践及其发展》,载《中国司法》2015 年第 8 期。

为在实体和程序上具备合法性，就不应认为是侵权行为。此外，社区矫正工作者对因工作需要而获取的社区矫正对象的个人信息，负有一定的保密责任，不能随意泄露。对于反映社区矫正对象矫正经历的照片、文字材料等，须经本人许可，才可以在社会上公布、发表，否则会构成对其隐私权的侵犯。

（四）住宅权

住宅权有两层含义：一是任何人及其家庭，在任何地方，都有通过合法途径得到适当住宅的权利。对于无法依靠个人的努力获得适当住宅的个人和家庭，国家有扶助和保障的义务与责任；二是住宅不可侵犯权，即未经主人的允许，或者法律规定的情况，任何人不得进入、搜索或封锁住宅。

社区矫正对象的住宅权也应从上述两层含义理解。首先，社区矫正对象有权获得基本的居住条件，尤其是对于那些流离失所或者居无定所的社区矫正对象，有关部门应当提供必要的救助，如北京“阳光中途之家”，[①]就具有为社区矫正对象提供临时性居住场所的功能。法律允许农村宅基地在集体成员内部转让和置换，为此，满足农村宅基地住房条件的社区矫正对象，依法可以转让、销售宅基地住房；其次，社区矫正对象同样享有《宪法》第 39 条规定的“公民住宅不受侵犯”的权利，禁止任何人非法搜查或者非法侵入社区矫正对象的住宅。执法人员因犯罪侦查需要，可以进入公民住宅进行搜查，但有关法律对此有着严格的程序规定，搜查人员必须履行必要的法律手续，否则会构成侵权，而严重的侵犯住宅权的行为可能构成刑事犯罪。

---

① “中途之家”概念源于欧洲，或称为“重返社会训练所”“社区矫正中心”“中途集体宿舍”等，通常是指为了帮助从监禁机构释放的服刑人员以及其他人员重新适应社会生活而设立的过渡性住宿式社区矫正机构。包括政府主办与私人主办。在我国，针对“三无”（无业可就、无家可归、无生活来源）社区矫正对象的安置、就业、落户等问题，北京市首先借鉴国外“中途之家”经验，于 2008 年 7 月，率先建立了首个“中途之家”，即“朝阳区中途之家”。是一个由政府全额保障的、事业单位性质的机构，其主要职能是负责为社区矫正对象和刑释人员等提供就业帮助、暂时食宿和集中教育。它是秉承着“以人为本、回归社会”的工作理念，积极整合各种资源，对部分社区矫正对象和刑释解教人员进行最长 3 个月的临时安置、教育矫正、技能培训、就业指导、心理咨询的过渡性住宿式常设机构。为他们提高社会适应能力、顺利融入社会搭建了桥梁，有利于减少社会对抗、巩固改造成果，实现监所和社会无缝衔接，在罪犯矫正和犯罪预防中发挥积极作用，同时也真正体现了党和政府的以人为本。目前，北京市按照“因地制宜、分步实施，功能实用、形式多样，政府主导、社会参与，制度配套、管理规范”的原则，通过政府投入、社会支持等多种方式，已经在所有区（县）全部建成“符合实际、体现首善、适应未来”的“阳光中途之家”。

（五）受教育权

受教育权是指公民享有接受文化教育的机会和获得受教育方面的物质帮助的权利。受教育权是公民一项重要的宪法性权利。社区矫正对象的受教育权同样受法律保护：他们有获得完成义务教育的权利，有条件的还可接受高等教育；他们还有接受职业培训，学习谋生技能的权利；有获得学业证书、学位证书的权利和合理利用图书馆、博物馆、科技馆、体育馆等社会公共文化体育设施的权利等。保障社区矫正对象受教育权的实现，有助于使他们掌握必备的生活知识和专业技能，公平地参与社会竞争；同时，也有助于提高他们的精神境界和道德素养，成为拥有健全人格的守法公民。

（六）劳动权

劳动权是指有劳动能力的公民参与社会劳动并且因此而享受劳动报酬及其他待遇的权利。“当个体在基本生存面临危机的情况下违法犯罪，可能会使其对自己违法犯罪难有较强的悔过之意，甚至可能对社会存在怨恨之心。因此，解决社区矫正对象基本生存问题应当是社区矫正工作的首要环节。”①

根据心理学家和行为学家马斯洛提出的人类需求层次理论，人的需求被分为生理需求、安全需求、社交需求、尊重需求和自我实现需求。马斯洛认为，人在低端层次需求被满足后，才能去追求更高层次需求的满足。同时，当人的低端层次需求被满足后，他们自觉就会去追求更高的需求。根据该理论可知，人只有满足了生理需要，才会去追求安全需要，而安全需要得到满足后才会考虑社会需要，以此类推。② 当某些低层次的需求还没法满足时，上层的需求即使满足了，底层需求终究会暴露出来，那将是个失衡的金字塔，爬得越高，摔得越惨。如果社区矫正对象的劳动权利得不到保护，国家和社会又不能直接提供其满足生存需要的物质条件，那么他们重新犯罪的概率会大大增加，这样又何谈让其顺利回归社会呢？如果对社区矫正对象的劳动权利给予充分保障，解决了自己的生存问题甚至能够获得更为充足的物质条件，实现经济自由，那么根据马斯

---

① 陈娜：《社区服刑人员悔罪程度及影响因素实证研究》，载《法学论坛》2016 年第 5 期。

② ［美］戈布尔：《第三思潮——马斯洛心理学》，吕明、陈红雯译，上海译文出版社 2006 年版，第 32 页。

洛的需求层次理论，他们必然会自觉地去追求更高的需求层次。也许他们最终无法达到自我实现的需求层次，但是从客观来看，他们给社会创造更多的价值。为此，充分保障社区矫正对象的劳动权利，既是保障其生存权利的必要条件，也是让其能够实现自我价值的前提。

社区矫正对象享有劳动权，其劳动权与一般公民的劳动权基本上是相同的。劳动权又具体分解为以下权利：(1)参加劳动的权利；(2)获得劳动报酬的权利；(3)休息的权利；(4)获得劳动安全卫生保护的权利；(5)享受社会保险的权利；(6)享受劳动福利的权利；(7)接受职业培训的权利；(8)参加工会和职工民主管理的权利；(9)决定劳动法律关系存续的权利。但需要指出的是，社区矫正对象参加的公益活动，不同于一般意义上的劳动权利，它是接受教育矫正的一种手段。社区矫正机构不能强制性的，乃至惩罚性的组织公益活动，需要坚持公益活动的自愿、无偿、有益原则，公益活动的核心价值在于培养社区矫正对象的社会责任。为此，社区矫正对象不应拒绝社区矫正机构组织的公益活动，否则，社区矫正机构可以根据2020年《实施办法》第34条第3项“不按规定参加教育学习等活动，经教育仍不改正的”情形，给予训诫。

与此同时，基于罪犯身份，法律法规与政策对社区矫正对象的劳动权又实施了诸多限制，如其一，因被追究刑事责任而被用人单位解除劳动合同时失去抗辩权。因为《劳动法》和《劳动合同法》都把依法被追究刑事责任作为用人单位可以解除劳动合同的理由；其二，前科报告。《刑法》第100条规定“依法受过刑事处罚的人，在入伍、就业的时候，应当如实向有关单位报告自己曾受过刑事处罚，不得隐瞒。”这无疑使许多社区矫正对象无法通过入职审查；其三，法律规定的职业禁止和禁止令。比如，根据有关法律社区矫正对象不能担任公务员，不能从事律师、公证等特殊行业，在一定程度上限制了社区矫正对象的“公平就业”。

三、社区矫正对象的特殊权利

社区矫正对象的特殊权利是指社区矫正对象在矫正过程中享有的特别权利。

1. 申请社会救助、参加社会保险，获得法律援助权

《社区矫正法》第43条规定：社区矫正对象可以按照国家有关规定申请社会救助、参加社会保险、获得法律援助，社区矫正机构应当给予必要的协助。

关于社会保障权方面,《关于退休人员被判刑后有关养老保险待遇问题的复函》(劳社厅函〔2001〕44 号)和《关于对劳社厅函〔2001〕44 号补充说明的函》(劳社厅函〔2003〕315 号)对退休人员被判处管制、有期徒刑宣告缓刑和监外执行、假释期间的罪犯的养老金发放进行了规定:可以继续发放。[①] 体现了对社区矫正对象社会保险权的特别规定。《社区矫正法》还明确了律师可以参与撤销缓刑、假释程序。《社区矫正法》第 48 条规定:"人民法院拟撤销缓刑、假释的,应当听取社区矫正对象的申辩及其委托的律师的意见。"这有助于社区矫正对象的权利救济,这将在后文做具体阐释。

2. 依法接受刑事处罚的权利

所谓依法接受刑事处罚的权利,是指对社区矫正对象剥夺或限制权利的措施,必须由法定机构依照正当程序作出,且有关执行机构在执行中,不得超出原裁决所确定的剥夺或限制权利的范围和程度。对此,联合国《东京规则》第 3.1 条规定,"对罪犯权利的限制不应超过原判决主管当局所过度的程度";第 11.1 条规定,"非拘禁措施的期限不得超过主管当局根据法律确定的时间。"《欧洲社区制裁与措施规则》第 27 条则将此项权利表述为"社区制裁与措施的执行,不应当使用加重其痛苦特征的方式。"在我国,虽然现行立法中没有直接规定此项权利,但从罪刑法定和行刑法治原则的要求出发,社区矫正对象也应享有此项权利。

3. 社区矫正对象在矫正过程中享有知情权

知情权是指社区矫正对象在矫正过程中知悉、获取相关信息的权利。知情权是社区矫正对象的一项基本权利,与这一权利相对应的就是社区矫正机构的告知义务。在我国,社区矫正对象也享有对矫正有关信息的知情权,包括社区矫正对象有权知道社区矫正机构等国家机关行政管理、刑事审判、刑罚执行方面的各项事务、职责、权力、程序及与此相关的各项政策规定;有权了解对自己参与教育改造、公益劳动等矫正项目各方面的情况;有权获取对自身或者他人奖惩、评估、处遇等问题的处理结果的原因信息等。在实践中,社区矫正机构在接收社区矫正对象之后,会向矫正对象发放"社区矫正对象须知",明确告知其同矫正有关的法律、政策及其他相关情况、信息。从《社区矫正法》第 19 条第 2 款所规定的社区矫正决定机关"应当告知其在社区矫正期间应当遵守的规定以

---

① 冯建仓:《社区服刑人员劳动权问题研究》,载《犯罪与改造研究》2018 年第 10 期。

及违反规定的法律后果”、第 22 条入矫宣告时需要宣告社区矫正对象的“犯罪事实、执行社区矫正期限以及应当遵守的规定”来看，在社区矫正对象知情权获取方面，更多的是强调社区矫正对象要知悉自身履行的义务，而在权利告知与权力救济程序告知等方面还显得不足。在未来修法时，笔者认为可以增加一条“社区矫正决定机关、社区矫正机构在社区矫正决定、接收等环节，应当清楚地告知社区矫正对象所享有的权利和义务；如有必要，应该用书面文字告知”。

4. 依法获得减刑的权利

获得减刑的权利，是指在矫正期间有良好表现的社区矫正对象获得减轻其原判刑罚的权利。《刑法》第 78 条规定，被判处管制、拘役、有期徒刑、无期徒刑的犯罪分子，在执行期间，如果认真遵守监规，接受改造教育，确有悔改表现的，或者有立功表现的，可以减刑；有重大立功表现的，应当减刑。据此，社区矫正对象在接受社区矫正期间，仍然有获得减刑的机会。当然，矫正对象能否实际得到减刑处遇，在一般情况下，除了要符合法定的减刑条件外，还取决于司法机关依据自由裁量权而作出的裁决，即“可以减刑”；只有矫正对象有重大立功表现的，才属于“应当减刑”。关于减刑的性质，虽然在学术界存在“行刑奖励”与“罪犯权利”之争。但笔者认为，在上述“应当减刑”情形下，明显具有权利性质。根据《社区矫正法》第 33 条的规定，缓刑犯在社区矫正期间，只要具备法定条件，仍然享有减刑的权利。[①] 暂予监外执行是指对本应收监执行的罪犯因为法定情形而变更执行，由“监禁”变更为“非监禁”，因此，暂予监外执行的社区矫正对象如果符合法定的减刑条件，仍然适用减刑。

笔者在媒体发现一例社区矫正对象“救火减刑”案件：李某，男，因非法持有枪支罪被人民法院判处有期徒刑 3 年，缓刑 3 年。考验期为 2016 年 9 月 12 日至 2019 年 9 月 11 日。2017 年 10 月 26 日下午 2 时许，在邻居魏某家中作客的李某闻到一股浓浓的焦味儿，立即跑到院中，发现魏某二楼着火了，他不顾个人安危，从侧边房檐边爬上飘窗而入，奋力救火，在随后赶到的群众的帮助下，大火得以扑灭，把邻居家中的损失降到了最低，邻居万分感激，村委会对其进行了表扬并颁发奖状。县社区矫正机构按程序给予李某记功，市司法局认真审核并现场调查后向市中级人民法院提请减刑建议。市中级人民法院作出裁定：减去

---

① 《社区矫正法》第 33 条还规定了社区矫正对象减刑的程序，由社区矫正机构“向社区矫正执行地的中级以上人民法院提出减刑建议”，人民法院应当在“30 日内作出裁定”。

李某有期徒刑 10 个月，缩短缓刑考验期 10 个月。李某不顾个人安危，挺身而出抢救他人家庭财产，扑灭的不仅是现实世界的火，更战胜了自己内心的黑暗，不仅给社区矫正对象树立了榜样，也用自己的行动为社会传递了正能量。

5. 特殊类别社区矫正对象的特殊权利

社区矫正对象中的一些特殊群体，如未成年、女性、老年人等，他们在生理、心理、生活习惯等方面具有不同于一般社区矫正对象的特点，享有法律规定的一些特别权利。

（1）未成年社区矫正对象的特殊权利

对未成年社区矫正对象，《社区矫正法》规定，应当根据未成年社区矫正对象的年龄、心理特点、发育需要、成长经历、犯罪原因、家庭监护教育条件等情况，采取针对性的矫正措施；对矫正小组应当吸收熟悉未成年人成长特点的人员参加；对未成年人的社区矫正，应当与成年人分别进行；对未成年社区矫正对象要给予身份保护，对其宣告不公开进行，其矫正档案应当保密；督促未成年社区矫正对象的监护人履行监护职责，承担抚养、管教等义务；协调有关部门为其完成义务教育提供条件等。

从社区矫正的过程来看，对未成年社区矫正对象的身份信息保护应当覆盖社区矫正工作的全过程，包括：①对未成年人的社区矫正应当与成年人严格分开进行；对多名未成年社区矫正对象同时开展矫正工作的，应当采取措施防止在未成年人之间发生身份信息泄露；②社区矫正的全过程不公开，即对未成年社区矫正对象的矫正宣告、教育学习，组织他们进行公益活动，社区矫正工作者到学校和社区核实相关情况等活动，都应当不公开进行；③社区矫正机构与社区矫正工作者承担保密责任，未成年社区矫正对象的矫正档案不应当公开。除司法机关为办案需要或者有关单位根据国家规定查询以外，社区矫正机构不得将未成年社区矫正对象的档案提供给任何单位或者个人，还包括社区矫正工作者应当对其接触到的所有未成年社区矫正对象身份信息予以保密，不得泄露给他人。

（2）女性社区矫正对象的特殊权利

与男性社区矫正对象相比，女性社区矫正对象因生理、心理和社会角色等方面的特殊性，决定着在教育矫正、监督管理和帮困扶助方面相应也应考虑其特殊性，以更好地保障女性社区矫正对象的特殊权利。为此，《社区矫正法》第 25 条规定，“社区矫正对象为女性的，矫正小组中应有女性成员”。这就是考虑到女性社区矫正对象的性别特点所作出的特殊规定。

笔者认为,在未来还应进一步加强女性社区矫正对象权利保障,应在立法以及矫正项目、矫正方法、矫正设施、矫正队伍等方面充分考虑女性社区矫正对象的特点,有针对性地加以改进与完善。针对女性在生理、心理、社会关系等方面的特点,可以设置专门章节和条款;[①]增加切合女性特点和实际需求的教育内容;增加女性在社区矫正工作人员队伍中的比例,增加了解女性的特殊性、熟悉女性的社会工作者;聘请有关专业人员对女性开展普遍的心理健康教育,并对个别有需求的女性社区矫正对象做好心理咨询工作,对存在严重心理危机的矫正对象,要及时进行干预;根据女性社区矫正对象的不同情况和需求,有针对性地开展社会适应性方面的帮扶,对无生存技能或生存技能低、在就业领域内处于较低层次的女性社区矫正对象,可安排适合女性的就业培训项目;对于那些在婚姻家庭方面存在问题或社会关系交往上受到负面影响的女性社区矫正对象,可安排专业的社会工作者适当地介入,解决其婚姻家庭问题,修复其社会关系等。

(3)老年社区矫正对象的特殊权利

《老年人权益保障法》规定了"老年人"为年龄超过60岁的人员。老年罪犯存在年龄大、身体弱、罪行一般较轻等特点,总体说更适合社区矫正。由于老年人特殊的生理和心理结构,社会往往对老年人群体予以特殊关怀,在国家的立法层面上,对老年人犯罪一般是从轻或减轻处罚、限制适用死刑、从宽适用缓刑。

对老年社区矫正对象的帮扶应着重关注以下两个方面的问题:一是养老问题。应关注老年人的养老问题,解决他们最基本的生活问题和家庭关系问题;从他们的健康考虑,减少或免除矫正期间的公益活动,并通过科学的方法完善他们的心理诉求,防止他们重新犯罪;[②]二是就医问题。关于社区矫正对象的医疗问题也是涉及生命健康权的一个重要问题。《社会力量参与意见》明确规定:"社区服刑人员可按规定执行基本医疗保险等有关医疗保障政策,享受相应待遇。"地方也相应出台了一些规定,例如,2014年10月8日江苏省人力资源和社

---

① 禹红梅:《关于女性社区服刑人员社区矫正现状的调查与研究》,载《中共乐山市委党校学报》2016年第2期。

② 符慧君:《论我国老年犯的社区矫正》,载《法制博览》2017年第9期。

会保障厅发布通知，明确社区矫正对象可根据自身就业状况，选择参加职工基本医疗保险或城镇居民基本医疗保险。根据该通知，有用人单位的社区矫正对象应当与其他职工一样参加职工基本医疗保险，由用人单位和个人按规定参保缴费。灵活就业的社区矫正对象按就业地规定，参加职工基本医疗保险或城镇居民基本医疗保险，并享受相应的医疗保险待遇。社区矫正对象退休时享受基本医疗保险待遇的缴费年限按各地规定执行。应该说，江苏省的这一做法，对社区矫正对象社会保障权利的维护值得肯定。

四、社区矫正对象的义务

社区矫正对象的义务，是指社区矫正对象依法应当遵守的事项或者应尽的责任。社区矫正对象作为公民的组成部分，其权利和义务是统一的。社区矫正对象既是权利主体，也是义务主体，法律在规定其享有广泛权利的同时，也规定了其必须严格履行的义务。社区矫正对象义务的设定，不仅有利于对其监督管理，还有利于预防重新犯罪与保护社会。社区矫正对象的义务可分为一般义务和特殊义务。

（一）社区矫正对象的一般义务

社区矫正对象的一般义务，是指社区矫正对象作为公民应当履行的法律义务，如纳税的义务、保守国家秘密的义务等。但是，某些公民义务因社区矫正对象接受刑事处罚的事实而不能正常履行，如根据《征兵政治审查工作规定》，对曾被刑事处罚、收容教育、行政拘留的公民，不得征集服现役。

（二）社区矫正对象的特殊义务

社区矫正对象的特殊义务，是指社区矫正对象在矫正期间应当履行的特别义务。这类义务包括：

1. 责令报到

根据《社区矫正法》第 21 条的规定，被法院判处管制、宣告缓刑、裁定假释的三类社区矫正对象，应当自判决、裁定生效之日起 10 日内到执行地社区矫正机构报到。根据 2020 年《实施办法》第 16 条规定：社区矫正决定机关应当自判决、裁定或者决定生效之日起五日内通知执行地县级社区矫正机构，并在十日内将判决书、裁定书、决定书、执行通知书等法律文书送达执行地县级社区矫正机构,同时抄送人民检察院。收到法律文书后,社区矫正机构应当在 5 日内送达回执。

2012 年《实施办法》要求社区矫正决定机关在宣判时或者矫正对象离开监所之前告知社区矫正机构,这样的设置应该是很科学的,能有效确保矫正对象不会出现管控漏洞。但在 2020 年《实施办法》将这个规定改成了判决生效五日内告知社区矫正机构。如此设置,就极有可能出现矫正对象漏管失控的情况。因为当矫正决定机关决定过后,罪犯实际上已经是矫正对象了,但矫正机构却要在几日之后才会得知这一信息。

2. 定期报告

定期报告包括:(1)社区矫正对象应当定期向社区矫正机构报告遵纪守法、接受监督管理、参加教育学习、公益活动和社会活动的情况;(2)发生居所变化、工作变动、家庭重大变故以及接触对其矫正产生不利影响人员的,社区矫正对象应当及时报告;(3)被宣告禁止令的社区矫正对象应当定期报告遵守禁止令的情况;(4)暂予监外执行的社区矫正对象应每月报告本人身体情况。保外就医的,应当到省级人民政府指定的医院检查,每 3 个月向执行地县级社区矫正机构提交病情复查情况。

3. 外出审批

社区矫正对象未经执行机关批准不得离开所居住的市、县,确因就医、就学、诉讼、处理家庭或者重要工作事务等正当理由需要离开的,应当经执行地县级社区矫正机构或者受委托的司法所批准。《社区矫正法》第 27 条进一步规定,对于"有正当理由"需要离开所居住的市、县的,社区矫正机构应当批准;"对于因正常工作和生活需要经常性跨市、县活动的",可以简化批准程序和方式,且"批准一次的有效期限为六个月"。

《社区矫正法》合理设置社区矫正对象的请假制度。有"正当"理由的外出请假,社区矫正机构"应当"批准。生活中很多很多理由,都可以称为"正当"理由。换言之,只要社区矫正对象安心工作、生活,就最好不要去打扰他。在请假方面体现了对社区矫正对象的宽松管理、人性化管理。

根据《社区矫正法》第 27 条第 2 款的规定,社区矫正对象因居所变化确需变更执行地的,社区矫正机构应当按照有关规定做出变更决定。根据《社区矫正法实施办法》第 30 条的规定,社区矫正对象因工作、居所变化等原因需要变更执行地的,一般应当提前 1 个月提出书面申请,并提供相应证明材料,由受委托的司法所签署意见后报执行地县级社区矫正机构审批。

4. 遵守禁止令

禁止令，是我国《刑法修正案（八）》新增的法律规定，适用于被判处管制、宣告缓刑罪犯。在社区矫正期间适用，未经批准不得进入特定场所或区域、接触特定的人。对于人民法院禁止令确定需经批准才能进入的特定区域或者场所，社区矫正对象确需进入的，应当经执行地县级社区矫正机构批准，并通知原审人民法院和执行地县级人民检察院。

5. 接受情况核实、信息化核查

社区矫正机构的监督管理，需要了解掌握社区矫正对象的活动情况与行为表现。为此，《社区矫正法》第 26 条规定，“社区矫正机构可以通过通信联络、信息化核查、实地查访等方式核实有关情况”。对具有《社区矫正法》第 29 条规定的五种情形之一的，可以使用电子定位装置，以加强监督管理。①

6. 接受教育学习

为了提升社区矫正对象的法治意识，增强其道德素质和悔罪意识，《社区矫正法》第 36 条规定，社区矫正机构应当“根据需要，对社区矫正对象进行法治、道德等教育”，当然，要“因人施教”。此外，教育学习的时间不再限制，赋予社区矫正机构根据情况而确定。根据《社区矫正法实施办法》第 43 条的规定，社区矫正机构、受委托的司法所应当充分利用地方人民政府及其有关部门提供的教育帮扶场所和有关条件，按照因人施教的原则，有针对性地对社区矫正对象开展教育矫正。

7. 参加公益活动

为修复被社区矫正对象损害的社会关系，培养其社会责任，《社区矫正法》第 42 条规定，社区矫正机构可以根据其个人特长，“组织其参加公益活动”。2020 年《实施办法》第 44 条的规定：执行地县级社区矫正机构、受委托的司法所按照符合社会公共利益的原则，可以根据社区矫正对象的劳动能力、健康状况等情况，组织社区矫正对象参加公益活动。在 2012 年《实施办法》中有关于社区矫正对象每月参加教育学习和社区服务时间分别不少于八小时即“双八”

---

① 根据《社区矫正法》第 29 条的规定，可以使用电子定位装置的五种情形是：违反法院禁止令的；无正当理由，未经批准离开所居住的市、县的；拒不按照规定报告自己的活动情况，被给予警告的；违反监督管理规定，被给予治安管理处罚的；拟提请撤销缓刑、假释或者暂予监外执行收监执行的。

规定，而《社区矫正法》中没有再做这样的规定，将原来的“社区服务”修改为“公益活动”提法，并将其规定在第五章“教育帮扶”而非第四章“监督管理”之中，体现的是《社区矫正法》将“公益活动”并非作为监督考察措施，而是作为一种教育矫正措施。其实，我国《刑法》《刑事诉讼法》也没有将“公益活动”纳入刑罚体系，也没有将其列为管制、缓刑、假释和暂予监外执行对象应当遵守的刑事义务。[①] 为此，前述修改不仅符合社区矫正的“回归”理念，也符合罪刑法定原则。

（三）特殊类型矫正对象的特别义务

1. 管制犯的特定义务

根据《刑法》及相关司法解释的规定，被判处管制的社区矫正对象，在执行期间，应当履行以下义务：

（1）未经执行机关批准，不得行使言论、出版、集会、结社、游行、示威自由的权利。

（2）遵守执行机关关于会客的规定。

（3）自觉遵守人民法院判决中的禁止令。

2. 缓刑犯的特定义务

根据《刑法》及相关司法解释的规定，被宣告缓刑的社区矫正对象，应当履行以下义务：

（1）遵守考察机关关于会客的规定。

（2）在缓刑考验期限内，遵守人民法院判决中的禁止令。

3. 假释犯的特定义务

根据《刑法》及相关司法解释的规定，被裁定假释的犯罪分子，应当履行以下义务：

（1）及时报到与定期报告。

（2）遵守监督机关关于会客的规定。

关于假释犯，可否适用禁止令的问题，目前值得探讨。基于禁止令是审判阶段的辅助刑罚措施，而假释是执行阶段的刑罚变更，《刑法修正案（八）》对于禁止令的适用仅限于管制和宣告缓刑的犯罪分子。但笔者认为，无论是从法律

① 王顺安：《社区矫正法治研究》，中国政法大学出版社 2021 年版，第 110 页。

身份还是实际情况来看,假释犯与缓刑犯都有很多相似之处,诸如应当遵守的监督管理规定相同。此外,假释犯所犯的罪行明显重于管制犯和缓刑犯。假释期间仅仅适用社区矫正监督管理规定远远不能防控其再次犯罪的危险,需要辅之一定的管束措施,不能放任自流。基于此,对假释犯也有适用禁止令的必要。

4. 暂予监外执行犯的特定义务

根据《刑法》《刑事诉讼法》及相关司法解释的规定,被宣告暂予监外执行的社区矫正对象,应当履行以下义务:

(1)在暂予监外执行期间的生活、医疗、护理和医学鉴定等费用自理。

(2)在指定的医院接受治疗。

(3)确因治疗、护理的特殊要求,需要转院或者离开所居住区域的,必须经执行机关批准。

此外,《刑法》第 39 条关于管制犯应当遵守的规定、第 75 条关于缓刑犯应当遵守的规定、第 84 条关于假释犯应当遵守的规定,都有“遵守法律、行政法规,服从监督”义务的规定。其实,“遵守法律、行政法规”是任何公民都应当履行的法律义务,而不仅是管制犯、缓刑犯、假释犯才需要履行的义务。尽管《刑法修正案(八)》对判处管制、缓刑的社区矫正对象规定,可以根据犯罪情况适用“禁止令”,初步改变了过去规定的法律义务过于简单和缺乏针对性的现象,但是,所规定的内容仅限于禁止性义务,即禁止犯罪人从事某些有害活动,而没有活动性义务,即要求犯罪人从事某些有益活动的义务。①

五、社区矫正对象的权利保障

社区矫正对象的权利保障,是指保证社区矫正对象行使其法律权利的制度和措施。现代社会普遍认为,人权保护的精髓在于保护少数人的权利,法律的天平应当向弱势群体倾斜。社区矫正对象属于权利易受侵犯的弱势群体。在社区矫正工作中,应当特别关注对社区矫正对象的权利保障问题。“不仅承认犯人的权利,更重要的是为犯人行使权利创造条件,克服犯人完全消极服从带来的副作用。只有这样,才能够使犯人的主观能动性不致丧失,从而取得良好的行刑效果。”②

---

① 吴宗宪:《社区矫正比较研究》(上),中国人民大学出版社 2011 年版,第 132 页。

② 陈兴良:《本体刑法学》,商务印书馆 2001 年版,第 704 页。

（一）我国社区矫正对象权利保障的现状

我国宪法已经确立了“国家尊重和保障人权”的重要原则。根据这一原则，在我国社区矫正工作实践中，有关部门高度重视社区矫正对象的权利保障。

2012 年《实施办法》有一个特别规定，即在重点时段、重大活动期间或者遇有特殊情况，可以对矫正对象进行办公场所突击点验。简单来说，就是临时检查矫正对象是否能够在规定时间到达规定地点。在 2020 年《实施办法》中，此条规定被删除。此外，笔者还发现，2021 年《湖北省社区矫正对象分类管理分级处遇办法》，在总则部分第 3 条增加一款“实施分类管理应当避免对社区矫正对象的正常工作和生活造成不必要的影响”，作为开展分类管理工作的基本指导原则。前述规定，体现了《社区矫正法》、2020 年《实施办法》秉持对社区矫正对象的工作与生活“不过度干预原则”，是对社区矫正对象权利的维护。经过多年的试点、实践，目前我国已初步形成多层次、较完整的社区矫正对象权利保障机制。该保障机制主要包括以下内容：

1. 生存保障

生存保障是指帮助社区矫正对象解决基本生活问题的制度和措施。在社区矫正工作实践中，各地社区矫正管理部门积极探索建立就业安置生活保障制度，如为老弱病残、无生活来源的矫正对象提供最低生活保障、安排相应的困难补助，为矫正对象提供义务职业技能培训，为有就业愿望、暂无工作的矫正对象提供过渡性就业岗位。

《社区矫正法》施行后，为保障社区矫正对象合法权益，优化涉企社区矫正对象营商环境，各地社区矫正机构遵循“不过度干预原则”，对经常性跨区域或经营性外出请假需求的社区矫正对象，均放宽请假理由、拓宽活动范围、简化批准程序，力图既保障其企业复工复产，又保证监管落实到位。如四川省《社区矫正实施细则（试行）》，以及重庆市九龙坡出台的《社区矫正对象外出管理办法》，对有正当理由需要经常性跨越市、县活动的矫正对象，一次性请假最长可达六个月。各地在撤销缓刑、撤销假释程序中，人民法院特别注重听取当事人申辩及其委托律师的意见。在实践中，可以看到电子腕带（电子脚镣）使用数量减少了，大都换成了手机定位（信息化核查）。伴随《社区矫正法》施行，理论界绝大部分学者高度认同恢复性司法理念，“社区矫正是以惩罚性为基础、以恢复性为核心、注重罪犯重返社会的刑事执行制度”[①]已经成为理论界的通说。

2. 制度保障

制度保障是指为了促使社区矫正对象实现其权利而建立的相关制度和措施。如《社区矫正法》第 48 条第 2 款规定：人民法院拟撤销缓刑、假释的，应当听取委托的律师的意见。通过律师参与社区矫正，为社区罪犯提供帮助，可以有效制衡社区矫正相关主体，进而保护社区矫正对象的合法权益。从实践来看，各地社区矫正管理机关以及其他相关部门，大都制定了一些细则性的规定，初步建立了一系列的相关的规章制度，如社区矫正措施适用中的听证制度，对社区矫正对象权利、义务的告知制度，对社区矫正对象的帮扶解困制度等。这些制度的构建，为保障社区矫正对象权利的行使和实现奠定了基础。

3. 组织保障

组织保障是指为了促使社区矫正对象实现其权利而重视社区矫正工作者队伍建设的制度和措施。

社区矫正工作必须常抓队伍建设，为社区矫正对象的权利实现提供有力的组织保障。一名合格的社区矫正工作者，不仅要具备过硬的政治素质，还要具备法学、社会学、心理学等方面的专业知识；不仅要有爱心、热心、耐心、责任心，还要具备良好的沟通、组织与协调能力。目前，需要应以高标准、严要求来选拔和培养我国的专职社区矫正工作者。应按照“职业化、专业化、社会化”的要求，建立一支训练有素、结构合理的社区矫正工作队伍，逐步形成以司法行政工作人员为执法主体，专业社会工作者和各界社会志愿者为重要力量的专、兼职相结合的队伍结构。要通过各种形式开展对社区矫正工作者的培训工作，不断提高其知识素养与业务能力，以适应社区矫正工作的需要。

4. 司法保障

司法保障是指为了促使社区矫正对象实现其权利而建立的司法救助制度和措施。根据我国有关法律的规定，社区矫正对象可以通过起诉、申诉、控告等各种途径来寻求司法救济，针对侵权行为的性质，通过民事诉讼、行政诉讼、刑事诉讼等各种司法程序来主张和维护自己的权利。对于严重侵犯社区矫正对象权利、构成犯罪的行为，可以启动刑事追诉程序，按照《刑法》中的相关罪名追

① 王顺安：《从刑罚执行到刑事执行：谈对社区矫正性质的认识》，载《河南司法警官职业学院学报》2020 年第 2 期。

究刑事责任。

5. 监督保障

监督保障是指为了促使社区矫正对象实现其权利而建立的相关监督制度和措施。根据这类制度和措施，通过发挥检察机关、人大代表、政协委员、新闻媒体及社会舆论等各方面的监督作用，促使社会矫正工作依法、规范运行，进而强化社区矫正对象的权利保障。

2021 年 7 月 19 日，浙江省平湖市检察院，对社区矫正对象吴某减刑监督案件举行公开听证，这一做法值得提倡。① 吴某因犯非法买卖枪支罪在 2018 年 7 月 5 日被判处有期徒刑 3 年，缓刑 3 年 6 个月，后交付平湖市司法局执行社区矫正，矫正期限自 2018 年 9 月 3 日至 2022 年 3 月 2 日止。2021 年 5 月 9 日晚，吴某所居住的高层居民楼发生火灾险情，他积极疏散住户，逆行奔至着火点，联合保安使用消防水管扑救灭火，在消防队伍到达之前基本已把火势控制住，有效避免了人员伤亡和严重财产损失后果的发生。经平湖市公安局确认，吴某的救火行为属于见义勇为行为。事发后，平湖市司法局认为，吴某在缓刑考验期内见义勇为，属于重大立功，拟报请嘉兴市司法局建议对吴某予以减刑，并将《提请减刑征求意见函》抄送至平湖市检察院。为准确认定案件事实，正确适用法律，维护社区矫正对象合法权利，保障司法公正，该院决定对该案召开公开听证会。平湖市检察院邀请当地人大代表、政协委员、人民监督员、社区工作者代表等各界人士组成听证团。7 名听证员在充分了解案件事实及相关情况的基础上，经过评议，形成一致听证意见：吴某在发现严重火情后，不顾自身安危，救助邻居逃生，并运用自身掌握的消防知识有效救火的行为属于“在日常生产、生活中舍己救人的”情况，构成重大立功，可以减刑。该院在听取减刑提请单位和吴某的意见，综合审查案卷和听证情况后，决定采纳听证员的听证意见，当场对该案依法作出同意平湖市司法局提请嘉兴市司法局对吴某予以减刑的建议。

另据《检察日报》报道，②山东省“泰东高速”东平段项目部负责人刘经理是一名社区矫正对象，因为工程需要，需要从居住地变更执行地到工程所在地东平县进行社区矫正，但由于刘经理在东平县没有居所，当地司法局不愿意为其

---

① 范跃红、平亦和：《缓刑期间的英勇救火行为，能否认定为重大立功？》，载正义网，http://news.jcrb.com/jszx/202108/t20210803_2304831.html，最后访问日期：2021 年 7 月 11 日。

② 卢金增、高阳、唐守红：《社区矫正执行地变更从没这么快过》，载《检察日报》2021 年 10 月 13 日，第 10 版。

办理变更。东平县检察院得知此事，对相关法律、文件进行研究，召集乡镇政府、社区矫正机构、交通管理部门、施工单位等各方会商，使司法局打消顾虑。检察官还帮助联系原执行地相关部门，督促出具社区矫正执行地变更申请手续，又协调项目所在地村委会提供协助监管，全程指导监督司法局办理该审批事项。原本需要几周时间完成的变更手续，三天内就全部办结，工程得以顺利开工，加快了项目建设进度。在这起案例中，原本在司法局难以办理的变更执行地手续，在检察机关介入后三天内就得以办结。

前述两起案例，说明检察机关在监督维护社区矫正对象合法权利方面发挥着十分重要的作用。

（二）社区矫正对象权利保障存在的问题

虽然我国初步形成了社区矫正对象的权利保障体系，但是受传统观念、立法水平等各种因素制约，现行的权利保障机制还存在诸多问题与不足。

1. 忽视和挤压社区矫正对象权利的现象仍在一定范围内存在

少数社区矫正工作人员在工作中滥用权力，挤压社区矫正对象的合法权利的现象还不同程度地存在。例如在分级（类）管理中，将矫正对象分为从宽到严的两级或者三级进行管理，管理级别越高，需要完成的如提交报告、接受谈话、参加学习和劳动的频次就越高。将作为帮扶措施的学习教育、公益活动变成了变相的惩罚；又如，为加强矫正对象的人身管控，通过市县司法行政部门制定的规范性文件，用文件代替法律，擅自将社区矫正对象的活动范围缩小到市辖区，并要求其“随叫随到”，动辄实施“突击点验”，迟到则给予惩罚。致使矫正对象不得不经常请假，甚至丧失就业。《社区矫正法》明确取消的 8 小时强制劳动和学习在个别省份还得到了保留。在一些推行“智慧矫正”的地区，对学习和劳动时长的强制性要求又通过“网上学习积分”和“公益活动签到”的形式得以复活，对完不成任务的矫正对象实施训诫、警告；个别地方社区矫正机构要求社区矫正对象每天签到 4 次，其中一次还是凌晨；[①]再如，个别地方为了填补手机定位的缺陷，推出“每日签到”作为监管补充措施。但这一措施的实行，实际上是将社区矫正对象报告频次增加到了每日一次，是对社区矫正对象正常工作与生

① 陈卫军、裴海锋：《宜阳县检察院三三二一巡回检察监督社区矫正工作》，载《河南法制报》2021 年 11 月 17 日。

活的过度干扰，且对于在某些特殊环境（如矿山井下、易燃易爆、石油化工等无手机信号或禁止携带手机的工作场所）工作的社区矫正对象来说难以做到，是不切实际的。

2. 社区矫正对象的某些权利受到不合理限制

在有关社区矫正的政策规定中存在重义务、轻权利现象，偏重对权利限制而忽略了对权利的授予。[①] 例如，关于社区矫正对象的著作权，其基本性质属于民事权利，应受法律保护。即使是对于被剥夺政治权利的社区矫正对象，只要其作品不涉及政治性内容，仍然享有发表、出版的权利。但在实践中，一些地方对不包含政治内容且对社会无害的作品，也干预社区矫正对象行使其著作权，这是不符合有关法律精神的。

虽然《兵役法》《征兵工作条例》仅规定，不征集"被剥夺政治权利、被羁押者、正在服刑的公民"，并未排斥解除矫正人员[②]。然而，在征兵实践工作中，县、市征兵办公室依照《征兵政治审查工作规定》[③]对应征公民进行政治审查时，都会要求当地公安机关调取犯罪记录，将解除矫正人员视为"不符合政审条件"。这一做法的目的在于防范主观恶性仍然很深的有前科者再犯罪，避免给接收部队造成损害。然而，这一规定却导致了有前科者受到入伍歧视，难以得到军营锻炼，给社区矫正对象顺利回归社会造成阻碍。

3. 对社区矫正对象的社会歧视依然严重

无论是法律规定，还是用人单位招聘就业人员，对社区矫正对象均存在不同程度的社会歧视。绝大多数的国有企业将社区矫正对象拒之门外，大量的私企和外企同样对社区矫正对象比较排斥。针对原本有就业的社区矫正对象，我国《劳动法》和《劳动合同法》明确规定：劳动者被依法追究刑事责任的，单位可以解除劳动合同。在这里，《劳动法》直接赋予单位的解除权，社区矫正对象无法获得任何救济。前述法律规定让很多原本有就业的社区矫正对象不得不面

---

① 冯建仓：《社区服刑人员权利保障中存在的主要问题及对策思考》，载《中国司法》2017 年第 12 期。

② 《兵役法》第 3 条规定，"中华人民共和国公民，不分民族、种族、职业、家庭出身、宗教信仰和教育程度，都有义务依照本法的规定服兵役。依照法律被剥夺政治权利的人，不得服兵役"，《征兵工作条例》第 3 条也仅规定，"依照法律被剥夺政治权利的人，不征集。被羁押正在受侦查、起诉、审判的或者被判处徒刑、拘役、管制正在服刑的公民，不征集"。

③ 《征兵政治审查工作规定》第 8 条中规定，曾被刑事处罚、劳动教养、收容教育、行政拘留的公民，不得征集服现役。

临失业的问题。现有的法律政策在就业范围、前科报告、地域限制等方面对社区矫正对象产生了较大的就业约束。还有不少用人单位,虽在表面上不对矫正对象的就业产生任何限制,但实质上在用人单位选择矫正对象时为其提供了"有色眼镜",往往造成对社区矫正人员的"隐形歧视"。

4. 对违纪社区矫正对象的惩戒程序不够健全

在我国社区矫正试点、试行前,对违反监督管理规定的管制、缓刑、暂予监外执行罪犯的惩罚措施主要是给予治安处罚。对于这一处罚,受到处罚的罪犯可以申请行政复议或提起行政诉讼。但在社区矫正实施后,增加了警告作为惩罚措施,并且将警告次数同收监挂钩。而对于这一惩罚措施,社区矫正对象没有申请行政复议或者提请行政诉讼的权利。

在许多国家,普遍确立了违纪惩戒中的正当程序。在对社区矫正对象的严重违纪行为进行处罚之前,一般要求先对违纪行为及其有关情节进行听证和调查。社区矫正对象对于处罚决定不服的,可以向有关部门申诉,甚至可以向法院起诉,通过司法程序解决自己受到的不公正处罚。而我国,在此方面的程序还不够规范和严密,实践中对社区矫正对象的惩戒活动存在一定程度的随意性,且有关的程序与救济机制不够通畅。笔者通过查阅《社区矫正法》、2020年《实施办法》以及多个地方省(市)的《社区矫正实施细则》,在涉及社区矫正对象惩戒时,均缺乏社区矫正对象听证申请权的规定;又如,《社区矫正法》及2020年《实施办法》均规定:人民法院在做出收监决定之前,应当听取当事人及律师的代理意见。但是,如果社区矫正机构在向人民法院申请撤销缓刑、假释裁定时,社区矫正对象已经失联或者脱管失控,那么法官如何听取申诉意见?若没有听取到社区矫正对象及其代理律师的申诉意见,如何实施权利救济?前述问题至今没有明确规定,在一定程度上势必影响社区矫正对象权利的有效保障。

(三)完善社区矫正对象权利保障的思考

对罪犯的权利保护是否充分是一个国家法治水平的重要标志。"如何正确惩罚犯罪而又不致造成对新的社会秩序的破坏,就成为国家最基本的价值追求,相应地,保障人权便成为与惩罚犯罪同等重要的价值目标"。[①] 针对前述存

---

① 肖乾利、赵剑:《论和谐社会语境下刑事法律理念变革》,载《社会主义研究》2007年第5期。

在的问题,应积极寻求有效的改进措施,以完善我国的社区矫正对象权利保障机制。

1. 牢固确立社区矫正对象权利保障的观念

"一个国家的人民只有从心理、态度和行为上与法治现代化的历史进程相互协调,这个国家的法制现代化才能真正得以实现。"①在社区矫正领域也是如此,既要树立社区矫正工作人员的管理权威,让社区矫正对象服从规则,实现内心唤醒,又应该保障社区矫正对象的相关权利。在此,笔者认为,应特别注意相关国际公约的学习,这可以成为社区矫正对象权利保护的参照。国际上先后达成了一系列关于罪犯权利的国际协议和公约,这些国际协议和公约主要有1955年的《囚犯待遇最低限度标准规则》、1979年的《执法人员行为守则》、1984年的《禁止酷刑和其他残忍、不人道或有辱人格的待遇或处罚公约》、1990年的联合国《东京规则》等。这些文件是联合国人权法律制度的重要组成部分,表明了对罪犯人权的尊重和对罪犯人格尊严的维护,对罪犯所应享有的权利形成了较为广泛的一致意见,对于推动世界范围内罪犯权利的保障起到了标示作用。一个国家一旦加入上述国际条约或公约,则该国际条约或公约就对该国有约束力,并要求在国内立法中得到体现,对一些规则性文件则要求参照执行。我国已签署或者批准加入许多有关罪犯权利保护的国际条约或公约,因此,我国不但要在法律中体现这些国际条约或公约的精神,而且要在司法实践中包括社区矫正工作中予以贯彻和体现。当然,还要在全社会范围内宣传和普及法治理念与人权保障观念,推进民众的观念进步,为社区矫正对象权利的实现营造良好的社会氛围。

2. 完善社区矫正对象权利的立法规定

用"陈旧"的规范来约束、限制"新时代的公民",显得不合时宜,相关规范性文件有待梳理与修缮。如部分法律法规将受到刑事处罚作为特定职业的禁止范围,将社区矫正对象从该种职业人员范围之中予以排除,使矫正对象的就业范围变得狭窄。又如,教育部制定的《高考报名条件》部门规章,与《社区矫正法》"就学不受歧视"规定相冲突,导致部分未成年社区矫正对象难以实现其大学梦。社区矫正对象在受到刑罚处罚后还要背负着一生的"延伸刑罚"的制约,是无形的再次处罚。让一个已经受过刑罚处罚的人在合法的情况下,继续承受

① 张文显:《法理学》,高等教育出版社1999年版,第171页。

该犯罪行为带来的种种不利,也有失公正。[1] 为此,需要对相关规范性文件实施梳理与变革。

此前,2012 年《实施办法》以及各省出台的配套细则等系列文件中只有类似"对社区矫正对象有殴打、体罚、虐待、侮辱人格、强迫其参加超时间或超体力社区服务等侵犯其合法权利行为的"这样粗放的条文,并未对社区矫正对象的权利保护进行详细规定,也让社区矫正对象的权利受到侵害后不易获得救济。为此,《社区矫正法》明确规定,开展社区矫正工作,应当减少对社区矫正对象工作、生活造成不必要的影响。由于社区矫正对象社会身份的多样性以及权利范围的广泛性,立法上很难列举穷尽,而且没有必要。在此问题上,笔者非常认可有学者提出的观点,"对受刑人人权的确定必须坚持权利推定的原则,法律没有规定的权利并不表明受刑人不享有"。[2] 权利推定原则有利于扩大受刑人权利的外延,防止公权力对受刑人权利的随意克减。为此,应适时取消对矫正对象就业地域的限制,确需外出务工的社区矫正对象提交就业情况证明、担保证明与务工地监管人的联系方式等,即可外出就业。

3. 改进社区矫正对象权利救济机制

《社区矫正法》实际是一部社区矫正对象权益保障法。依据该法旨意,不允许穿着制服去开展社区矫正工作。要求社区矫正工作人员进行"查访",不是"走访"。要求社区矫正对象定期向社区矫正机构"报告",而非"报到",社区矫正机构可以组织"公益活动",而非"社区劳动"。支持运用现代信息技术开展监督管理和教育帮扶,但限制使用电子定位装置。

没有救济就没有权利,权利救济机制是权利保障制度的核心。《社区矫正法》第 34 条规定:开展社区矫正工作,应当保障社区矫正对象的合法权益。社区矫正的措施和方法应当避免对社区矫正对象的正常工作和生活造成不必要的影响;非依法律规定,不得限制或者变相限制社区矫正对象的人身自由。《社区矫正法》第 34 条第 2 款规定:社区矫正对象认为其合法权益受到侵害的,有权向人民检察院或者有关机关申诉、控告和检举。受理机关应当及时办理,并将办理结果告知申诉人、控告人和检举人。

但《社区矫正法》在社区矫正对象权利保护立法方面,还有不足之处,一些

① 刘小楠:《反就业歧视的策略与方法》,法律出版社 2011 年版,第 148 页。
② 徐显明:《从服刑人权利到受刑人人权》,载《学习与探索》2005 年第 3 期。

立法规定显得笼统。笔者认为,可以借鉴国外立法,对社区矫正对象权利的维护分门别类加以规定。如可以效仿美国一些州针对社区矫正执法机构及其人员,专门立法。美国《俄勒冈州社区矫正法》规定,由州长任命矫正调查者,并严格规定了矫正调查者的任职条件和行为要求,设立了专门程序以维护矫正对象的合法权利。他们可以根据人们的投诉或调查者自己的动议,对矫正部门的任何雇员做出的行为进行调查,通过调查做出调查报告,以行使对矫正执法行为的监督、维护矫正对象权利的职能。[①] 在我国,为完善社区矫正对象权利救济的程序,应强化权利实现的监督机制。在未来修法时,笔者认为可以增加一条:社区矫正对象对矫正过程中的决定和处罚不服的,社区矫正机构应当给予提供听证申请、司法复核等救济程序。同时还应设立专门机构,负责接受和处理社区矫正对象的申诉,并明确流程和处理时限,使权利的行使落到实处。

笔者在社区矫正宣传网上查阅到一个报道:社区矫正对象杨某某因犯交通肇事罪于 2021 年 6 月被广德市人民法院判处有期徒刑 10 个月,缓刑 1 年。杨某某于 2021 年 7 月初在社区矫正机关办理了社区矫正入矫,2021 年 7 月下旬被广德市公安局治安拘留 15 日处罚,并于当日执行。社区矫正对象杨某某被治安拘留 15 日,是否达到对其撤销缓刑收监执行的条件,检察机关与社区矫正机构存在不同的看法。在检察机关开展对该案的调查期间,杨某某本人向检察机关提出公开听证的申请,希望通过公开听证程序对其是否符合撤销缓刑收监执行进行评判,检察机关依据当事人的申请,决定对杨某某的行为是否符合撤销缓刑收监执行的条件举行公开听证。听证会围绕“杨某某被治安拘留 15 日,是否适用2020 年《实施办法》第 46 条第(5)项规定”等焦点问题展开充分讨论。随后,听证员对案件进行了闭门评议,根据案情,结合宽严相济的刑事政策,认为杨某某的行为尚未达到法定撤销缓刑收监执行的条件,但应当对杨某某在社区矫正期间,加大法治教育,防止有其他违法违规的行为发生。此类听证会的召开,社区矫正对象通过权利救济,维护了自身的权益,也彰显了法律的人文关怀,诠释了法律的温度。

自《社区矫正法》施行以来,全国各地不少社区矫正机构、检察机关、人民法院对社区矫正对象外出请假、执行地变更、考核奖惩等环节,针对社区矫正对象

---

① 刘强:《各国(地区)社区矫正法规选编及评价》,中国人民公安大学出版社 2004 年版,第 110 - 120 页。

的申请，通过组织召开听证会方式，在广泛听取各方意见，维护申请人的合法权益，以实际行动贯彻落实《宪法》“尊重和保障人权”基本理念，实现了法律效果和社会效果的共赢。当然，这些探索，还有待于上升到制度与法律层面。

第六章

社区矫正适用前调查评估制度

社区矫正适用前调查评估决定着是“狱内服刑”还是“狱外矫正”，它不仅为社区矫正工作的顺利开展奠定坚实的基础，也为社区矫正决定机关提供重要参考。我国社区矫正调查评估制度已经初步建立并取得一定积极效果，但目前各省（市）具体做法不一，特别是缺乏一个具有可操作性的、本土化的矫前风险评估量表，导致难以为社区矫正决定机关提供参考、难以有效地对社区矫正对象进行“入口”控制。

一、社会调查评估制度的概念及其作用

社区矫正适用前调查评估，是指法院在刑事案件判决被告人管制或适用缓刑、决定暂予监外执行前，以及监狱在决定罪犯适用假释或暂予监外执行前，委托司法行政机关对被告或罪犯进行专门社会调查，并对其社会危险性和再犯罪可能性进行评估，提出拟适用社区矫正的建议。[①] 这里的“适用前”，是指审理、裁决前，而不限于刑事案件的审判程序，因为假释、监外执行是在审判程序结束、判决已经生效甚至执行才决定适用的。在一般文献中，不少学者将社区矫正适用前调查评估，又简称为审前调查评估。

国外的社会调查制度包括两类：一是刑事司法程序启动前的调查制度。此制度的功能是对案件的分类，防止将案件不当交付刑事司法程序，调查所获得与提供的信息可以为刑事问题的处置提供参考性依据；二是英、美国家推行的量刑判决前调查，此制度的功能是对刑事案件定罪与量刑的分离，是在确定被

---

① 黄智聪：《关于开展社区矫正适用前调查评估工作的实践与思考》，载《中国司法》2019 年第 5 期。

告人有罪之后启动的人格调查,其目的在于为法官恰当量刑提供参考性依据。而我国社区矫正适用前社会调查,不具有国外刑事司法程序启动前的社会调查制度的案件分类功能,主要是作为刑事审判庭前准备程序设计,是为刑事程序的选择与被告人的定罪处刑提供参考性依据。

目前,社区矫正适用前调查评估在我国涵盖三类:第一类是依据《刑事诉讼法》第279条所规定的未成年人刑事案件特别程序中的社会调查。此类社会调查,既可以在审判阶段启动,也可以在审查起诉阶段乃至侦查阶段启动;调查主体既可以是公、检、法自身,也可以委托社区矫正机构;第二类是人民法院拟判处非监禁刑而委托社区矫正机构的社会调查;第三类是监狱、公安机关(看守所)拟对在押罪犯假释或作出暂予监外执行决定委托的社会调查。后两类社会调查主体目前均为社区矫正机构。

社区矫正适用前调查是一种人格调查、社会调查,围绕着被调查人的人身危险性(再犯可能性)来展开的。因为社区矫正措施一般只适用于人身危险性较低的犯罪人。由此可见,调查的主要内容包括:(1)被调查人的个体状况,特别是是否有暴力倾向、是否有吸毒、酗酒、赌博等不良表现;(2)被调查人犯罪事实方面的调查,包括犯罪起因、同被害人的关系、被害人是否有过错,以及犯罪的目的、动机、手段等;(3)被调查人犯罪前后的表现情况;(4)被调查人所处的环境因素。如家庭背景、主要社会关系、工作环境、人际交往、所在社区治安秩序的好坏等;(5)对社区的影响及社区的评价。依据《刑法》第72条及第81条的规定,人民法院宣告缓刑要考虑"对所居住社区没有重大不良影响",人民法院"对犯罪分子适用假释时,应当考虑其假释后对所居住社区的影响"。为此,适用社区矫正措施,应当考虑该措施对社区的影响,如是否会对社区安全、秩序和稳定造成威胁,以及社区公众是否认同、接纳等;(6)其他需要调查的情况。例如,对一些案件中遇到的特殊情况的调查等。

在对上述各方面因素综合考虑的基础上,调查机构应当对被调查人的人身危险性和再犯可能性进行评估,并将评估意见提交人民法院及其他有关委托机构,为其提供社区矫正的裁决参考。

调查评估制度在我国最早运用于审理未成年人犯罪案件。2001年4月最高人民法院出台的《关于审理未成年人刑事案件的若干规定》第21条明确规定,审判机关在审理未成年人犯罪案件之前可以进行社会调查。随后,最高人民检察院颁布《人民检察院办理未成年人刑事案件的规定》,规定人民检察院可以对未成年犯罪嫌疑人进行社会调查，为办案提供参考。2012 年修订的《刑事诉讼法》第 268 条以法律的形式确立了未成年人审前社会调查制度。2012 年《实施办法》进一步细化了审前社会调查的启动程序、工作主体、调查内容等问题。2019 年通过的《社区矫正法》第 18 条，将前述成功的经验上升到法律层面予以规定，标志着我国社区矫正适用前调查评估制度的正式确立。

随着社区矫正实践和学科的发展，社会调查也越来越受到重视。《社区矫正法》颁行前，审前调查评估在个别省份已经成为是否适用社区矫正必经的前置程序。如 2013 年颁布实施的《湖南省社区矫正实施细则》明确规定“应当委托对被告人、罪犯居住地相关司法行政机关进行社会调查”。2017 年宁夏回族自治区出台的《宁夏社区矫正执行规定》提出，“原则上应当委托居住地相关司法行政机构进行调查评估”。

二、社区矫正适用前调查评估的规范依据

目前，我国社区矫正适用前调查评估的规范性文件依据主要包括：

（一）《刑法修正案（八）》对缓刑、假释制度的重构

《刑法修正案（八）》对缓刑、假释适用的实质条件，将“不致再危害社会”改为“没有再犯罪的危险”，并严格考量社区矫正适用对社区的影响。明确规定“宣告缓刑对所居住社区没有重大不良影响”“对犯罪分子决定假释时，应当考虑其假释后对所居住社区的影响”。为了强化社区矫正效果，《刑法修正案（八）》还设立了对管制、缓刑人员的禁止令，并在《刑法修正案（九）》中规定对假释人员可以适用“职业禁止”。前述规定为社区矫正适用前调查评估提供了实体性的法律依据。

（二）《刑事诉讼法》的基本规定

最高人民检察院 2017 年《未成年人刑事案件工作指引》（试行）第 29 条之规定，对于未成年人刑事案件，一般“应当进行社会调查”。2012 年修订的《刑事诉讼法》第 268 条，以及 2018 年修订的《刑事诉讼法》第 279 条，均规定“公安机关、人民检察院、人民法院办理未成年人刑事案件，根据情况可以对未成年犯罪嫌疑人、被告人的成长经历、犯罪原因、监护教育等情况进行调查”。实践中，未成年人犯罪案件往往会进行调查评估。调查评估意见在庭审中通常由人民

陪审员宣读。未成年人刑事案件引入“社会调查”后，成效显著，调查评估报告已经成为人民法院教育和量刑的重要参考。

（三）《社区矫正法》的基本规定

《社区矫正法》第 18 条规定，社区矫正决定机关“可以委托社区矫正机构或者有关社会组织对被告人或者罪犯的社会危险性和对所居住社区的影响进行调查评估”[①]。这里规定了社区矫正适用前调查评估的委托机关是社区矫正决定机关，即人民法院，以及批准暂予监外执行的监狱管理机关和公安机关。受委托机关包括社区矫正机构以及“有关社会组织”。调查评估的内容包括“社会危险性”与“社区影响”两个方面。同时，还规定了调查评估意见所起的作用是“供决定社区矫正时参考”。

值得注意的是，根据《社区矫正法》第 17 条的规定，本法所称“社区矫正决定机关”，是指依法判处管制、宣告缓刑、裁定假释、决定暂予监外执行的人民法院和依法批准暂予监外执行的监狱管理机关、公安机关。这里委托调查评估的是决定机关，但决定机关并不包括人民检察院、监狱。

监狱是国家的刑罚执行机关。而省（自治区、直辖市）级监狱管理部门才是监狱管理机关。根据《监狱法》第 26 条的规定，暂予监外执行由监狱提出书面意见，报省、自治区、直辖市监狱管理机关批准。批准机关应当将批准的暂予监外执行决定通知公安机关和原判人民法院，并抄送人民检察院。如此看来，监狱管理机关并非包含监狱的一个称谓，而是监狱的上级主管部门。但是，在《社区矫正法》实施后，2020 年《实施办法》第 8 条中又作出了这样一个规定：监狱管理机关以及监狱依法履行以下职责：（1）对监狱关押罪犯拟提请假释的，应当委托进行调查评估；对监狱关押罪犯拟暂予监外执行的，可以委托进行调查评估；（2）对监狱关押罪犯拟暂予监外执行的，依法核实并确定社区矫正执行地；对符合暂予监外执行条件的，监狱管理机关作出暂予监外执行决定；（3）对监狱关押罪犯批准暂予监外执行的，进行教育，及时通知并送达法律文书；依法将社区矫正对象交付执行；（4）监狱管理机关对暂予监外执行罪犯决定收监执行的，原服刑或者接收其档案的监狱应当立即将罪犯收监执行；（5）其他依法应当履

---

① 《社区矫正法》第 18 条规定，社区矫正决定机关根据需要，可以委托社区矫正机构或者有关社会组织对被告人或者罪犯的社会危险性和对所居住社区的影响，影响调查评估，提出意见。

行的职责。

在2020年《实施办法》第8条的"标题"上,用了"监狱管理机关以及监狱依法履行以下职责",规定了五项职责清单,其中第1项就是委托进行调查评估。从标题上看,似乎应该是监狱管理机关和监狱都可以委托社区矫正机构进行调查评估。但笔者认为,这五项职责不应该理解为监狱管理机关和监狱的共同职责。毕竟监狱管理机关与监狱存在隶属关系,尤其是第1项。其实,在这里的第1、2项是监狱管理机关的职责,而第3、4项是监狱的职责。在《社区矫正法》和《监狱法》有明确规定的情况下,2020年《实施办法》第8条不应该违反上位法的规定。为此,在《社区矫正法》施行后,笔者认为,监狱不能再继续委托社区矫正机构对罪犯开展调查评估。应该是由监狱提出后,监狱管理机关审核后作出委托社区矫正机构从事社区矫正适用前调查评估。

与此同时,《社区矫正法》的个别内容存在立法冲突。如《社区矫正法》规定有权委托调查评估的是决定机关,但决定机关并不包括人民检察院。而依据2019年《最高检刑诉规则》第277条[①],以及"两高三部"《关于规范量刑程序若干问题的意见》第3条的规定[②],人民检察院也可以委托社区矫正机构进行调查评估。前述规则、意见内容是否有违《社区矫正法》之"嫌疑"? 实践中,往往存在案件还处于侦查阶段、审查起诉阶段就开始委托社区矫正机构进行调查评估。特别是犯罪嫌疑人认罪认罚案件,人民检察院拟提出缓刑或者管制量刑建议,常常委托社区矫正机构从事审前调查评估。面对强势部门的委托,话语权较弱的社区矫正机构是否接受,社区矫正机构在实践中往往左右为难。

(四)2020年《实施办法》的具体规定

2020年《实施办法》第13条规定:社区矫正决定机关对拟适用社区矫正的被告人、罪犯,需要调查其社会危险性和对所居住社区影响的,可以委托拟确定为执行地的社区矫正机构或者有关社会组织进行调查评估。社区矫正机构或

---

① 《人民检察院刑事诉讼规则》第277条规定,犯罪嫌疑人认罪认罚,人民检察院拟提出适用缓刑或者判处管制的量刑建议,可以委托犯罪嫌疑人居住地的社区矫正机构进行调查评估,也可以自行调查评估。

② "两高三部"2020年11月5日联合印发的《关于规范量刑程序若干问题的意见》第3条规定,对于可能判处管制、缓刑的案件,侦查机关、人民检察院、人民法院可以委托社区矫正机构或者有关社会组织进行调查评估,提出意见,供判处管制、缓刑时参考。

者有关社会组织收到委托文书后应当及时通知执行地县级人民检察院。

2020 年《实施办法》第 14 条规定：社区矫正机构、有关社会组织接受委托后，应当对被告人或者罪犯的居所情况、家庭和社会关系、犯罪行为的后果和影响、居住地村（居）民委员会和被害人意见、拟禁止的事项、社会危险性、对所居住社区的影响等情况进行调查了解，形成调查评估意见，与相关材料一起提交委托机关。调查评估时，相关单位、部门、村（居）民委员会等组织、个人应当依法为调查评估提供必要的协助。社区矫正机构、有关社会组织应当自收到调查评估委托函及所附材料之日起十个工作日内完成调查评估，提交评估意见。对于适用刑事案件速裁程序的，应当在五个工作日内完成调查评估，提交评估意见。评估意见同时抄送执行地县级人民检察院。需要延长调查评估时限的，社区矫正机构、有关社会组织应当与委托机关协商，并在协商确定的期限内完成调查评估。因被告人或者罪犯的姓名、居住地不真实、身份不明等原因，社区矫正机构、有关社会组织无法进行调查评估的，应当及时向委托机关说明情况。社区矫正决定机关对调查评估意见的采信情况，应当在相关法律文书中说明。对调查评估意见以及调查中涉及的国家秘密、商业秘密、个人隐私等信息，应当保密，不得泄露。

从《社区矫正法》、2020 年《实施办法》看，社区矫正适用前调查评估发生以下变化：

一是委托机关发生变化。2012 年《实施办法》规定人民法院、人民检察院、公安机关、监狱都可以来函委托调查评估。但是在 2020 年《实施办法》中，明确规定只有社区矫正决定机关即人民法院、公安机关、监狱管理机关才有权力委托调查评估，而人民检察院则没有这项权力。与《最高检刑诉规则》第 277 条“犯罪嫌疑人认罪认罚，人民检察院拟提出适用缓刑或者判处管制的量刑建议，可以委托犯罪嫌疑人居住地的社区矫正机构进行调查评估，也可以自行调查评估”规定，也不一致。

二是受委托机构也发生变化。2012 年《实施办法》规定的受委托调查评估机构仅仅是县级司法行政机关。但在 2020 年《实施办法》中，受委托调查评估机构发生了变化：一方面，将县级司法行政机关改为了“社区矫正机构”；另一方面，将“有关社会组织”也增设为受委托调查评估机构。笔者认为，目前主要还是应该由社区矫正机构来从事调查评估工作。基于社工组织的培育不足，区域发展不平衡，缺乏足够数量且有资质的司法社工，加之经费问题，将审前调查评估委托给第三方完成,在目前的我国还不现实。当然,从长远而言,基于审前调查所需的专业性、客观性和中立性而言,[①]可以借鉴我国台湾地区等的做法,由第三方专业社工组织承接审前调查工作,这样既保证了职权主体和执行主体的分离,又可以确保执行主体的专业化。

三是调查评估的内容发生变化。2012 年《实施办法》中的"一贯表现"被删除,而在 2020 年《实施办法》中,增加了"社会危险性、对所居住社区的影响"。"一贯表现"因为判断过于主观,删掉是合理的。"社会危险性"和"对所居住社区的影响",是非常专业的两个评估指标。但是在目前社区矫正机构普遍存在的人手不足、不专业,以及精准评估工具缺失的背景下,要在规定时间内科学完成这两个指标的采集和评估工作,客观地说存在难度。

四是调查评估意见的采信结果"说明"。在 2012 年《实施办法》中,对于调查评估结果是否采信所用的词汇是"参考"。而"参考"之后是否采信则不得而知,往往等到法院判决或者作出裁定之后社区矫正机构才知晓,并且即便没有采纳,也不知道原因出在哪里,较多时候给工作带来了被动。在 2020 年《实施办法》中,则要求社区矫正决定机关对是否采纳调查评估意见"应当在相关法律文书中说明",这样也就可以明确责任和问题出在了哪里。

五是个人及社会组织在调查评估中的法律义务。2012 年《实施办法》在此没有明确说明。但 2020 年《实施办法》则明确规定:相关单位、部门、村(居)民委员会等组织、个人应当依法为调查评估提供必要的协助。如此,在寻找各部门协助开展调查评估时就有了法律依据。

上述立法和相关司法规范性文件中,基本确立了由公、检、法、司监分工合作的工作体系框架,但是配套操作规范极其简陋。

(五)地方省(市)《社区矫正实施细则》等规范性文件

各省市依据前述规范性文件,结合本地实际,制定的省(市)《社区矫正实施细则》以及《社会调查实施办法》等规范性文件,对审前社会调查作出了更详细具体的实施要求。在《社区矫正法》施行前,如四川省早在 2012 年 11 月就出台了《四川省社区矫正社会调查评估办法(试行)》,2014 年制定了《四川省社区矫正实施细则(试行)》,2015 年印发《四川省社区矫正实施细则(试行)》,并明确

---

① 李瑾:《台湾地区少年审前调查制度之考察及启示》,载《甘肃政法学院学报》2016 年第 2 期。

社会调查材料和意见是“重要证据”的法律地位。《四川省社区矫正实施细则》第 28 条明确规定，委托机关应当认真审查县级社区矫正机构的调查评估意见，并作为适用或者提请适用社区矫正的重要证据。第 29 条规定，委托机关对调查评估意见的采信情况，应当及时告知受委托的县级社区矫正机构。在个别省份，审前社会调查已经成为是否适用社区矫正的前置必经程序。又如，湖南省 2012 年制定的《湖南省社区矫正实施细则》第 8 条规定，公、检、法、监狱对拟适用社区矫正的被告人、罪犯“应当委托对被告人、罪犯居住地县级司法行政机关进行社会调查评估”。2014 年湖南省还出台了《湖南省适用社区矫正调查评估办法》，明确规定：所有社区矫正对象在被裁决（决定）前均应委托县级司法行政机关进行调查评估。在委托期限届满前没有收到调查评估意见书，委托机关不得裁判。裁决机关对调查评估意见未采信的，应当在裁决生效后三个工作日内将不采信情况函告接受委托的县级司法行政机关，并作出说明。前述规定，确保了“审”“矫”的无缝衔接。

在《社区矫正法》施行后，各地积极修改本省（市）《社区矫正实施细则》，实现与《社区矫正法》、2020 年《实施办法》的有效衔接。如《广东省社区矫正实施细则》就明确规定了调查评估八个方面的内容与要求。《四川省社区矫正实施细则》用 12 个条文作了具体规定。

《社区矫正法（征求意见稿）》第 10 条，曾一度拟将村（居）委会也纳入调查评估主体范畴。笔者认为，调查评估是专业性很强的涉及法律、心理等工作，村（居）民委员会难以胜任。它虽然能提供相关信息，但它对社区矫正评估不具有专业知识和专业技能，不能做出客观理性的事实判断和价值判断，特别是在“熟人社会”语境下它难以正确、客观行使评估权，不利于从源头上控制社区矫正的顺利实施。且《社区矫正法（征求意见稿）》第 30 条将村民委员会变成了执法主体，隐含较大风险，有“文革”时期盲目扩大“群众专政”之嫌。为此，《社区矫正法》删除了村（居）委会作为调查评估主体的提法，而仅规定村（居）委会等组织“应当提供必要的协助”，应该说，这一规定是切合基层实际的。

三、社区矫正适用前调查评估面临的主要问题

（一）社区矫正适用前调查评估的实务现状

笔者曾对四川省宜宾市所辖 N 区、J 县、L 县、P 县、X 县五个区县司法局关

于审前社会调查实地考察基础上收集了如下数据。虽然数据是发生在《社区矫正法》施行之前，但对于我们洞察社区矫正适用前调查评估的真实情况是有裨益的。前述五个区县调研数据所反映出社区矫正适用前社会调查评估的基本现状是：

1. 审前调查评估适用率偏低

以2018年1－10月为例，人民法院委托审前社会调查与人民法院判处社区矫正案件所占比率是，五个区县中最高仅64%，最低仅16%（见表1）。说明人民法院判处社区矫正案件中有相当一部分案件没有委托进行审前社会调查评估，却径直判处了非监禁刑。显然，不符合《刑法修正案（八）》规定的“适用缓刑、假释应当考虑对所居住社区影响”的立法本意。

表1　法院委托审前调查评估比率

事项 区县	法院委托调查评估案件（件/人）	法院判处社区矫正案件（件/人）	比率
N区	26	70	37.0%
J县	18	113	16.0%
L县	51	123	41.5%
P县	24	123	19.5%
X县	48	75	64.0%

实地走访还发现：不少外地（省）法院，不委托居住地或户籍地社区矫正机构进行社会调查，径直判处非监禁刑实施社区矫正，且将本应在“居住地”服刑的罪犯引导到“户籍地”矫正。如宜宾市N区外出务工人员刘某在广东省犯罪被中山市A区法院判处缓刑，中山市A区法院并未委托宜宾市N区司法局进行审前调查评估，判决生效后刘某直接到N区司法局报到，经查，刘某在中山市A区长期居住超过两年以上，而户籍地已无亲友与住房。中山市A区法院的做法违背了社区矫正以实际居住地为准的原则，不符合2012年《实施办法》第5条“对于适用社区矫正的罪犯，人民法院、公安机关、监狱应当核实其居住地”的规定，既不利于对社区罪犯的监管教育，也浪费了司法资源。

2. 审前社会调查评估意见采纳率较高

笔者以2017年为例，所调研五个区县情况看，社区矫正适用前社会调查评估意见采纳率大体对应在50% -90%(见表2)。

表2 审前调查评估报告采纳比率(2017年)

事项 区县	评估意见被法院采纳	法院委托调查评估案件	被采纳比率
N区	26	40	65%
J县	16	17	94%
L县	16	35	46%
P县	19	21	90%
X县	27	57	47%

笔者再以2018年1-10月为例,五个区县法院委托调查评估案件,采纳比率分别是N区58%,J县100%,L县61%,P县79%,X县46%。体现了调查评估的作用。

但笔者走访发现:委托机关通常情况下只采取与其之前意向的判决一致的评估报告,对于社区矫正机构提出的“不适用社区矫正”建议的采用率较低。如2017年以来J县某司法所一共办理社会调查案件9件,出具“不同意纳入”社区矫正调查结果的案件3件,被采纳0件。有的法院还将社区矫正机构的“否定性评估结论”(建议不适用社区矫正)直接告知罪犯或其家属,将未适用社区矫正的责任推卸给社区矫正机构,将罪犯或其亲属的不满情绪引向社区矫正机构,造成社区矫正机构工作十分被动。尽管当时的《四川省社区矫正实施细则》第29条明确规定:“委托机关对调查评估意见的采信情况,应当及时告知受委托的县级社区矫正机构。”但实践中,多数委托机关对未采信调查评估报告没有履行“说明理由”义务,尤其是委托法院对社区矫正机构作出的“否定性评估意见”不予采纳时,不予反馈“说明理由”。此类做法,既浪费社区矫正机构本就短缺的人力资源,也无法体现分工负责、互相配合、互相制约的刑事诉讼基本原则。

3. 调查评估启动主体单一

笔者以2018年1-10月为例,将宜宾市前述五个区县司法局接受监狱、检察、公安机关委托实施社区矫正适用前调查评估做比较(见表3)。发现审前社会调查主要集中在审判阶段,由法院启动。检察机关①、公安机关委托偏少。即使是检察、公安机关委托调查评估案件,绝大多数是未成年人犯罪案件。如以P县为例,在2018年1－10月人民法院委托调查评估24件,检察机关委托调查评估7件,公安机关委托调查评估仅1件。且公安机关、检察机关委托调查评估案件基本上集中在未成年人案件。因为根据2017年最高人民检察院颁行的《未成年人刑事检察工作指引(试行)》第29条规定,"对于未成年人刑事案件,一般应当进行社会调查"。对于成年人犯罪案件,在侦查、起诉阶段,公安机关、检察机关启动社区矫正适用前调查评估的案件,较为少见。

表3　监狱、法院、检察、公安委托调查评估比较(2018年1－10月)

事项 区县	监狱委托(件/人)	法院委托(件/人)	检察机关委托(件/人)	公安机关委托(件/人)
N区	15	26	4	0
J县	19	18	1	0
L县	33	51	3	4
P县	8	24	7	1
X县	13	48	1	1

4.外地法院委托调查评估案件增多

因外出务工造成的"人户分离"等原因,社区矫正机构接受外地法院委托调查评估案件开始增多。仅以N区为例:

表4　N区接受外地法院委托实施审前调查评估案件

年度 事项	2015年	2016年	2017年	2018年1月－10月
法院委托调查总数(件/人)	27	31	40	26
外地法院委托(件/人)	20	16	28	13

由表4可见,N区司法局从2015年至2018年1月－10月,接受外地法院委托进行调查评估案件,几乎占到调查评估案件总数的一半。与此同时,外出

① 依据2012年《实施办法》,审前调查评估的委托主体是人民法院、检察院、公安机关和监狱。

务工人员犯罪案件，居住地法院委托户籍地社区矫正机构进行适用前社会调查时，户籍地社区矫正机构出具"不适宜在户籍地矫正"意见，建议在实际居住地开展调查与实施矫正。但仍然有不少委托机关判决要求矫正对象返回户籍地接受社区矫正。

（二）社区矫正适用前调查评估制度层面存在的问题

随着社区矫正实践和学科的发展，社区矫正适用前调查评估也越来越受到重视。但由于立法不明、部门配合不到位等，在实践中存在的问题也较突出：

1. 调查评估的启动具有随意性

《社区矫正法》第 18 条等规范性文件关于调查评估"可以委托"的表述，造成社区矫正适用前调查评估的随意性。在实践中存在两种倾向：一种倾向是将文本中的"可以"理解为"应当"。将所有拟被判处非监禁刑的案件均委托社会调查。将大量过失犯罪且无社会危险性、无再犯危险的案件，也委托社区矫正机构进行审前调查评估，耗费了司法行政机关的大量资源与精力；另一种倾向是将文本中的"可以委托"操作为"可以委托或可以不委托"。法官为减轻工作压力，缩短办案时限，对社会危险性、再犯可能性高的案件，如故意伤害犯罪，性犯罪，毒品犯罪，涉黑、涉恶犯罪，也不委托调查评估，导致判处非监禁刑后遭遇社区的抵制，无法取得社区的宽恕与认同。与此同时，人民法院不委托调查评估而径直判处非监禁刑，给社区矫正工作也带来了风险和隐患。尤其是跨区域法院、外省法院对精神病等特殊疾病的罪犯，不征求居住地社区矫正机构意见，直接对此类罪犯判处非监禁刑适用社区矫正，导致大量市外、省外判决的罪犯本应在"实际居住地"接受矫正的而引导到"户籍地"接受矫正。此类做法，既损害了罪犯的合法权益，也浪费了司法资源。

2. 调查评估的委托机关规定不明

《社区矫正法》第 17 条第 4 款规定，"本法所称社区矫正决定机关，是指依法判处管制、宣告缓刑、裁定假释、决定暂予监外执行的人民法院和依法批准暂予监外执行的监狱管理机关、公安机关"。第 18 条规定，"社区矫正决定机关根据需要，可以委托社区矫正机构或者有关社会组织对被告人或者罪犯的社会危险性和对所居住社区的影响，进行调查评估，提出意见，供决定社区矫正时参考。居民委员会、村民委员会等组织应当提供必要的协助"。但在实践工作中，往往存在案件处于公安机关侦查阶段就开始委托社区矫正机构对犯罪嫌疑人进行调查评估的情形。有的地方检察机关在案件未向人民法院提起公诉的阶段就开始委托社区矫正机构对犯罪嫌疑人进行调查评估。还有的地方对于适用假释、暂予监外执行的罪犯的调查评估由监狱委托而并非由决定机关。在此,人民检察院、监狱究竟能否委托社区矫正机构从事社区矫正适用前调查评估,存在规范性文件适用位阶上的冲突,亟须立法的梳理与调适。

3. 县级社区矫正机构名称五花八门,委托机关不知所措

作为承担社区矫正具体日常管理工作的县(区)级社区矫正机构,在实践中,名称多为“××县社区矫正局”或者“××县社区矫正管理局”,有的地方将司法局内设股室“××县司法局社区矫正管理股、社区矫正中心、社区矫正执法大队”当作县级社区矫正机构。更有地方将“××县社区矫正委员会”这个统筹协调机构等同于《社区矫正法》中的社区矫正机构。实践中,只有一小部分社区矫正机构是经当地政府编办批复并分配编制正式成立、对外独立行使执法权和使用相应名称的公章的社区矫正机构。前述所谓的社区矫正机构大多对外无独立执法权,无自己独立的印章。执法、行文、用印仍旧使用的是当地司法局的名称。这样的现实情况往往导致社区矫正决定机关在委托调查评估时主送机关不明确,不知行文称呼如何下笔。

4. 调查评估意见百花齐放,受托机关答非所问

《社区矫正法》第18条规定:社区矫正决定机关根据需要,可以委托社区矫正机构或者有关社会组织对被告人或者罪犯的社会危险性和对所居住社区的影响,进行调查评估,提出意见,供决定社区矫正时参考。这里已经明确调查评估意见的结论应为:被告人(罪犯)适用社区矫正是否存在社会危险性以及对所居住社区的影响。但在实践中,全国各地社区矫正机构评估意见书的结论表述五花八门,随意性较强。例如,社区矫正机构评估意见多为:被告人××可以适用社区矫正、同意被告人××适用社区矫正、被告人××具备社区矫正条件。还有的地方评估意见为:建议对被告人××适用非监禁刑罚。委托机关是要征询社区矫正机构:通过走访调查,综合评估后所得出对被告人适用社区矫正是否存在及存在多大的社会危险性和其对所居住社区有无及有多大不良影响的意见。而社区矫正机构的回复意见却为适不适用社区矫正。

5. 社区矫正适用前调查时限与审理时限相冲突

法院90%以上判处非监禁刑案件是适用简易程序、速裁程序。检察机关也会对可能判处缓刑、管制等非监禁刑案件建议适用简易程序。简易程序案件一

般 20 日内审结、速裁程序一般 10 日内审结。然而，审前居住地核实及调查评估工作通常需要 1－2 周。如《四川省社区矫正实施细则（试行）》第 24 条规定：县级社区矫正机构应当自收到《调查评估委托函》之日起 10 个工作日内完成调查评估，向委托机关提交调查评估意见。速裁程序 5 个工作日内完成社区矫正社会调查评估工作。有的省份仅审前社会调查时间就达 20 天，乃至 4 周。这样就产生了人民法院审限与调查时限在时间上的冲突，造成社会调查评估滞后于人民法院的判决。尤其是在交通不便的西部农村地区，社区矫正机构很难在较短时间内完成调查。法院基于案件效率的考核，给社区矫正机构实施调查的时间一般比较仓促。不少案件因时间限制，调查评估还在开展，但法院已作出判决，此类案件在一些省份达到 40%。此类境况不利于调查评估结果的保质保量完成，也有损刑事诉讼的严肃性。

6. 执行地难以确定

为便于社区矫正对象接受矫正，对社区矫正对象的接收，采取以实际居住地社区矫正机构为原则、户籍地社区矫正机构为补充的制度规定。但实践中，因外出务工等原因造成的“空挂户口”“人户分离”等户籍地与居住地不一致现象较为常见，“执行地”的认定以及核实均存在较大难度。加之，《社区矫正法》和 2020 年《实施办法》均没有具体明确什么是“居住地”、什么是“经常居住地”。2020 年《实施办法》虽然规定了“经常居住地”是指有“固定住所”“固定生活来源”的县（区）。但问题在于：什么是“固定住所”？什么是“固定生活来源”？前述规范性文件却没有明确。各省（直辖市）相继按照自己的实际需要细化了“居住地”标准。虽然在本辖区有章可循，但各省份之间标准不统一，有的还相互冲突。如有的要求连续居住 6 个月以上，有的要求连续居住 1 年以上，有的还要求有固定的住所（自购、租赁、借用），有的要求办有暂住证。因为居住地标准的不统一，时常出现互相扯皮、推诿，造成社区矫正对象没有相应机构负责执行，特别是在跨省交付社区矫正时，容易引发新的社会矛盾。

7. 相关部门衔接配合不畅

社区矫正机构在调查中需要到村（居）委会、单位、学校、派出所等单位了解情况、出具证明，相关单位由于对社区矫正不了解、对社区矫正机构的职能不清楚，往往不予配合，社区矫正机构也没有任何可以制约上述单位的法律依据或执法手段。被调查人员如果没有犯罪前科或不属于本辖区派出所办理的案件，那么，公安派出所则完全不了解被调查对象，通常会出具不同意被调查人员纳入社区矫正的意见，如宜宾市N区某司法所2018年1-9月共开展了5起案件的社会调查评估，辖区派出所基于减轻自身责任的风险，全部出具“不同意纳入”意见。

8. 调查报告的效力不明

尽管社会调查评估的规范性文件较多，也规定得较为细密，但因规范性文件效力层级不够，导致部门规章之间发生冲突时各部门往往仅按照本行业规章执行。如2020年《实施办法》第14条规定，“社区矫正决定机关对调查评估意见的采信情况，应当在相关法律文书中说明”。《四川省社区矫正实施细则》第31条明确规定，委托机关对调查评估意见的采信情况，应当及时函告受委托的社区矫正机构、有关社会组织及委托机关所在地的同级人民检察院。但实践中，多数委托机关对未采信调查评估报告没有履行“说明”义务，尤其委托法院对否定性评估意见不予采纳，不反馈“说明”理由的做法，无法体现诉讼职能部门的分工负责、互相配合、互相制约的刑事诉讼基本原则。

学术界关于社会调查评估报告效力问题，存在两种观点：一种观点认为，社会调查评估报告不具备证据效力，仅具有量刑建议的效力。理由是：(1)社会调查报告不属于刑诉法规定的八种法定证据，也非发生于犯罪行为实施过程中，仅是调查人员的一种事后了解；[①](2)从刑事证据的收集看，社区矫正工作人员不具备刑事证据收集(调查)的主体资格。目前，社区矫正工作人员的“刑事执法”还缺乏上位法的支撑；(3)社会调查报告具有主观性，与案件事实并不存在客观必然的联系。[②] 另一种观点认为，社会调查评估报告不论从实体法、程序法抑或证据法的视角考量，都具有证据属性，且属于量刑证据。理由是：社会调查报告内容涵盖了被调查人成长经历、家庭状况、悔罪表现、社区影响等方面，并从专业视角评估基础上提出量刑方面的建议。因此，调查评估报告本质上属于言词证据。[③] 实践中，由于调查评估报告不被视为证据，辩护人可否查阅、何时查阅社会调查评估报告？规范性文件均未明确界定，导致多数被告人和辩护人直到庭审时才知悉调查评估报告的具体内容和最终结论。此时，辩护方对调查评估报告的质证就显得时间仓促。

---

① 范少恒：《社区矫正社会调查的实践困惑与制度完善》，载《湖南科技学院学报》2014年第9期。

② 陈卫东、李奋飞：《刑事诉讼法理解与适用》，人民法院出版社2012年版，第608页。

③ 邓陕峡：《我国社区矫正审前社会调查评估研究》，载《昆明理工大学学报》2015年第4期。

四、社区矫正适用前调查评估的完善建议

鉴于社区矫正适用前社会调查制度存在的前述问题，笔者认为，在社区矫正立法中，目前亟须解决以下问题：

（一）应相对明确社区矫正适用前调查评估案件范围

《刑法修正案（八）》对宣告缓刑增加了“对所居住的社区没有重大不良影响”条件。“对所居住社区影响”的有无及其大小，离不开调查评估；《刑法修正案（八）》对被判处管制的罪犯增加了可以适用禁止令的规定。可以适用禁止令的“犯罪情况”，如何判断？也离不开调查评估。但应否将法院拟判处非监禁刑案件均应委托社区矫正机构调查评估，抑或将审前调查评估作为适用社区矫正必经前置程序？针对实践中存在社区矫正机构认为应该开展调查评估而法院未委托，也存在调查评估之后认为不宜适用社区矫正而委托法院不予采信的情况，现实中往往由当地政法委出面进行协调，协调的结果大多是倾向于尊重社区矫正机构的意见。为此，有学者认为，与其发生冲突之后协调，协调之后又回到社区矫正机构的结论，还不如就将审前调查评估作为适用社区矫正必经前置程序。① 虽然《社区矫正法》、2020 年《实施办法》将调查评估工作，明确规定由区（县）社区矫正机构进行此项工作，但基于人手短缺等因素，地方省（市）的《社区矫正实施细则》又将调查评估工作委托司法所来开展。笔者认为，从目前司法所的职能范围与人力状况、保障状况看，难以胜任。目前基层司法所从全国来看，大多是 1－2 人，社区矫正仅是其九项职能之一。笔者认为，应有一个相对明确的社区矫正适用前调查评估的范围。如故意伤害犯罪，性犯罪，毒品犯罪，涉黑、涉恐、涉恶类犯罪，应当委托调查评估。其余案件，由人民法院根据情况决定是否委托调查评估。既要考虑尊重社区矫正机构的调查评估意见，也要考虑司法所实际情况。

笔者认为，“根据需要”这一提法，法律含义不明确，范围不具体，承办人员责任不清晰，是否对个案开展调查评估的随意性较大，易受主管人员的主观意识影响，不利于社区矫正决定机关主管人员的具体操作，容易形成避免追责而

---

① 任文启：《完善我国社区矫正审前调查评估制度的思考》，载《甘肃政法学院学报》2016 年第 2 期。

滥施评估,影响刑事执行的严肃性。建议由最高人民法院、最高人民检察院、司法部联合制定《社区矫正适用前调查评估实施细则》,具体规定社区矫正决定机关委托开展调查评估的案件范围、适用罪名范围、评估结论如何适用等,把《社区矫正法》第 18 条的规定做实做细,使社区矫正决定机关在决定委托开展调查评估时有法可依。把"根据需要"细化为根据规定,减少自由裁量。减少不必要的调查评估工作量,非必要不评估,非法律规定不调查。

(二)以检察机关启动审前调查评估为原则,法院启动为补充

目前主要由人民法院在审判阶段启动社会调查评估,容易造成审判机关先入为主、未审先定等问题,也与法院的中立地位、司法被动性和证据裁判规则产生冲突。此外,基层法院从事刑事审判的法官工作量本身就非常大,让法官亲自从事社会调查评估,不仅法官普遍不支持,而且没有基本的可操作性。为此,有人提出应建立以"公安为主、法检为辅"的社会调查评估启动程序①,即在侦查阶段就启动社区矫正适用前调查评估。认为这样既能解决调查时限与审理时限的冲突,又能保障调查报告质量的客观性。但是,在侦查阶段公安机关更多的是关注案件的侦破,重视犯罪嫌疑人的抓获归案以及犯罪证据的收集。在侦查阶段赋予公安机关社区矫正调查评估权限,与其在刑事诉讼中的侦查职能存在冲突,存在以犯罪嫌疑人的"品格"影响司法机关追诉犯罪决定的嫌疑。

在基于《最高检刑诉规则》第 277 条关于"委托社会调查主体包括人民检察院"具备正当性、合法性条件下,笔者认为,社区矫正适用前调查评估的时间可以前移一个阶段,即在审查起诉阶段由检察机关启动。其理由是:首先,检察机关在审查起诉阶段时限更为充裕。根据刑诉法的规定,检察机关对于公安机关移送审查起诉的案件有 1 个月的审查决定期限。在该阶段委托社区矫正机构进行调查评估并提供评估报告,便于检察机关提出量刑建议,也有助于刑罚个别化的实现;其次,检察机关对调查评估意见有异议的,可以向负责调查评估工作的社区矫正机构提出书面意见,要求社区矫正机构给予答复,加强过程监督;最后,调查评估意见建议适用社区矫正的,由检察机关在庭审中提出,控辩双方

---

① 陈珠、叶凌:《刑事案件审前社会调查制度实证研究》,载《福建警察学院学报》2014 年第 1 期。

就此提出意见，可以为法官提供量刑参考。[①] 目前，已有个别地区进行了此类尝试，如上海市浦东区检察院会同浦东区法院、浦东区司法局通过多方联席会议方式达成共识，主动承担起审前社会调查工作，对可能适用缓刑的被告人，由检察院在审查起诉阶段进行调查，并作为量刑建议材料提交给法院。笔者认为，这一做法有推广借鉴价值。但是，当检察机关提出判处监禁刑的量刑建议，而法院认为应当判处非监禁刑且在审查起诉阶段没有进行审前社会调查评估时，笔者认为，此时应赋予人民法院社区矫正适用前调查评估程序的启动权。

（三）应明确社区矫正适用前调查评估的受托主体

综观世界各国社区矫正适用前调查受托主体的设置，有的是由法院系统内设置的缓刑官负责，如美国；有的是由社区刑罚执行机构中的缓刑官负责，如英国、澳大利亚；有的是委托第三方机构，即专业社工组织或者有专业技能的志愿者负责。总体而言，各国都强调受托主体应具备中立性与专业性。目前，我国的县级社区矫正机构已成为调查评估的主要受托主体，并积累了经验。由社区矫正执行机构进行调查评估也是英美法系国家的普遍做法。在英国，判决前报告由缓刑局提供。在美国，提供量刑前调查报告是缓刑部门的重要任务。缓刑机关的工作量中有超过 25% 的时间是用于 PSI（量刑前调查）[②]。

从理论上考虑，无论公安机关、检察机关、法院抑或社区矫正机构作为调查评估主体都存在不合理之处，无法解决调查主体的中立性与专业性问题。[③]《社区矫正法》关于社会组织可以根据委托开展调查评估的规定，打破了社区矫正机构垄断调查评估的局面，不仅吸收了社会力量的参与，也更加符合很多地区的实际情况，并可以减轻社区矫正机构的工作负荷。但从现实来看，我国社工组织发育不足，区域发展不平衡，缺乏足够数量且有资质的司法社工，加之经费问题，完全将社区矫正适用前调查评估委托给具有中立性与专业性的第三方机构，即专业社工组织，是不现实的。从有关媒体报道情况看，通过政府购买服

---

① 邹志强、陈韦君：《社区矫正调查评估制度的实证研究》，转引自《社区矫正评论》（第 7 卷），中国法制出版社 2017 年版。

② 高贞：《中国特色社区矫正制度研究》，法律出版社 2018 年版，第 68 页。

③ 夏燕、林梅：《关于未成年人社会调查报告司法适用情况的调研报告》，载《预防青少年犯罪研究》2018 年第 2 期。

务，将调查评估委托给社工组织，笔者仅仅发现有广东江门开平市。① 为此，笔者认为，立足我国现有制度与社会条件，可以通过政府购买服务等多种方式吸纳专业社工参与调查评估，形成社区矫正机构与专业社工有机结合的模式，提高调查评估主体的专业程度，保障调查评估的质量。

2020 年《实施办法》细化了调查评估的流程。② 但是，如果说考虑到社区矫正机构在调查评估中，可能存在权力寻租、评估专业性与客观性不足等一系列问题，那么有关社会组织如何能够杜绝这些情况的发生呢？笔者思考的问题是，有关的社会组织在调查评估过程中用什么样的方式获取被告人或者罪犯的居所情况、家庭和社会关系、犯罪行为的后果和影响、居住地村（居）民委员会和被害人意见、拟禁止的事项、社会危险性、对所居住社区的影响等。有关社会组织是否仅仅根据矫正决定机关的委托书就可以开展工作，就可以准确获取这些信息，还是也需要社区矫正机构的积极协助和配合。

笔者还思考的是，如果对受委托的社会组织的调查评估意见有异议，当事人提出异议的程序和流程是什么？是向社区矫正决定机关，还是社区矫正机构提出异议。发展到最后，很可能就会出现两个局面：一是法院委托社区矫正机构，而社区矫正机构委托有关社会组织。将原本相互制衡的制度设计变成了政府采购服务的实践践行；二是社区矫正机构彻底离开调查评估环节，只负责法院裁判后的报到、入矫、解矫。毕竟检察院的法律监督是从调查评估阶段就开始的。如果从一开始，就有了推诿的借口，那么整个矫正环节和矫正效果都将会受到很大影响。

（四）建立以居住地为主、户籍地为辅的双向调查评估方式

“执行地”的确认是执行社区矫正的重要环节。外来务工人员犯罪群体

---

① 《创新引入政府购买服务机制开平市司法局依托社会力量开展社区矫正调查评估工作》，载建设招标网，https://www.jszhaobiao.com/projectinfo-detail-180879831.html。

② 2020 年《实施办法》第 13 条规定，社区矫正决定机关对拟适用社区矫正的被告人、罪犯，需要调查其社会危险性和对所居住社区影响的，可以委托拟确定为执行地的社区矫正机构或者有关社会组织进行调查评估。社区矫正机构或者有关社会组织收到委托文书后应当及时通知执行地县级人民检察院。第 14 条规定，社区矫正机构、有关社会组织接受委托后，应当对被告人或者罪犯的居所情况、家庭和社会关系、犯罪行为的后果和影响、居住地村（居）民委员会和被害人意见、拟禁止的事项、社会危险性、对所居住社区的影响等情况进行调查了解，形成调查评估意见，与相关材料一起提交委托机关。调查评估时，相关单位、部门、村（居）民委员会等组织、个人应当依法为调查评估提供必要的协助。

中，大多数是临时居住在大中城市，居住时间、居住地点均不确定。国务院颁布并于2016年1月1日起实施的《居住证暂行条例》第2条规定："公民离开常住户口所在地，到其他城市居住半年以上，符合有合法稳定就业、合法稳定住所、连续就读条件之一的，可以依照本条例的规定申领居住证。"据此，可以明确"居住地"的认定标准：符合国家规定居住证申领条件的，当地公安机关出具书面证明，或本人持有居住证，即可认定居住地。实践中可以简化"居住地"的认定标准：租赁房屋居住的，只要能够提供房屋租赁证明或者当地居（村）委会证明即可；借住亲友居所的，只要其亲友出具愿意接纳的保证材料即可。

为便于捕获调查评估对象的全面信息，笔者认为，社区矫正决定机关在委托评估遭遇"人户分离"情形时，应实行实际居住地与户籍地双向同时评估机制。委托"实际居住地"社区矫正机构调查评估，侧重于社区影响，抑或对未来的矫正环境进行调查评估。委托"户籍地"社区矫正机构调查评估，应侧重于成长经历、一贯表现、家庭关系、社会关系等方面。对于流动性大，没有经常居住地或者现实居住地的，应由户籍地社区矫正机构进行调查评估。

（五）将调查评估报告视为量刑证据

量刑是在定罪之后，不仅要考察"犯罪行为"，还要关注"犯罪行为人"，评估其人身危险性与社会危险性。正如刑事实证学派所倡导的：犯罪不仅是个人意志的体现，还是多种因素交互作用特别是社会因素影响的结果，因此，惩罚不仅意味着对"犯罪行为"的制裁，还应充分考虑"犯罪人"的特定情况。在美国，早已把"判决前的调查报告"作为刑事诉讼的一个必要程序和条件。

依据我国《刑事诉讼法》的规定，适格的证据必须具备客观性、关联性与合法性。社区矫正适用前调查评估的内容涉及犯罪嫌疑人成长履历、一贯表现、家庭关系、社会关系、罪后表现、居（村）委会意见、被害人意见、拟禁止事项等。尽管前述事项无法反映定罪事实，不能作为定罪证据，但它能折射犯罪嫌疑人的犯罪背景、人身危险性、再犯可能性，对刑事诉讼的结局（量刑）会产生一定影响，这是不以人的主观意志为转移而存在的影响量刑的客观材料，具有客观性；在实施定罪量刑一体化模式的当今，案件事实包括定罪事实与量刑事实。前述调查报告的内容关乎犯罪嫌疑人、被告人人身危险性、再犯可能性情况的调查与剖析，与量刑事实当然具有关联性；此外，2020年《实施办法》、各省（直辖市）

出台的《社会调查实施办法》等规范性文件都对社会调查评估及其报告的使用制定了相应的规则与程序，具备了刑事证据的合法性要求。为此，笔者认为应当承认调查评估报告的证据属性。鉴于调查评估报告是社区矫正机构代表国家意志对犯罪嫌疑人、被告人的人格特征、再犯可能性等状况所做的一种调查和评估，具有公权力性质。同时，它需要运用法学、心理学、社会学等学科的专业技能分析研究才能得出结论，与刑事证据种类中的“鉴定意见”有一定的相似性。为此，可以设想将社区矫正适用前调查评估报告视为一种特殊的鉴定意见。

在明确调查报告证据属性基础上，还需要设计社区矫正适用前调查评估报告的使用规程。笔者认为，应准许被告人及其辩护人查阅调查评估报告，应在庭审阶段宣读，并参照庭审中的举证、质证程序，由控辩双方发表意见，以解决涉及的争议问题。[①] 当然，这里需要解决调查评估报告公开使用与保护其秘密性的矛盾。对于有关诊断、信息来源以及可能对被告人以及其他人造成伤害的信息，不得随意外泄。

社会调查评估意见对社区矫正决定机关的裁判时的参考作用也应通过法规的形式具体规范和明确，进一步减少自由裁量权和随意性，特别是县级社区矫正机构出具的不适用社区矫正的评估意见，矫正决定机关应当根据情况，加强和受委托单位的沟通，如果不采用应该向受委托单位反馈判决依据，适合在社区开展矫正还是监狱服刑应该由法律说了算，而不是由模糊的“参考”作用去主观认定，只有建立矫正决定机关、县级矫正机构关于调查评估的界定、参考、沟通机制，才能更好地发挥调查评估对社区矫正工作的积极作用。近年来，不少省（自治区、直辖市）制定了专门的调查评估实施办法，个别省市还为此制定了调查评估的地方标准，实现了调查评估的法治化、规范化与标准化。但笔者认为，规范社区矫正各项工作，制定可操作性细则很有必要，但应该是全国统一。若各省（自治区、直辖市）制定各自的“调查评估”细则，势必会造成跨越省（自治区、直辖市）社区矫正工作衔接和相互办理过程中不同，形成五花八门的法律文书、档案，无法凸显刑事执行的严肃性和法律在全国的唯一性。

---

① 吴宗宪：《社区矫正导论》，中国人民大学出版社 2011 年版，第 160 页。

五、社会调查风险评估量表的构建

在西方国家，刑事被告人或罪犯的每一次流向和处遇的改变，都会涉及再犯风险评估和以此为基础的刑事策略和矫正措施的选择。在我国，随着刑事政策由"严打"向"宽严相济"的转变以及刑事科学主义的扩张，刑罚自身有了更多的维度和选择，国家和社会对刑罚的适用有了更强的"科学"和"效率"的要求。这种趋向也明确地体现在《刑法修正案（八）》中，适用缓刑和假释的实质条件由含糊的"不致再危害社会"修改为相对明确的"没有再犯罪的危险"，这种危险，即"再犯风险"需要事先评估或预测。

美国、加拿大等国家分别设计和使用了针对不同时期矫正对象的"初始量表"、"后续量表"和"解除监禁（矫正）量表"，以及针对不同类型人群的成人量表、女性量表、未成年人量表等不同类型的测量评估量表，以便能够科学、准确地把握社区矫正对象在不同阶段所发生的心理及行为变化，全面了解社区矫正对象的综合状况。

在我国，上海、北京、天津、深圳等地运用问卷的形式（即定量风险评估法）进行了社区矫正对象风险评估并建立了较为客观、科学的风险评估机制外，有关单位和科研机构先后研发、制定了一些评估指标体系和测评量表。其中有代表性的是北京市司法局与首都师范大学政法学院社会工作系合作研发的《北京市社区服刑人员综合状态评估指标体系》，以及上海市徐汇区司法局委托上海政法学院社区矫正研究中心研发的《社区矫正服刑人员风险测评表》。但是，总的来讲，我国的社区矫正风险评估方法都比较简单、粗糙，主观性较强。如目前北京市的测评表偏重测评社区矫正对象刚接受社区矫正时的态度，具有一定的片面性，需要进一步设计和研制开发。再如，测评表的项目分类设计简单，上海测评表中的"婚姻家庭关系"项下只有"稳定"和"不稳定"两项，"离异或经常发生家庭纠纷等"是包含在"不稳定"项里的，因此并不能确切反映预测者的情况。在司法实践中不断地对其进行完善。为此，笔者经过多次研究论证设计出以下三个类别（犯罪嫌疑人、被告人；罪犯；未成年人）的社区矫正适用前风险评估量表①，供理论界、实务部门一起交流探讨。

---

① 因语句表述过长，笔者将其简缩为"矫前风险评估量表"。

（一）犯罪嫌疑人、被告人矫前风险评估量表

社区矫正对象入矫前综合状态测评表

调查对象姓名		家庭住址		联系方式	
序号		项目	分值	测评标准	得分
基本因素	1	年龄	2	60周岁以上	
			1	25周岁以上不满60周岁	
			0	不满25周岁	
	2	受教育程度	2	大专及以上	
			1	高中、初中及同等程度	
			0	小学、半文盲、文盲	
	3	身体状况	2	残疾或重病，生活不能自理	
			1	轻度残疾，生活基本能自理	
			0	身体健康	
	4	婚姻状况	2	已婚	
			1	未婚	
			0	离异（丧偶）	
	5	生活来源	2	依靠自己的合法收入	
			1	社会救助或家庭扶持	
			0	无	
	6	捕（判）前职业	2	公务员、事业单位及离退休人员	
			1	私营企业主、个体户，学生、工人、农民	
			0	无业人员	
	7	生存技能	2	有，可以获得职业	
			1	技能水平低，需要提高	
			0	基本无技能，需要教育或培训	
	8	就业及经济收入	2	有稳定职业收入或亲友经常性资助	
			1	有职业，收入不稳定或亲友偶尔资助	
			0	无职业、无收入，也无亲友资助	
	9	人际关系	2	较好	
			1	一般	
			0	差	

续表

序号		项目	分值	测评标准	得分
	10	社会交往	2	无不良交往	
			1	偶尔与有劣迹人员交往	
			0	与有劣迹人员交往密切	
	11	个人成长经历	2	平稳	
			1	有一定挫折	
			0	有严重挫折	
个性及心理因素	12	自控能力	3	能够自我控制	
			1	偶尔不能自我控制	
			0	自控能力差,易冲动、有暴力倾向	
	13	传染疾病	2	无	
			1	轻度传染疾病	
			0	重度传染疾病(如艾滋病等)	
	14	精神病史	3	无精神病史	
			1	有轻微精神病	
			0	有严重精神病史	
	15	吸毒史	7	从未吸毒	
			3	有过吸毒,但无毒瘾	
			0	有吸毒并形成毒瘾,受到过处罚	
	16	酗酒、赌博等恶习	5	没有酗酒、赌博等恶习	
			3	偶尔酗酒、赌博	
			0	长期有酗酒、赌博等恶习,行为失常	
	17	网络游戏	2	不迷恋网络游戏	
			1	偶尔迷恋	
			0	迷恋网络游戏	
	18	居住条件	5	有固定住处	
			3	有住处,条件差	
			0	无住处或不固定	

续表

序号		项目	分值	测评标准	得分
家庭情况	19	家庭关系	2	融洽、接纳	
			1	一般,基本接纳	
			0	不融洽,不接纳	
	20	家庭经济状况	2	较好	
			1	一般	
			0	较差	
	21	家庭责任感	3	家庭责任感强	
			2	有一定责任感	
			0	缺乏家庭责任感	
	22	家庭约束力	5	家庭对其有较好的约束力	
			4	基本有约束力	
			0	家庭对其没有约束力	
	23	家庭成员违法犯罪记录	2	无违法犯罪记录	
			1	有治安处罚等违法记录	
			0	有违法犯罪记录	
	24	家庭监管能力	5	有	
			4	基本有	
			0	无	
	25	社区成员接纳度	2	接纳	
			1	基本接纳	
			0	不接纳	

续表

序号		项目	分值	测评标准	得分
犯罪与悔罪情况	26	本次犯罪前违法犯罪史	2	无	
			1	有行政拘留等违法记录	
			0	有犯罪记录	
	27	本次犯罪前犯罪次数	2	无	
			1	1 次	
			0	2 次及以上	
	28	犯罪主观恶性程度	2	过失犯罪	
			1	故意犯罪	
			0	暴力犯罪	
	29	初次犯罪的年龄	2	45 周岁以上	
			1	25 周岁以上不满 45 周岁	
			0	不满 25 周岁	
	30	共同犯罪	3	非共同犯罪	
			2	共同犯罪,起次要作用	
			0	共同犯罪,起主要作用	
	31	认罪态度	3	能认清犯罪原因与危害,认罪服法	
			2	基本认罪能认清犯罪原因与危害	
			0	不认罪	
	32	悔罪态度	3	真诚悔罪,减轻危害,积极履行民事赔偿	
			2	真诚悔罪,有赔偿态度	
			0	不思悔改	

续表

序号		项目	分值	测评标准	得分
综合因素	33	就学(业)单位或村组(街道)意见	2	同意,并愿意配合	
			1	同意,但难以配合	
			0	不同意	
	34	犯罪嫌疑人、被告人家属意见	2	同意,并愿意配合监管	
			1	同意,但监管难以保障	
			0	不同意	
	35	辖区派出所确认违法犯罪记录情况	5	无违法犯罪记录	
			2	有违法记录	
			0	有犯罪记录	
	36	被害人及其家属意见	4	取得谅解,同意判处非监禁刑	
			3	同意判处非监禁刑,但民事赔偿没有全部履行	
			0	不同意判处非监禁刑	
总得分					

风险评估	级别	评估标准	实评结果
	低风险度	80分以上(纳入社区矫正)	
	一般风险度	60分以上不满80分(可以纳入社区矫正)	
	高风险度	低于60分(不宜纳入社区矫正)	
备注			
说明	1. 基于多数辖区派出所不愿签署“同意实施社区矫正”意见,故将“辖区公安派出所意见”修改为“辖区派出所确认违法犯罪记录情况”。 2. 测评总得分为测评对象所有单项实际测评分值的总和。此表36个子项目的最高分值总和为100分。 3. 如果测评对象具有本表未涉及但易引发重新犯罪的因素,可在备注栏注明。		

测评人(签章): 测评日期: 年 月 日

（二）罪犯入矫前风险评估量表

此表仅适用于假释犯入矫前的风险评估。由于罪犯长期被羁押于监禁场所，与未被判决的犯罪嫌疑人、被告人有不同特征，如长期在狱内生活，有的已经形成“监狱化人格”。为此，评估指标会发生变化。

社区矫正对象入矫前综合状态测评表

<table>
<tr><td colspan="2">调查对象姓名</td><td></td><td>家庭住址</td><td></td><td>联系方式</td><td></td></tr>
<tr><td colspan="2">序号</td><td>项目</td><td>分值</td><td colspan="2">测评标准</td><td>得分</td></tr>
<tr><td rowspan="21">基本因素</td><td rowspan="3">1</td><td rowspan="3">年龄</td><td>2</td><td colspan="2">60周岁以上</td><td rowspan="3"></td></tr>
<tr><td>1</td><td colspan="2">已满25周岁不满60周岁</td></tr>
<tr><td>0</td><td colspan="2">不满25周岁</td></tr>
<tr><td rowspan="3">2</td><td rowspan="3">受教育程度</td><td>2</td><td colspan="2">大专及以上</td><td rowspan="3"></td></tr>
<tr><td>1</td><td colspan="2">高中、初中及同等程度</td></tr>
<tr><td>0</td><td colspan="2">小学、半文盲、文盲</td></tr>
<tr><td rowspan="3">3</td><td rowspan="3">身体状况</td><td>2</td><td colspan="2">残疾或重病，生活不能自理</td><td rowspan="3"></td></tr>
<tr><td>1</td><td colspan="2">有疾病或轻度残疾，但生活基本能自理</td></tr>
<tr><td>0</td><td colspan="2">身体健康</td></tr>
<tr><td rowspan="3">4</td><td rowspan="3">婚姻状况</td><td>2</td><td colspan="2">已婚</td><td rowspan="3"></td></tr>
<tr><td>1</td><td colspan="2">未婚</td></tr>
<tr><td>0</td><td colspan="2">离异（丧偶）</td></tr>
<tr><td rowspan="3">5</td><td rowspan="3">生活来源</td><td>2</td><td colspan="2">依靠自己的合法收入</td><td rowspan="3"></td></tr>
<tr><td>1</td><td colspan="2">社会救助或家庭扶持</td></tr>
<tr><td>0</td><td colspan="2">无</td></tr>
<tr><td rowspan="3">6</td><td rowspan="3">个人成长经历</td><td>2</td><td colspan="2">平稳</td><td rowspan="3"></td></tr>
<tr><td>1</td><td colspan="2">有一定挫折</td></tr>
<tr><td>0</td><td colspan="2">有严重挫折</td></tr>
<tr><td rowspan="3">7</td><td rowspan="3">捕（判）前职业</td><td>2</td><td colspan="2">公务员、事业单位及离退休人员</td><td rowspan="3"></td></tr>
<tr><td>1</td><td colspan="2">私营企业主、个体户，学生、工人、农民</td></tr>
<tr><td>0</td><td colspan="2">无业人员</td></tr>
</table>

续表

序号		项目	分值	测评标准	得分
	8	生存技能	2	有,可以获得职业	
			1	技能水平低,需要提高	
			0	基本无技能,需要教育或培训	
	9	狱内心理状况（监狱提供）	2	狱内心理健康状况,正常	
			1	狱内心理健康状况,基本正常	
			0	狱内心理异常	
	10	违法犯罪记录	4	无	
			2	有被行政拘留等违法史	
			0	惯犯、再犯	
个性及心理因素	11	自控能力	2	能够自我控制	
			1	偶尔不能自我控制	
			0	自控能力差,易冲动、有暴力倾向	
	12	精神病史	2	无精神病史	
			1	有轻微精神病	
			0	有严重精神病史	
	13	吸毒史	4	从未吸毒	
			2	有过吸毒	
			0	有吸毒史并受到处罚	
	14	传染疾病	2	无	
			1	轻度传染疾病	
			0	重度传染疾病（如艾滋病等）	
家庭情况	15	居住条件	2	有稳定住处	
			1	有住处,条件差	
			0	无住处或不稳定	
	16	家庭关系	3	融洽、接纳	
			2	一般,基本接纳	
			0	不融洽,不接纳	

续表

序号		项目	分值	测评标准	得分
	17	家庭经济状况	3	较好	
			2	一般	
			0	较差	
	18	家庭成员结构	5	有父母、配偶、子女，相互牵挂	
			3	家庭结构不完整	
			0	无父母、配偶、子女	
	19	家庭责任感	5	家庭责任感强，经常探监	
			3	有一定责任感，偶尔探监	
			0	缺乏家庭责任感，从未探监	
	20	家庭成员不良恶习与违法犯罪记录	2	无不良恶习，无违法犯罪记录	
			1	有轻度不良恶习，有违法记录	
			0	有严重不良恶习，有违法犯罪记录	
	21	社区成员接纳度	3	理解、支持、关心	
			1	基本不过问	
			0	不理解、抵触、排斥	
犯罪与悔罪情况	22	犯罪主观恶性程度	2	过失犯罪	
			1	故意犯罪	
			0	暴力犯罪	
	23	初次犯罪的年龄	2	35 岁以上	
			1	25－34 周岁	
			0	14－24 周岁	
	24	共同犯罪	3	非共同犯罪	
			1	共同犯罪，起次要作用	
			0	共同犯罪，起主要作用	

续表

序号		项目	分值	测评标准	得分
	25	犯罪手段	2	平和	
			1	一般	
			0	暴力性犯罪	
	26	狱内表现	3	良好,近三年获得表扬奖励、记功等3次以上	
			2	较好,近三年受到表扬奖励、记功等1次以上	
			0	没有受到过表扬、奖励、记功	
	27	认罪态度	6	认罪服法,能认识犯罪原因与危害	
			4	基本认罪,能认清犯罪原因与危害	
			0	不认罪	
	28	悔罪态度	6	积极履行附加刑(罚金或没收财产全部履行),附带民事赔偿全部履行	
			4	真诚悔罪,有赔偿态度,但附加刑、附带民事赔偿没有履行完毕	
			0	不思悔改	
监管条件	29	家庭监管能力	2	配合,愿意承担监管责任	
			1	基本配合,基本愿意承担监管责任	
			0	不配合,不愿意承担监管责任	
	30	家庭约束力	4	家庭对其有较好的约束力	
			3	基本有约束力	
			0	家庭对其没有约束力	
综合因素	31	村组(街道)意见	4	同意,并愿意配合	
			2	同意,但难以配合	
			0	不同意	
	32	罪犯家属意见	2	同意,并愿意配合监管	
			1	同意,但监管难以保障	
			0	不同意	

续表

<table>
<tr><th colspan="2">序号</th><th>项目</th><th>分值</th><th colspan="2">测评标准</th><th>得分</th></tr>
<tr><td rowspan="6"></td><td rowspan="3">33</td><td rowspan="3">辖区公安派出所意见</td><td>5</td><td colspan="2">同意,无违法及其他犯罪记录</td><td rowspan="3"></td></tr>
<tr><td>3</td><td colspan="2">态度不明</td></tr>
<tr><td>0</td><td colspan="2">不同意,有其他犯罪记录</td></tr>
<tr><td rowspan="3">34</td><td rowspan="3">被害人及其家属意见</td><td>4</td><td colspan="2">取得谅解,同意进入社区矫正</td><td rowspan="3"></td></tr>
<tr><td>3</td><td colspan="2">基本同意进入社区矫正</td></tr>
<tr><td>0</td><td colspan="2">不同意进入社区矫正</td></tr>
<tr><td colspan="4">总得分</td><td colspan="3"></td></tr>
<tr><td colspan="2" rowspan="4">风险评估</td><td>级别</td><td colspan="3">评估标准</td><td>实评结果</td></tr>
<tr><td>低风险度</td><td colspan="3">80 分以上(纳入社区矫正)</td><td rowspan="3"></td></tr>
<tr><td>一般风险度</td><td colspan="3">60 分以上不满 80 分(可以纳入社区矫正)</td></tr>
<tr><td>高风险度</td><td colspan="3">低于 60 分(不宜纳入社区矫正)</td></tr>
<tr><td colspan="2">备注</td><td colspan="5"></td></tr>
<tr><td colspan="2">说明</td><td colspan="5">1.“认罪服法”“悔罪表现”“狱内心理状况”,应由监狱向社区矫正机构提供相关资料(监狱罪犯年度考核表、心理测评结论等)供审核。
2. 测评总得分为测评对象所有单项实际测评分值的总和。此表 34 个子项目的最高分值总和为 100 分。
3. 如果测评对象具有本表未涉及但易引发重新犯罪的因素,可在备注栏注明。</td></tr>
<tr><td colspan="7">测评人(签章):　　　　　　　　测评日期:　　　年　月　日</td></tr>
</table>

(三)未成年人风险评估量表

考虑到未成年人犯罪的特殊性,社区矫正适用前调查评估应从是否有利于未成年人接受矫正、是否有利于其成长的角度,作出调查评估。国外已经普遍建立了这样的调查制度,这样的调查制度被称为“处置前调查制度”,调查之后撰写的报告被称为“处置前调查报告”相当于成年人刑事司法制度中的“量刑前调查报告”。通过调查评估,需要清楚了解犯罪事实之外的更多内容,包括未成年犯罪人的犯罪原因、既往历史、社会交往、兴趣爱好、行为习惯、身体和心理健康状况、家庭情况、就学情况、就业情况、社区环境情况以及被害人的情况等，特别是网络游戏瘾癖、留守儿童、家庭管束力等因素的调查，可以为法庭恰当处理案件以及后续的针对性矫正项目的构建提供必要的参考信息。为此，笔者设计了区别于成年人的未成年人社区矫正对象入矫前风险评估量表。

未成年人社区矫正对象入矫前综合状态测评表

<table>
<tr><td colspan="2">调查对象姓名</td><td></td><td>家庭住址</td><td colspan="2"></td><td>联系方式</td><td></td></tr>
<tr><td colspan="2">序号</td><td>项目</td><td>分值</td><td colspan="3">测评标准</td><td>得分</td></tr>
<tr><td rowspan="24">基本因素</td><td rowspan="3">1</td><td rowspan="3">年龄</td><td>2</td><td colspan="3">18周岁以上</td><td rowspan="3"></td></tr>
<tr><td>1</td><td colspan="3">已满16周岁不满18周岁</td></tr>
<tr><td>0</td><td colspan="3">不满16周岁</td></tr>
<tr><td rowspan="3">2</td><td rowspan="3">学业状况</td><td>2</td><td colspan="3">在校就学</td><td rowspan="3"></td></tr>
<tr><td>1</td><td colspan="3">未在校，已经就业</td></tr>
<tr><td>0</td><td colspan="3">辍学，无业</td></tr>
<tr><td rowspan="3">3</td><td rowspan="3">身体状况</td><td>2</td><td colspan="3">残疾或重病，生活不能自理</td><td rowspan="3"></td></tr>
<tr><td>1</td><td colspan="3">有疾病或轻度残疾，生活基本能自理</td></tr>
<tr><td>0</td><td colspan="3">身体健康</td></tr>
<tr><td rowspan="3">4</td><td rowspan="3">生活来源</td><td>2</td><td colspan="3">依靠自己的工作收入</td><td rowspan="3"></td></tr>
<tr><td>1</td><td colspan="3">低保或依靠家庭</td></tr>
<tr><td>0</td><td colspan="3">无生活来源</td></tr>
<tr><td rowspan="3">5</td><td rowspan="3">人际关系</td><td>2</td><td colspan="3">融洽、较好</td><td rowspan="3"></td></tr>
<tr><td>1</td><td colspan="3">一般</td></tr>
<tr><td>0</td><td colspan="3">差</td></tr>
<tr><td rowspan="3">6</td><td rowspan="3">社会交往</td><td>2</td><td colspan="3">无不良交往</td><td rowspan="3"></td></tr>
<tr><td>1</td><td colspan="3">偶尔不良交往</td></tr>
<tr><td>0</td><td colspan="3">较长有不良交往</td></tr>
<tr><td rowspan="3">7</td><td rowspan="3">个人成长经历</td><td>2</td><td colspan="3">平稳</td><td rowspan="3"></td></tr>
<tr><td>1</td><td colspan="3">有一定挫折</td></tr>
<tr><td>0</td><td colspan="3">有重大挫折</td></tr>
<tr><td rowspan="3">8</td><td rowspan="3">初次违法犯罪年龄</td><td>2</td><td colspan="3">不满18周岁</td><td rowspan="3"></td></tr>
<tr><td>1</td><td colspan="3">不满16周岁</td></tr>
<tr><td>0</td><td colspan="3">不满14周岁</td></tr>
</table>

续表

序号		项目	分值	测评标准	得分
个性及心理因素	9	自控能力	2	能够自我控制	
			1	偶尔不能自我控制	
			0	自控能力差,易冲动、有暴力倾向	
	10	精神病史	2	无精神病史	
			1	有轻微精神病	
			0	有严重精神病史	
	11	吸毒史	5	从未吸毒	
			3	有过吸毒	
			0	有吸毒史并受到处罚	
	12	酗酒、赌博等恶习	5	没有酗酒、赌博等恶习	
			3	偶尔酗酒、赌博	
			0	经常酗酒、赌博,经常行为失常	
	13	网络游戏	5	不迷恋网络游戏	
			3	偶尔迷恋	
			0	迷恋网络游戏	
	14	法治观念	2	有一定法律知识和法治观念	
			1	法律知识欠缺,法治观念淡薄	
			0	无法律知识和法治观念(法盲)	
	15	对现实社会心态	2	能够正确看待	
			1	不知怎么看待	
			0	对现实不满甚至仇视	
家庭情况	16	居住条件	2	有稳定住处	
			1	有住处,条件差	
			0	无住处或不稳定	
	17	家庭关系	5	融洽,与父母共同居住	
			3	基本接纳,单亲家庭	
			0	紧张,不接纳	

续表

序号		项目	分值	测评标准	得分
	18	家庭经济状况	3	较好	
			2	一般	
			0	较差	
	19	家庭责任感	3	有自我责任、家庭责任与社会责任	
			2	有一定的自我责任、家庭责任与社会责任	
			0	缺乏自我责任、家庭责任与社会责任	
	20	家庭管教情况	5	管教严厉,家庭对其有较好的约束力	
			3	基本有约束力	
			0	溺爱、放任,家庭对其没有约束力	
	21	家庭成员犯罪记录	3	无犯罪记录	
			2	有治安处罚等违法记录	
			0	无违法犯罪记录	
	22	家庭成员对社区矫正态度	2	理解、支持、配合	
			1	态度含混、表现中立	
			0	不理解、有抵触情绪	
犯罪与悔罪情况	23	违法犯罪记录	3	无	
			2	有违法但无犯罪记录	
			0	有犯罪记录	
	24	犯罪危害程度	3	较轻	
			2	一般	
			0	严重	
	25	犯罪主观恶性程度	3	过失犯罪	
			2	故意犯罪	
			0	暴力犯罪	

续表

序号		项目	分值	测评标准	得分
	26	共同犯罪	5	非共同犯罪	
			2	共同犯罪,起次要作用	
			0	共同犯罪,起主要作用	
	27	犯罪手段	4	平和	
			3	一般	
			0	残忍	
	28	犯罪后表现	4	有自首、立功、坦白等情节	
			3	基本能向司法机关如实陈述	
			0	逃避打击	
	29	认罪态度	4	能认清犯罪原因与危害,认罪服法	
			3	基本认罪能认清犯罪原因与危害	
			0	不认罪	
	30	悔罪态度	4	真诚悔罪,履行附加刑、履行完民事赔偿	
			3	真诚悔罪,有赔偿态度	
			0	不思悔改	
监管条件	31	家庭监管能力	3	配合,愿意承担监管责任	
			2	基本配合,基本愿意承担监管责任	
			0	不配合,不愿意承担监管责任	
	32	邻里容纳程度	3	容纳	
			2	一般	
			0	不容纳	
	33	社区成员接纳度	2	理解、支持、关心	
			1	基本不过问	
			0	不理解、抵触、排斥	

续表

<table>
<tr><th colspan="2">序号</th><th>项目</th><th>分值</th><th>测评标准</th><th>得分</th></tr>
<tr><td rowspan="12">综合因素</td><td rowspan="3">34</td><td rowspan="3">就学(业)单位或村组(街道)意见</td><td>3</td><td>同意,并愿意配合</td><td rowspan="3"></td></tr>
<tr><td>2</td><td>同意,但难以配合</td></tr>
<tr><td>0</td><td>不同意</td></tr>
<tr><td rowspan="3">35</td><td rowspan="3">被测评人家属意见</td><td>3</td><td>同意,并愿意配合监管</td><td rowspan="3"></td></tr>
<tr><td>2</td><td>同意,但监管难以保障</td></tr>
<tr><td>0</td><td>不同意</td></tr>
<tr><td rowspan="3">36</td><td rowspan="3">辖区派出所确认违法犯罪记录情况</td><td>5</td><td>无违法犯罪记录</td><td rowspan="3"></td></tr>
<tr><td>3</td><td>有违法记录</td></tr>
<tr><td>0</td><td>有犯罪记录</td></tr>
<tr><td rowspan="3">37</td><td rowspan="3">被害人及其家属意见</td><td>4</td><td>取得谅解,同意判处非监禁刑</td><td rowspan="3"></td></tr>
<tr><td>3</td><td>无态度</td></tr>
<tr><td>0</td><td>不同意判处非监禁刑</td></tr>
<tr><td colspan="4">总得分</td><td colspan="2"></td></tr>
<tr><td rowspan="4">风险评估</td><td colspan="2">级别</td><td colspan="2">评估标准</td><td>实评结果</td></tr>
<tr><td colspan="2">低风险度</td><td colspan="2">80 分以上(纳入社区矫正)</td><td rowspan="3"></td></tr>
<tr><td colspan="2">一般风险度</td><td colspan="2">60 分以上不满 80 分(可以纳入社区矫正)</td></tr>
<tr><td colspan="2">高风险度</td><td colspan="2">低于 60 分(不宜纳入社区矫正)</td></tr>
<tr><td>备注</td><td colspan="5"></td></tr>
<tr><td>说明</td><td colspan="5">1. 基于多数辖区派出所不愿意签署“同意实施社区矫正”意见,故将原来“辖区公安派出所意见”修改为“辖区派出所确认违法犯罪记录情况”。
2. 测评总得分为测评对象所有单项实际测评分值的总和。此表 37 个子项目的最高分值总和为 100 分。
3. 如果测评对象具有本表未涉及但易引发重新犯罪的因素,可在备注栏注明。</td></tr>
<tr><td colspan="6">测评人(签章):　　　　测评日期:　　年　月　日</td></tr>
</table>

综上所述,社区矫正的推进必须基于社区矫正适用前调查评估机制的建立为前提。换言之,应当对拟实施社区矫正的罪犯进行人身危险性评估,尽可能

把这种选择性刑罚优惠施与那些再犯可能性较小的罪犯。如罪行轻微、主观恶性不大的初犯、过失犯、激情犯、未成年犯、老病残犯、女犯等。这就要求在社区矫正适用前调查评估采用科学的再犯风险评估工具,有效地对社区矫正对象进行入口控制。同时,对经过再犯风险评估鉴别出来的有较高再犯可能性的社区矫正对象,提高其监管级别,强化监督措施,控制再犯风险。如此,才能既降低再犯率,又兼顾被害人的情感和社会公众的利益,实现刑罚的功利目的和正义追求。让笔者感到欣慰的是,四川省司法厅主持编制的《社区矫正调查评估规范》(2021 年 9 月 1 日起施行),吸收了我们前述量表的部分构建,将风险评估对象划分为被告人、罪犯、未成年人三类,对每一类设置不同的调查评估表,特别是将未成年人适用专门的评估量表,体现对未成年罪犯的特别保护。

第七章

社区矫正监督管理制度

社区矫正涵盖监督管理、教育帮扶工作。监督管理是社区矫正的前提和基础。监督管理涉及的一系列制度,如果缺乏严格执行,社区矫正对象有脱管、漏管乃至重新犯罪的风险,社区矫正的目的难以实现。矫正接收、矫正小组、矫正方案、分类管理、电子监控、外出请假、执行地变更、禁止令执行、信息化建设是监管制度的基本内容。

一、矫正接收制度

矫正接收制度,是指社区矫正机构依法接收社区矫正对象并办理相关手续的制度。在一些文献中,又将其简称为"入矫"。矫正接收对社区矫正机构而言,意味着矫正工作的正式启动。矫正接收,既包括社区矫正对象的接收,又包括相关法律文书的接收。

(一)接收的依据与接收机构

依据《刑法》《刑事诉讼法》《社区矫正法》《监狱法》等有关法律的规定,管制、缓刑、假释,由人民法院依法判决或者裁定。暂予监外执行,在审判阶段由人民法院决定;在执行阶段,罪犯在监狱执行的,由省级监狱管理机关批准决定;罪犯在看守所执行的,由设区的市一级以上公安机关批准。因此,对社区矫正对象的接收依据是已经生效的人民法院关于适用非监禁的刑事判决或刑事裁定,以及省级监狱管理机关或者公安机关批准的暂予监外执行的决定。

接收机构是指依法接管社区矫正对象并承担对监管和矫正任务的专门机构。根据《社区矫正法》的规定:社区矫正对象的居住地,是社区矫正执行地。

社区矫正对象应当由其居住地的县级社区矫正机构负责接收。有多个居住地的,可以确定“经常居住地”为执行地。无法确定居住地、经常居住地或者居住地、经常居住地不适宜执行社区矫正的,社区矫正决定机关“应当根据有利于社区矫正对象接受矫正、更好地融入社会的原则,确定执行地”,如将其“户籍地”作为执行地。此类情形,又叫“指定执行地”。社区矫正决定机关指定执行地的情形,主要是指针对“三假人员”(假姓名、假身份、假地址)。有的当事人故意隐瞒,又没有 DNA 样本库。同时,即便不能核实身份,在犯罪事实清楚的情况下,仍然可以用其自报姓名来作出判决。当罪犯符合适用社区矫正而又碰上“三假人员”时,社区矫正决定机关只好通过指定执行地来确定其在何地接受社区矫正。

在入矫阶段,除责令社区矫正对象在规定的时间到社区矫正机构报到外,《社区矫正法》第 21 条第 2、3 款,还对暂予监外执行社区矫正对象的“交付接收”作了特别规定,强调“现场交付接收”,即对于公安机关、监狱管理机构批准暂予监外执行的,由看守所、监狱自收到批准决定之日起 10 日内将社区矫正对象移送社区矫正机构;对于人民法院决定暂予监外执行的,由看守所或者执行取保候审、监视居住的公安机关自收到决定之日起 10 日内将社区矫正对象移送社区矫正机构。

(二)法律文书的接收

《社区矫正法》第 22 条规定,社区矫正机构接收社区矫正对象时,应当“核对法律文书、核实身份、办理接收登记、建立档案,并宣告社区矫正对象的犯罪事实、执行社区矫正的期限以及应当遵守的规定”。

生效的法律文书,是社区矫正执行的法律依据。为此,社区矫正机构应当及时接收人民法院、公安机关和监狱等社区矫正决定机关发出的有关社区矫正对象的法律文书。根据最高人民法院《关于适用〈中华人民共和国刑事诉讼法〉的解释》规定,判决、裁定生效后 10 日内,应当将判决书、裁定书、执行通知书等法律文书送达罪犯居住地的县级社区矫正机构,同时,抄送罪犯居住地的县级人民检察院。

根据《社区矫正法》第 20 条、2020 年《实施办法》第 16 条,社区矫正决定机关应当自裁判或者决定生效之日起 5 日内通知,并于 10 日内将有关法律文书送达执行地社区矫正机构。收到法律文书后,社区矫正机构应当在五日内送达回执。为便于法律监督及协助监管,社区矫正决定机关还应将有关法律文书"抄送人民检察院和执行地公安机关"。但实践中,相关部门文书送达存在不及时、不规范现象。有的法院定期集中邮寄送达交付执行材料造成延误移交、失交,有的法院让罪犯自行携带交付材料入矫造成罪犯漏交、错交。尤其是因醉驾而构成危险驾驶罪的缓刑犯,普遍刑期较短,法院若不及时送达或者拖延送达,当社区矫正机构收到法律文书之时,可能存在社区矫正对象的考验期(矫正期)已过的尴尬局面。

在《社区矫正法》施行前,判决生效的法律文书由决定机关向执行地社区矫正机构和检察院同时邮寄送达。执行地的社区矫正机构和人民检察院在收到法律文书后进行双向的法律文书核查,从而确保"全额"入矫,能有效杜绝"漏管"。而《社区矫正法》施行后,根据《社区矫正法》第 20 条规定,①由执行地社区矫正机构将法律文书转送所在地的人民检察院,这将直接导致执行地人民检察院无法从源头上获取信息,从原本的"双方比对"变为"单方比对",极易出现"漏管"。与此同时,人民检察院等待社区矫正机构转送法律文书,将直接导致法律监督工作的被动,信息获取滞后。

此外,实践中,人民法院或其他有关机关在作出社区矫正决定时,要求被告人或罪犯作出的接受社区矫正的书面保证。在作出社区矫正决定时,让罪犯签署社区矫正保证书的做法,笔者认为有其必要,此举有利于促进罪犯树立对社会的责任感,更好地实现社区矫正的目标。有关国际刑事司法准则中,其实也有类似的规定,如联合国《东京规则》第 3.4 条规定:正规诉讼或审判之前或拟替代此类诉讼或审判的所有非拘禁措施实施前,应征得罪犯的同意。《欧洲社区制裁与措施规则》中,更将"犯罪人的合作与同意"作为专章规定。

(三)责令报到

不同类型社区矫正对象交付接收的方式有不同规定。总体上讲,分为两类:一是将 2012 年《实施办法》所规定的"自行报到"修改为"责令报到",即被判处管制、宣告缓刑、裁定假释三类社区矫正对象应当在判决、裁定或决定生效之日起 10 日内到执行地县级社区矫正机构报到;二是移送报到。即对于暂予

---

① 《社区矫正法》第 20 条规定,社区矫正决定地与执行地不在同一地时,由执行地社区矫正机构将法律文书转送所在地的人民检察院、公安机关。

监外执行社区矫正对象，由看守所（公安机关）或监狱自收到决定（批准）之日起10日内将其“移送社区矫正机构”。

对于法律文书和相关材料已经送达，社区矫正对象未在规定的报到期限内报到的，社区矫正机构应通过多种方式与其取得联系，并督促其立即报到。对于社区矫正对象拒不报到的，应当会同公安机关做其工作。对于社区矫正对象去向不明的，社区矫正机构应当立即组织查找，经多方联系，仍然无法确定其音讯和下落的，应当及时通报公安机关，并配合派出所继续查找。

这里有一个“时间差”的问题：社区矫正决定机关在判决生效5日内通知社区矫正机构，10日内送达相关法律文书。同时，社区矫正决定机关责令社区矫正对象10日内到执行地社区矫正机构报到。社区矫正对象报到但相关法律文书还未送达，即“见人不见档”时，社区矫正机构应当先记录在案，为其办理登记接收手续，并通知社区矫正决定机关在5日内送达或者补齐法律文书。笔者假设：若某位社区矫正对象在判决生效第2日就去社区矫正机构报到，基于法律文书未到，社区矫正机构接收报到并在判决生效的第3日通知决定机关送达法律文书，决定机关接到通知的第7日（判决生效的第10日）才送达法律文书。此时，社区矫正机构会认为，决定机关没有在接到社区矫正机构通知5日内送达法律文书。而决定机关会以“判决生效10日内送达”而解释自己行为。虽然都是照章办事，但交付接收在此容易出现瑕疵，社区矫正决定机关与社区矫正机构之间容易推诿而产生漏管现象。

（四）执行地确定

社区矫正对象的“执行地”如何确定，是长期困扰社区矫正决定机关的“老大难”问题。《社区矫正法》施行前，实践中一些拟被判处社区矫正的罪犯早就远离户籍地，拖家带口生活在异地他乡，或者几经颠沛才到一个新的城市打工谋生。无论哪种情况，都比较久远的脱离了“户籍地”。此外，因城市拆迁、家庭继承等因素，即便同一个城市，户籍地与实际住居地往往也容易产生分离。人民法院拟判处、裁定罪犯接受社区矫正时，首先必须确定执行地。此时，被执行人总是千方百计恳请人民法院，让自己留在现居住地，一边接受社区矫正，同时能够兼顾工作和照顾家庭。为此，其家属会努力去签署用工合同、租房协议……或许是人民法院考虑到社会稳定、融入社会的条件抑或认可被拟适用社区矫正对象的情况，于是该罪犯居住地的社区矫正机构，就会收到一份人民法院的送达的委托调查评估函。与此同时,社区矫正机构持人民法院的委托调查函进行实地调查,最终的结论是属于流动人口,“不宜纳入社区矫正”。当地村(居)委会也不太了解此人情况,村(居)委会也作出“不适合在本地接受社区矫正”或者建议“在户籍地接受社区矫正”等,于是便将法律文书退回人民法院。人民法院收到退回函后通常是三种处理方式:其一,转发到该罪犯的“户籍地”司法行政机关,委托其社会调查;其二,再次发送到同一居住地县级社区矫正机构;其三,以其他方式,请上级司法机关或政法委召开社区矫正联席会议协调。不难想象,仅仅一个社区矫正执行地的确认,就内耗掉巨大的司法资源。由此还产生诸多负面效应,造成社区矫正对象误认“没有机构愿意接纳我”,同时,给人民法院的送达工作和威望造成负面影响。其次,许多接收地社区矫正机构为减少风险、方便工作,往往会寻找各种借口将社区矫正对象打回户籍地服刑,相互推诿情况屡见不鲜,损害了刑事执行的严肃性。最后,居住地的证明材料比较容易造假,有的社区矫正对象很容易就找到物业或村(居)委会开具假证明,容易出现腐败现象。

上述情形造成:若社区矫正对象与家人一同在外务工,有稳定合法经济来源,有合适监管人与担保人,但居住场所仅因工作、经济等原因变更频繁、不稳定,就会因此而被要求回户籍地接受矫正。此类做法会极大地削弱矫正效果。

《社区矫正法》在此进行了正面回应。在《社区矫正法》第 17 条以矫正对象的居住地及经常居住地作为执行地为原则,以有利于接受矫正、更好地融入社会作为确立执行地的补充来解决。该规定能够有效避免社区矫正从决定到执行中所涉及的不同部门之间的衔接乱象。随后的 2020 年《实施办法》将有“固定住所”“固定生活来源”两个要素作为确定“经常居住地”的标准,应该说可以基本解决“执行地”的确认问题。但正如前文所述,《社区矫正法》、2020 年《实施办法》在此依然存在不少问题,那就是什么是“固定住所”?什么叫“固定生活来源”?仍然不明确。《社区矫正法》施行后,各省(自治区、直辖市)依然依照自定标准来自设规矩。在这里,正如笔者前述,需要一个全国统一居住地确认标准。

关于社区矫正“执行地”的确定主体问题。根据《社区矫正法》第 17 条第 1、4 款的规定,依法判处管制、宣告缓刑、裁定假释、决定暂予监外执行的人民法院和依法批准暂予监外执行的监狱管理机关、公安机关。在依法作出上述裁判、决定时应当确定社区矫正执行地。根据本条,社区矫正执行地的确定权被授予了社区矫正决定机关，同时要求决定机关在作出适用社区矫正的裁判、决定时，应当同时确定执行地。与此同时，法律并没有赋予社区矫正执行机关对此提出异议的权力。笔者认为，若允许执行地社区矫正机构不接收，极易产生社区矫正对象的漏管问题。这里的立法旨意非常明确，就是不能产生社区矫正对象漏管乃至引发重新犯罪。为此，即使社区矫正决定机关核实居住地发生错误，社区矫正机构不能拒绝接收。在《社区矫正法》将社区矫正执行地的确定权收归决定机关的情况下，如何确定执行地，涉及社区矫正对象的个体需求与社区矫正机构的安全关切的平衡问题。立法机关之所以做出这样的规定，其实是有现实背景考量的。在当前的社区矫正工作实践中，存在各地社区矫正执行机关通过自定规矩对社区矫正执行推诿扯皮、能推就推，社区矫正对象被决定矫正后还需要四处搜罗证据材料向社区矫正执行机关证明自己居住地的不正常现象。其中最为典型的莫过于发生在湖北汉川和广州增城之间的一起因无法确定社区矫正执行地，而将社区矫正对象收监执行原判刑罚的案件。

据正义网报道①，广州市增城区法院以尹某犯危险驾驶罪判处尹某拘役 2 个月，缓刑 3 个月，并要求其到其户籍地湖北省汉川市接受社区矫正。但由于尹某及其全家长期在外，早已不在其户籍地居住，并不符合湖北司法行政机关规定的社区矫正对象接收条件。而其在广州市增城区实际居住又不满 1 年，也不符合广州市的接收条件。最终尹某被以没有社区矫正执行地为由收监执行原判刑罚拘役 2 个月。而若从其判决生效的 2018 年 12 月 3 日开始计算，到 2019 年 3 月 18 日尹某被裁定收监执行之日，其 3 个月的缓刑考验期早已届满。

缓刑原本是国家对于部分罪行轻微、社会危险性不大，可以不予收监执行原判刑罚的犯罪分子的宽大手段，是落实宽严相济刑事政策的重要环节。但这一制度却在本案因为户籍地、实际居住地的社区矫正执行机关均不愿意接收执行而落空，最终导致矫正对象在两地有关机关的文书往来无果之下，于法院生效裁判文书确定的缓刑考验期满后被收监执行原判刑罚。这样的结果显然并不利于维护司法权威，一定程度上也不符合《刑事诉讼法》尊重和保障人权的理念。笔者认为，立法者正是注意到了这个问题，将确定执行地的权力赋予了社区矫正决定机关，这对保障国家刑事执行制度落实、维护司法权威、保障矫正对象合法权利不受侵犯，是十分必要的。

---

① 肖乾利：《社区矫正理论与实务研究》（第 3 卷），法律出版社 2021 年版，第 142 页。

二、矫正小组与矫正方案

(一)矫正小组

矫正小组是指在矫正期内,监督管理、教育帮扶社区矫正对象的工作人员组成的群体。《社区矫正法》第 25 条规定,社区矫正机构应当根据社区矫正对象的情况,为其确定矫正小组,负责落实相应的矫正方案。矫正小组可以由司法所、居(村)民委员会人员、社区矫正对象的监护人、家庭成员,所在单位或者就读学校的人员以及社会工作者、志愿者等组成。社区矫正对象为女性的,矫正小组中应当有女性成员。

关于矫正小组的人员构成,目前没有全国性的强制性要求,各地做法不同。如长沙市矫正小组按"5+X"模式组建①,四川省实施的是"4+X"模式。② 浙江实施的是"5+1"枫桥模式③。从枫桥模式的矫正小组来看,司法助理员扮演社区矫正责任人角色,社区民警扮演社区矫正协同人的角色,驻村指导员扮演社区矫正协同人的角色,村责任人(社区矫正志愿者)扮演社区矫正担保人的角色,社区矫正人员家属(社区矫正监护人)扮演社区矫正监督人的角色。

《社区矫正法》施行后,矫正小组的组建发生重大变化:

首先,关于矫正小组成员构成。2012 年《实施办法》中,矫正小组成员包括:有关部门、村(居)民委员会、社区矫正对象所在单位、就读学校、家庭成员或者监护人、保证人、社会工作者和志愿者等。而 2020 年《实施办法》中,矫正小组成员包括:司法所、居民委员会、村民委员会的人员,社区矫正对象的监护人、家庭成员,所在单位或者就读学校的人员以及社会工作者、志愿者等组成。从上述新老《实施办法》比较来看,2020 年《实施办法》中删减了"有关部门"和"保证人"这两者,而增加了"司法所"。"有关部门"删除,意味着"片区民警",不能再进入矫正小组。虽然此举对开展矫正工作可能会有一些不便,但它符合

---

① "5"指基本的组成人员 5 人,即司法所干部、公安户籍民警、社区治保专干、专职社区矫正工作人员、社区矫正对象家属(保证人);"X"指针对社区矫正对象的具体情况,配备不同的组成人员若干人,如社会志愿者、社区矫正对象的其他亲属等。参见田兴洪、蒋晓宇:《试论参与主体在矫正小组中的角色定位及法律责任》,载《宜宾学院学报》2020 年第 3 期。

② "4+X"矫正小组中的"4"为司法所专职人员、社区民警、专职社工和志愿者。"X"为社区矫正对象家属或工作单位人员或村组社区工作人员等。

③ 枫桥"5+1"模式,其中"5"是指社区司法助理员、社区民警、驻村指导员、村责任人和矫正对象家属五个方面的人员;"1"是指社区矫正对象本人。

《社区矫正法》的新理念。矫正小组所有成员不着制服帮助矫正对象,有利于营造宽松、和谐氛围。“保证人”之所以去掉,应该是与“家庭成员、监护人”有重复,因为原则上保证人必须是家庭成员或者监护人。

其次,关于矫正小组的组建。《社区矫正法》规定,矫正小组应当由社区矫正机构来确定和组建。2020 年《实施办法》则进一步明确:执行地县级社区矫正机构、受委托的司法所应当为社区矫正对象确定矫正小组。在这里,关于矫正小组的组建主体,为什么 2020 年《实施办法》要改变《社区矫正法》的规定而加上“受委托的司法所”呢? 笔者认为,在当前,虽然法律规定将司法所较多职权上收到了区(县)社区矫正机构,但很多社区矫正工作仍然离不开司法所。如果不将司法所纳入矫正小组,这项工作就难以开展。2020 年《实施办法》第 19 条还为矫正小组明确了六项职责;同时,矫正小组组长安排也出现变化。2012 年《实施办法》明确由司法所工作人员担任组长,而 2020 年《实施办法》中没有说明。未来应该还会出现矫正小组组长由社区矫正机构指定的情况,如某某矫正对象的矫正小组组长就指定是村(居)委会主任等。如此,或许在矫正小组功能发挥上,会有意想不到的效果。笔者认为,其实,矫正小组的设置不必“一刀切”。对于一些犯罪情节轻微、配合度高、再犯风险较低的对象,矫正小组的工作容易流于形式,造成资源浪费。判断罪犯是否需要组建小组,主要应根据风险评估及工作人员对罪犯情况的把握。可根据罪犯风险度来建立或者撤销矫正小组。犯罪学研究表明:对少数人的重点关注,就可以预防更多的犯罪。把更多的精力放在重点罪犯身上,在犯罪预防上会起到事半功倍的效果。

目前,矫正小组的运行中存在两个突出问题:一是矫正小组作用弱化、虚化现象严重。设立矫正小组的目的是利用多种资源,从不同专业视角作用于罪犯个体,发挥监管和矫正效果。但在实践中,社区矫正工作人员主要还是力图通过人身管控来实现矫正效果。很多矫正小组成员就是挂个名,仅在入矫宣告时现身,作用几乎没有发挥。因为矫正小组的设立让更多无关人员知晓矫正对象的罪犯身份,对后者声誉甚至可能产生负面影响。笔者认为,矫正小组需要重构和激活其作用。可以适当加重并细化乡镇(街道)和村(社区)对社区矫正工作的责任和常态工作联动机制,细化镇村两级的社区矫正权力责任清单,把社区矫正工作纳入村(居)“两委”政绩考核目标,避免基层社区矫正工作基本由司法所硬撑的局面;二是《社区矫正法》等规范性文件缺乏对矫正小组成员的角色定位与法律责任的规定。《社区矫正法》第 12 条第 2 款规定,社区矫正对象的监护人、家庭成员、所在单位或者就读学校应当协助社区矫正机构做好社区矫正工作。但没有明确监护人、家庭成员的监督责任，对不履行相应义务的监护人、家庭成员也缺乏相应的惩戒措施。矫正小组职责以及角色的粗放性、笼统性、模糊性规定，就会导致职责不明、任务不清、推诿扯皮或者有关人员在同一任务上重叠部署，从而造成人力资源的浪费。

在英美法系国家，如英国、美国、澳大利亚、加拿大等国的法律都规定了矫正小组中的矫正对象亲属、监护人、保证人等角色的法定义务。在英国，在执行监护令期间，父母需要与当地政府签订一份时间不超过 12 个月的协议，对旷课、逃学的孩子与当地政府和相关机构共同承担起监管责任，并履行条款中的指导、课程辅导、交谈等责任。如果父母怠于履行，罚金最高可达 1000 英镑。[①] 在澳大利亚，申请人向保释机构申请保释时，保证人应提供规定数量的保证金，或保证支付等量价值的没收物。如果保释人员没有遵守保释协议，保证人必须通知警方。当保证人知道或有适当的理由怀疑保释人员不遵守保释协议，保证人必须采取适当的措施报告警察。

在大陆法系国家，如德国、日本等国的法律，也都规定了矫正小组中的社区矫正对象亲属、监护人、保证人的法定义务。在德国，犯罪人的父母、监护人、法定代理人或学校应在缓刑科员的要求下，为其提供必要的训练或提供与犯罪人相关的信息，尽一切努力帮助缓刑科员完成对犯罪人的监督。在日本，保护观察所对于因执行刑罚而被收容于刑事设施之人或者因执行刑罚或保护处分而被收容于少年院之人，在认为为使其顺利回归社会有必要时，可以通过访问其家属或其他相关人员请求协助以及其他方法，对其释放后的住所、就业单位以及其他生活环境进行调整。[②]

基于明晰矫正小组各参与人的角色及其法律责任的需要，笔者建议将《社区矫正法》第 25 条第 1 款修改为："社区矫正机构应当根据社区矫正对象的情况，为其确定矫正小组，负责落实相应的矫正方案。矫正小组成员中应当明确社区矫正对象的矫正监督人、矫正担保人、矫正责任人和矫正协同人等角色定位，以及没有履行相应职责应当承担的法律责任。"

---

① 刘强：《社区矫正组织管理模式比较研究》，中国法制出版社 2010 年版，第 148 页。

② 陈俊生、郭华：《国（境）外社区矫正立法》，法律出版社 2013 年版，第 43 页。

(二)矫正方案

矫正方案,在社区矫正机构或司法所对个体社区矫正对象执行矫正过程中,具有总纲和统领性作用。[①] 矫正方案的制订,是社区矫正机构或司法所的职权行为,但矫正方案的实施和目的的实现有赖于社区矫正对象个体的积极参与。

根据《社区矫正法》第24条的规定,社区矫正机构应当根据裁判内容和社区矫正对象的性别、年龄、心理特点、健康状况、犯罪原因、犯罪类型、犯罪情节、悔罪表现等情况,制订有针对性的矫正方案。2020年《实施办法》依然在社区矫正机构后面加上了"受委托的司法所",原因在于笔者此前的阐述,当前的社区矫正工作还无法抛离司法所。

对矫正方案的设计重在差异性。四类社区矫正对象在客观上存在年龄、文化程度、接受能力、行为能力、身体状况、职业等客观差异,入矫前各自在原罪中的主观动机、原罪认知、责任情况等皆不相同。根据社区矫正对象的个体情况,实施个案矫正,是提升矫正质量和实现社区矫正目标的最有效途径。

从实践看,矫正方案的制订和执行存在一些突出问题:一是矫正方案的制订过于空泛,缺乏针对性。没有根据社区矫正对象的需求拟订矫正方案,更多表现为社区矫正机构按照自己的工作意愿确定矫正方案;二是矫正措施更多的是强调社区矫正对象的义务,不是社区矫正机构主动实施的教育矫正、帮困扶助等措施;三是社区矫正对象被动接受教育矫正,更多体现为被管理的对象,不具有个体能动性;四是矫正方案一成不变、千篇一律,不具有动态和跟进性。

针对上述问题,社区矫正机构或司法所在制订矫正方案过程中,笔者认为,应根据社区矫正对象的实际需求,与社区矫正对象充分沟通,让社区矫正对象充分参与对自己矫正方案的制订和执行过程,在执行主体的引导下让社区矫正对象设定自己的矫正目标,优先采用社区矫正对象提出或认可的措施,在矫正方案中达成合意,充分调动社区矫正对象自我矫正的内驱力。对协商而成的矫正方案,社区矫正对象予以签字确认确保目标一致。在方案执行中,社区矫正机构或司法所与社区矫正对象双方均清楚方案中的矫正目标、实施步骤以及拟采取的方法和措施,协同推进,共同实施矫正方案,确保矫正目标实现。

---

① 金晓流:《社区矫正对象考核制度探究》,载《中国司法》2021年第5期。

三、分类管理制度

(一)分类管理的必要性

分类管理,是指按照一定的标准将社区矫正对象分成不同的类别,对不同类别的社区矫正对象采取不同的监督管理的工作制度与活动。分类管理关注的重点是罪犯的人身危险性,体现的是管理措施、管理力度的差异。

在《社区矫正法》施行前,个别地方也做了分类管理的尝试,如江苏如东县司法局,将社区矫正管理模式分类为社区矫正机构直接管理、片区管理和委托司法所管理三种模式,社区矫正机构将假释、暂予监外执行、管制三类矫正对象实施直接管理。[①]《社区矫正法》充分肯定了分类管理的实践价值,在总则部分第3条将“分类管理、个别化矫正”确定为社区矫正的基本原则之一,并在第24条对分类管理的标准作了概括性规定。

综观境外社区矫正的执行方式,可谓多种多样,具有灵活性和针对性。德国《刑法典》第57条规定:“有期自由刑余刑之缓刑的裁定,应特别注意受刑人的人格、履历、犯罪情节、执行期间的态度、生活状况和缓刑可能对其产生的影响。”[②]例如,日本实施“三层工作结构”,即难度大的保护观察对象由保护观察官直接处遇;对重点保护观察对象由保护观察官和保护司及志愿者密切合作处遇;其余对象则由保护司和志愿者全权负责。我国香港特别行政区的非监禁刑种类也十分丰富,有社区服务令、具保行为、感化刑事破产令、没收等。[③] 合理划分矫正对象类别,并针对不同类别采取差异化管理,既可增强矫正工作的针对性、科学性和系统性,又使矫正资源得到最大限度的有效配置。

对社区矫正对象实施分类管理,也是罪犯人权保障之需要。联合国乃至国际社会对罪犯“人权”历来重视。从1945年的《联合国宪章》第一次将“人权”予以规定并宣布“尊重基本人权、人格尊严和价值”,到1947年的《世界人权宣言》和《国际人权公约》宣布了各种个人权利和自由[④]。在1955年通过的《联合

---

① 刘强、金峰:《对江苏省如东县社区矫正机构分类管理创新的思考》,载《中国司法》2020年第9期。

② 刘强:《各国(地区)社区矫正法规选编及评价》,中国人民公安大学出版社2004年版,第405页。

③ 欧渊华:《社区服刑人员教育矫正理论与实务》,中国法制出版社2016年版,第230页。

④ 孙谦:《论逮捕与人权保障》,载《政法论坛》2000年第4期。

国囚犯待遇最低限度标准规则》，对罪犯个别化处遇作了具体规定，如第 66 条规定："应该照顾到犯人社会背景和犯罪经过、身心能力和习俗、个人脾气、刑期长短。出狱后展望，而按每一个囚犯的需要，使用一切恰当的办法，其中包括教育、职业指导和训练、社会个案调查、就业辅导、体能训练和道德性格的加强，在可能进行宗教照顾的国家并包括这种照顾。"①

（二）分类管理的刑法学依据

罪刑均衡、刑罚个别化原理，为社区矫正对象实施分类管理提供了理论依据。《刑法》第 5 条规定的"罪刑均衡原则"，是指"刑罚的轻重，应当与犯罪分子所犯罪行和承担的刑事责任相适应。"也就是说，犯罪人所受刑罚的力度要与罪行相适应，犯多大的罪就定多重的罚。罪行的大小不仅是根据所构成罪名的客观要件而定，还应考虑犯罪人的犯罪情节、动机、目的等主观因素。由于每个人都是不一样的个体，两个构成同样罪名的人的主观因素不可能一模一样，其主观恶性也就不可能相同。量刑时需要考虑犯罪人的人身危险性，为此，刑罚个别化的理论便产生了。"刑罚个别化"产生的渊源来自李斯特"应受惩罚的不是行为，而是行为人"口号。但是这种将刑罚个别化单一界定为"人的个别化"的思想随着新古典学派和社会防卫运动的兴起逐渐受到质疑，因而现代意义上的刑罚个别化的内涵早已扩展至同时关注犯罪行为以及犯罪主体，而非单一的对犯罪主体关注②。从其内涵来看，"刑罚个别化"建立在以下两个基点之上："一是刑罚个别化通过运用刑罚的方式，在公正的基础上，实现犯罪人个别预防；二是刑罚个别化是建立在犯罪人的人身危险性这一客观根据之上的"③。该原则认为刑罚不是对犯罪行为的报应，而是出于防卫社会的目的，为防止再犯而对犯罪人所适用的教育、改造措施。因而，刑罚因人而异，刑罚尺度的大小取决于犯罪人人身危险性的大小。"刑罚个别化"包括制刑个别化、量刑个别化、行刑个别化。刑罚个别化，更重要的是表现为行刑矫正的个别化。刑罚的大部分执行，是矫正执行，所以，行刑矫正的个别化更加重要。因为在法的视野里，"平等并不反对区别对待"，而"更多的是为区别对待提供标准和界限，以很好地

---

① 郭建安：《联合国监狱管理规范概述》，法律出版社 2001 年版，第 203－204 页。

② 贾国发：《试论刑罚个别化与法官自由裁量权之规范》，载《当代法学》2012 年第 4 期。

③ 贾冰一：《探寻刑罚个别化的正当依据》，载《江苏警官学院学报》2009 年第 1 期。

确保平等”。①

国内的北京市、上海市在分类管理方面进行了改革尝试,并取得了较好成效。如北京市,在使用自己开发设计《社区矫正对象综合状态评估指标体系》基础上,依据社区矫正对象再犯可能性和重新回归社会的能力进行评估,将社区矫正对象分为A、B、C三类,针对不同类别分别实施低、中、高三种不同强度的监管措施和教育矫正方案,并实施动态化调整。上海市则以危险性评估为测评标准,按照刑罚种类、犯罪类别等标准实施分类,并施以分阶段教育矫正。

(三)《社区矫正法》关于分类管理的规定

《社区矫正法》第3条和第24条新增了关于分类管理的表述,“根据社区矫正对象的性别、年龄、犯罪原因、犯罪类型、犯罪情节、悔罪表现等情况,制订有针对性的矫正方案,实现分类管理、个别化矫正”。这是我国社区矫正立法史上的一大进步。从现行《社区矫正法》、2020年《实施办法》看,我国社区矫正分类管理有以下几个特征:

一是分类管理的责任主体发生变化。2012年《实施办法》规定由司法所进行分类定级;而2020年《实施办法》则规定由区(县)社区矫正机构来分类定级。

二是分类管理的依据发生变化。2012年《实施办法》对于分类管理的依据比较简单,仅根据“考核结果”来实施分类管理;而2020年《实施办法》中,考核结果乃至奖惩情况只是分类管理的依据之一,除此之外,还要考量被判处管制、宣告缓刑、假释和暂予监外执行的不同裁判内容和犯罪类型、矫正阶段、再犯罪风险等因素,并强调实施“动态调整”。

三是分类处遇有了明确规定。2012年《实施办法》只规定了分类管理,但是没有说明分类管理的具体方式、具体领域、具体要求,以及不同等级的具体处遇。但是在2020年《实施办法》中,则明确规定对不同类别的社区矫正对象,在矫正措施和方法上应当有所区别,有针对性地开展监督管理和教育帮扶。

(四)我国分类管理存在的问题

当然,我国当前社区矫正分类管理中存在的问题也不容忽视,笔者把它归纳为以下几个方面:

---

① 卓泽渊:《法理学》,法律出版社2000年版,第250页。

一是立场视角显得片面。从《社区矫正法》第3、24条，以及2020年《实施办法》第21条所规定的内容表述看，现行的分类管理基本上是站在社区矫正机构立场，针对社区矫正对象的人身危险性和监督管控而设计的，并非基于社区矫正对象重返社会这一终极目的而设计。

二是分类管理形式化。实践中的分类管理一般是将社区矫正对象分为“严管”“普管”“宽管”等级，并对每个等级的矫正对象规定不同的受矫义务。前述分类实际上并非分类管理，而是一种奖惩措施。如《湖北省社区矫正对象分类管理办法（2021）》[①]中，适用“严管”情形中就包括了所有入矫不满两个月的社区矫正对象。意图非常明显，入矫就实施严格管理，给其“下马威”，让其不敢轻举妄动。然后再根据入矫对象平时表现，设定不同的处遇。其目的就是告诉入矫对象，只要你服从管理，你就会有较轻的管理措施，否则将会是严苛的管控。此种分类，仅仅参照矫正对象的个人表现，与其自身的性格特点、犯罪类型、心理状况毫无关系。这种名义上是分类矫正，实质上是奖惩措施，显然违背了《社区矫正法》立法旨意。

三是地方省（自治区、直辖市）通过制定《社区矫正实施细则》自我扩权。地方省（自治区、直辖市）司法行政部门为了方便管理矫正对象，保证自己管理的矫正对象不出差错，在颁行《社区矫正实施细则》的时候，往往自行加码，自我扩权。例如，在湖南省出台的《社区服刑人员计分考核和分级管理办法（试行）》[②]以及上述湖北省的《社区矫正对象分类管理办法（2021）》[③]中，司法行政部门都自行加码，任务层层叠加，社区矫正对象每月的报告次数、思想汇报次数、参加学习和公益活动时间，都有所增加，给社区矫正工作人员造成极大压力，一旦完不成任务，发生社区矫正对象脱管、漏管或重新犯罪，就会面临追责

---

① 《湖北省社区矫正对象分类管理办法（2021）》第5条规定，社区矫正对象有下列情形之一的，适用严管：（1）入矫时间不满两个月的；（2）综合评估结果为高风险等级的；（3）受到训诫两次以上、警告、治安处罚等行政处罚的；（4）考核不合格的。适用普管的社区矫正对象出现上述第（2）至第（4）项情形之一的，调整为严管。适用宽管的社区矫正对象出现上述第（2）、（3）项情形之一的，调整为严管。

② 《湖南省社区服刑人员计分考核和分级管理办法（试行）》第31条规定，严管级社区服刑人员的矫正处遇为：（1）每周到社区矫正场所报到不少于一次；（2）每月交日常矫正情况报告表不少于两次；（3）一般不得请假外出；（4）每月接受教育学习时间不少于12小时；（5）每月社区服务时间不少于12小时。

③ 《湖北省社区矫正对象分类管理办法（2021）》第6条规定，适用严管的社区矫正对象，主要管理措施如下：（1）每周报到1次、书面汇报1次；（2）每周接受个别教育1次；（3）每月参加学习教育时长不少于12小时；（4）有劳动能力的，每月参加公益活动时长不少于12小时；（5）依法接受信息化核查和实地查访；（6）离开所居住的市、县，应当报经社区矫正机构批准。

的风险。

四是注重纵向分类,忽视横向分类。在各省(自治区、直辖市)沿用的"严管、普管、宽管"三级分级管理中,普遍没有考虑社区矫正对象之间的横向差异。将判处管制、宣告缓刑、裁定假释、暂予监外执行的四类罪犯"笼统打包",忽视不同类型罪犯的管理差异。纵向分类和横向分类被切割,导致管理措施缺乏针对性和有效性。

五是忽略社区矫正对象的权利保障。尤其是对未成年人、女性、少数民族、老年人等特殊群体矫正对象的权利保障缺乏足够重视。如在《社区矫正法》施行后的 2021 年,天津市、四川省的《高考报名条件》依然有"因触犯刑法已被有关部门采取强制措施或正在服刑者"不得参加高考报名的规定。[①] 无疑会对义务教育阶段的未成年社区矫正对象参加高考的"就学权"造成歧视,与《社区矫正法》第 4 条产生冲突。此外,社区矫正对象对许多涉及自身权益的处遇措施无权发表意见,完全处于被动接受的地位。有关社区矫正对象的权利救济程序、措施的规定涉及甚少,通常是偏重对权利限制而忽略了对权利的授予。

(五)社区矫正分类管理的完善建议

针对前述问题,笔者认为,社区矫正分类管理应探索建立多元化的、纵横结合的、有层次的分类管理体系。在当前可以采取以下举措:

1. 依据《刑法》《刑事诉讼法》为四类矫正对象设定不同义务,实施初次分类

社区矫正机构首先应当依据法律为四类矫正对象设定的不同义务,对四类矫正对象实施分类考查,避免对所有矫正对象都使用一套管理措施。当前迫切需要强化对缓刑、假释对象的分类意识。《刑法》对缓刑、假释罪犯规定了不同的撤销条件,2012 年修订的《治安管理处罚法》第 60 条也明确将假释对象排除在适用治安管理处罚范围之外。应该说,法律对缓刑、假释对象的管理态度是明确的,社区矫正工作中对两类对象的管理措施也应该有所区别,至少在管理强度上对假释对象应更严格。当然,四类社区矫正对象的分类管理措施应当由司法部统一规定,避免出现由于各省(自治区、直辖市)分别制定措施,导致法律

① 载 https://www.liuxue86.com/k_%E5%9B%9B%E5%B7%9D%E9%AB%98%E8%80%83%E6%8A%A5%E5%90%8D%E5%85%A5%E5%8F%A3/,最后访问日期:2021 年 8 月 20 日。

执行的不统一。

2. 基于矫正对象个体特征实施二次分类

在一级分类完成后，应再按不同的标准进行纵向或横向分类，至于要分多少次，应由社区矫正机构结合实践需要进行探索，不宜做细化的规定。

当然，落实“分类管理”，还需要高度重视社工队伍建设，尊重其专业属性。在这里可以运用社会工作“小组工作”等方法，对社区矫正对象进行二次分类，即把具有相同或者类似经历的社区矫正对象编入一个小组，让同一小组成员在专业社工的带领下，通过组内交流互动化解自身的困境，使社区矫正对象相互帮助，共同成长，最终恢复其受损的社会功能，达到回归社会目的。它不同于矫正小组的工作。矫正小组，是一群兼职或者根本没时间和能力参与矫正工作的人组成一个小组，让他们共同监管教育矫正对象。小组工作是以自身独特的优势和方法特点，能够发挥 1 +1 >2 的效益。

关于第二次分类的标准，笔者认为，可以根据社区矫正对象的犯罪类型、年龄等进行动态评估。具体而言：

(1)犯罪类型。对不同犯罪类型的社区矫正对象要根据其犯罪动机、价值取向、心理定式等方面的差异，采取不同的监管方法。如农村地区，可以将社区矫正对象分为财产犯罪、暴力犯罪、交通肇事犯罪、毒品犯罪、性犯罪五大类别。各类犯罪的性质不同、社会危害性不同、再犯可能性也不同，这就要求考虑其不同犯罪的特点要有针对性地进行监管。如针对毒品犯罪再涉毒概率高、心理认知问题大、心理承受能力差、不良恶习多、人际交往杂、就业难度大、性格易偏激等特点，在严加管控下应特别注重禁毒教育宣传、提升涉毒社区矫正对象识毒、防毒、拒毒能力，增强其心理“免疫力”。特别是吸毒成瘾的社区矫正对象兼具罪犯和病人的双重身份，社区居民对其排斥、厌恶程度明显大于那些直接挑战社会正式规则而无毒瘾的罪犯，加之其相对较低的谋生能力和普遍处于生活窘境，他们需要更具专业性的督导与扶助，通用范式明显不能满足如此复杂的要求。基于特殊病理原因，这类罪犯复吸毒品和再次危害社会的风险均高于普通罪犯，因此社区矫正的通用范式很难有效引导其割断与供毒者的共生关联和接受社会行为规则。本着行刑与治疗的双重定位，基于犯因、病情以及社会支持系统寻找客观证据，根据这类人个体情形予以观念、行为、心理引导和规范，调整和优化社区戒毒康复和矫正方案，更有可能减少其对毒品的依赖程度且将对社会的危害降至最低程度。

（2）社区矫正对象年龄。根据社区矫正对象的不同年龄，可以分类为未成年、成年及60岁以上老年人等类别。未成年人矫正对象往往思想幼稚、模仿性强、控制力差、结群性强等不良因素影响，适应能力较弱，但可塑性强。因此，可依据未成年人的兴趣，采取其喜闻乐见的方式，通过安排他们学习先进人物事迹、阅读法律书籍、参观烈士陵园等将这些生动活泼的形式引入教育矫正工作。为未成年矫正对象设立专门机构，针对其特点进行心理引导，并与其监护人加强沟通，开展亲情感化教育，对谋生能力差的，提供技能培训和就业指导。60岁以上的社区矫正对象，因思想因循守旧，情绪抑郁，依赖心理强，应主要从生活入手，实施感化教育，一般不组织社区劳动，引导其培养健康向上的心态，并加强亲情教育，重视引导其亲属的规劝工作。

3. 基于人身危险性实施三次分类

对不同等级危险性的社区矫正对象实行分级管理，也就是目前大多数省份实行的“严管、普管、宽管”等级，这就是所谓的纵向分类。在纵向分类完成以后，通过横向分类和纵向分类的结合，对不同级别不同类型的社区矫正对象实行不同的矫正措施，以保证分类管理的质量。

4. 落实分级处遇

从长期的监狱工作实践来看，分类管理的核心在于分级处遇。如果只是简单地将矫正对象进行分类，而不对各类别矫正对象予以不同的处遇待遇，那么分类管理工作，依然只是一种形式。所谓分级处遇，是指根据社区矫正对象的入矫时间、犯罪原因、犯罪类型、危害程度、认罪悔罪、考核评估结果，进行综合分析和风险评估，划分为多个等次，处遇内容逐级放宽。如《四川省社区矫正实施细则（试行）》第59条规定了实施分类管理。① 随后，在该细则（试行）第66②、151条③规定了不同等级社区矫正对象的不同处遇。此类做法值得肯定。

---

① 《四川省社区矫正实施细则》第59条第1款规定，执行地县级社区矫正机构或受委托的司法所应当根据社区矫正对象被判处的刑罚种类、犯罪情况、矫正期限、矫正阶段、风险等级、悔罪表现、遵纪守法等情况，进行综合评估，实行严管级、普管级、宽管级分类管理。

② 《四川省社区矫正实施细则》第66条规定，适用严管的社区矫正对象每周口头或者电话报告一次，每两周书面报告一次；适用普管的社区矫正对象每周口头或者电话报告一次，每月书面报告一次；适用宽管的社区矫正对象每两周口头或者电话报告一次，每季度书面报告一次。

③ 《四川省社区矫正实施细则》第151条规定，社区矫正对象在同一管理类别中两次受到表扬的，严管级可以调整为普管级，普管级可以调整为宽管级；社区矫正对象在矫正期间有法定立功情形的，可以由严管级直接调整为宽管级。

当然，入矫阶段一律实施“严管”做法，笔者认为值得商榷。

四、电子监控制度

（一）电子监控产生背景

“二战”以后，世界格局的失序重构与经济的整体倒退，是影响各国犯罪率增长的重要因素，使监狱逐渐不堪重负，沉积已久的监狱亚文化与民权运动相继泛滥。与此同时，人们正在寻求一种刑罚的改革方式，行刑社会化的思潮开始兴盛。社区矫正制度的出现正是监狱向社会开放的例证。由于社区矫正的非监禁性、远程性与多方操控性，使社区罪犯弱化的权利得到一定程度恢复，然而突出了实践操作上的困难，于是包括电子监控在内的一些科技手段介入刑事执行，成为一项不可或缺的辅助工具。

电子监控是指利用科技设备（包含电话、无线电讯传输、卫星定位系统等）在罪犯的手腕或脚踝附上一个电子传导器，监督受监控者是否遵守法律规定或者其他为罪犯设定的特别应遵守的规定。若违反前述规定，电子传导器便会发出报警的系统。[①] 在国际上，电子监控应用较为广泛。美国主要适用于附条件释放、假释、防控未成年人犯罪、防范有前科的性犯罪等方面；德国适用于犯罪嫌疑人暂缓逮捕、短期徒刑监外执行、缓刑和假释罪犯、取保候审等；法国主要适用于对犯罪嫌疑人、被告人实施司法监督，瑞典主要适用于执行短期徒刑等。欧美推行电子监控，很大一部分原因在于电子监控能够降低行刑开销。即通过提高对罪犯的监控力，打造出一个“中间制裁措施”，将一部分非暴力犯罪从监狱监禁转入社区矫正，据此摆脱大量监禁刑带来的高额开销。

在我国，《社区矫正法》施行前，电子监控主要是公安机关在监视居住执行方面的应用。我国《刑事诉讼法》规定，执行机关对于被监视居住的犯罪嫌疑人、被告人可以采用电子监控。这里“电子监控”的概念与国际普遍概念相当，是指利用电子设备对犯罪嫌疑人、罪犯等的声音、行动、痕迹进行监督控制的信息化技术和手段。电子监控，除视频监控和电子定位外，还包括通信监听、网络监控等。在社区罪犯管理方面采取的电子监控是指狭义的电子监控，主要是电子定位监控。将电子定位监控引入对社区罪犯的监控和预防，可以起到一定的

---

① 武玉红：《电子监控在我国社区矫正管理中的运用与优化》，载《青少年犯罪研究》2013 年第 3 期。

警示和震慑作用,促使刑罚目的最大化地实现。特别是人民法院可缓可不缓的罪犯,通常面临两种选择:直接处以实刑;判处缓刑但佩戴电子定位装置,要求其禁止从事某些活动或禁止进入某些区域。为此,有了电子定位监控,事实上是扩大了缓刑的适用,使一些原本判处实刑的人得以进入社区矫正。这是司法文明的进步。相比失去人身自由的实刑,佩戴电子定位装置显然更和缓、更有利于重返社会。

(二)电子监控在社区矫正领域中的应用

电子监控应用于社区矫正,在我国启始于2008年北京奥运会。在奥运会期间,为了保障奥运安全,政府加大了对社区矫正对象的监管力度,运用GPS和指纹身份识别等技术,对社区矫正对象进行全天候监控。监管人员可随时掌握罪犯在社区内的活动情况。监管人员还可以通过管理系统准确地确认监管对象的位置和身份,一旦超出活动范围和行踪不正常,便可以发出警告。为了防止他人替代被监管人员输入信息或者被监管人与终端脱离,该系统加入了指纹识别,目的是确保信息是由社区矫正对象本人发出的。2009年江苏省率先采取手机定位的方式对社区矫正对象实施跟踪和监督管控,用于监测记录矫正对象日常行为路线与步态模式。2013年司法部颁布《社区矫正人员定位系统技术规范》。2015年,北京市在社区矫正中全面铺开电子监管技术,社区矫正对象被要求佩戴具有定位功能的、不可拆卸的电子腕带。在"严格管理""普通管理""宽松管理"的三级分层矫正制度中,手机定位系统在矫正对象中得到基本普及,部分"严管"、受到警告、刑罚相对较重的人员辅之以电子腕带监控。

手机定位,主要是通过与通信公司合作建立信息平台来实施全程跟踪监控、轨迹查询、实时预警和信息提示。手机定位因手机使用率高、实际操作方便等优点,在社区矫正对象定位监控中广泛使用。但是手机定位本身存在严重局限性:难以避免社区矫正对象通过人机分离、呼叫转移等方式规避监督。一些特定区域以及市县边界,又无法避免因为信号不佳或者漂移问题导致的关机误报和越界误报。甚至个别社区矫正对象专门办一个不实际使用的手机号供社区矫正机构定位,自己使用其他号码,此时手机定位功能无法发挥其作用。其实,仔细研究《社区矫正法》,你会发现《社区矫正法》并没有授权社区矫正机构对社区矫正对象实施手机定位。虽然2020年《实施办法》称"电子定位装置"不包括手机定位,但这并不代表法律对此进行了授权。

《社区矫正法》施行前，全国较为普遍的做法是，在相关监管法规（地方规章）明确社区矫正对象应当接受电子监控的前提下，一般还需要事先征得社区矫正对象的同意，才对社区矫正对象使用电子定位腕带。有的地方还将使用电子定位写进人民法院的判决书，如上海对裁定假释的暴力犯罪的社区矫正对象实施电子脚镣。[①] 虽然对社区矫正对象使用电子定位没有法律规定，为方便监管以及迫于被追责的担忧，各地社区矫正工作人员比较普遍的要求社区矫正对象佩戴电子定位腕带。据相关资料显示，截至 2017 年，全国对约 71% 的在矫的社区矫正对象使用了电子定位监控。[②]

（三）《社区矫正法》对电子定位的限制

依法律视角，凡是涉及人身行踪（活动轨迹）的监控，没有法律授权而为，无疑涉嫌违宪。因为，无论是监禁罪犯还是社区矫正对象，他们同时也是特殊公民，宪法赋予的合法权益不容侵犯。根据《立法法》第 8、9 条的规定，但凡涉及人身自由的限制与剥夺的事项，均应由法律来设定。为此，《社区矫正法》第 29 条对电子定位的使用作出了合理规范，禁止不区分情况全员佩戴和长时间佩戴。一方面它为适用电子定位装置的社区矫正对象划定了“电子边界”，确保社区矫正对象在可控范围活动，彰显了“宽严相济”的刑事政策；另一方面基于人权保障的需要，它对适用电子定位装置设置了若干限制条件。《社区矫正法》将电子定位装置作为惩罚性措施，规定仅对严重违反监管措施的社区矫正对象适用。为此，在《社区矫正法》施行后，有的地方，如深圳，已全部拆除了社区矫正对象的电子定位手环，这一举措值得称赞。

《社区矫正法》第 29 条对社区矫正对象需要电子定位的五种情形、装置的期限、电子定位的程序、信息保密等进行了规定。与《社区矫正法》出台前相比，出现了新的变化：一是由过去电子定位对社区矫正对象的普及化控制，转变为限制性、选择性控制；二是规定了电子定位适用的条件、批准程序和期限等情形。在规定的使用电子定位的五种情形中，使用时必须经县级司法行政部门负责人批准，对于期限届满后，经评估仍有必要继续使用的，经过批准，期限可以

---

① 《上海启用电子脚镣追踪假释犯实现监管“零缝隙”》，载中新网，http://www.chinanews.com/fz/2014/12-18/6891062.shtml，最后访问日期：2020 年 11 月 10 日。

② 郭鼎威：《电子监控技术在社区矫正工作中的应用》，载《人民调解》2018 年第 1 期。

延长，但每次不得超过 3 个月；三是电子定位的限制性，昭示着《社区矫正法》在法律的价值目标上，主要方向趋向于柔性的监督管理和矫正教育，以及恢复被犯罪所破坏的社会关系，而不是单纯的刑事执行。

当然，《社区矫正法》关于电子定位的规定，还存在诸多不完善之处：一是对于期限届满后，经评估仍有必要继续使用的，经过批准，期限可以延长，每次不得超过 3 个月。那么，由谁来评估，评估的依据和指标体系是什么？二是将给社区矫正工作对矫正对象的有效管控会带来新的冲击。《社区矫正法》出台前，我们一直追求电子定位率 100%，也确实使社区矫正的管控工作落到了实处。但是，《社区矫正法》的这一新规定，对社区矫正的管控工作提出了越来越高的工作要求，将不得不抽调更多的人来对矫正对象进行联系、查访，以确保不出现脱管失控，甚至重新犯罪的情形；[①]三是电子定位是限制人身自由措施，按照《立法法》规定只有立法机关才有权规定。在《社区矫正法》中规定“电子定位装置”，虽未违反《立法法》，但是与全国人大制定的“前位法”《刑法》《刑事诉讼法》不匹配。在“前位法”没有相关规定的前提下，作为“后位法”的《社区矫正法》规定了“电子定位装置”并应用，势必违背罪刑法定，大有“法外加刑”之嫌。

在当前，对社区矫正对象的人权尊重和对社会治安的维护之间难免会有冲突，如何平衡与调适前述冲突，是社区矫正工作面临的挑战。特别是在监管手段弱化，矫正队伍人手不足、执法权限不足、权责失衡的背景下，要规避自身职业风险，只能借助科技手段。只有利用好现代的科技手段（如电子监控、信息共享、大数据监管等），才能实现刑事执行的现代化，才能尽可能减少由社区矫正监管不严造成的不利后果。

五、外出请假制度

请假制度，是指社区矫正对象因正当事由需要暂时离开法定活动范围而向社区矫正机构履行请销假手续的制度。这里的“离开法定活动范围”，不包括出境。因为根据《出境入境管理法》第 12 条第 2 款规定，“被判处刑罚尚未执行完毕”的人不准出境。为此，社区矫正对象在社区矫正期间是禁止出境的。《刑法》对管制、缓刑、假释罪犯请假规定均表述为“离开所居住的市、县或者迁居，应当报经监督机关批准。”只规定要经批准，并未规定请假禁止性情形，将该权

---

① 连春亮：《〈社区矫正法〉出台的意义与特点》，载《犯罪与改造研究》2020 年第 4 期。

力留给了监督机关。

(一)《社区矫正法》施行前的探索

为体现对社区矫正对象的人性关怀,《社区矫正法》施行前,各地进行了不少“外出请假”有益探索。如浙江省对2019年春节期间,对矫正期间一贯表现好的社区矫正对象特许回家探亲(探望父母、子女、配偶等直系亲属的,请假天数控制在七天以内)。又如,2019年北京市门头沟区司法局将符合规定的非京籍社区矫正对象通过请假审批之后,春节期间允许回家探亲。① 2019年11月18日,沪苏浙皖检察工作座谈会上,四省市分管检察长、司法厅(局)长会签了《沪苏浙皖社区服刑人员外出管理办法(试行)》,将多年来社区矫正对象外出的请假理由“就医、家庭重大变故等原因”细化扩充为七大类情形,对社区矫正对象因就医、就学、结婚、离婚、生育、考试等事务确实需要离开执行地的以及本人的户籍地不在执行地,在春节、清明期间确实需回原籍或者赴外地探亲、祭祖等情形,均作为可以请假情形。这是将严格监管与柔性关怀相结合的典范。这既是依法依规之举,也是人道人性之举,彰显了法治的关怀与温度。

(二)《社区矫正法》、2020年《实施办法》关于请假制度的修改

各国的矫正实践研究表明,稳定社区罪犯或刑满释放人员的就业,是预防重新犯罪最有效的手段。保障特殊人群的就业,是政府义不容辞的职责。为此,《社区矫正法》及时修改了请假条件,以增强对社区矫正对象合法权益的维护。根据《社区矫正法》规定②,对于因正常工作和生活需要经常性跨市、县活动的,可以根据情况,简化批准程序和方式。还规定:开展社区矫正工作,应当保障社区矫正对象的合法权益。社区矫正的措施和方法应当避免对社区矫正对象的正常工作和生活造成不必要的影响;非依法律规定,不得限制或者变相

---

① 当然,基于罪犯身份,作出了一些必要的限制,诸如仅限于探望配偶、父母、子女;请假时限最长不可以超过15日;采取公共交通方式前往的,需留存往返车票(机票)等凭证,在办理请销假手续时由司法所查看原件并留存复印件;采取自驾方式前往的,在请销假时要说明行驶路线、同乘人员、车牌号码等信息,同样也要记得留存相关凭证;每天都必须用当地固定电话向司法所进行报告;不得违反社区矫正规定,或者以探亲之名行外出旅游之实。

② 《社区矫正法》第27条第1款规定:社区矫正对象离开所居住的市、县或者迁居,应当报经社区矫正机构批准。社区矫正机构对于有正当理由的,应当批准;对于因正常工作和生活需要经常性跨市、县活动的,可以根据情况,简化批准程序和方式。

限制社区矫正对象的人身自由。

1. 2020年《实施办法》对请假原因的细化

在2012年《实施办法》中，外出请假外出原因只有两种，即就医、家庭重大变故。而在2020年《实施办法》中，外出请假的正当理由则包括了就医、就学、参与诉讼、处理家庭或者工作重要事务等。仅“家庭或者工作重要事务”就可以涵盖许多事由，足以解决矫正对象日常生活中所遇到的绝大多数问题。《社区矫正法》将请假条件规定为“有正当理由的，应当批准”。请假情况无疑增多，并成为常态化办理的工作。但笔者认为，此处“正当理由”，绝非“任何理由”。应理解为“符合常理需要本人亲自参与的事务”，且不具备社会危险性。如果社区矫正对象在法定休假日去外地访友，并非正当理由；因为世界很大，想利用春节去旅游，也非正当理由。如果是夫妻俩在外地务工，孩子老人留守“户籍地”老家，法定休假日期间请假探望父母、子女，当然属于“正当理由”。

2. 2020年《实施办法》对请假时间的修订

在2012年《实施办法》中，请假时间最长不能超过一个月[①]。这对于需要经常外出务工的社区矫正对象，极不方便。外出农民工一般在居住地接受社区矫正，其亲属大多在户籍地，每逢春节或国家法定休假日，难以回户籍地探亲、与亲人团聚。同时，有的社区矫正对象故意钻漏洞，每次请假28天，期满又请假28天，长期游离在监管之外，尤其是保外就医人员，以外出就医为理由，长期滞留在外地，脱离监管。为此，2020年《实施办法》第27条第3款明确规定：2个月内请假外出时间超过1个月的，必须由上一级社区矫正机构审批，并且执行地县级社区矫正机构应当及时通报同级人民检察院。如此可以很好地加强对长期请假人员的监管管理。

3. 2020年《实施办法》关于请假形式的修改

2020年《实施办法》中规定社区矫正对象确因正常工作和生活需要经常性跨市、县活动的，可由执行地县级社区矫正机构批准，批准一次的有效期为6个月。在批准的期限内，社区矫正对象到批准市、县活动的，可以通过电话、微信等方式报告活动情况。这就是说，对于这些经过审批的人，不需要再到司法所

---

① 《社区矫正实施办法》第13条规定，社区矫正人员因就医、家庭重大变故等原因，确需离开所居住的市、县（旗），在7日以内的，应当报经司法所批准；超过7日的，应当由司法所签署意见后报经县级司法行政机关批准。返回居住地时，应当立即向司法所报告。社区矫正人员离开所居住市、县（旗）不得超过1个月。

或者社区矫正机构递交书面申请，直接打个电话，或者发个微信就可以完成请假手续了。

《社区矫正法》施行后，为保障社区矫正对象的合法权益，优化涉企社区矫正对象的营商环境，各地社区矫正机构遵循"不过度干预原则"，对经常性跨区域或经营性外出请假需求的社区矫正对象，均放宽请假理由、拓宽活动范围、简化批准程序，力图既保障其企业复工复产，又保证监管落实到位。如《四川省社区矫正实施细则》以及重庆市九龙坡出台的《社区矫正对象外出管理办法》，对有正当理由需要经常性跨越市、县活动的矫正对象，一次性请假最长可达 6 个月。显然是为了对特定人群简化请假手续。此外，根据最高人民检察院的部署，自 2021 年 4 月中旬起至 10 月中旬，检察机关刑事执行检察部门在京津冀、广东大湾区、海南自贸区、成渝双城经济圈等地区，组织开展为期半年的涉民营企业社区矫正对象赴外地从事生产经营请假管理及法律监督工作试点，以更好地服务民营企业健康发展。① 前述举措，值得称赞。

六、执行地变更制度

随着我国经济社会的不断发展，人口迁居和流动现象日趋普遍。由于就学、就医、就业、经商、探亲、迁居等原因，社区矫正对象需要离开户籍地、经常居住地而产生的流动性不断加大。

在国外，没有户籍制度，社区矫正一般是以社区矫正对象的家庭所在地或者常住地作为矫正地。比如，《美国阿拉巴马州社区矫正法》第 14－8－32 条"工作释放营的建立"规定："任何依据本法规定建立工作释放项目的县应建立一个工作释放营以实施这个项目。该工作释放营应代替州看守所，作为参加工作释放项目的罪犯的居住地。"②社区矫正对象因生活、工作需要，在不同地域之间流动是正常的，尤其是对于那些身在农村的社区矫正对象来说，外出务工是解决其生存问题的重要途径。另一方面，人员异地流动和人户分离增大了社区矫正工作的管理难度。为此，作为罪犯流入地的社区矫正机构通常仅愿意接收本地户籍的矫正对象，而不愿接收异地的矫正对象。诸如深圳，有关机构不同

① 《中共中央〈意见〉强调：加强对社区矫正和财产刑执行的监督》，载正义网，http://news.jcrb.com/jsxw/2021/202108/t20210807_2306289.html 要，最后访问日期：2021 年 7 月 11 日。

② 刘强：《各国（地区）社区矫正法规选编及评价》，中国人民公安大学出版社 2004 年版，第 4 页。

意对外省籍的罪犯适用社区矫正。[①] 社区矫正机构通常考虑的是:异地社区矫正对象难以获得基于户籍而享有的社会福利及社会保障政策,难以开展有效教育帮扶。一旦其重新犯罪,严格的责任追究也让社区矫正工作者倍感压力。但是,无论何种理由将异地社区矫正对象排斥在外都有违背刑罚执行平等原则。反之,一律将社区矫正对象“移送”回户籍地,也势必断裂部分社区矫正对象的社会关系与经济关系,甚至断绝其生活来源,不利于其再社会化,与社区矫正制度设计的初心相背离。为此,《社区矫正法》在确定“执行地”的基础上,允许社区矫正对象因“迁居等原因”而变更执行地。

社区矫正对象的“执行地”如何确定,长期以来困扰着社区矫正决定机关。《社区矫正法》第17条[②]在此作了正面回应:以社区矫正对象的居住地作为执行地;有多个居住地的,以经常居住地为执行地;居住地、经常居住地无法确定或者不适宜执行的,应以“有利于社区矫正对象接受矫正、更好地融入社会”为原则来确定社区矫正对象的执行地。在这里,将社区矫正对象的居住地作为社区矫正执行地的规定,不仅考虑到我国人口流动性大的实际情况,而且极大地方便社区矫正对象的生活和工作。[③] 同时,也注意到了一些特殊情况,需要考虑矫正对象的合理关切,体现刑事执行的人道。如没有办理户籍迁移而异地就读的高校学生,在涉罪被判处缓刑时,可以将社区矫正执行地变更为学校。因为就学期间,自己的生活圈、交际圈均在学校。也只有将学校变更为执行地,才有利于社区矫正机构的日常监管、教育帮扶,才有利于矫正小组发挥作用。

社区矫正对象因迁居等原因,需要变更执行地的,要经社区矫正机构批准。社区矫正机构作出变更决定后,需要及时履行“通知”与“送达”义务,即应当通知社区矫正决定机关和变更后的社区矫正机构,并将有关法律文书抄送变更后的社区矫正机构。为便于监督及协助执行,变更后的社区矫正机构“应当将法律文书转送所在地的人民检察院、公安机关”。

---

① 张凯:《京津冀一体化视野下社区矫正协同发展的价值、实践与保障》,载《青少年犯罪问题》2021年第5期。

② 《社区矫正法》第17条规定,社区矫正决定机关判处管制、宣告缓刑、裁定假释、决定或者批准暂予监外执行时应当确定社区矫正执行地。社区矫正执行地为社区矫正对象的居住地。社区矫正对象在多个地方居住的,可以确定经常居住地为执行地。社区矫正对象的居住地、经常居住地无法确定或者不适宜执行社区矫正的,社区矫正决定机关应当根据有利于社区矫正对象接受矫正、更好地融入社会的原则确定执行地。

③ 吴宗宪:《我国〈社区矫正法〉的重要价值》,载《中国司法》2020年第2期。

依据2020年《实施办法》第30条中规定："新执行地县级社区矫正机构接到征求意见函后，应当在五日内核实有关情况，作出是否同意接收的意见并书面回复。""执行地县级社区矫正机构对新执行地县级社区矫正机构的回复意见有异议的，可以报上一级社区矫正机构协调解决。"

但是，在这里，执行地变更缺乏一个全国统一的标准，综观《社区矫正法》、2020年《实施办法》，均未提到执行地变更的标准，即何种情况下新执行地应当接收社区矫正对象，导致在实际执行中产生了许多矛盾困惑和执行难点。按照条文的文义解释，因社区矫正对象迁居等原因需要变更执行地的，社区矫正机构应当按照有关规定作出变更决定。应当作出变更决定即社区矫正对象以迁居为由申请变更时，新执行地社区矫正机构应当同意。但此处并未对有关规定作出进一步解释，《社区矫正法》、2020年《实施办法》及目前出台的各省（自治区、直辖市）的社区矫正实施细则，均未发现相应规定。基层实践当中，是否同意接收完全依靠新执行地社区矫正机构的主观判断或上级协调。由于缺乏一个统一的标准，实际工作中仍面临着变更难，变更流程拖沓、新执行地推诿扯皮现象层出不穷，部分变更一拖就是数月，导致社区矫正对象因无法及时变更执行地不得不辞去原有工作或与家人分居，极不利于其本人的正常生活，与社区矫正的宗旨相背离。笔者认为，可以在司法部的主导下，各省（自治区、直辖市）通过制定条例或细则等方式统一变更执行地标准。

七、禁止令制度

《刑法修正案（八）》规定了对管制犯、缓刑犯的禁止令制度，即人民法院可以根据犯罪情况，禁止其在管制执行期间、缓刑考验期限内"从事特定活动，进入特定区域、场所，接触特定的人"。其目的是解决限制人身自由刑与社会防卫需要之间的冲突，既不对社区罪犯采取自由刑，又要让其在社会上受到一定的约束和限制。

2011年4月28日，"两高两部"发布了《禁止令规定》，对禁止令的适用做了较为全面的规定，并在第9条明确了"禁止令由司法行政机关指导管理的社区矫正机构负责执行"，从而将禁止令的执行纳入社区矫正的范畴。

根据《禁止令规定》，人民法院可以根据犯罪情况，禁止判处管制、宣告缓刑的犯罪分子在管制执行期间、缓刑考验期限内接触以下一类或者几类人员：（1）未经对方同意，禁止接触被害人及其法定代理人、近亲属；（2）未经对方同意，禁止接触证人及其法定代理人、近亲属；（3）未经对方同意，禁止接触控告人、批评人、举报人及其法定代理人、近亲属；（4）禁止接触同案犯；（5）禁止接触其他可能遭受其侵害、滋扰的人或者可能诱发其再次危害社会的人。

《社区矫正法》仅在两处涉及禁止令：一处是在第 29 条，对“违反人民法院禁止令的”“经县级司法行政部门负责人批准，可以使用电子定位装置，加强监督管理”；另一处是在第 31 条，“社区矫正机构发现矫正对象正在实施违反监督管理规定的行为或者违反人民法院禁止令等违法行为的，应当立即制止；制止无效的，应当立即通知公安机关到场处置。”其他地方均没有涉及禁止令的内容。如此，依据《社区矫正法》，社区矫正机构如何执行禁止令？不得而知。同时，没有明确禁止令是社区矫正对象的法定义务。既然社区矫正机构将禁止令作为其管理依据，就应该明确“根据人民法院禁止令对矫正对象进行监督管理”的内容。但禁止令作为矫正对象如此重要的义务，却没有出现在《社区矫正法》“监督管理”一章的第 23 条“矫正对象的义务”中。

针对上述问题，2020 年《实施办法》对禁止令的执行作了进一步的细化和程序设计。2020 年《实施办法》第 24 条要求“被宣告禁止令的社区矫正对象应当定期报告遵守禁止令的情况”；2020 年《实施办法》第 35 条规定，对于社区矫正对象“违反人民法院禁止令，情节轻微的”，执行地县级社区矫正机构应当给予警告；2020 年《实施办法》第 36 条规定，“社区矫正对象违反“人民法院禁止令，依法应予治安管理处罚的，执行地县级社区矫正机构应当及时提请同级公安机关依法给予处罚，并向执行地同级人民检察院抄送治安管理处罚建议书副本，及时通知处理结果”；2020 年《实施办法》第 39 条中规定，社区矫正机构根据执行禁止令的需要，可以协调有关的部门、单位、场所、个人协助配合执行禁止令。本条同时作了例外规定，对人民法院禁止令确定需经批准才能进入的特定区域或者场所，矫正对象确需进入的，应当经执行地县级社区矫正机构批准，并通知原审人民法院和执行地县级人民检察院，使《社区矫正法》更加人性化。同时，对违反禁止令如何处理，2020 年《实施办法》也给予了相应规定。2020 年《实施办法》第 40 条规定，“发现社区矫正对象有违反人民法院禁止令等违法情形的，执行地县级社区矫正机构应当调查核实情况，收集有关证据材料，提出处理意见。”2020 年《实施办法》第 46 条还进一步规定，缓刑犯在考验期内“违反禁止令，情节严重的”，由执行地同级社区矫正机构提出撤销缓刑建议。

作为“保安处分刑法化的试金石”的禁止令，[①]虽然理论界对其的性质有不同的看法，但与社区矫正在预防犯罪、矫正导向上具有同质性，作为一种权利的强制性限制或者说具体监管措施的创新，自《刑法修正案(八)》施行以来，适用禁止令的情形并不多见。

(一)禁止令的执行困境

《刑法修正案(八)》关于管制犯、缓刑犯在社区矫正期间可以附加禁止从事特定活动、禁止进入特定区域或场所、禁止接触特定人员的“三禁止”规定，存在适用对象的片面性。目前，仅适用于被判处管制、宣告缓刑的社区矫正对象，对裁定假释、暂予监外执行的社区矫正对象无法适用。其实，这两类罪犯依然有一定的人身危险性，有选择性地适用禁止令有其存在的必要。

在一些国家的相关刑事立法中，根据犯罪行为的不同性质，对禁止令的内容规定得相当具体，而且很有针对性。例如，对性犯罪、毒品犯罪、商业犯罪、汽车犯罪、帮伙犯罪等，分别规定了相应的禁止性措施。但我国《刑法》中的禁止令内容只是笼统的规定“三禁止”，缺乏可操作性。尽管《禁止令规定》以司法解释的形式予以进一步细化和完善，但禁止性内容的针对性依然不强。例如，青岛市市北区人民法院对社区矫正对象发出“高消费”禁止令，因“高消费”标准目前没有明文规定，在执行中显得有些无奈。与此同时，禁止令由人民法院在判决时一并决定，且在执行过程中不存在变更的可能。这样的程序设计具有明显的僵化特征。

此外，被适用禁止令的当事人还存在缺乏相应的救济途径。依据《禁止令规定》第7条之规定，当事人、辩护人、代理人在检察机关提起公诉时可以就应否对被告人宣告禁止令提出意见，并说明理由。但是，禁止令的适用最终取决于法官的自由裁量。对于生效的禁止令，被告人及其辩护人、被害人及其代理人仍有可能对其有异议。对于行为人一方而言，禁止令涉及其实体权益的处分，必须给予其足够的程序救济保障。对于没有宣告禁止令的情形，出于自身及其近亲属的安全考虑，被害人可能会存在异议。但在此方面，现行规定缺失救济程序。

---

① 张勇：《禁止令：保安处分刑法化的试金石》，载《湖南师范大学社会科学学报》2011年第6期。

（二）禁止令的完善建议

社区矫正的功能是促使犯罪人融入社会、复归社会，禁止令的功能是预防犯罪人再犯罪、防卫社会，通常意义上两者功能是统一的，并不矛盾。但是，特殊情况下，由于某些禁止令有可能阻断犯罪人的基本生活条件维持、基本人际关系维持，使犯罪人难以有效融入社会、复归社会，不仅无法阻止其犯罪，反而会将其重新推入越轨、违法犯罪的深渊。为此，在社区矫正与禁止令的功能调适上，需要坚守以复归社会功能统合保安处分功能。

在完善禁止令举措方面应该：一是在未来立法完善方面，建议赋予社区矫正机构禁止令决定权及变更权。与人民法院相比，社区矫正机构在执行过程中更了解社区矫正对象的现实表现，更适宜对社区矫正对象作出禁止令决定并根据其表现情况作出调整。一些发达国家的社区矫正机构，也有权在执行过程中根据情况对社区罪犯采取限制部分权利的措施。借鉴域外经验，笔者建议对我国的禁止令适用程序作出一定修改，赋予社区矫正机构禁止令决定权及变更权；二是将禁止令与社区矫正考核制度相衔接。禁止令作为社区矫正监管措施，可以将其纳入社区矫正考核奖惩制度中；三是增加救济程序。若当事人（包括被害人）对于刑事判决中的禁止令有异议，可向原宣告禁止令的人民法院提出异议，要求该人民法院对于禁止令是否应当宣告，以及宣告内容进行审查，人民法院可以适用独任制，在听取控诉双方、被害人的意见之后，结合社会调查报告作出决定。这样的程序构建在保障行为人的司法救济权利的同时，也对被害人的权益给予了充分重视。[①] 同时，还可以设立禁止令撤销程序。若社区矫正对象在矫正期间表现良好或者有立功表现，可以向人民法院申请撤销禁止令。这样做可以激励社区矫正对象认罪悔罪。但由谁向人民法院申请撤销禁止令？笔者认为，基于目前社区矫正机构人手不足的现状，不妨由社区矫正对象向人民法院申请撤销禁止令，社区矫正机构出具相关事实记录和意见，以便在一定程度上缓解社区矫正机构的工作负荷。

八、信息化建设制度

社区矫正信息化是指在社区矫正工作中以计算机系统为基础，用信息技术

---

① 冯卫国：《刑事执行与罪犯处遇新探索》，法律出版社 2019 年版，第 90 页。

对有关信息数据进行流转、处理及分析，且以这些数据作为工作的理论根据和数据支撑，以提高管理质量和效率的运行模式。其目的在于构建覆盖全国的信息化系统，实现网络互联、信息共享、标准统一、功能完备，为相关部门提供数据支持和平台服务。

社区矫正信息化的内容通常包括：一是对矫正对象的行踪实施监控；二是通过多种形式实现信息交互；三是利用信息化对矫正对象的越界行为进行警示，或对矫正届满情况及时告知，保证矫正的稳定性和纯粹性；四是档案信息化管理，便于快速查阅和处理。社区矫正信息化建设对于及时掌握社区矫正对象的动态、加强安全管理、节约司法管理成本、提高工作效率等方面具有重要意义。2016 年，社区矫正信息化建设已在全国普遍开展，北京等 18 个省（自治区、直辖市）已实现了省、市、县、乡四级联网，部分省市通过国家电子政务外网与司法部机关实现了互联互通，与公、检、法等部门实现了资源共享。2017 年 2 月，国家社区矫正管理局实现了部、省、市、县、乡五级社区矫正信息管理系统的定位监管、轨迹查询、重点监控、短信管理、通话管理等监管功能和内容。2017 年 4 月，北京等 23 个省（自治区、直辖市）建立了省级独立的社区矫正信息管理系统。[①] 2018 年，司法部确定江苏等 7 个省（自治区、直辖市）首批试点“智慧矫正”。2018 年，全国社区服刑人员数据库建成，并纳入司法部统一的数据中心。2019 年，司法部出台《关于加快推进全国“智慧矫正”建设的实施意见》，提出要实现社区矫正从人工管理到网上管理、从数字管理到智能化管理的转变。

（一）《社区矫正法》关于信息化建设的基本规定

《社区矫正法》第 5 条[②]将国家支持社区矫正机构提高信息化水平写入了总则，并就信息化核查、使用电子定位装置等作出了专门规定。2020 年《实施办

---

① 高一飞、贺毓榕：《我国社区矫正制度的回顾与展望》，载《中国司法》2020 年第 8 期。

② 《社区矫正法》第 5 条规定：“国家支持社区矫正机构提高信息化水平，运用现代信息技术开展监督管理和教育帮扶。社区矫正工作相关部门之间依法进行信息共享。”

法》在此基础上作了更进一步规范。[①]

相比 2012 年《实施办法》,笔者发现 2020 年《实施办法》有一些重大变化:一是 2012 年《实施办法》指导下的信息化工作,重在使用现有的信息化技术开展社区矫正对象的监督管理工作;而 2020 年《实施办法》则在监督管理基础上,更加注重强调教育帮扶工作;二是 2012 年《实施办法》中的信息化建设主要强调公、检、法、司这些部门之间的信息共享。而 2020 年《实施办法》则明确提出,要加强社区矫正各相关部门的信息共享。这所谓的“相关部门”,按照《社区矫正法》规定,应包括民政、财政、人社、团委、关工委等部门在内。这意味着,未来矫正信息和数据要共享给这些部门,从而为他们的决策和参与提供支撑;三是 2020 年《实施办法》的信息化建设的目标已经从过去的信息共享、信息收集、信息交换转向业务综合处理大平台建设,将社区矫正各项工作纳入网络系统。

(二)社区矫正信息化建设存在的问题

由于我国社区矫正信息化建设时间不长、经费不足、人才不足等原因,导致社区矫正信息化建设中还存在诸多问题,尤其是:

一是社区矫正信息化管理中存在的“重监控”“轻教育”现象。现阶段的社区矫正信息化管理系统只是对被监管人进行监控,防止其脱管漏管或者重新犯罪,教育帮扶的内容几乎没有。

二是各省、各行业(公、检、法、司、监)自立门户,各行其是,均从“纵向”筹建自己的信息化平台与数据库,如司法行政系统建立了省、市、县、乡四级联网,以保障信息从司法所到司法厅“纵向”传递的顺畅。《社区矫正法》所要求的“相关部门之间依法进行信息共享”,特别是信息在司法行政机关、人民法院、人民检察院、公安机关等相关机关之间的“横向”传递不顺畅,暂且不说部级、省级层面,连最基础的市、县级层面的“横向”联通、信息共享,目前也基本未实现。各行业(公、检、法、司、监)的自立门户,既造成重复建设与资源浪费,又导致相

---

① 2020 年《实施办法》第 11 条规定:“社区矫正机构依法加强信息化建设,运用现代信息技术开展监督管理和教育帮扶。社区矫正工作相关部门之间依法进行信息共享,人民法院、人民检察院、公安机关、司法行政机关依法建立完善社区矫正信息交换平台,实现业务协同、互联互通,运用现代信息技术及时准确传输交换有关法律文书,根据需要实时查询社区矫正对象交付接收、监督管理、教育帮扶、脱离监管、被治安管理处罚、被采取强制措施、变更刑事执行、办理再犯罪案件等情况,共享社区矫正工作动态信息,提高社区矫正信息化水平。”

关部门之间缺乏衔接配合。同时,当前部分省(自治区、直辖市)的智慧矫正系统中的工作流程并没有进行更新,依然按照《社区矫正法》实施前的流程运作,同真实工作流程完全不符。但是因为目前正在进行的智慧矫正中心创建,上级依然要求司法所按照老流程大量录入数据,导致出现纸质档案按《社区矫正法》制作,电子信息按 2012 年《实施办法》录入的怪异局面。此外,司法部虽然颁布了一套社区矫正文书格式,但种类较少。部分省(自治区、直辖市)随即也颁布了一套更加细致的文书格式,有些地区没有颁布省级文书格式,下属的市县便自行制定各自的文书格式,导致基层使用的文书五花八门。而智慧矫正系统均是由省级创建,导致系统无法对现实中使用的文书进行全面兼容,更谈不上像公安机关那样实现网上录入后同步打印文书。这同从人工管理到网上管理、从数字管理到智能化管理转变的要求格格不入,智慧矫正变成完全脱离现实工作基础的数据录入工作。

三是有关部门未能及时通报相关信息。如法律法规明确规定,因发生交通事故构成犯罪被依法追究刑事责任的,应当在法院作出有罪判决后,由公安交管部门依法吊销机动车驾驶证。实践中,人民法院对交通事故案件作出有罪判决后,由于未及时向公安交管部门送达法律文书,加上驾驶证信息未实现跨区域共享,吊销涉罪社区矫正对象驾驶证缺乏简易程序,流程重复、耗时长,以至于出现社区矫正已执行完毕,但吊销驾驶证还未办结等现象,造成了实践中交通事故犯罪的矫正对象继续持有并使用机动车驾驶证再次违法违规的情形。

(三)社区矫正信息化建设的建议

1. 设立社区矫正统一信息系统

利用现代化的网络技术,设计一套全国统一、内容完备的社区矫正执行信息系统,便于查阅社区矫正执行的相关信息。社区矫正执行信息系统主要负责记录社区矫正对象的身份信息和矫正管理信息资料。目前,各省基本都有一套社区矫正信息管理系统,集社区矫正对象电子档案管理、定位管理、考核管理和危险性评估、警示告知等功能于一体,实现对社区矫正对象的信息化监管,以及档案建设和信息统计的标准化、规范化、互通化。

笔者认为,应全面停止各省自行开发的智慧矫正工程,应由中央政法委牵头,由司法部统一建设跨部门信息共享并可以在全国实现数据交换的信息化平台,以避免重复建设与浪费司法资源。同时,在全国司法行政系统内部应首先解决办公自动化和信息化问题,如社区矫正的全部法律文书都能实现在系统内录入信息后便可直接打印使用;社区矫正对象通过信息系统提交书面报告便可以直接打印存档,无须再要求其到场提交等,避免将智慧矫正变成“纸质材料上网”。

2. 监督管理过程实现网络化管理

无论是实施社区矫正前的审前调查、交付执行,还是完成社区矫正后的归档管理阶段的工作,都应该实现网络化管理。案件管理过程实现网络化管理,全国社区矫正机构能够通过内部网络随时查阅相关社区矫正对象的信息,实现对社区矫正对象的即时管控。

3. 建立监督管理的信息交流机制

在保证社区矫正案件管理中心建立和实现社区矫正信息化管理过程中,应同步推进案件管理信息交流机制的建立。信息交流机制主要分为内部交流和外部交流两部分。内部交流,即每个区(县)的社区矫正机构通过信息系统将社区矫正对象的管理情况网络化,实现省、市、县、乡四级数据的有效对接。外部交流,即通过建立统一的案件管理中心,实现全国社区矫正信息统一管理、信息化管理后,可以与公安机关、检察院、法院之间实现外部信息互融、互通、共享。如基于手机定位、电子定位装置的技术缺陷,以及重复建设的弊端,可以尝试同公安机关合作开展信息化核查。笔者发现:山东省聊城市司法局联合市公安局出台意见,由公安机关定期批量查询在册社区矫正对象外出、住宿情况,并反馈在矫人员执行地以外的动态轨迹,通报其矫正期间的违法犯罪记录等信息。云南省思南县和陕西省宝鸡市司法局联合本地公安机关出台文件,对公安机关查询和通报社区矫正对象动态轨迹、违法犯罪情况进行了规定。公安机关已经建成的完善的信息化系统,能够满足司法行政机关对社区矫正对象进行信息化核查的需要,而且能够克服手机、手环定位的先天性缺陷,也可避免重复建设。公安机关掌握社区矫正对象离开所居住的市县或实施违法行为后,可以通过该系统进行数据推送,使社区矫正机构及时掌握情况、作出处理;人社部门的人才供需信息,也可以通过该系统向社区矫正对象推送,帮助其早日找到工作,融入社会。

4. 开发信息化教育平台,加强导向功能

随着云计算、大数据和物联网等新技术的普遍运用,创新社区矫正信息化教育平台,加快制定教育基础管理数据标准,推动全国社区矫正教育信息的开放、共享,促进社区矫正教育与 IT 技术相结合是大势所趋。

第八章

社区矫正教育帮扶制度

轻微犯罪的处置,最为重要的不在于定性与处罚,而在于裁判的执行。国外刑法理论普遍认为,教育与挽救的价值大于刑事惩罚。通过实施社区矫正,借此消除社区矫正对象的再犯因素,激活其内心善意,恢复其良知,让其重返社会,这是教育帮扶的核心和逻辑起点。即"惩罚为恢复,监督为回归"。在矫正资源极其短缺、"监管中心主义"成为无奈选择的现实困境下,如何帮助社区矫正对象成为守法公民,是社区矫正亟须解决的问题。

一、教育矫正的特点

现代刑罚制度追求报应正义和功利正义的双重价值,其中报应正义的内核是对犯罪行为社会危害性进行正当的刑事惩罚,功利正义的内核是对犯罪人社会危险性进行有效的社会防卫。在制刑、求刑、量刑和行刑阶段,刑罚的双重价值追求各有侧重,其中在行刑阶段则是"进入采取最合适的方式来阻止其将来再犯罪的阶段",即以履行生效刑事裁判为基础,着重于降低犯罪人社会危险性、防卫和减少犯罪、维护长治久安。遵循这一行刑规律,《社区矫正法》第3条明确规定:社区矫正的基本要求是"有针对性地消除社区矫正对象可能重新犯罪的因素,帮助其成为守法公民"。就法条规范的逻辑分析可知,教育矫正旨在消除社区矫正对象重新犯罪因素、帮助其顺利融入社会、成为守法公民。这里的"帮助"包括教育和帮扶两部分内容,其中前者的重心是对社区矫正对象"攻心治本"、后者的重心是帮助社区矫正对象"安身立足"。

教育矫正,是指为促使社区矫正对象重新融入社会、成为守法公民而实施的各种教育活动。教育矫正是近代教育刑论的产物。德国著名的刑法学家李斯特,曾经系统地提出教育目的刑的学说,他认为,“再社会化刑罚的执行应注重社会教育”。[①] 教育刑论认为,刑罚的本质是教育,刑罚的目的不是报应而是矫正,刑罚的对象不是行为而是行为人。随着法治文明的发展和教育刑论的推动,教育矫正已成为世界各国矫正制度的重要内容。

教育矫正作为教育的一种特殊形式,具有以下特点:第一,从教育的主体来看,社区矫正由司法行政部门主管,社区矫正机构具体实施。社区矫正教育,从本质上讲,是一个教学活动,是教授人们学习行为规范和谋生技能的活动。但是具体负责实施的社区矫正机构,其本职并非教育,对因材施教、循序渐进、理论联系实际等教学基本规律难以有深刻的理解。这一矛盾,需要借助社会力量或者通过政府购买服务,外包第三方社会组织才能迎刃而解。第二,从教育的对象来看,是有过犯罪行为需要承担刑事责任的人员。学习基础、学习能力和自我管理能力相对较弱,并且很多没有稳定职业、居住分散、生活节奏各异,为此,教育学习的组织管理突显复杂并有一定难度。第三,从教育内容来看,主要是政策、法律、道德等行为规范和职业技能、生活技能、社会适应技能等,涉及的范围极为广泛。特别是具有中国特色的政策、法律、道德内容的教育学习。

二、《社区矫正法》关于“教育矫正”的解读

《社区矫正法》构建了两个重要机制:一是教育队伍建设专业化、社会支持多元化、项目委托市场化的工作运行机制;二是教育所需条件和经费的保障机制。

《社区矫正法》还确立了教育矫正的三原则:一是坚持监督管理与教育帮扶相结合原则。即“管中有教,寓教于管,管教结合”;二是坚持专门机关与社会力量相结合原则。强调要充分利用社会力量参与教育工作;三是坚持教育帮扶个别化与系统化并行原则。社区矫正对象自然状况、犯罪状况、矫正状况、社会支持状况千差万别,对其开展教育必须坚持个别化原则。与此同时,教育要有针对性的措施、系统的实施。只有因地因时因人制宜,将教育个别化与系统化并行推进,才能事半功倍、提高教育矫正质量。

从《社区矫正法》第五章“教育帮扶”法条内容的逻辑分析和归纳总结来看,教育工作主要应当落实公民教育。“公民教育”是对《社区矫正法》第 36 条

---

① [德]李斯特:《德国刑法教科书》,徐久生译,法律出版社第 2006 年版,第 9 页。

规定的概括,其主要内容是对社区矫正对象进行法治和道德等教育,以增强其法治观念、提高其道德素质和认罪悔罪意识。

三、教育矫正中存在的问题

1. 普遍存在"重监管,轻教育"现象

"刑罚的本质不应当仅局限于体现一种惩罚性和给犯人带来一定的痛苦性,更应当立足于人的本质方面的复归、解放、更新和再造"①。但由于受传统"重管理,轻教育"思想的影响,部分社区矫正执法人员认为,既然社区矫正是刑事执行,中心内容应该是对矫正对象进行"监管"。因此,把社区当成了"没有围墙的监狱",模仿监狱管理模式,只求"把人盯住""不脱管漏管""不重新犯罪",而轻视对社区矫正对象的教育矫正。加之,教育矫正没有专门的法律规定,缺乏应有的强制力,使具体的教育矫正措施难以落实到位,教育矫正在实践中处于"说起来重要、做起来次要、忙起来不要"的虚化状态②。在当前制度设计以及法律实施的现实环境之下,社区矫正工作人员的通常的最优工作策略是将绝大部分精力放在监管上,以确保"管得住""不脱逃""不重新犯罪"。

从基层社区矫正工作考核指标体系的设计来看,也是重在强调监督管理,尤其以社区矫正对象的重新犯罪率作为衡量社区矫正工作的"首要标准"。在有关社区矫正的官方报道领域,主导社区矫正"政绩"的政策方向是:主要关注重新犯罪率③。笔者在四川省 F 县调研中发现,该县将社区矫正中重新犯罪率不超过 0.1% 作为评价标准,一旦超过 0.1% ,所在司法所在社区矫正效果评价中的结果直接被评价为不合格。F 县社区矫正效果考核评价细则规定,考核内容包括四项,即监督管理工作、教育帮扶工作、档案管理工作、组织保障工作。满分为 100 分,其中监督管理工作占 35 分、教育帮扶占 15 分,档案管理工作占 30 分、组织保障工作占 20 分,且重新犯罪率超过 0.1% 的司法所监督管理与教育帮扶工作的考核均计为 0 分,即社区矫正的效果评价直接不合格。如下图:

---

① 刘志伟:《社区矫正专题整理》,中国人民公安大学出版社 2010 年版,第 6 页。

② 马灵喜:《社区矫正教育研究》,载《中国司法》2015 年第 6 期。

③ 任文启:《西部地区青少年矫正工作的实践、困境与反思》,载《上海青年管理干部学院学报》2013 年第 4 期。

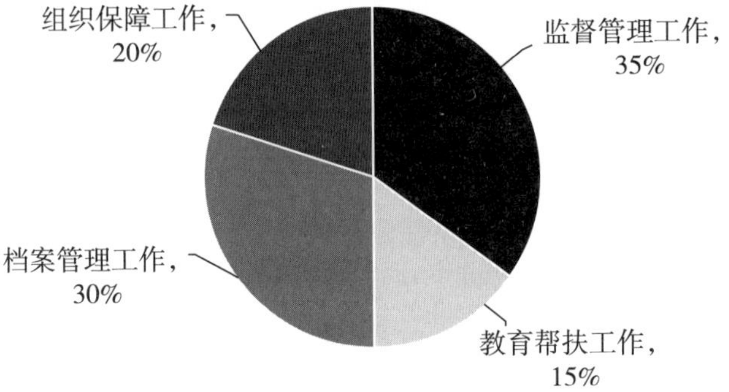

四川省 F 县社区矫正工作考核指标体系

在重新犯罪率达标的情况下，教育矫正与适应性帮扶，总占比才 15%，且其中的科学制订矫正方案，落实分段教育、个别教育、心理矫治、个案矫正措施等分值占比仅 5%。在所有的指标选取中，除了重新犯罪率和监督管理工作中脱管率、定位成功率、全国信息录入率为可操作化量化的指标外，其他指标的选取可操作化程度不高。前述“其他指标”的考核主要通过听取汇报、观阅材料等形式进行。由此可见，在社区矫正效果评价考核时，存在过分关注监督管理而教育矫正、帮困扶助重视不够的问题。不仅指标分值所占比重不高，且教育矫正、帮困扶助方面指标选取的可操作化程度也不强。

2. 教育矫正缺失需求评估

所谓社区矫正对象需求评估（Needs Assessment），又名“矫正需要”（Criminogenic Needs），是指对社区矫正对象的个人需求、生活困难、家庭矛盾等进行的系统性分析，目的在于从心理需要的角度，分析、判断社区矫正对象急需的教育帮扶，以及再犯罪最大的诱因，进而采取有针对性的矫正措施[①]。如同医生治病首先需要查出病因一样，社区矫正工作的开展需要关注社区矫正对象的犯因性需求。[②] 尤其是农民工矫正对象外出务工的需求、未成年社区矫正对象就学需求、老年矫正对象身体就医与社保需求，等等。需求评估是社区矫正不可或缺的环节，就社区矫正对象教育而言，应当在需求评估的基础上展开分类教育，不同地区、不同学历、不同年龄、不同生活环境的社区矫正对象的需求不同，对

---

① 司绍寒：《社区矫正程序问题研究》，法律出版社 2019 年版，第 119－121 页。

② 姜祖桢、宋秋英、张凯：《社区服刑人员矫正效果极其相关因素实证分析》，载《中国司法》2017 年第 5 期。

其的教育内容与方式也应当有所不同。

目前,基层社区矫正机构在实施教育矫正时通常采用以下方式:一是司法所的所长和工作人员亲自充当“教育者”身份,为社区矫正对象讲解法律、时事政策;二是司法所装备法律法规和相关书籍,让社区矫正对象到司法所学习并书写读书笔记或者心得体会;三是司法所聘请社区律师或专家为社区矫正对象开展专题讲座或活动;四是将教育工作外包给“第三方”社会组织,由“第三方”社会组织为社区矫正对象开展专题讲座或者活动。虽然,社区矫正机构认真、努力地组织教育学习,但差不多是同一个学习内容“打包”对应所有社区矫正对象,没有按性别、年龄、犯罪类型、矫正类型、管理分类、职业、文化程度、悔罪表现进行细分和分类,没有考虑不同矫正对象的需求。同时,教育方式主要采用个别谈话、定期走访,以及一两个月组织一次枯燥的大课宣讲式的集中教育①,并以“说教”为主。采用“我说你听”“我命令你服从”的模式,在“教育”的双方之间缺乏互动性,难以产生“心悦诚服”之后的行为改善。尤其是利用信息化开展在线教育等方式应用不够,使相当部分社区矫正对象产生倦怠情绪和应付心理,教育效果不尽理想。

3. 教育矫正项目缺乏针对性、有效性

在教育内容方面,存在对社区矫正对象生活与工作的规划不足、家庭关系修复的辅导不足、挫折教育不足等问题,同时,因缺乏全国统一的、针对社区矫正对象的学习教材,更多的是依靠基层自身探索与实践,教育质量难以有效把握。社区矫正对象在学习教育方面不同程度地存在表面化、走过场的现象,缺乏系统性规划:一是教育学习内容浮浅化,不能使矫正对象认清犯罪危害,深挖犯罪根源,明确悔罪自新路径,适应社会角色,切实承担起公民的责任与义务;二是教育学习方式机械化。不少学习笔记都是原原本本地抄写一些法律条文,很少有其他的内容;三是心理矫正走形式。心理矫治可以打开社区矫正对象心结,但一些地方实施人人检测,过分夸大心理矫治的功效。在内容上,心理矫治主要是进行心理健康教育和心理测评,较少开展心理咨询与治疗工作,对心理测评结果的应用价值也没有真正发挥出来。

4. 教育手段主要采取公益活动、集中教育和思想汇报

随着《社区矫正法》对公益活动的“可以组织”的规定,实践中,公益活动的

---

① 曹坤、苏君:《社区矫正教育矫正方法的探索与创新》,载《中国监狱学刊》2014 年第 1 期。

开展相对较少。社区矫正工作人员最乐于、也最擅长的是集中教育。但集中教育在实践中一方面存在方法缺陷。通常是选择传统授课式教育，采用讲者主讲、使用影音设备播放多媒体资源等方法，该方法使社区矫正对象缺乏与讲者交流和互动的机会，影响教育矫正的实质效果；另一方面集中教育的内容缺乏针对性。集中教育多以社区矫正对象的普遍性特征为出发点，无法因人施教，满足社区矫正对象的个性需求。

思想汇报，是社区矫正对象将自己的思想动态向社区矫正机构进行书面报告的教育方法。思想汇报作为教育矫正的常用措施之一，其本意在于让社区矫正对象以较为隐私的方式自由表达内心世界的真实想法。既能够促进其自我反省，又使社区矫正机构可以借此了解其存在的问题。但是，社区矫正对象实践中无法完成上述任务，主要原因在于思想汇报流于形式，缺乏真实的、实质性的思想动态报告。例如，社区矫正对象思想汇报内容多以抄写法条、“扫黑除恶”教育等专题思想汇报等为主，造成思想汇报效果不明显。

四、教育矫正的完善路径

1. 应实施分类教育

对社区罪犯实施分类矫正，是罪犯改造的普世规律。何为分类矫正？20 世纪 70 年代美国矫正协会将其定义“是一种给予罪犯不同的矫正活动分配，以提供最有效的、适应罪犯需要的矫正活动方式”，其目的在于“强化罪犯管理的科学性和提高罪犯矫治的针对性”①，使其恢复正常的社会生活。对待罪犯的不同类型和阶段采用不同的“罪犯处遇”，表明了一个国家社会文明与法律发达的程度。也需要如此，才能促进其尽快回归社会。“在矫正体系中，一个国家犯罪人的分类制度是否发达，已经成为该国矫正制度发达程度的重要标志”。② 在犯罪学领域，通常将犯罪人分为四类：一是理性犯罪人。他会计算犯罪的投入和产出，理性地实施犯罪。如累犯和惯犯；二是病理犯罪人。如智障者、神经紊乱者、酗酒及吸毒成瘾者；三是心理犯罪人。因心理创伤形成特定人格；四是环境犯罪人。因家庭、学校、社会等特定环境而实施犯罪。对于不同类型的犯罪人，监督管理、教育矫正需要差异化、类别化。如以教育为例，对于理性犯罪人在服

---

① 孙晓雳：《美国矫正体系中的罪犯分类》，中国人民公安大学出版社 1992 年版，第 3 页。
② 欧渊华：《社区服刑人员教育矫正理论与实务》，中国法制出版社 2016 年版，第 174 页。

刑改造中需要设计刑罚阶梯,让他感受到犯罪的得不偿失;对于病理犯罪人,除了世界观和法治教育外,更需要药物治疗和行为矫治;而心理犯罪人则需要有针对性的心理危机干预与治疗;环境犯罪人则需要训练他们应对和摆脱恶劣环境的能力,正确地选择行为方式。《社区矫正法》第36条规定,对社区矫正对象的教育"应当根据其个体特征、日常表现等实际情况,充分考虑其工作和生活情况,因人施教",这是对分类教育的法定要求。

分类教育的标准:可以根据社区矫正对象的犯罪类型、年龄、人身危险性、矫正类型等进行动态评估,在监管分类的基础上,对社区矫正对象实施分类教育。如根据社区矫正对象的不同年龄可以将教育矫正分类为未成年社区矫正对象教育、成年社区矫正对象教育及60岁以上老年社区矫正对象教育;根据人身危险性大小,可以将社区矫正对象教育矫正分为普通教育、特别教育、专门教育三类;根据矫正类型,可以将社区矫正对象分为管制犯、缓刑犯、假释犯、暂予监外执行犯四类;根据犯罪类型,可以将社区矫正对象教育矫正分为财产犯罪、暴力犯罪、交通肇事犯罪、毒品犯罪、性犯罪五大类别的教育。各类犯罪的性质不同、社会危害性不同、再犯可能性也不同,这就要求考虑其不同犯罪的特点要有针对性地进行教育矫正。如诈骗、抢劫、盗窃等财产类犯罪,多是道德偏差导致其犯罪,违法犯罪是道德底线的突破。对这类社区矫正对象就要进行思想道德教育,强化劳动致富意识和价值观,培养其爱岗敬业、认真履行职责的职业道德教育,矫正其出现偏差的道德体系;对人身伤害类的暴力犯罪,应强化生命健康教育,增强法律意识。

依据教育学的循序渐进原理,根据社区矫正对象的心理需求与行为特点,将教育矫正过程分为入矫教育、常规教育和解矫教育三个阶段。不同阶段设定不同的目标并循序渐进。如入矫教育的目标是:明确身份,认罪悔罪;常规教育的目标是:重熏陶,以规范行为为主;解矫教育的目标是防止再犯,以回归社会为主。

2. 应评估教育需求

在对社区矫正对象进行教育矫正的过程中,不应忽略社区矫正对象的教育需求。换言之,在对社区矫正对象进行教育矫正之前,应有一个精准的教育需求评估。教育需求评估,是指对社区矫正对象的个人教育需求的诊断,目的在于掌握社区矫正对象对心理的需求,便于采取有针对性的矫正项目与措施。

犯罪学研究发现:一些因素往往与持续性犯罪密切相关,如薪酬收入低、住房条件差、就业不稳定、滥用药物或酗酒、与家人关系紧张、心理障碍、在家庭或学校受过严厉而反复无常的纪律惩戒,等等。而这些因素在很大程度上表明了犯罪人的心理需求,它们可以为社区矫正工作者的矫正介入提供重要参考。

教育需求评估不同于风险(人身危险性)评估。虽然两者都是社区矫正评估体系的重要组成部分。风险评估的目的是认识社区矫正对象的人身危险性差异,从而采取差异化的有效监管措施,以保护社会安全;而教育需求评估是通过找寻社区矫正对象的教育需求,从而采取符合其需要的教育矫正措施,为其回归社会创造条件。目前的教育矫正,大多是社区矫正机构单方意志的"强制灌输",即"我认为你需要什么教育,我就给予你什么教育",往往忽略社区矫正对象的真实需求;且片面强调政策、法规教育,忽略社区矫正对象重返社会必需的职业技能教育。特别是在部分农村地区社区矫正对象文化学历严重偏低的情况下,如何实施教育矫正,值得我们思考。笔者通过调研发现,西部农村地区社区矫正对象中还存在至少20%以上是文盲,虽然他们愿意接受教育学习,但不识字、无法书写、无法阅读,甚至口头表达也有一定障碍。如果社区矫正工作人员缺乏对这些情形的知悉,显然难以实施有针对性、个性化的教育矫正。

3. 创立教育矫正评估体系

教育矫正涉及心灵的扶正,如果长期缺乏系统化、专业化、标准化的制度设计,各显神通,矫正对象的行为与心理矫正是否达到预期的效果,难以评价。为此,我们认为,教育矫正评估内容应至少包括社区矫正对象认罪服法、遵纪守法、心理健康水平、道德素质、社会适应、外界评价等指标。前述5项指标不难理解,这里的"外界评价",是指社区矫正对象所在社区(村组)、邻居、工作(务工)单位以及家庭成员对其在悔罪认错、人际关系、社会适应、情绪操控、就业能力等情况给予的综合评价。同时,还应根据不同指标的重要性设置不同的权重。权重取值范围在0－1,各项指标权重之和应为1。前述指标可以考虑赋予的权重分别对应为:认罪服法、遵纪守法、心理健康水平、道德素质、社会适应、外界评价:0.15、0.25、0.15、0.1、0.25、0.1。当然,每一指标,还应下设若干二级指标、三级指标,形成一个周密而客观地评估考察体系。

4. 民族地区需要探索具有民族特色的教育模式

民族地区的教育矫正,离不开民族文化的土壤。"法律最终要和居民的宗教、性癖、财富、人口、贸易、风俗、习惯相适应”。[①] 如四川省是一个多民族聚居地区，少数民族人口达490万，不仅有全国第二大藏区和最大的彝族聚居区，同时还有多个其他少数民族。其中，人口在2万以上的还有羌族、回族、土家族、蒙古族、傈僳族。民族地区的社区矫正对象一般具有很强的排斥和戒备心理，有的不服从甚至强烈抗拒本民族以外的社区矫正工作人员的管理和教育，给社区矫正工作增加了难度。加之，无论是社区人员素养还是社区基础设施建设方面都较为落后，缺乏开展社区矫正的基本物质条件。

以四川凉山彝族自治州为例，社区矫正制度作为国家正式制度在彝区的推行，首先需要解决的是与彝族习惯法的矛盾。为此，在探索具有民族特色的教育矫正模式时：其一，可以尝试彝族聚居区传统矫正模式与社区矫正的融合，如利用家族力量促使矫正对象的自我约束与自我规范；其二，重视发挥彝族社会“地方精英”的作用，探索针对彝族罪犯的特殊矫正工作方法。可以吸收部分“德古”“毕摩”（“毕摩”是彝语音译，是通晓古彝文、彝族民间宗教仪式活动的主持者和组织者，是彝族宗教和信仰的代表人物）融入社区矫正工作。如扩大“德古”对矫正对象的帮教工作，利用以毕摩文化为代表的精神强制力实现对罪犯的矫正；其三，可以结合彝族聚居区的犯罪实际，对犯罪人进行恰当分类，探索设计特殊需要犯罪人的社区矫正。如设计社区戒毒与社区矫正的结合。借鉴国外有关做法，社区戒毒完全可以与社区矫正结合起来，特别针对彝族地区犯罪的特殊性，在建设社区矫正机构的同时，扩展社区戒毒机构功能，这样更利于这类特殊需要群体顺利回归社会，增强社区矫正的教育矫治效果，从而实现社区矫正的纵深发展。

5. 充分利用网络手段实施教育矫正

应充分运用网络、电视等教学视频资源进行教育矫正，并探索以政府购买服务的形式，与网络科技公司研究开发社区矫正对象教育学习软件系统。加快“智慧矫正中心”建设，依托“云课堂”，健全“菜单式”学习教育和职业技能培训“配课”模式，实现课程资源多元化、内容推送个性化、效果反馈实时化。5G网络的建设正在加速推进，网络基础设施的完善将为网络教育提供完美的硬件支持。新冠肺炎疫情防控期间，大规模的在线教育实践，也为每一个社区矫正对象个体参加网络学习提供了参考的样板。所有这一切，都为采用网络手段进行

① ［法］孟德斯鸠：《论法的精神》（上册），张雁深译，商务印书馆1982年版，第7页。

教育矫正奠定了坚实的基础。

五、公益活动

(一)国外的社区服务

在非监禁刑刑罚创设方面,西方国家有很多成功的实践,其中比较突出的就是社区服务刑。“社区服务”最早起源于英国。在1972年的英国《刑事司法条例》中首创“社区服务”刑罚。其主要内容包括:(1)判处社区服务令的罪犯必须16周岁以上;(2)犯罪人必须被判决犯有可以受到监禁刑处罚的犯罪。但是,被判决实施了谋杀罪的除外;(3)判处社区服务令之前,法庭必须考虑社会调查报告;(4)犯罪人在1年内的闲暇时间中必须完成40–240小时的公益劳动;(5)犯罪人的社区劳动在社区服务组织者的监督下进行;(6)犯罪人不参加劳动或者不按照规定劳动,可能被送回法庭;在法庭中,犯罪人可能被判处50英镑的罚金和继续工作的社区服务令;或者可能被撤销社区服务令。撤销社区服务令的判决会使法庭有权再次处理最初的犯罪。该条例规定,法官可以判令被告人进行无偿的社区服务,让违法者从事有益于社会的各种公益劳动,以弥补因其违法行为而给社会和个人造成的损害,对于违反该命令的行为可处以罚金,或撤回该命令并施以任何原来可施加于该罪行的惩罚。

在挪威《一般公民刑法典》第15条,也是将社区服务刑列为普通刑罚的种类之一,并将其定义为:社区罪犯在社区、检察机关的控制下进行的定期而无报酬的社区劳动,社区劳动时间至少为30小时以上、每年不得超过420小时①。社区劳动的具体方式和地点大多系当地政府、社区矫正机构与社区罪犯协商确定。在法国,无论是作为主刑的社区服务,还是与缓刑结合使用的社区服务,都是在6个月内进行200小时以内的社区服务。在葡萄牙,法律规定的社区服务时间为9–180小时。② 一般而言,社区服务的时间与犯罪人实施的犯罪行为的严重性相适应。在社区服务难以用时间衡量时,法官判处社区服务时,往往不规定时间数量,而规定工作任务的件数。

西方国家选择用社区服务替代短期自由刑,已经成为一种较为普遍的制度。1972年英国的《刑事司法条例》对社区服务加以规定之后,1976年欧洲理

---

① 陈梦琪:《挪威的刑罚执行与人权保护制度评析》,载《人民检察》2006年第9期。

② 吴宗宪:《社区矫正比较研究》(下),中国人民大学出版社2011年版,第601–607页。

事会部长会议,根据《欧洲犯罪问题委员会的报告》通过了〔76〕10 号决议,要求各成员方将社区服务纳入刑罚体系。此后,世界上许多国家都相继设立了社区服务刑。社区服务主要适用于轻微犯罪和未成年犯罪,一般不适用于暴力犯罪。

社区服务的内容多种多样。如在法国,犯罪人从事社区服务工作的种类主要包括:维护和改善环境,维护建筑和设备,维护公共道路,组织培训与社区活动等。在挪威,犯罪人的社区服务工作大多数是简单而实用的,主要是维护、清洁、油漆和修理工作。在美国,社区服务的项目包括保养草坪、种菜,或者是从事与他们的个人技能相适应的服务项目。但这些服务项目的劳动不会对私人企业形成竞争的威胁。在美国,第一个有现代意义的社区服务项目开始于 1966 年的加利福尼亚州,主要是针对没有支付能力的交通违规者。随后,许多州都相继确立了社区服务项目使犯罪者通过公益劳动来补偿受害者和社区。现在,较多的州用社区服务的判决作为监禁刑的替代,并以此作为减轻监狱压力的措施之一。大多数被判处监禁不超过 6 个月的罪犯被转入社区服务。社区服务刑最为普遍适用的对象是酗酒驾车者。[①] 在国外,社区矫正对象若违反社区服务令,则应当承担更严厉的处罚,通常是以罚金刑或自由刑替代。

(二)我国的公益活动

自 2001 年石家庄市长安区人民检察院向失足少年发出第一份“社区服务令”,开创我国社区矫正的先河以来,[②]在立法领域,社区服务以“公益劳动”的名称,进入不同层次的立法和规范性文件。如司法部《司法行政机关社区矫正工作暂行办法》(司发通〔2004〕88 号)以及 2012 年《实施办法》,要求社区矫正机构组织有劳动能力的社区矫正对象参加必要的公益劳动,且每月不低于 8 小时。但这里的“每月不低于 8 小时劳动”的规定,存在法律依据不足的问题。监狱服刑人员的劳动义务,在《刑法》《监狱法》中有明确的规定,而社区矫正对象公益劳动问题,没有任何法律依据。《刑法》第 39 条的规定,即“对于被判处管制的犯罪分子,在劳动中应当同工同酬”,这表明法律没有设定管制犯有参加劳

---

① 刘强、武玉红:《社区矫正惩罚机制完善研究》,中国人民公安大学出版社 2016 年版,第 137 页。

② 《检察机关积极探索社区矫正法律监督工作获肯定》,载中国长安网,http://www.chinapeace.gov.cn/2012－03/07/content_4619021.htm,最后访问日期:2021 年 7 月 11 日。

动的义务，即便是该条第 1 款第 1 项所言“遵守法律、行政法规，服从监督”暗含参加行政法规规定的劳动义务，也绝不是无偿劳动，相反是“同工同酬”的有偿劳动。被宣告缓刑、裁定假释、暂予监外执行的矫正对象，我们没有任何关于劳动方面的法律规定。

为此，《社区矫正法》将“社区服务”一词改为“公益活动”，劳动条件上以“个人特长”取代“有劳动能力”，并取消 2012 年《实施办法》第 16 条关于每月提供不少于 8 小时的规定。虽然有学者认为这是偏离“以劳动修复社会关系的初衷”①，是“立法倒退”，并认为会导致执法者与社区矫正对象之间的紧张关系和矛盾冲突。② 但笔者认为，这一重大变化是对理论界“公益活动不是社区矫正对象应当承担的一项刑事强制义务，仅仅是社区矫正对象接受教育矫正的一个途径和方式”③的肯定，突显了公益活动的目的是培育社区矫正对象的社会责任，提升其社会公德。

在《社区矫正法》施行前的 10 多年，“公益活动”这一名称曾先后使用过“公益劳动”和“社区服务”。从 2004 年的“公益劳动”制度性要求，到 2012 年《实施办法》的“社区服务”规定，再到 2019 年的“公益活动”法定措施，“劳”与“活”的一字之变，在一定程度上折射出我国社区矫正理论研究与实践探索的过程。④ 公益活动是指一定的组织或个人向社会捐赠财物、时间、精力和知识等活动。公益活动的内容包括社区服务、环境保护、知识传播、帮困扶助、维护良好秩序、慈善、社团活动、专业特色服务、文化艺术活动等。⑤ 从《社区矫正法》第五章“教育帮扶”对公益活动作出相关规定的制度设计来看，是将公益活动定位为教育矫正措施，在一定程度上彰显了社区矫正这一刑事执行活动的“教育刑”意义。同时，实际执行中显现出来的困难和问题，要求进一步规范和完善。如社区矫正机构或者司法所经常性组织社区劳动。当然，可能还有为基层社区矫正机构和司法所减负等方面的考量。

---

① 周折：《社区矫正工作中凸显的几个问题》，载《犯罪与改造研究》2021 年第 10 期。

② 吴宗宪：《完善社区矫正法（征求意见稿）内容的建议》，载《中国司法》2017 年第 3 期。

③ 蔡雅奇：《社区矫正公益劳动并非刑事义务》，载《检察日报》2013 年 2 月 18 日，第 6 版。

④ 徐祖华：《浅谈社区矫正公益活动措施名称及相关问题》，载《中国司法》2021 年第 3 期。

⑤ 王爱立、姜爱东：《〈中华人民共和国社区矫正法〉释义》，中国民主法制出版社 2020 年版，第 214 页。

《社区矫正法》、2020 年《实施办法》将"社区服务"改称其为"公益活动"[①]，在此折射立法者的新理念：一是突出"公益活动"的公益性、社会性和非营利性。要求公益活动要符合社会公共利益，从而避免和杜绝利用罪犯从事经营性、谋利性活动等问题的发生。同时，明确"有劳动能力"，要求"力所能及"，规定"根据个人特长"，表明这一措施的运用并非适用所有社区矫正对象，进而防止滥用"公益活动"。体现了法律的人道，更有利于调动和保护社区矫正对象参加公益活动的积极性；二是在目标要求上强调通过开展公益活动，帮助社区矫正对象修复社会关系、培养社会责任感，反映出社区矫正制度在帮助罪犯顺利融入社会、实现再社会化的独特优势。同时，对社区矫正对象参加公益活动时间不作硬性规定，彰显了实事求是的立法精神，体现了立法的人性关怀，也为实践创新留下了更加广阔的空间；三是公益活动由司法所单一组织方式，逐步发展到以执行地县级社区矫正机构为主、受委托司法所为辅的双层次、互动式组织方式。组织方式的修改变动，既考虑到了司法所的能力资源、基础条件等客观因素，也有利于更好地整合县域内、地区性资源为开展公益活动提供人、财、物等保障和活动空间，也有利于动员组织、引导鼓励社会力量参与，还有利于更好地体现"社区矫正措施和方法应当避免对社区矫正对象的正常工作和生活造成不必要的影响"的立法旨意。

（三）《社区矫正法》施行背景下公益活动的开展

基于社区矫正工作中普遍存在公益活动流于形式，难以起到培养社区矫正对象社会责任的现实，笔者认为，在《社区矫正法》施行背景下公益活动的开展应秉持以下几个方面：

1. 转变矫正理念

在《社区矫正法》施行背景下的公益活动组织形式、活动内容和工作要求，显然与"公益劳动""社区服务"措施名称时期存在很大的区别，也给社区矫正工作带来了一些困惑。目前，基层反映较多的问题就是取消社区矫正对象每月参加教育学习和社区服务"两个八小时"规定后，社区矫正机构如何更有效地贯

---

① 《社区矫正法》第 42 条规定："社区矫正机构可以根据社区矫正对象的个人特长，组织其参加公益活动，修复社会关系，培养社会责任感。"2020 年《实施办法》第 44 条规定："执行地县级社区矫正机构、受委托的司法所按照符合社会公共利益的原则，可以根据社区矫正对象的劳动能力、健康状况等情况，组织社区矫正对象参加公益活动。"

彻执行教育学习、公益活动相关规定,维护刑事执行活动的严肃性。这一问题,也在一定程度上折射出当前社区矫正工作必须尽快破除传统观念、习惯性思维和习惯性做法的影响与制约。

2. 准确理解法律

首先,社区矫正机构在组织公益活动时,不应当冲击其正常的赖以生存的有偿劳动,对其正常工作与生活不得“过度干扰”。这种公益活动不仅意在提示其认罪悔罪,遵纪守法,尊重和珍惜劳动成果,而且意在提供一个改恶从善,重新做人展示自我价值,得到社区认可的平台;其次,《社区矫正法》第 42 条规定,“社区矫正机构可以根据社区矫正对象的个人特长,组织其参加公益活动”。该规定中的“可以”一词在实践中产生了一些思想认识偏差。有的将其理解为社区矫正机构“可以组织也可以不组织”公益活动;有的认为社区矫正对象“可以参加也可以不参加”公益活动;有的认为“可以根据也可以不根据个人特长”;有的担心规定缺乏刚性可能在实践中流于形式等。笔者认为,该规定其实是在进一步强调“个别化矫正”原则、体现“区别对待”政策的同时,要求社区矫正机构组织公益活动时,坚持实事求是、因地制宜、因人施教,突出教育导向、帮扶导向和效果导向相统一,注重调动和发挥社区矫正对象的主观能动性和积极性,努力使公益活动措施更具有人性化、个性化、差异化和多样化,防范和减少适用公益活动措施不区分身体条件、能力大小、工作和生活实际情况等“一刀切”的现象发生,彰显了法律的时代进步意义。当然,如果将《社区矫正法》第 42 条规定中“可以”组织社区矫正对象参加公益活动调整为“应当”,与现阶段社区矫正基层基础建设状况不相符合,也很可能导致实际执行会流于形式。

3. 建立公益活动基地

社区矫正机构应立足本土资源,加强与企事业单位、社会团体合作,建立一系列公益活动基地,社区矫正对象才可能发挥自身特长进行公益活动。“个性特长类”公益活动被证明是最受社区矫正对象欢迎的“菜单”:有书法绘画特长的选择给社区出黑板报和宣传画;有电脑、电器维修特长的选择给居民义务修补;有医疗卫生知识的选择为社区老人提供免费护理,等等,[①]公益活动形式多样化,使社区矫正对象能够根据自己的时间、体力和兴趣、能力等在一定范围内

① 李彩华、徐钊:《我设“菜单”你来“点餐”——浙江省杭州市下城区司法局文晖司法所推行社区矫正“菜单式”公益劳动》,载《人民调解》2012 年第 5 期。

选择参加。实践中,不少地方社区矫正机构依托村(居)委会,开展具有针对性的公益活动。例如,对于有技术特长的未成年矫正对象安排其从事社区公益机构电脑的维护,有护理知识特长的未成年矫正对象安排其从事社区孤寡老人的护理和看护工作,等等,更好地实现了未成年矫正对象与社区的和解。

4. 鼓励并支持社区矫正对象自发参加公益活动

社区矫正机构应鼓励社区矫正对象自发参加公益活动,并对社区矫正对象自发参加公益活动的情况予以统计,作为日常管理的依据。对于表现突出的,应根据相关法律法规和有关规定对其进行奖励或报请其他部门予以表彰,以此带动其他社区矫正对象积极参加公益活动。

《社区矫正法》施行前,部分地方社区矫正机构探索实施的“补偿性公益劳动”,即在征得被害人或被害人家属同意的前提下,由社区矫正对象主动、积极地向被害人或社会提供具有犯罪损害补偿意义的劳动或服务内容。2008 年 4 月起,上海市在全市推行社区服务的补偿性公益劳动项目。[①] 笔者认为,此类活动有助于促进双方之间沟通、交流,获得受害人及其家属的谅解,修复被损坏的社会关系。在《社区矫正法》施行后,依然有提倡、推广的价值。与此同时,笔者认为公益活动,还可以探索实施“错地安排”,即在同一个司法所辖区内,社区矫正对象可以选择跨公益活动地点,解决就近公益活动可能给社区矫正对象及其亲属带来的心理压力问题[②]。实践中的公益活动,一般安排在本社区进行集体活动,社区群众的围观很容易给矫正对象带来烙印性耻辱进而强化标签效应,反而不利于其重新融入社会。尽管学者区分了烙印性耻辱与重整性耻辱,[③]并认为重整性耻辱能够有助于社区矫正对象重建自尊心。但是,这只是一种建立在社区共同体基础上的理想状态,现实中很难有效避免烙印性耻辱带来的标签化效应。而实施“错地安排”公益活动,则可有效避免烙印性耻辱带来的标签化效应。

5. 公益活动项目的设置应坚持公益性和无偿性

公益活动的目的之一就在于通过社区矫正对象的积极劳动对社会进行补

---

① 徐艳丽:《上海市开展社区服刑人员补偿性公益劳动》,载新华网上海频道,最后访问日期:2020 年 11 月 21 日。

② 司法部预防犯罪研究所课题组:《我国社区服刑人员教育矫正的探索与实践》,载《中国司法》2016 年第 4 期。

③ 霍俊阁:《社区矫正视野下的重整性羞耻理论》,载《安徽警官职业学院学报》2016 年第 1 期。

偿,修复受损的社会关系,这就决定了公益活动的执行场所应设置在非营利性机构以及社会福利场所,诸如环卫所、养老院、福利院、学校以及医院等机构,社区矫正对象提供社区清洁、街道保洁、电器维护、社区老人护理等公益性质的服务和劳动,为其以前的犯罪行为承担责任。

六、帮扶在社区矫正中的作用

(一)社区矫正帮扶的概念以及意义

社区矫正帮扶,是指社区矫正机构和社会力量帮助社区矫正对象解决生活、心理等方面的困难,以预防其再次犯罪与促进其顺利回归社会的工作。

从犯罪学视角看,犯罪是社会矛盾的产物,不能把责任完全归咎于个人,社会也应该负有一定的救助责任。正如法学家拉德布鲁赫所言:“人类任何行为,包括犯罪,都是性格和情况,或者说个人和环境这两个因素的产物。”因此,国家在惩戒犯罪人的同时,也负有促进他们重返社会的义务与责任。① 这种责任的履行不仅体现在监禁刑刑罚执行中的教育改造挽救,也体现在社区矫正中的社会帮扶。

纳入特殊人群管理的社区矫正对象,本身就具有弱势性、危险性和不稳定性的特点,其遭遇的困难若得不到妥善解决,很有可能产生重新犯罪的动机,成为影响社会和谐与稳定的不利因素。对社区矫正对象的社会适应性帮扶能够使其体悟到国家、社会和家庭的温暖,增强其回归社会信心,缓解其后顾之忧,对于提升矫正质量具有重要意义。

(二)国(境)外社区矫正帮扶制度及其借鉴

在西方,帮助(包括“治疗”“释放后安置”“改造”等多种提法)犯罪人,是社区矫正的重要职责。从西方国家社区矫正产生的历史来看,社区矫正(特别是缓刑)最初产生时,是以帮助社区罪犯为主要特色的。仅仅是随着矫正哲学和刑事政策的转变,特别是 20 世纪 70 年代中期以来刑事政策趋于严厉,监督地位更加凸显,而帮助似乎降到了次要地位。尽管如此,帮助或者服务,仍然是社区矫正的重要方面。国(境)外,针对社区矫正对象的帮助项目繁多,包括劳动

---

① [德]拉德布鲁赫:《法学导论》,米健、朱林译,中国大百科全书出版社 1997 年版,第 93 页。

技能培训类;教育类;重返社会帮助类;认知行为矫治类;社会交往技能类;情绪控制类;家庭矫正类;生活能力帮助类;戒毒类;暴力防治类;性犯罪控制类,等等。笔者将国(境)外帮扶情况作初步梳理,发现有以下几个特点:

1. 政府高度重视

1967 年,美国总统约翰逊在法律执行和司法管理委员会倡议,理想的矫正体系主要应强调社区的工作,使罪犯能够重新融入社会的结构之中。这种“重新与社会结合”的思想与 20 世纪 60 年代美国总统约翰逊提出的“伟大的社会”工程是一致的,这一工程的目的是减少贫困和歧视问题。“伟大的社会”思想在矫正领域中涉及对罪犯的工作训练项目,为罪犯创造特别的工作机会和增加基于社区的矫正项目。[①]

2. 重视需求评估,实施“精准”帮扶,避免帮扶的随意性

帮助社区矫正对象要遵循一定程序,其中首要的是进行“需要评估”。了解其需要什么,然后才去有针对性地帮助。在北美、英国还通过研究、设计出了评估需要的专门量表。如威斯康星州矫治局编制的“当事人需要评估”(Assessment of Client Needs)量表。[②] 评估内容从瘾癖戒除、心理疏导到吃穿住行等无所不包。

3. 帮扶立法较为完善

例如,美国的阿拉巴马州社区矫正立法规定,缓刑、假释部门等政府社区矫正机构需要与为社区矫正对象提供服务的非营利的私人机构等社会力量签订合同,并提供资助。日本的《犯罪者预防更生法》等法律法规也对社会力量参与社区矫正帮扶予以明确界定,推进了社会力量更好的加入帮扶工作。日本针对假释、缓刑、事后安置和其他非监禁罪犯,专门制定了一系列法规,如《罪犯更生保护法》《缓刑监督法》《赦免法》等。

又如,美国立法机关制定了专门法律以维护矫正对象重新就业并同时保证雇主利益不受损害。正如前述,在美国,联邦和州的法律通常会要求各机构或企业不能仅仅因为求职者的犯罪人身份而拒绝雇佣。在美国纽约州,为促进犯罪人的“公平就业”,规定“不得因为申请者有定罪记录就拒绝雇佣或者拒绝颁

① Clear, Todd R. and Harry R. Dammer. 2000. The offender inthecommunity. Belmont, CA: Wadsworth/Thomson Learning. p. 61.

② 吴宗宪:《社区矫正比较研究》(上),中国人民大学出版社 2011 年版,第 378 页。

发执照，除非在定罪与特定职业或者执照之间有一种直接关系，或者除非定罪对于他人或者财产有一种“过度的危险”。这种“直接关系”意味着，被定罪的犯罪行为性质直接关系到履行与该职业或者执照有关的义务或者责任的适合性或者能力。法律要求公、私雇主要提供书面文字，讲明拒绝雇佣或者颁发执照的理由；另外，任何时候只要是雇员伤害了该机构或企业外的第三方，雇主都必须基于过失雇佣而直接对受害的第三方承担责任。为避免雇主因此不愿意雇佣犯罪人身份的求职者，一些州规定：雇主在尽到法律规定的一些基本的背景检查义务后雇佣矫正对象，可以免除雇主通常应该承担的雇佣责任。这种制度刺激了雇主聘用矫正对象的积极性。一些州为避免犯罪记录对刑释人员造成负面影响，尝试将一些刑释人员的犯罪记录全部或部分去掉，并完全恢复他们的公民权。此类制度刺激了雇主聘用社区罪犯、刑释人员的积极性，有利于其就业和社会安定。

4. 帮助内容广泛，特别强调就业帮助

美国华盛顿大学加利斯·库柏林教授对罪犯再犯之因进行实证研究后总结指出：“贫穷、失业、福利援助缺失以及其他现实条件，使犯罪人重新融入社会和自己生活社区很困难，这导致他们……再犯具有巨大可能性。”解决社区矫正对象的就业困难问题，既关乎《社区矫正法》立法目的的顺利实现，更关乎社会稳定。

国（境）外社区矫正“帮助”，涵盖经济困难、就业、就学、社会交往、心理矫治等诸多方面。既包括物质帮助，也包括借助宗教力量的“精神帮助”，但特别强调就业帮助。社区矫正对象无法就业，会增强其重新犯罪概率。美国犯罪学家特伦斯·肖恩波利与 R. L. 克里斯汀森对 1000 名生于费城的男子进行的纵贯研究也发现，失业对于犯罪活动的增多具有即时的或短期性刺激效果，两者之间具有互相作用、互相强化的关系。① 因此，就业帮助是预防重新犯罪的重要手段。美国《俄勒冈州社区矫正法》特别规定了在服务和干预方面的项目，如就业方面帮助罪犯找到工作和保持已有的工作，在教育方面帮助罪犯获得基本的文化知识。释放前，为即将从监狱释放的当事人联系居住地方，提供矫治、就业和其他方面的服务，以减少他们重新犯罪的可能性。这些项目均有利于帮助罪犯更好地回归社会，减少重新犯罪。

---

① 李光勇：《社区矫正人员帮扶现状、困境与对策调查研究》，载《中国刑事法杂志》2013 年第 4 期。

5. 强调社会力量参与

在社会力量参与社区矫正帮扶方面，国(境)外的市场化、产业化运作特征十分明显。如纽约矫正局“绿光重返社会”项目，这是美国纽约矫正局与“维拉司法研究所”于2002年联合设立，旨在帮助假释人员与社会重新建立联系。其主要特点在于通过关注罪犯的能力与需要，在咨询人员、假释监督人员、家庭成员的共同帮助下按照阶段制订计划，达到帮助其重新融入社会的过程。其内容涉及寻找就业机会、生活技能的训练、社会关系的建立等多方面的帮扶，在帮扶的过程中会有纽约市政府成立的相应机构予以支持，如“纽约市住房帮助委员会”“毒品教育与防止复吸班”等。通过该项目的实施，解决了假释人员的部分生活难题；又如，日本早稻田更新会，它不同于政府主导的矫正机构，更新会设立在居民区，设施较为简陋，只有20张床位，但是人员流动性较大，每年实际接收更生保护对象高达100人左右。训练内容包括人际关系、社会生活、就业辅导。回归社会的生活技能训练是集体训练的重中之重，着重训练其养成良好的作息时间、合理的金钱管理和勤劳自律的生活方式；再如，2014年英国法务部罪犯管理局以政府购买服务方式在全国设立21家社区更生公司，社会力量可以通过投标竞聘的方式获取更生公司的管理权，公司与罪犯管理局无隶属关系，独立运作。这种合作模式更容易激发非政府组织的活力，以灵活高效的多元化服务参与到社区矫正工作中。

我国香港特别行政区在如何平衡“控制”与“支持、复康与发展”(类似境内“帮扶”)两个貌似冲突的元素，达到良好的介入效果的做法，也值得内地借鉴。在我国香港特别行政区，社工界的主流看法是：“犯法”只是个人碰上阶段性难以处理的困难的表征，除个别犯罪人员有性格或道德标准上的缺陷外，大部分矫正对象需要的是专业的帮助以渡过困难阶段。① 为此，我国香港特别行政区政府的社会福利署聘用了2100名社工，这些社工均为公务员岗位。他们依据社会工作的职业操守及专业原则，协助这些社区矫正对象处理家庭、工作、人际关系、经济等方面的问题。例如，若社区矫正对象曾因失业而偷窃，社工便会安排他们申请“低保”和协助他们寻找工作；若社区矫正对象曾因为与妻子关系欠佳而做出非礼行为，社工就会为其提供婚姻辅导；若社区矫正对象曾因为工作

---

① 梁建雄：《平衡帮扶与发展——香港特别行政区社区矫正社会工作对内地的启示》，载《社会工作》2019年第7期(上)。

压力太大而做出犯罪行为去宣泄,社工就会辅导其增强抗压能力。此外,让民营机构运营中途宿舍及免费的戒毒中心等服务,并由社工全权支配部分现金的使用,协助刑释人士在过渡期应对生活困难。服务过程的“弱标签化”:社区矫正社会工作服务单位大都不会提及“帮扶”“改造”“矫正”等字眼。

虽然,对于境(国)外社区矫正帮扶,不能简单地加以移植。毕竟,刑事法律规范的制定是一个国家和地区政治、经济、文化和社会发展状况的体现,而且有其特定的思想渊源和文化背景。但是借鉴其中的合理成分,领会其立法旨意,对于推动我国社区矫正帮扶制度是大有益处的。如我国香港特别行政区帮扶中心的“弱标签化”做法,值得内地借鉴。内地不少的社区矫正中心(有的地方又称“社区矫正教育管理服务中心”),牌匾样式乃至标识,都是按照司法部门统一规定制作,但长年累月无人造访,恭迎上级领导的考察调研成为其重要工作,社区矫正对象并不愿意被标签成为特殊人群“被帮扶”,导致社区矫正中心的社工们吃力不讨好。目前国内区县一级社区矫正机构大多利用社会资源,构建了社区矫正工作的综合性平台——社区矫正中心。为进一步完善和充分发挥这类服务中心的作用,真正实现政府“花钱买服务”的目的,笔者认为可以将社区矫正中心,采用类似英国设立社区更生公司方式,逐步将其推向市场实现相对独立的运作。

(三)《社区矫正法》关于“帮扶制度”的规定与实践

《社区矫正法》构建了多元化的帮扶体系。从帮扶主体来看,社区矫正机构、村(居)委会、企业事业单位以及社会力量均是帮扶主体。《社区矫正法》第35条规定,应当通过多种形式并动员社会力量参与社区矫正对象的教育帮扶工作。第37条规定,“社区矫正机构可以协调有关部门和单位,依法对就业困难的社区矫正对象开展职业技能培训、就业指导”,第38条规定,居(村)委会“可以引导志愿者和社区群众,利用社区资源,采取多种形式,对有特殊困难的社区矫正对象进行必要的教育帮扶”。第43条规定,“社区矫正对象可以按照国家有关规定申请社会救助、参加社会保险、获得法律援助,社区矫正机构应当给予必要的协助。”此外,《社区矫正法》还对帮扶方式进行了规定,第40条规定:“社区矫正机构可以通过公开购买社区矫正社会工作服务或者其他社会服务,为社区矫正对象在教育、心理辅导、职业技能培训、社会关系改善等方面提供必要的帮扶。”

在理论上，根据帮扶的重点与迫切程度，通常将帮困扶助分为三个梯度：(1)生存型帮困扶助。帮助社区矫正对象解决吃、穿、住、行等基本生存问题，主要包括临时救助、社会保障和就业帮助；(2)支持型帮困扶助。是帮助社区矫正对象顺利地过上日常生活而进行的帮困扶助。主要包括法律帮助和心理帮助；(3)发展型帮困扶助。是帮助社区矫正对象在未来有更好的发展而开展的帮困扶助。主要包括就学帮助和技能培训。[①] 正如马斯洛的“需求层次”理论指出，个人最基础、最低层次的需求是生存的需求，只有在满足生存需求之后，才能谈及其他层次的需求，如安全需求、社会需求、尊重与自我实现需求。

实践中，根据帮扶内容的不同，通常将帮扶分为经济困难帮扶、就业帮扶、家庭关系帮扶、社会适应帮扶等。

1. 经济困难帮扶

实践中，对此类帮扶措施，主要包括：

(1)落实社会保障。最主要的是帮助落实基本养老金与最低生活保障。关于基本养老金，是城镇户籍社区矫正对象最为普遍关心的问题之一。矫正期间，社区矫正对象是否可以缴纳或领取基本养老金？现行的《社会保险法》及主管部门的相关规定，都没有明文禁止社区矫正对象缴纳养老保险费，也没有关于社区矫正对象停发或者暂停发放养老保险金的规定。《社会力量参与意见》对于落实社区矫正对象社会保险提出了要求：“已参加企业职工基本养老保险并实现再就业或已参加城乡基本养老保险的，按规定继续参保缴费，达到法定退休年龄或养老保险待遇领取年龄的，可按规定领取相应基本养老金，但服刑期间不参与基本养老金的调整。社区服刑人员可按规定执行基本医疗保险等有关医疗保障政策，享受相应待遇。符合申领失业保险金条件的社区服刑人员，可按规定享受失业保险待遇”。该意见还规定：假释罪犯在社区矫正期间，与用人单位建立劳动关系的，应当与其他普通大众同样缴纳基本养老保险费。该意见解决了参保的假释犯领取基本养老金的“回归之痛”问题。但意见关于“矫正期间不参与基本养老金调整”的规定，依然存在不合理性。部分省(自治区、直辖市)在贯彻上述规范性文件的同时，对社区矫正对象的基本养老保险和医疗保险作出了进一步的解决。如浙江省司法厅、财政厅、人力社保厅和医保局联合印发《关于社区矫正对象参加养老保险和医疗保险有关问题的通知》，明

---

① 吴宗宪：《社区矫正导论》，中国人民大学出版社2016年版，第321页。

确了社区矫正对象参加养老保险和医疗保险的8条具体政策。该通知明确:具有浙江本省户籍,在社区矫正期间或刑满释放后没有其他基本养老保险关系的,可以参加城乡居民基本养老保险,按规定享受城乡居民基本养老保险待遇。通过补缴方式参保的,按城乡居民基本养老保险补缴相关规定执行。通知规定,浙江本省户籍的社区矫正对象无其他基本医疗保障的,可以参加本省户籍所在地城乡居民基本医疗保险并按规定享受医疗保险待遇。浙江省的这一做法,值得其他省(自治区、直辖市)借鉴。

关于最低生活保障,简称"低保",是指国家对家庭人均收入低于当地政府公告的最低生活标准而给予的一定现金资助,以保证该家庭成员基本生活所需要的社会保障制度。将经济困难的社区矫正对象纳入"低保"体系,可以帮助其解决实际困难,有利于其安心接受矫正,顺利回归社会。

(2)开展临时救助。临时救助,是指社区矫正机构在社区矫正对象面临暂时的生活困难时提供应急性帮助的活动。临时救助包括过渡性救助和紧急救助。过渡性救助主要是指为"三无"人员提供暂时的住处和食物。目前,区(县)一级社区矫正机构普遍配备的"中途之家""社区矫正中心""阳光之家"等就具备提供过渡性食宿的功能。大部分省(自治区、直辖市)所辖的区县均已经建立社区矫正中心,有的省(自治区、直辖市),如吉林省,已经实现了所有区(县)社区矫正中心的全覆盖;紧急救助,主要是为出现突发事件或变故的社区矫正对象提供救助。目前,我国的临时救助在实践中主要表现为设立专项救助基金等方式,对社区矫正对象再社会化和回归正常生活发挥了重要的作用。如上海市建立了经济困难社区矫正对象临时救助专项基金,将遭遇严重临时经济困难的社区矫正对象纳入临时救助范畴,如对社区矫正对象重大疾病医疗救助全年额度累计可达5000元。也有地方政府机构指定专门的医院,让患有重大疾病的矫正对象在就医过程中享受减免政策。特别是人民法院对因病而决定暂予监外执行的矫正对象,矫正对象又因贫困而难以支付每三个月一次病情复查费用时,部分地方政府予以减免病情复查费用,此类临时救助的举措有推广价值。

2. 就业帮扶

就业帮扶,是指社区矫正机构为了帮助社区矫正对象就业而开展的活动。失业与犯罪之间关系密切,无业导致入狱,入狱导致无业,无业导致再次入狱,如此循环,使犯罪的原因都模糊了。[①] 社区矫正对象难以就业,会增强其重新犯罪概率。根据美国司法统计局2005年的报告,1/3的犯罪人被捕时处于失业状况,这些人的失业率远远高于平均失业率。[②] 目前,我国各地为社区矫正对象提供的就业帮扶主要包括:

(1)开展就业指导。如社区矫正机构通过职业介绍机构、家政服务中心等社会中介机构合作,为社区矫正对象提供就业信息,或者向有关公司、企业推荐社区矫正对象就业。

(2)职业技能培训。通常由政府相关部门免费为社区矫正对象提供职业技能培训,以提高其就业能力。职业培训是社区矫正对象回归社会的重要途径。有研究发现,职业技能培训是影响新生代农民工非农收入水平的最主要因素,工作经验每增加1年,新生代农民工非农收入增长8.9%。[③] 对于农民工社区矫正对象而言,通过职业技能培训,拥有一技之长,显然,更有利于回归家庭、回归社会。

(3)就业安置。社区矫正机构通常通过建立过渡性的就业安置基地帮助社区矫正对象解决就业问题。在就业安置基地,社区矫正对象与其他员工同吃同住、同工同酬,不仅可以增长才干、积累经验,还可以接触到更多、更新的就业信息,习得一技之长之后可以实现真正就业。

(4)鼓励自主创业。社区矫正机构通过为具有自主创业能力和愿望的社区矫正对象提供指导和帮助,促进他们以创业带动就业的帮助活动。全国各地也创造了许多好的经验与做法,如多部门协调、配合,合力落实社区矫正对象的帮困扶助。

3. 家庭关系帮扶

家庭作为个体初级关系网络,是个体获得社会支持和资源的基础平台。家庭关系的恶化甚至瓦解对社区矫正对象重新犯罪有着重要影响。美国学者江山河、费希尔等人运用多层次多元回归分析发现:犯罪人与子女的通话次数有助于降低其违规行为次数,婚姻状况的维持有助于降低男性犯罪人的违规行为次数。

---

① 翟中东:《国际视域下的重新犯罪防治政策》,北京大学出版社2010年版,第488页。

② 李光勇:《社区矫正人员帮扶现状、困境与对策调查研究》,载《中国刑事法杂志》2013年第4期。

③ 罗锋、黄丽:《人力资本因素对新生代农民工非农收入水平的影响》,载《中国农村观察》2011年第1期。

社区矫正对象在进入社区矫正的初期可能遭遇家庭关系紧张甚至破裂的问题。主要表现在家人冷漠、家人不接纳、婚姻破裂、难以养育子女等。实践中,家庭关系帮扶通常采取下列措施:一是协调社区矫正对象紧张的家庭关系。社区矫正工作者,特别是专业社工,经常会到一些家庭关系紧张的社区矫正对象家里走访,观察家庭成员交往方式,开展家庭治疗,建立良性家庭互动模式;二是帮助社区矫正对象更好地养育子女。上海市社区矫正工作办公室发布的《关于开展社区服刑人员未成年子女关爱行动的通知》(沪司社矫办发〔2006〕11号),将社区矫正对象未成年子女的帮困列入日常工作,通过学杂费减免、结对义务家教、赠送生活、学习用品、组织文娱活动和社会活动、开展心理健康辅导等形式的帮扶;三是帮助单身社区矫正对象介绍对象与组建家庭等。

4. 社会适应帮扶

社区矫正对象入矫初期通常会面临一系列社会适应问题,诸如:一是户口无处挂靠。特别是假释人员在监狱服刑期间户口被注销或者自己的住房动迁,从监狱假释出来后户口无处可挂。如果没有户口,就不能申请“低保”和廉租房补贴等社会福利,基本生活保障将无从谈起,这会极大地增加其重新犯罪的概率;二是无处居住。有的假释人员从监狱转入社区服刑,由于离婚、父母不接纳或者房屋动迁等原因无处居住,严重影响正常生活;三是社会关系断裂。社会关系是社会资本的重要形式,能够为关系人带来社会资源。一些社区矫正对象,无论是假释犯、缓刑犯还是管制犯都会遇到社会关系断裂,如朋友断交、他人歧视导致其获取的社会资源减少、在遇到困难时难以获得帮助等。美国的对南加利福尼亚的桑塔·莫妮卡海滨社区进行的一项研究发现,该城中半数左右的重罪与无家可归者有关,并且无家可归者经常实施其他犯罪,如盗窃和卖淫,以便生存下去。此外,社会关系的缺乏也是重新犯罪的原因。加拿大的累犯研究表明:行为人与社会关系越远越容易犯罪。

实践中,我国的社会适应帮扶主要采取以下措施:一是落实户口。如通过与社区矫正对象家人或亲属协商,说服他们同意挂靠社区矫正对象的户口,或者是将一些无亲可投的社区矫正对象的户口挂靠到专门为矫正对象提供服务的公司,如上海市洪智公司,成为集体户口。随后,社区矫正工作者就可以帮助他们向民政部门申请社会救助;二是落实住处。如帮助他们申请廉租房或者通过建立中途驿站为“三无”社区矫正对象提供宿舍。在此方面,上海市社区矫正工作办公室制定了《中途驿站管理规定》,实现了中途驿站的规范化运作;三是重建社会关系网络，以便社区矫正对象在遇到困难时获取帮扶资源。

(四)社区矫正帮扶工作所面临的困境

为社区矫正对象中的困难群体提供全方位的帮扶，能有效地预防其重新犯罪和促进其回归社会，但是，社区矫正对象帮扶工作依然面临着一些宏观环境与制度层面的困境。这些困境包括：

1. 民众的不理解

实践中，社区矫正工作者利用自身社会资源协调民政部门帮助社区矫正对象办理“低保”，为无处居住者提供免费住处，劳动部门为社区矫正对象提供工作机会等，这些最基本的帮扶举措，却遭到一些普通民众的质疑与反对，他们认为社区矫正对象是触犯了法律的罪犯，是对社会造成危害的人，司法机关与民间组织不应对他们积极帮扶，认为“在家里坐牢”是纵容罪犯，放虎归山。

2. 面临社保制度排斥

社区矫正对象面临的社保制度排斥，主要表现在养老保险、医疗保险、最低生活保障等方面。养老保险方面，如退休人员被判刑后，矫正期间虽能享受判决前的基本养老金，但不能参与基本养老金的调整。现实中，医疗保险赖以存续的单位和个人共同缴纳的制度，因矫正对象就业过程中的暂时性就业和非合同制的普遍存在而变得没有意义。部分没有工作和临时性工作的矫正对象因为不符合医疗保险的标准而无法参加医疗保险。就业单位破产倒闭而无法按时足额交纳医疗保险金的矫正对象，在短期内也无法享受医疗保障。部分曾经做过公务员的矫正对象则因刑事犯罪而彻底失去“公费医疗”的保障。

申请低保，原本是以经济生活困难程度确定，与是否刑事犯罪没有直接联系。但由于传统情结和政策执行过于苛刻，导致部分矫正对象不能申请或申请过程中遭到刁难。根据民政部 2021 年 6 月 11 日印发的《最低生活保障审核确认办法》，申请“低保”以家庭为单位，由申请家庭确定一名共同生活的家庭成员作为申请人，向户籍所在地乡镇(街道)提出书面申请。《社区矫正法》第 43 条规定，社区矫正对象可以按照国家有关规定申请社会救助、参加社会保险、获得法律援助，社区矫正机构应当给予必要的协助。为此，社区矫正对象身份不应影响“低保”的申请。实践中，对于被判处管制、宣告缓刑、裁定假释的“三类”矫正对象，各地对其申请最低生活保障没有限制，但部分地方对于暂予监外执行矫正对象申请最低生活保障给予了限制。同时，对于已经申领“低保”的社区矫正对象，一旦重新就业，则依据《劳动法》“用人单位应当为劳动者缴纳社会保险金”规定，他们的“低保”会被取消。由于社区矫正对象的工作岗位一般局限于保洁、门岗、家政等领域，其收入基本上与当地最低工资水平持平，如果除去交纳的房租和食品等基本开支，往往入不敷出。如果他们有“低保”，还可以享受廉租房补贴与申请临时救助金，一旦就业，这些均没有了。换言之，对于一些社区矫正对象来说，申领“低保”的收益可能还大于重新就业的收益。这种现象造成一些本来希望重新就业的社区矫正对象放弃就业，宁愿在家吃“低保”。

3. 就业歧视

目前用人单位广泛执行的就业政审制度，即用人单位在正式录用员工之前都要求其到户籍所在地公安机关开具《无犯罪记录证明》。许多社区矫正对象因为此项就业前政审制度被用人单位拒之门外，有些已经就业的社区矫正对象在当初应聘时隐瞒了自己的犯罪记录，后来被用人单位知晓，一般的结果是被用人单位辞退或变相“请辞”。尽管社区矫正对象竭力希望自食其力，然而其不仅要受到制度排斥，还要受到社会歧视，当他们无法维持基本生活时，怎能避免铤而走险重新犯罪呢？

4. 帮扶资源匮乏

帮扶资源，是有效实施帮困扶助的前提。但现实中存在帮扶资源匮乏：一是国有企业不愿参与社区矫正对象就业帮扶。以前国有企业拥有一项基本职责，即每年承担一定数量的刑释解教人员、“三无人员”的就业安置与帮扶。但现在的国有企业不再接收此类人员；二是社区矫正对象人数增加与社会帮扶志愿资源不足的矛盾开始显现。随着司法体制改革和工作机制改革的不断推进，国家将会更大范围和更大强度地推进社区矫正，越来越多的管制犯、缓刑犯与假释犯将进入社区矫正，对帮扶志愿者与帮扶志愿活动的需求也将日益增长，但是目前的帮扶志愿资源尚存在人数不足、经费紧张以及法律权限不明等问题，无法满足社区矫正帮扶工作的需要。

（五）社区矫正帮扶的对策建议

社区矫正对象是一群被贴有“犯罪”标签并被强制“污名化”的特殊群体，属于不可转换的弱势群体，理应受到特别关注，并应从体系结构视角考虑这类群体复归社会的权利保护和社会融入。笔者认为，需要从转变“重刑主义”观念、创新社会保障制度、改革矫正对象就业制度与扩充社会志愿力量四个方面促进社区矫正对象帮扶工作。

1. 转变“重刑主义”思想，营造帮扶救助氛围

在我国的传统刑罚观念中，“重刑主义”一直占据主导地位。民众普遍认为，犯罪人作为道德恶的表征，其基本人格与尊严理应受到全面否定，罪犯在公众传统观念中都是坏人、恶人，从原始的情感上对罪犯的态度就是鄙视他、憎恨他，甚至以打压他、消灭他为“快事”。

“重刑主义”过于强调对犯罪人的惩罚，却忽视了犯罪原因的复杂性以及矫正措施理应具有的多面性。当今刑法理论界的普遍共识之一是，犯罪不仅是个人主观意志的选择，同时也是社会中诸多不良因素交互作用的产物。既然社会环境是犯罪产生的因素，那么社区矫正对象对其危害社会的行为所承担的责任也应当是相对的和有限的。所以，社会在追究社区矫正对象责任，处以惩罚的同时，也负有教育、挽救、帮助其重新融入主流社会的责任。因此，我们有必要从“重刑主义”转向“帮扶救助”理念，给予社区矫正对象重返社会的机会。

2. 创新社保制度，满足基本生活需求

首先，需要实现社会救助制度创新，理顺其与就业制度之间的关系。社区矫正对象中的困难群体往往因生活窘迫犯罪，成为矫正对象后又因罪犯身份难以获得就业来养活自己和家人，“低保”这一社会救助是其最重要的生活来源。如果他们就业，其“低保”就取消，但在领取“低保”的收益大于重新就业收益的情况下，应改革现行社会救助制度，让一些从事低端行业且收入水平接近最低工资的社区矫正对象依然能够全额或部分领取“低保”实有必要。笔者认为，从国务院 2014 年 5 月 1 日起施行的《社会救助暂行办法》的精神来看，其立法目的在于保证公民（涵盖社区矫正对象）的基本生活，促进社会公平，维护社会和谐稳定。基于此，对于暂予监外执行的矫正对象不应排除在“低保”范围外。这样既符合立法精神，也有利于其在社会接受矫正；其次，需要创新养老保险制度，给予社区矫正对象合适的养老保险政策。社区矫正对象在矫正期间达到退休年龄不能办理退休手续，不能领取养老金；或者正在领取养老保险金却不能参与基本养老金调整都不利于其回归社会。其实，社保部门不具备刑事处罚的主体资格和收缴罪犯养老保险金的权力，我国刑罚体系中也没有取消养老保险金的规定，此种做法违反了刑法“一罪不再罚”的原则。[①] 社区矫正给矫正对象

① 温毅斌、龙新民：《取消罪犯养老保险缺乏法律依据》，载《检察日报》2005 年 4 月 18 日，第 4 版。

造成的痛苦主要应体现在行动自由受限制上，不应该加重这种固有的痛苦。相应地，在养老保险方面给予社区矫正对象与普通人群相同的待遇，是人道价值的体现，也是行刑社会化原则的要求。

3. 改革就业制度，实现公平就业

首先，我国立法机关应该制定专门的法律维护社区矫正对象重新就业的权利，并同时保证雇主利益不受损害；其次，可以尝试全部或部分取消社区矫正对象的犯罪记录，促进其就业。根据社区矫正对象所犯罪行和矫正期间表现，对部分主观恶意较小、罪行较轻，且矫正期间表现良好的，可以对其犯罪记录进行封存。这样做可以避免社区矫正对象“破罐子破摔”的心理，增强其参与矫正的主动性和配合度，使其以全新姿态重新融入社会。

4. 倡导社会力量参与，建立全面的社会支持制度

社区矫正与监禁矫正的最大区别，在于社区矫正是在开放的社会对罪犯进行矫正。因此，如何发挥社会力量参与社区矫正，是社区矫正能否获得成效的关键所在。笔者认为，首先应通过立法为参与教育帮扶的社会力量提供法律支撑。政府需要制定相关的法律法规，建立社区矫正教育帮扶的主体资格、运行机制、资金保障、激励机制、与社区矫正相关主体的联络与沟通机制、志愿者受到伤害的保障机制等，为社会力量参与社区矫正提供法律上、物质上与精神上的支持。特别需要明确的是，社区矫正专业社工，不是纯粹无偿的“义工”，而是一支重要的专业力量，从事的是专业的助人工作。在社区矫正对象的职业技能培训、社会关系改善、心理疏导、社会生活调适等方面，需要他们的介入。许多国家对社会力量参与社区矫正帮扶制定了专门的法律法规。例如，美国的阿拉巴马州社区矫正立法规定：缓刑、假释部门等政府矫正机构需要与为社区罪犯提供服务的非营利私人机构等社会力量签订合同，并提供资助。日本的《日本犯罪者预防更生法》等法律也对社会力量参与社区矫正帮扶予以明确界定，推进了社会力量更好地投入社区矫正帮扶工作中；其次，要倡导资金充足、社会资源丰富的市场组织和民间组织加入帮扶领域。如不仅要倡导国有企业参与就业帮扶，而且还要倡导国有企业在其他方面为社区矫正对象提供帮扶；还可以倡导更多资金充足的民间组织为社区矫正对象提供帮扶；最后，要向社会公众宣传社区矫正对象帮扶工作。使社会公众明确社区矫正帮扶是国际刑罚人道化、人性化的发展趋势，体现了“以人为本”理念，有利于提高社区罪犯的矫正质量。

第九章

循证矫正在社区矫正中的应用

西方循证矫正通过实证研究，发现了八大再犯风险因素，并且提出了具体的再犯风险评估工具和干预策略。但是西方循证矫正局限在实证主义范式下，仅仅侧重认知行为策略技巧的训练和应用，以满足“RNR”原则。在中国社区矫正语境下运用循证矫正，需要运用综合性评估和干预方法，有效地恢复社区矫正对象的社会关系和社会生活，而不是简单地控制再犯风险。

一、认识循证矫正

发端于20世纪90年代的循证医学，后被应用到司法矫正领域，强调通过社会环境改造、认知能力归正和控制能力提升来有效阻止再犯，从而在传统矫正模式的基础上形成了一种新型的矫正模式——循证矫正。

循证医学影响到司法矫正领域，起因于犯罪学领域的“马丁森炸弹”。提出大部分恢复性矫正项目并无效果。引起对矫正工作的一片质疑。原本公众对于不断上升的犯罪率就比较恐慌，认为对罪犯改造手段过于温和，如果矫正活动并无效果的话，顺理成章的结论就是社会强烈要求加强犯罪控制。美国的刑事政策钟摆自此转向“严惩”，纽约警方更是提出对街头犯罪“零容忍”的执法态度。[①] 于是有学者提出向循证医学进行借鉴，循证矫正的概念应运而生。循证矫正的关键环节是证据的甄选，以及对罪犯的矫正方案的优化。[②]

循证矫正，又称“基于证据的矫正”，是指矫正工作者针对矫正对象的具体

① 郭伟和：《扩展循证矫正模式——循证矫正在中国的处境化理解与应用》，载《社会工作》2017年第5期。

② 张崇脉：《当代美国循证矫正及其启示》，载《中国刑事法杂志》2013年第6期。

问题,寻找并按照现有的最佳证据,结合个人特点和意愿来实施矫正活动的总称。2012 年,我国司法部相关领导主导将循证矫正引入中国。2013 年,司法部正式成立循证矫正研究与实践领导小组之后,江苏、山东等地监狱系统开展循证矫正研究与实践试点工作。循证矫正自被引入我国试点后,在社区矫正领域发挥了不可替代的作用,循证思想逐步融入教育矫正体系。我国《社区矫正法》第 24 条要求,社区矫正工作人员监管必须根据罪犯个体差异,采取分类管理和个别化矫正。充分体现了我国社区矫正融入了循证思维,逐步结合循证矫正中强调的筛选"最佳证据",综合评判矫正对象的现实危险因素和再犯的可能因素,遵循最佳证据制订矫正方案。由此可见,矫正对象不同阶段的证据的循环递进,进而证据自身实现优化更新,形成阶段性的证据—矫正—更新证据—调整矫正的循环演变,有针对性地降低矫正对象的再犯率,消除其现实危险因素。

理想的循证矫正包含三个或更多的阶段以帮助罪犯回归社会:第一阶段始于服务机构向罪犯提供满足其一定需求的服务;第二阶段是从机构中释放罪犯;第三阶段是善后或复发预防阶段,刑满释放人员将获得持续的支持与服务以满足他们的需求。[①] 目前循证矫正的"最佳实践"源自加拿大,加拿大犯罪矫正专家们经过对多个犯罪矫正研究的分析,发现有效矫正的三个重要原则:风险(risk)、需求(needs)和回应性(responsivity),又被称为"RNR"原则。[②] 该原则的核心内容是测定罪犯个体再犯风险的高低从而确定矫正强度,并寻找可能会促使其再犯的原因,然后结合罪犯个体的能力和学习方式来设计和实施矫正方案。

(一)循证矫正的渊源

经济基础决定上层建筑。一定社会时期的意识形态是由特定的刑罚哲学所主导的,而刑罚哲学决定着社区矫正理念和社区矫正模式的选择。中世纪以后的西方国家历经 200 多年的监狱体制改革,其监狱的发展轨迹和矫正演变的规律已经探索了多种矫正模式。

米歇尔·福柯认为,"监狱不是先有剥夺自由的功能,然后再增添教养的技

---

① 廖天虎:《美国循证矫正制度及其借鉴》,载《人民检察》2018 年第 9 期。

② 刘卫丹、杨畅、黄峰:《基于 RNR 原则的罪犯风险评估理论与实践》,载《犯罪与改造研究》2016 年第 6 期。

术功能。它(监狱)从一开始就是一种负有附加的教养任务的‘合法拘留’形式,或者说是一种在法律体系中剥夺自由以改造人的机构。总之,刑事监禁从19世纪初就包括剥夺自由和对人的改造。"[1]因此,我们可以断言,监狱的发展历史在对罪犯的矫正问题上,是由野蛮的报复到人性化的矫正的演变过程,这也同时是人类进步和社会文明的历史选择。"18世纪以后,由于文艺复兴、宗教改革和产业革命的综合影响,在欧美大陆掀起了一场政治和思想革命的风暴,随着资产阶级自由、平等、天赋人权和人道主义思想的深入人心,封建刑罚以其极度残暴、专横的现状受到了来自社会民众的广泛抨击。资产阶级开始打着复兴罗马法精神的旗帜,以人权为基础,推动对传统刑罚的全面变革"。[2] 这其中,最具有标杆意义的莫过于贝卡里亚1764年发表的《论犯罪与刑罚》,提出了罪刑法定、罪刑相适应和刑罚人道三原则,由此揭开了刑罚的改革序幕。1777年,监狱改良的鼻祖约翰·霍华德发表了对后世影响极大的《英格兰及威尔士监狱状况》一书,通过对英国和欧洲其他国家的深入考察,深刻地揭露了监狱的弊端,提出了改善罪犯待遇,对罪犯进行教诲、纪律规导,进而使其悔罪,组织罪犯参加劳动等一系列具有建设性的建议。可以说,以贝卡里亚和约翰·霍华德为代表的刑事古典学派的思想为现代监狱矫正制度的建立奠定了基础。

1779年,在约翰·霍华德的努力下,他的监狱改良思想得到了社会公众的广泛支持,迫使英国通过了监狱改良的法案,这标志着西方进入了监狱改良时代。出乎预料的是,处于大洋彼岸的美国率先吸纳了欧洲大陆的刑罚思想,走在了监狱体制改革的前列,把先进的刑罚思想付诸监狱的矫正实践,最具有标志意义的是宾州制和奥本制的实践探索。在随后的200多年中各种监狱矫正制度和矫正模式粉墨登场,突出的监狱矫正制度有独居制、沉默制、点数制、自治制、不定期刑制、监狱分类制、罪犯分类制、累进处遇制,等等。典型的矫正模式有教育模式、医疗康复模式,复归社会模式、公正模式、开放处遇模式、综合效益模式等,呈现出了多元化的发展态势。同时,为社会公众认识监狱、了解监狱、领悟监狱、关注监狱提供了更为广阔的平台。我国监狱学家曾经论述到"然而监狱一项,比诸立法司法,尤关重要,则监狱之组织,早当尽善美,何以时至今

---

① [法]米歇尔·福柯:《规训与惩罚》,刘北成、杨远婴译,生活·读书·新知三联书店2003年版,第261页。

② 张苏军:《中国监狱发展战略研究》,法律出版社2000年版,第60页。

日，狱制犹未臻圆满，推其原因，实由昔时法学家，不审本末，往往偏重立法司法，而于最关重要之监狱，反漠然置之。”“1825 年，荷兰政府将改订刑法，命法学家范登特克氏起草，范氏应之曰：政府之命本不敢辞，但欲改良刑法，非先改良监狱不可，狱制不良，虽刑法改良，也将无所适用。”[①]由此，西方国家对于监狱改良的重视可见一斑。

在这一时期，西方国家的监狱改革实践，也促进了国际社会对监狱的高度关注，不仅出台了一系列的关于监狱管理和罪犯处遇的规范性文件，而且在罪犯的权利保护和矫正技术方面，也达成了诸多共识，更为重要的是，在西方国家率先兴起了以社区矫正为核心的非监禁刑罚执行方式，促进了世界各国的罪犯改造与社区矫正工作。

第二次世界大战以后，由于社会经济模式的变化，新的科学技术的应用，社会犯罪现象日益严重，监狱关押的罪犯增多，重新犯罪率居高不下，人们保卫社会的呼声越来越强烈。在这样的背景下，西方社会不断寻求新的刑事政策，日益认识到矫正教育罪犯，使罪犯回归社会的重要性，为此，新的矫正理论、矫正思想和矫正技术被运用到社区矫正领域，社区矫正的个别化、技术化、科学化和社会化受到重视，在原有监狱行刑模式的基础上，以社区矫正为主导的对罪犯矫正和教育的教育刑成为社区行刑的中心。以德国李斯特为代表的教育刑论者，不承认犯罪是犯罪人自由意志支配和选择的结果，否定其天生固有性，认为是不良社会环境的产物，诸如贫困、失业、亚文化等决定了人必然犯罪。国家不应该惩罚作为社会环境之牺牲品的犯罪人，而应该用刑罚教育改善犯罪人。通过社区参与的积极的教育矫治而使犯罪人不再犯罪。刑罚的本质应该是教育而不是惩罚。因此，他主张刑罚应以改造罪犯、保卫社会为出发点。不但应根据犯罪人的具体情况，对其进行教育改造，使其尽快复归社会，而且应根据犯罪者的社会危险性程度，适用相应的刑罚，使刑罚的轻重符合改造罪犯、保卫社会的需要。[②] 在矫正教育思想的主导下，西方社会把更多的目光投向对罪犯个体的社区矫正上，关于罪犯个案矫正的矫正方法、矫正手段、矫正措施、矫正内容和矫正项目，被广泛应用到罪犯的分类、危险评估、矫正项目实施、心理辅导与治疗等方面，逐步形成了较为完备的社区矫正罪犯的行为规则、操作规范和评

---

① 王元增：《监狱学》，1924 年北京监狱印行，第 5 – 6 页。

② 郑伟：《法社会学视野中的刑罚理念及制度》，吉林大学 2006 年博士学位论文，第 47 页。

价标准,使社区在罪犯矫正的运作和操作层面更加规范,可以说,这是西方在罪犯矫正上的质的发展。

在教育刑主导下,西方国家的刑事法律也出现了明显的倾向性:一是在刑法谦抑思想的影响下,坚持立法上的非犯罪化;二是大量适用缓刑或教育性处分手段等替代措施,严格控制自由刑;三是广泛适用社区矫正等非监禁式方法,使社会公众等更加广泛的社会资源得以介入罪犯矫正领域,大大降低了监禁刑所带来的"监狱化"现象等负面效应。

虽然在美国等西方国家,对建立现代社区矫正制度进行了大量的探索,但是,实用主义、功利主义始终困扰着现代行刑方式。社区矫正是为政治服务的,社会公众关于社会安全的诉求在一定意义上决定着刑罚的发展方向。20 世纪 70 年代中期,西方国家的犯罪率、重新犯罪率、累犯率等居高不下,严重威胁着公众安全,引起了社会公众的不满。对罪犯社区矫正的有效性受到了质疑。打击犯罪、严惩罪犯的呼声成为主流舆论。在这种情况下,统治者不得不制定了更为严厉的惩治犯罪的法律。尤其是马丁森报告和欣克利事件,使惩罚模式又在倡导矫正教育之后重新占据了主导地位。①

随着犯罪浪潮的冲击,西方国家又重新实施重刑打击犯罪的法案,监狱的隔离功能和监禁功能又被摆在首要地位。社会公众认为保卫社会的最好的方法仍然是惩罚和监禁,只有将罪犯关进监狱,剥夺他们的犯罪能力,才可以降低犯罪率,才能够保护社会公众的安全,才能够体现社会的公平正义。有些学者甚至直言,无论社区矫正意味着什么和无论社区矫正的方案赋予它的意味是什么,社区矫正都必须停止作为罪犯矫正的一个目的。但这并不意味着需要放弃监狱内已经存在的各种治疗方案,完全相反,他们还需要扩展。② 在这种背景下

① 马丁森报告是指为了研究和调查刑事司法和执法中的问题,美国总统专门任命了一个特别委员会由马丁森(Rober Martinson)主持调查和研究。1974 年美国学者马丁森发表了题为《是否有效?关于监狱改革的问题与答案》的研究报告,提出了矫正对减少重新犯罪没有明显效果,即"矫正无效"的结论,成为震撼矫正界的著名的"马丁森炸弹"。马丁森对 231 个矫正项目进行了研究评估,这些矫正项目主要是监狱矫正项目、社区矫正项目和不定期刑制度等方面,通过数年调查获得的事实和数据,报告得出结论是除了少数项目有一定的积极影响外,矫正的努力没有产生可以感觉到的降低重新犯罪率的影响。马丁森的报告在总体上对各种矫正项目所产生的效果给予否定性评价。欣克利事件是指 1981 年美国发生了刺杀总统里根事件,凶手欣克利最终被判精神失常而无罪释放,送往精神病院接受治疗。此事件在美国引起了强烈反响,最终导致了有关法案的修订,包括取消关于"有罪亦有病"的提法。

② [美]理查德·霍金斯、杰菲里·P. 阿尔珀特:《美国监狱制度——刑罚与正义》,中国人民公安大学出版社 1991 年版,第 260 页。

出现了折中理论,提出了对罪犯的报应、矫正和人权保护兼顾思想,由此,在社区矫正中,兼具报应、矫正和人权保护功能的循证模式被推上了前台,被世界各国推崇。

在这里,我们必须强调一点,西方国家是一个思想多元化的社会,人们能够宽容多重理论并存共生,任何一种理论都不可能成为绝对的真理而独霸社会视域。因此,监狱监禁主义和社区矫正思想并存于现代刑罚执行实践中,在有的学者否定社区矫正的同时,以意大利的菲利和美国的萨瑟兰为代表提出了刑罚取消论。菲利在其名著《犯罪社会学》一书中,他竭力否定犯罪是人的自由意志的产物,因为"实证心理学表明,虚伪的自由意志是一种纯粹的主观幻觉"。据此,菲利认为国家没有惩罚犯罪人的刑罚权。菲利主张"根据造成犯罪人不同人格的社会情形,用不同的救治方法"取代刑罚,使"刑罚正义变成为保护社会以免遭传染病症的一种手段,铲除所有尚存于今日的未开化的遗迹,如复仇、憎恨及惩罚等"。①

萨瑟兰认为,刑罚总的来说弊大于利,因而应该取消。这一理论的产生,使刑罚在相当长的时间内不再称之为刑罚,而称之为处遇。以处遇为中心建立的刑罚模式往往与医疗模式、康复模式相类似。在其代表作《犯罪学原理》一书中他历数了刑罚的七大弊端:(1)"刑罚往往使受惩罚的个人处于孤立状态,使他成为社会的顽敌,而他的影响又可能扩展到其他人";(2)"刑罚使犯罪人产生谨慎",从而在犯罪时想方设法逃避制裁;(3)"刑罚导致其他不良态度",如使犯罪人丧失自尊心;(4)"刑罚有时给罪犯以地位",使人钦佩罪犯的冒险之举;(5)"改造应该是构造人格的过程",而刑罚却不能给犯罪人提供构造人格的素材;(6)"刑罚通常阻碍塑造人格的努力";(7)"刑罚已不再像从前那样具有恢复犯罪所破坏的社会均衡感的作用"。② 基于对刑罚这些缺陷的认识,主张抛弃刑罚,而代之以对犯罪的矫治方法,具有内在科学特质的循证矫正就是在不断地寻求探索中从循证医学中借壳蜕变而登上了社区矫正的舞台。

然而,正如法国著名思想家米歇尔·福柯所言:"监狱一直是一个活跃的领域。在这里,方案、建议、实验、理论、亲历见证和调查层出不穷。监狱制度一直

---

① 郑伟:《法社会学视野中的刑罚理念及制度》,吉林大学 2006 年博士学位论文,第 47 页。
② 刘帆:《刑罚限度研究》,华东政法大学 2009 年硕士学位论文。

是人们关注和辩论的焦点。”[①]我们必须清醒的认识到，在现代法治语境下，社区矫正是保卫社会的特定机构，在一定的历史阶段中是其他机构所无法替代的，社会公众对社区矫正的关注和重视，是社会发展的必然。只要人类社会不断的发展、文明和进步，社区矫正的法治、文明、人道和科学总是相伴而生，现代社区矫正制度在矫正与教育的牵引下，形成以“循证”为主导的矫正格局也就成为历史的必然选择。

（二）循证矫正是一种社区矫正的复合式技术矫正

技术矫正是指从技术的层面来研究对社区矫正对象的社区矫正程序、规则、技巧、技艺、设施等具体的规范和要求。在近几年的著作中，大都运用“社区矫正技术”一词，而社区矫正技术是自然、社会和思维技术构成的内在整体。“罪犯矫正技术可定义为是人类利用、控制和教育罪犯的有关方法论的知识体系。”[②]在循证矫正中，技术矫正是具体的规范和要求，是技术应用，是“用技术来矫正”，是如何使用技术来矫正；社区矫正技术是矫正形态，是“关于矫正的技术”，是社区矫正中如何使用技术。因此，循证矫正是“技术矫正”，是社区矫正技术的升华，既强调循证理念和方法的应用，也强调社区矫正方案制订中循证方法使用上的一种制度化、常规化和规范化。其特殊性在于矫正工作中不仅需要综合分析矫正工作者的矫正理念及被矫正者个体的个性特征、成长经历等特殊因素，同时还需要考虑监管机关、研究机构等方面的协调和管控，由此得出的成功个案矫正工作实践方案还可以根据其他罪犯个体特性灵活作出调整，为以后的矫正工作提供一套科学的方法论。

从广义上看，社区矫正所采取的用于社区矫正的方法、手段、措施等，都蕴含了丰富的社区矫正技术，如社区矫正对象的分类、社区矫正对象的管理、社区矫正对象的教育、社区矫正对象的社区服务、社区矫正对象的技能培训、社区矫正对象的职业生涯设计和指导、社区矫正对象的心理健康教育、心理咨询、心理治疗、个案矫正、危险性评估等，都属于社区矫正技术涉及的范畴。同时，我国经过多年的探索，目前，社区矫正正在运用的、较为成熟的主要矫正技术有：社

---

① ［法］米歇尔·福柯：《规训与惩罚》，刘北成、杨远婴译，生活·读书·新知三联书店 2002 年版，第 264 页。

② 于爱荣：《矫正技术原论》，法律出版社 2007 年版，第 146 页。

区矫正对象社区服务矫正技术、心理咨询技术、心理测验技术、社区矫正对象分类技术、分类处遇技术、职业教育技术、心理治疗技术等。正在探索阶段的社区矫正技术主要有：社区矫正对象个案矫正技术、社区矫正管理技术、社区矫正对象权利保障技术、社区矫正信息化技术、改造质量评估技术、危险干预技术、危机管理技术等，这些都为循证矫正奠定了坚实的基础。从循证矫正的形态和性质上来看，对社区矫正技术具有高度依赖性，各种社区矫正技术，都是循证矫正的"证据"来源，循证矫正实践应建立在这些证据的基础之上，根据最佳证据制订社区矫正方案；从社区矫正实践来看，我们要针对不同的社区矫正对象，运用不同的"技术"；即使对同一个社区矫正对象，在不同的最佳证据支撑下，也要用不同的"技术"制订社区矫正方案；甚至对一个社区矫正对象，即使在同一时间段，也要综合运用多种矫正"技术"。为此，循证矫正是一种社区矫正的复合式技术矫正，我们有必要在遵循最佳证据的基础上，借鉴、吸收其他国家的社区矫正技术或其他学科的理论、知识和经验，以获取最佳的矫正效果，确保对社区矫正对象刑罚执行和矫正教育目标的实现。

（三）循证矫正是一套社区矫正的操作方法和步骤

循证矫正在操作方法上，要求以科学研究证据为基础，为此，循证矫正的核心是建立一个证据体系，是多种研究证据的整合。循证矫正依据证据的效力高低，将随机抽样试验、元分析、生态效果研究、矫正过程研究、单一个案设计研究、质化研究和个案研究等研究所得出的证据，依次分为：首先最高层是内部效度最佳的随机抽样试验、元分析所得结论；其次是生态效果研究，之后依次是矫正过程研究、单一个案设计研究、质化研究和个案研究；最后证据级别最低的是矫正者的经验、专家意见、各种理论知识、教科书等。

循证矫正在操作步骤上，要求在遵循科学证据基础上的严谨性、规范性和程序化；追求在罪犯矫正的实践框架内操作上的相对固定和技术化。比如，有学者将其总结为"五个 A"：第一，提出问题（Ask）。根据社区矫正的情况和表现，全面收集信息，提出合适的问题，并将该问题进行 PICO 格式化，以适合检索的方式呈现出来；第二，获取证据（Access）。查找是否已经有解决该问题的指南或手册，如果没有，则登录相关数据库，检索可以回答上述问题的所有研究证据；第三，评价证据（Appraisal）。评价检索到的证据的正确性、有用性，从中找出最佳证据；第四，应用证据（Apply）。决定最佳证据是否应用于社区矫正情境中,使用最佳证据制订矫正方案;第五,评估反馈(Assess)。评估是为了检验最终的矫正效果是否达到了预设目的;反馈是为了有效解决社区矫正方案实施中的问题,及时调整和修正社区矫正方案,使社区矫正效果最佳化,成为下一阶段制订循证矫正方案的最佳证据。[①] 由此,循证矫正是一个由诸多步骤构成的、环环相扣的一整套操作体系。

(四)循证矫正是一个社区矫正的过程

循证矫正从提出问题,到通过元分析、随机抽样试验、文献综述、系统评价等方法筛选最佳证据,再到社区矫正方案的制订和矫正实践,最后对矫正效果的评估,整个矫正实践是由诸多环节所构成,每一环节都要基于一定的方法论基础,遵循操作程序和操作规范,完成了整个环节的要求,就是一个过程的结束。但是,一个过程结束了,并不等于社区矫正实践的终结,而是对社区矫正过程的整体评估和反馈,从中得到的经验和研究数据,又成为下一社区矫正过程的最佳证据。如此反复,不断促使社区矫正证据的最佳化和社区矫正方案的科学化。循证矫正不断评估、修正方案的过程,有利于选择最合适罪犯的矫正方案。

(五)循证矫正的优势

正如其他刑事司法制度一样,循证矫正制度本身也是优劣并存,其所发挥的优势并不能掩盖其固有的缺陷,但其缺陷亦不能成为否定循证矫正积极价值的理由。我们需要在正视优缺点的基础之上,扬长避短,充分发挥循证矫正制度的优点,弥补传统矫正中的不足。循证矫正优点体现在:

1. 循证矫正模式能够有效地减少再犯

这是循证矫正最大的优势,也是其产生发展的根本性原因。循证矫正以犯因性需求为中心,寻找证据来验证什么样的项目能够对矫正罪犯起作用,从而减少再犯。司法实践与研究证明,与传统矫正模式相比,很多循证矫正项目对减少再犯都有效。如认知行为治疗方法对减少再犯有重要的积极作用。

---

① 杨文登:《循证心理健康教育视角下的心理健康教育》,载《中南林业科技大学学报(社会科学版)》2012 年第 3 期。这五个步骤最早使用于循证医学的实践中,后来逐步衍化到社会学领域,虽然不同文献中,每一步骤的文字表述有所不同,但是没有实质意义的差异。笔者将其套用于循证矫正中,以说明循证矫正步骤的规范性和严谨性。

2. 与传统矫正方式相比,循证矫正能节约行刑成本

根据俄亥俄州康复和矫正局的统计,在 7 个月里平均每天的监禁花费是 54.39 美元,总共花费 11,422 美元。相比较而言,循证矫正制度中,每天的报告、集中监控和电子监控每个人治疗费用平均总共只花费 1600 美元。

3. 注重罪犯参与

循证矫正将罪犯看作“人有的问题”,而不是“有问题的人”,容易与罪犯形成合力,避免抵触情绪的发生。罪犯作为矫正活动的一方积极参与矫正活动。循证矫正实践充分考虑到罪犯在文化水平、生活经历、性格偏好、风险需求等方面的特点,确保“对症下药”。

4. 矫正手段的单一化向多元化转变

传统矫正手段表现比较单一,呈中心化发展趋势。如在监禁矫正中,一般性的教育劳动成为矫正的主要手段,而在社区矫正中则又偏向于一种公益劳动或者补偿性的劳动。随着对犯因性认识的深入与市场经济发展的变化,是否有“就业保障”成为矫正罪犯顺利回归社会的重要标志之一。而这一手段在我国刚刚兴起的社区矫正中可能有被夸大的成分,以至于社区矫正机构的工作人员花费很大精力为矫正对象寻找就业机会。诚然,保障就业是减少再犯的重要手段,但不能成为最主要的手段,更不能成为中心手段。正如前文所述,就业保障在“前工业时期”对预防再犯有其积极的意义,但在“后工业时代”受各种因素的影响,我们所预想的积极作用未必能得到充分发挥。我国处在市场经济发展时期,在就业形势严峻的特殊环境下,“就业保障”对预防再犯可能有着极为重要的作用,但从长远来看,不能将“就业保障”这一矫正手段单一化。

循证矫正实践启示我们,应以罪犯的个体需要与危险评估因素为依据,实现矫正手段的多元化。国外的实践证明,对于不同的犯罪,同样的矫正手段对监禁的罪犯与非监禁型的罪犯所表现出的作用是有差别的。

二、循证矫正的理论基础

循证矫正的理论支撑是一般人格理论和社会学习理论。这两种理论都认为,人们的行为模式主要是在特定社会环境下通过模仿、强化和定性,逐渐习得的结果。根据社会学习理论,犯罪受到模仿的影响,“是一种在观察其他人的行为后的参与行为”。换言之,犯罪形成的过程应该是个体有很多机会和时间接触到不良环境或不良榜样,在此过程中形成对该种环境和榜样的认可或反对的

认知,如果是赞同的认知,并加上不同层面的强化后,个体就会开始模仿上述环境或榜样的行为。同时这两种理论还认为,在人的毕生发展中,生物学因素、心理因素和社会因素共同作用于人的外显行为,因此,分析理解人的行为时需要考虑到个体的"认知":态度、价值、信念等内容,个体的人格倾向性、个体的家族遗传史,个体的不良行为史以及个体的社会支持系统等多种因素,这样就能够更好地找到个体的犯罪原因从而进行有效矫正和阻断。[①] 从本质上看,一般人格理论与社会学习理论所强调的,无论是对不良环境或不良榜样的辨别,还是对自身模仿行为的强化,其最核心的内容其实在于个体的"认知",因为认知发生偏差,从而引发行为偏差。故而从犯罪矫正的角度来看,根据这种理论就可得:如果我们能够有效地找到造成个体不良行为的生理、心理及环境的因素,并调整个体对这些因素的认知能力和态度,那么阻止再犯就是可行的。[②] 在此意义上,针对犯罪人的循证矫正方案,为达到有效矫正可以分为三个层面:首先最好能有效阻断先前造成个体不良行为的生理、心理及环境因素,如果不能完全阻断上述不良因素的话,帮助个体建立坚固的认知系统,能够正确识别周遭不良因素并控制自身的模仿强化系统亦是控制再犯的可行方案。其次,社会学习理论的原理不仅适用于再犯的控制,也适用于犯罪的预防,关键都在于个体能够形成正确的"认知—控制"系统。从犯罪预防的角度来看,如果个体不会接触到不良环境或不良榜样,其学习和模仿的均为正常的社会化行为,固然不会犯罪。如果个体无法处于此种理想环境之中,但只要个体能建立正确的识别能力,比如识别环境或榜样的不良性,并能够控制自己去学习模仿,那么也同样能达到预防犯罪的效果。最后从控制再犯的角度来看,个体从事犯罪活动显然已受到不良环境或不良榜样的影响,而且其再次进入社会系统后一般也很难与其先前的社会系统完全隔离,甚至还往往仍生活在先前的社会系统中,此外个体的认知系统已经发生偏差,并且对自身的控制能力也呈现较弱的状态。所以对于再犯的控制而言,循证矫正模式需要从社会环境改造、认知能力归正,控制能力提升这三个方面切入,选择最易突破的切入点,即可达成较好的矫正效果。

---

① 肖玉琴、杨波:《循证矫正的理论基础——RNR 模型解读》,载《犯罪与改造研究》2014 年第 3 期。

② 陈姗姗:《论循证矫正在未成年人社区矫正中的适用及完善》,载《青少年犯罪问题》2019 年第 2 期。

三、循证矫正之于社区矫正的思想实质

循证矫正将最佳研究证据、矫正技能和社区矫正对象的愿望整合起来，从而使社区矫正实践达到最为理想的境界，因此，循证矫正的思想实质体现在以下几个方面：

（一）社区矫正决策基于真正的事实：实事求是

循证矫正在制订社区矫正方案时，是建立在大量可靠的、有效的信息基础上，克服了传统罪犯矫正模式不顾客观事实，单纯依赖政治信仰、遵循意识形态、信奉经验主义的矫正观念。循证矫正在矫正决策时，首先要确立"证据是什么？"并在证据中寻求最佳证据，根据客观存在的事实证据，深思熟虑，制订社区矫正方案，使社区矫正达到最佳状态。

循证矫正的核心思想就是实事求是地根据最佳的研究证据进行社区矫正决策。在这里，最佳证据就是"派生于科学方法，关于因果关系的普适性知识"。[①] 这些证据往往是基于同类问题大量研究的随机抽样实验（RCT）、元分析（mate 分析）等，它是按照严格的科学规范而得出，是最接近事实的真相。

（二）社区矫正实践基于严格地执行：执行力

何为执行力？执行力就是在既定的社区矫正方案的前提下，循证矫正的参加者对内、外部可利用的资源进行综合，通过有效的执行措施从而最终实现社区矫正目标的一种力量。执行是目标与结果之间的桥梁，是社区矫正方案实施中不可或缺的关键一环，是循证矫正参与者操作能力和实践能力的综合体现。执行力是一个变量，是循证矫正中的动态因素，无论多么科学的社区矫正决策，多么周密而严谨的社区矫正方案，都要依赖社区矫正参与者有效的贯彻执行。执行力不但因人而异，而且还会因时而变。不同的社区矫正执行者在执行同一件事情的时候也会得到不同的结果。所以，社区矫正实践的关键是按照科学的决策和预设的方案严格地执行。

执行力是循证矫正的灵魂。在社区矫正实践中，严格地按照社区矫正决策贯彻执行和作出科学的战略决策同样重要。"循证"之所以能成为一场声势浩

---

① 曹素璋：《循证管理——西方管理科学化新思潮》，载《外国经济与管理》2008 年第 11 期。

大的运动,除了追求科学证据之外,关键问题还在于社区矫正管理者将社会科学和组织学的有关强化执行的研究成果作为参照物,以指导科学决策的有效执行,因此,关注执行过程和提高执行力就成为循证矫正的又一思想实质。突出表现在以下几个方面:一是社区矫正参与者严谨的工作态度和责任意识,严格按照社区矫正方案和工作规范,把社区矫正工作做到最佳;二是社区矫正参与者实事求是,着眼于事实真相,追求实证,体现严谨务实的工作作风;三是讲求时间观念和效率意识,弘扬时间管理的工作理念;四是开拓创新,培育改革精神和创新能力,充分发挥社区矫正参与者的主观能动性,创造性地改进工作方法。

(三)循证矫正关注学习:终身教育

目前,终身教育已成为世界性的教育思潮,它的基本观点是:"在现代科技、现代生产、现代社会条件下,既有必要也有可能打破人一生中仅限于少儿青年时期的正规学校教育这种传统观念,教育应贯穿于人的整个一生……这样,对每个人来说,他是终身学习的一生,对整个社会来说,它是全民学习化社会。"①在循证矫正的框架体系中,最佳证据的研究者、矫正实践者、被矫正的社区矫正对象及对社区矫正过程进行管理的管理者,都不能置身循证矫正之外,研究者只有不断学习,才能提供高质量的、最佳的研究证据,成为矫正决策的有力支撑;社区矫正工作者只有不断学习,才能针对罪犯的特点,结合自身的经验与技能,充分应用最佳证据,制订最佳社区矫正方案,对社区矫正对象实施有效矫正;作为被矫正的社区矫正对象,学习的过程就是提高自我认知能力的过程,才能充分剖析自己的犯因性问题,在了解最佳证据的基础上,主动参与到社区矫正实践中,发挥社区矫正的内在动力;而社区矫正管理者也只有充分学习,才能提高管理者的管理能力,制定切实可行的政策,提供研究者、矫正者和社区矫正对象三者良性互动的平台,协调循证实践的进程。

(四)循证矫正的价值追求:效率

传统社区矫正模式中,社区矫正工作者在矫正决策时,往往遵循个体所积累的"片面经验",尽管这些经验是社区矫正实践的归纳和总结,具有一定的正确性,曾在社区矫正工作中产生过良好的效果。但是,就总体而言,这些经验仅

---

① 陈虹:《循证医学教育理论在临床教学医院的应用研究》,西南师范大学2004年硕士学位论文。

仅是片面的经验验证,不具有普适性,因此,在社区矫正实践中,不仅使用的效度差,而且存在各自为政、缺乏监管、资源浪费严重等问题。而循证矫正主张矫正者应根据最佳证据进行矫正,要求制定具有科学性的社区矫正指南与标准,建立大型的数据库、专家库、个案库等,应用相关的法律、行为规则、矫正规范等来管理社区矫正过程,注重成本—效益和社区矫正资源的优化配置,从而降低社区矫正成本,提高社区矫正效率,节省资源,减少浪费,实现社区矫正资源的高效益。

循证矫正意味着将社区矫正视作尚未完善的社区矫正模型,进而不断地试验与学习,不断地归纳和总结,研究出更多的最佳证据。所以,循证矫正"主要就是要培养一种正确的心智模式,一种学习与探询的心智模式"。①

四、循证矫正在社区矫正中的基本要求

循证矫正作为一种新型的社区矫正模式,内涵了诸多相互依赖、相互作用和相互促进的因素,在其运行过程中具有规则或规范上的基本要求,主要包括:

(一)高压控制手段向缓和平稳矫治方法的转变

传统上,无论是监禁矫正还是社区矫正都强调对罪犯的高压控制,重视权力向罪犯的传达,平等的观念与缓和的矫正手段不足。在监禁矫正中,实行半军事化甚至军事化的管理,罪犯的日常行为都被规范性地仪式化。监禁矫正在以高墙大院为代表的物理强制基础上,实行高度的身体与精神控制。在社区矫正中也实行大量的以控制为中心的矫正措施,如在一些社区安装大量的监控镜头,其目的之一是监视社区矫正对象。在观念上,社区矫正对象是社会不稳定现象的代表,成为社会治安的重要控制对象。司法实践证明,传统高压控制对矫正罪犯的无效或低效性,对罪犯的高压控制手段并没有达到预防再犯的目的。

矫正手段的轻缓化,要求矫正管理主体角色做出相应的变化。传统矫正管理中,矫正管理者处于发布命令的地位,服刑人员只能被动接受,影响了矫正效果。循证实践模式下的矫正视矫正对象为"病人",管理者扮演着治疗人员的角色,与他们之间是一种平等的主体关系。在社区矫正中,"缓刑官员由监督人、监视人、法庭命令人转向教师、变革代理人以及学术界和矫正从业人员之间协同卓有成效的协同人员。"只有在观念中做出上述转变,才可能真正实现矫正模

① 曹素璋:《循证管理——西方管理科学化新思潮》,载《外国经济与管理》2008 年第 11 期。

式的变化,从而提高矫正的效果,减少再犯。正如有学者所言“仅仅依靠制裁并不能积极地改变行为或减少再犯。另外,单纯的处遇也不可能提供适度或必需的惩罚或行为控制。那种不是通过努力从面对犯罪人未来的行为产生积极影响,仅仅希望通过惩罚犯罪人过去的犯罪行为控制犯罪的政策,是短视的。忽视有效的循证研究,不能把握机会节省成本,会不必要的伤害未来的受害人和公共安全。”

(二)密切关注社区矫正实践的因果联系,及时修正矫正方案

虽然社区矫正方案是依照最佳的证据而制订,但是社区矫正工作者对方案的理解、理论偏好、执行的方式,以及社区矫正对象所处的情境等都是动态因素,都只是具有相对的稳定性,随着社区矫正环境的变化,都会随之影响社区矫正实践的进程和社区矫正效果,因此,有必要在社区矫正实践中坚持适度干预原则,密切关注动态因素的变化,及时评估动态因素对社区矫正效果的影响,一旦发现社区矫正中的偏差现象,要及时地调整矫正思路,修正和调整社区矫正方案,甚至对支撑社区矫正方案的最佳证据进行重新评估,使社区矫正实践中的动态因素和社区矫正效果之间达到和谐的统一,提高社区矫正效率,保证社区矫正目标的实现。

(三)对影响理想矫正结果的可测因素或证据进行独立考察和评估

在对证据筛选过程中,依照证据获得的方法和获取证据的严格程度,每一证据都具有不同的等级和效力,即使是最佳证据,在社区矫正实践中所起的作用的大小也有所不同,尤其是能够直接影响社区矫正效果的证据或者是具有动态性质的可测因素,要运用独立的方法和程序,对其进行专业的、独立的效度考查和严格的评估,以保证在社区矫正方案制订和在社区矫正实践过程中的主导作用,否则,将会影响社区矫正效果,甚至影响社区矫正目的的实现。

(四)以个体需要与危险评估因素为依据,实现矫正手段的多元化

美国建构的循证矫正综合模式强调循证矫正原则、矫正机构发展与利益相关者的协作配合三方面的有机结合。我国在开展矫正工作之时,同样应当在循证矫正原则的指引之下建立有效的矫正模式。首先,应当建立罪犯再犯罪风险的精确评估体系与犯因性需求分析体系。据相关研究得知,对高风险罪犯使用循证矫正可以降低其再犯罪率,但对低风险罪犯使用循证矫正项目反而会提升

其再犯率。[①] 因此对矫正对象再犯罪风险的精确评估成为循证矫正有效实施的分水岭。为精确评估再犯风险,目前美国等西方国家已经形成了第四代风险评估工具,但要建立我国的罪犯再犯罪风险评估体系,必须对我国罪犯的犯罪现状予以分析。我们可以在国外研究的基础之上,通过信息采集、动机访谈、调查分析等方式,筛选出包括犯因性需要、犯罪史、个人情绪因素和人际关系在内的预测风险因子作为我国罪犯的再犯罪风险评估量表的内容,服刑人员的犯因性需求的分析应当保证其科学性与正确性;其次,基于罪犯再犯罪风险与犯因性需求而选取、设计的矫正项目与矫正方案是循证矫正工作开展的重点之一。我国目前尚没有规范的矫正项目和系统的证据分类体系,因此在实施循证矫正的过程中需要矫正工作人员更多地借鉴国外矫正项目,如认知行为矫正项目、戒毒矫正项目、暴力防治项目等,针对罪犯的特殊情况选取合适的项目,并在实施过程中根据罪犯的矫正情况更换项目以推进罪犯的有效矫正进程;最后,重视循证矫正的各项评估工作,为证据系统的完善提供助益;同时提高网络信息化建设,研制开发网络证据管理系统,加强各矫正机构之间的交流合作,实现证据在各平台之间的网络传递。

(五)研究者和矫正者的最佳结合,创造循证决策和科研参与的文化氛围

传统社区矫正模式下,研究者和社区矫正工作者是相对独立的,无论是研究者所研究的理论成果、方法技术,还是所获得的最佳证据,往往很难直接应用于社区矫正对象的矫正实践,而社区矫正工作者也往往难以和研究者直接结合,将研究证据和社区矫正工作挂钩,有效地应用于实践,这样就出现了研究者和社区矫正实践的严重分离,研究者所获得的研究成果成为“阳春白雪”被束之高阁,相反,一线的社区矫正工作者却极度缺乏研究成果的理论指导。

在循证矫正模式下,研究者和矫正工作者实现了最佳结合,使研究成果及时地应用于社区矫正实践中,这一社区矫正框架体系的构建,无疑增强了社区矫正的科学性,促进了社区矫正目标的实现。在这里需要强调的是,循证矫正仅仅是研究者和社区矫正工作者在社区矫正工作形式上的合作还远远不够,循证矫正追求的精神实质是要创造循证决策和科研参与的文化氛围,是要形成一

---

① 张发昌:《中国循证矫正的对象、问题与解决方案》,载《河南司法警官职业学院学报》2013 年第 4 期。

种集科研与实践于一体的文化传统，是要成为一种具有文化特质的“学习与探询的心智模式”。

五、循证矫正在涉毒矫正对象中的应用

随着毒品犯罪的猖獗以及吸毒人数的增加，涉毒社区矫正对象不断攀升。涉毒矫正对象中吸毒成瘾者由于长期吸食毒品，呈现出疾病缠身、毒瘾难戒等生理和心理特征。涉毒社区矫正对象兼具罪犯和病人双重身份，面临再犯风险高、收监执行难、不被社会接纳等难题，传统矫正方法已无法有效应对，需要检视传统矫正模式，探查困境和原因，引入循证矫正的理念和方法。对涉毒社区矫正对象的矫正应立足于社会支持系统，基于犯因和病情，寻找各类矫正证据，科学地矫正和戒治，使其回归社会，从而实现社会防卫和社会治理的双重目标。

对有毒瘾社区矫正对象尤其应当遵循证据矫正和戒治。换言之，对该类罪犯应当从犯因、病情、社会支持系统等寻找证据，制订个性化矫正方案。有毒瘾社区矫正对象不同于普通社区矫正对象，吸毒者“一日吸毒、十年戒毒、终身想毒”的归纳足以表明矫正与戒治的难度。一方面，摸清矫正对象的情况形成基础证据：第一，系统总结这类矫正对象的性格特征和行为规律，有毒瘾的服刑人因长期受社会排斥和猜疑，一般具有双面人格，对自身情形惯于掩饰、撒谎、疑心重。这类人比较合群，能够处理好一般人际关系，但由于心瘾难除，他们也会不时处于易怒和行为冲动状态，由于自卑心理相对明显，部分人对周边人与事感觉麻木、待人冷漠；第二，具体了解行为人犯罪的类型，以及与其滥用毒品之间的关联。这类人实施侵财性犯罪与其筹集毒资有较高的关联，实施贩毒行为则更高概率是“以贩养吸”；实施暴力性犯罪则可能与其因吸毒急性或慢性致幻具有高度相关性；另一方面，研判致罪的社会因素连接证据链条。第一，有毒瘾社区矫正对象所处的环境包括家庭环境往往是诱发或强化犯意的原因，有毒瘾社区矫正对象的人际关系网中，毒友通常处于亲密关系圈，他们既可能是自己心理依赖的朋友，也可能是被社会推到一处的类群。有毒瘾矫正对象身处问题家庭的概率高于其他矫正对象，经济拮据是最常见的现象，此外遭遇父母离异、夫妻感情不和、家庭暴力、家庭成员不接纳等境遇，类同于其他矫正对象；第二，有毒瘾社区矫正对象因病丧失劳动能力或本身就缺乏谋生技能，没有稳定的收入来源和生活保障，可能成为其被推到法律另类的主要原因；第三，吸毒与个人追求精神自由有直接关联，成瘾人群的自然聚集也是人的社会属性在特殊环境

中的反映。[①] 当个人及家庭生活、教育成长史、生活困境和紧张的社区人际关系，将这类人推到次文化社会类群时，他们会在毒友或者被社会定义为犯罪人的类群中，找到心理慰藉和个体尊严。

毒瘾戒治分四个阶段：生理脱敏期、戒治适应期、身心康复期和回归社会适应期。社区矫正阶段的康复治疗主要指后三个阶段。所谓戒治适应期：以培养戒毒人员运动兴趣、强化技能学习、恢复生理机能为目标，开展有针对性的轻、中强度康复训练活动；所谓身心康复期：以恢复体能、增强体质、培养运动习惯为目标，结合实际全面开展康复训练活动；所谓回归适应期：以巩固前期戒治成果、养成良好习惯、增强社会适应能力为目标，根据个人兴趣爱好，自主选择个性化训练项目。并根据具体个案调整方案制订个性化的矫正方案。毒瘾初步戒治完成以后，要针对有毒瘾矫正对象进行职业能力训练，以增强其自食其力的手段和能力，戒除好逸恶劳等恶习，从而使其转变成守法公民，扶持艾滋病病人，避免对艾滋病感染者和其他病人的歧视。[②]

对有毒瘾社区矫正对象的矫正必须落实好困难帮扶项目。最有效的帮扶方法是争取将其及时纳入目前已惠及全民的“低保”和医保范围，解决他们的基本生存需求。对于其中患有艾滋病的矫正对象应根据“四免一关怀”[③]政策对其进行及时救助和帮扶。

此外，对有毒瘾社区矫正对象的矫正需要借助定位技术形成外松内紧的管束。只有掌握了有毒瘾社区矫正对象的行踪才能做好戒毒以及犯罪行为矫正。对于有毒瘾社区矫正对象应适用禁止令，同时令其使用手机定位及电子定位装置。[④] 为克服手机定位人机分离、信号漂移等缺陷，对符合《社区矫正法》第29条所规定的五种情形的，应使用电子定位装置。有毒瘾矫正对象有其固定的毒友群以及特定的人际关系网，而毒品犯罪人员往往也跟吸毒人员有千丝万缕的

---

① 何荣功：《我国“重刑治毒”刑事政策之法社会学思考》，载《法商研究》2015年第5期。

② 敬雪华、王利荣：《针对有毒瘾社区服刑人的矫正范式转换》，载《北京联合大学学报》2019年第1期。

③ 2004年国家出台了“四免一关怀”政策。“四免”指的是：1. 对农村居民和城镇未参加基本医疗保险等保障制度的经济困难人员中的艾滋病病人免费提供抗病毒药；2. 在全国范围内为自愿接受艾滋病咨询检测的人员免费提供咨询和初筛检测；3. 为感染艾滋病病毒的孕妇提供免费母婴阻断药物及婴儿检测试剂；4. 对艾滋病病人的孤儿免收上学费用。“一关怀”指的是：将生活困难的艾滋病病人纳入政府救助范围，按照国家有关规定给予必要的生活救济。

④ 霍俊阁：《毒品犯罪人社区矫正研究》，载《汕头大学学报（社会科学版）》2017年第8期。

联系，有些本身就是吸毒人员，因此应禁止其接触特定的人，进入特定的地区，以及容易诱发吸毒的场所，如毒贩经常活动的地区以及娱乐场所等。①

六、循证矫正的不足与完善

《社区矫正法》施行后，循证矫正的应用将是社区矫正工作发展的一大趋势。我国江苏、浙江等东部沿海地区对循证矫正逐步开展探索实践，发展进程中仍存在诸多问题和阻碍。自《社区矫正法》实施以来，笔者在2021年8月以“社区矫正、循证矫正”为检索主题在中国知网进行检索，一共检索到三篇论文：上海政法学院警务学院刘泽鑫发表在《河南大学学报（社会科学版）》2021年第5期的《轻罪刑事政策下罪错未成年人处遇的反思与完善》，江苏昆山市邦和司法社会工作事务所蔡新芳、姚昱发表在《中国监狱学刊》2021年第3期的《经济犯罪社区矫正对象循证矫正项目研究》，南京大学法学院狄小华发表在《司法智库》2020年第1期的《再犯风险评估的智能化研发研究》，其中真正涉及社区矫正的循证矫正问题，只有蔡新芳、姚昱的《经济犯罪社区矫正对象循证矫正项目研究》。由此看来，关于循证矫正在社区矫正中的应用还没有得到有效推广，还没有被学界重视，今后研究或者实务应用的空间还十分广阔。

（一）循证矫正在社区矫正领域存在问题

1. 循证矫正应用本土化不足

现阶段，社区矫正引入循证矫正的实践应用主要依赖于国外成熟的实践模式的“直接移植”，对于专业评估量表和数据分析等重要元素采取拿来主义，未完全结合我国国情和地区特征，导致循证矫正在社区矫正中的应用推动阻力较大。其本质是循证矫正在我国本土化应用程度不高，融合消化的过程中必然伴随大量的“阵痛”，甚至出现部分“水土不服”。循证矫正的本质即遵循证据的矫正，需要不断地结合实践经验更新证据，再依据新的证据来做出合理的调整。我国虽然已开设部分试点地区，但是试点过程中理论和实践的探索比重失调，实践研究远远少于理论性研究。

目前，我国的循证矫正活动仍处在初创阶段，且其司法资源投入要大于传

---

① 敬雪华、王利荣：《针对有毒瘾社区服刑人的矫正范式转换》，载《北京联合大学学报》2019年第1期。

统社区矫正，循证矫正的方案虽然比传统社区矫正更为周全，干预面更广，更能回应实践需求的多元化，但这种优势在某种程度上也意味着需要更多的人力和物力的参与，而传统社区矫正建立的理念是节约行刑资源。如果既提高矫正效果又节省司法资源，这两者之间可能存在理念与操作的张力。

刑事司法领域对循证矫正的研究主要围绕再犯风险这个核心要素而展开，是否再犯是检验有效矫正的关键指标。[①] 有数据显示，循证矫正对高风险罪犯的再犯率能降低30%。[②] 但是，循证矫正并非适用于所有的社区罪犯。目前的循证分析，基本在教育帮扶领域，而没有涉及监督管理模式，加上相关数据库、资源共享平台的匮乏，在今天还无法取代传统矫正模式。此外，我国与美国、加拿大有较大差异，包括犯罪特点、国民性格特征、经济社会环境和司法制度等诸多差异，循证矫正的本土化应用及其功效，还有待于进一步开发。

2. 实践信息不对称

循证矫正由西方传入我国，主要在监狱矫正和社区矫正中开展融合导入，首先，监狱结合循证思想开展矫正工作积累了较多经验，但是监狱与社区之间信息交流甚少，矫正对象在从监狱到社区之间的矫正衔接易产生断层现象；其次，我国的社区矫正中循证矫正试点起步晚，且分布较为分散，各试点之间缺乏交流，各自独立探索研究，难以形成统一的体系；最后，社区矫正中应用循证矫正技术往往主导者是社区矫正工作人员，而理论研究和证据库更新完善主要集中于专家学者，双方如果无法达成顺畅的沟通交流机制，那么极有可能产生理论脱离实际或实践超越原理的状况。

3. 评估工具和证据库建设滞后

在循证矫正评估工具上，我国目前主要采用自主编制的心理评估系统（COPA）、心理行为认知量表（XRX）、再犯风险评估表（CRA）以及心理与精神诊断量表（SCL－90、MMPI、EPQ）等。循证矫正评估工具主要是在西方先进工具的基础上，结合我国国情修订而成，对照量表和评价体系则主要参照国际通用量表制定。我国缺乏自主研发的符合国情的本土评估工具，建立在西方社会发展基础上的矫正对象评估表准确性和适用性不得而知。同时，通用评估工具

---

① 郭伟和：《扩展循证矫正模式——循证矫正在中国的处境化理解与应用》，载《社会工作》2017年第5期。

② 陈珊珊：《论循证矫正在未成年人社区矫正中的适用及完善》，载《青少年犯罪问题》2019年第2期。

对于不同类型的矫正对象是否完全适用,对于具体类型的矫正对象的专属评估工具目前仍为“真空地带”。自主研发的本土评估工具的匮乏,必然会导致循证证据库建立的难度变大。全国目前尚未建立统一的循证矫正数据库,仅有江苏等地建立了地区性的证据库。因此,大多数试点地区实践获得的证据被压制在区域层面,并未上传至一个公共证据库平台分享,矫正资源的交流共享较为艰难。

4. 循证专业人才匮乏

循证矫正作为矫正领域的一种崭新理论体系和实践操作模式,综合了多种学科的知识体系,具备较高的技术实操要求。但是,我国目前社区矫正工作人员主要为各地司法系统和社区工作人员,大多身兼数职,极少有专职矫正工作的工作人员。且部分矫正工作人员思想理念落后,专业局限较大,循证专业意识薄弱,无法真正对矫正对象开展从内到外全方位的矫正。

循证矫正专业化社工存在短缺,目前平均每个专职社工负责监管 50 人以上社区矫正对象,这样的配比率完成传统的社区矫正活动已属不易,如果要开展循证矫正活动存在现实的困难。循证矫正社工的专业化结构是非常关键的资源,在一定程度上社工们能影响项目的成功与否,社工具备的沟通能力对矫正项目的持续性和效果性都具有决定性的作用。研究表明,在有关治疗的矫正项目中,1/3 的罪犯“变化”缘于社工与罪犯之间的关系。[①] 若能借鉴美国的做法,在社区矫正管理系统中设立社会工作岗位,在体制内嵌入专业社会工作,对循证专业人才的培养无疑会起到重要作用。

(二)循证矫正的完善建议

1. 提高循证矫正证据库和评估工具开发

首先,循证矫正的核心之一——客观科学的评估工具是社区矫正高效化的关键因素。当前社区矫正大多仍然基于矫正工作者个人的经验而开展,亟须对再犯风险把控研发本土化科学评估工具,将矫正对象的再犯风险量化、指标化,对矫正对象实现科学客观的评估;其次,作为循证矫正的另一核心——存储循证矫正数据的仓库,即证据库的建立和完善,能够给矫正工作者提供科学有效

---

① 孟丽莎、陈妍:《短刑犯改造低效的反思及西方循证矫正的启示》,载《广州大学学报》2017 年第 5 期。

的指导。全国统一证据平台建立以及定期对其分级整合,都有助于矫正工作者筛选最佳证据,科学制订矫正方案。目前,急需本土性定量化矫正规律探讨,进而建立高质量的标准案例库。

2. 及时评估,促进矫正经验积累

循证矫正效果评估是对教育矫正全过程的后续反馈,通过对矫正效果的评估分析,既能了解矫正对象因教育矫正发生的改变,也能挖掘整个矫正机制和流程中存在的问题,避免矫正资源的浪费。因此,及时对矫正效果评估进行跟进,使循证矫正的最佳证据拥有持续性的自我更新、自我修复的能力,有助于推进循证矫正的有效应用,促使循证矫正在最新事实与最佳证据中不断发展进步。我国的社区矫正工作人员需要破除以经验为主的常规矫正思想,日常注重收集、分析、筛选证据的思维,不断以实践检验理论,积累循证矫正经验。如此循序渐进,循证矫正实践与研究相互为证,互相促进。

3. 加强循证矫正人才队伍培养和专业分工

循证矫正需要多种专业背景的人才共同参与,将社区矫正工作人员根据专业特长合理分工,为我国社区矫正人才储备打造一支素质高、能力强、专业精的社区矫正工作队伍。

综上所述,西方兴起了以矫正项目为主要形式,注重控制再犯风险为目的的循证矫正,获得普遍认可和广泛应用。循证矫正为社区矫正路径提供了技术性的指导,科学规避了矫正过程中可能出现的风险,同时有效降低矫正对象再犯风险,符合风险社会理论背景下有效规避的路径选择。但它将“再犯风险”作为“矫正是否有效”的判断依据是否完全合理?笔者认为,值得思考。这种矫正项目设计和实践的思路,极易让人们误认为将个体层面的人身危险性降低了就意味着再犯风险降低了,矫正就是有效的。显然忽视了犯罪矫正回归社会的使命,具有片面性,割裂了人与社会关系的系统性,忽略了社会的影响因素。矫正对象在回归社会的进程中面临着个体和社会两个方面的问题,这些问题互相交织在一起,构成复杂的“问题体系”。笔者认为,以单一的“人身危险性”来判断再犯可能性是有缺陷的。因此,再犯人身危险性评估的结果只能作为判断罪犯再犯可能性的重要因素之一,而不是全部,我们需要在本土循证矫正探索中将“人身危险性”和“社会危险性”共同纳入矫正项目的开发和评价。此外,有效的矫正不仅要体现在矫正期间不再犯罪,还要体现在解除矫正或者刑满释放回到社会后不再犯罪。监管控制可以使矫正期间不再犯罪,但是却无法保证其在刑满释放或者解除矫正后不再犯罪。为此,循证矫正的本土实践,既要遵循西方循证矫正的基本原则,还需要对西方循证矫正进行本土化改造,使其符合中国本土实情。

第十章

未成年人社区矫正

在对社区矫正对象分类管理基础上，还应遵循特殊类型的管理。基于年龄、生理与心理等因素，需要对未成年社区矫正对象实施特别类型的监管教育措施，以体现刑罚的人道与宽缓。《社区矫正法》设置“未成年人社区矫正特别规定”专章的做法值得肯定。

一、未成年犯刑事执行基本理念及制度范例

未成年人犯罪已经成为席卷全球具有共同性的社会问题，并被犯罪学家和刑法学家称之为难以医治的“社会痼疾”。[①] 西方一些国家，青少年重新犯罪率高达30% -50%，甚至60%以上，成为政府和社会各界深感头痛的问题。[②] 为此，各国均不同程度地对传统刑事司法模式予以反思和调整，其基本思路是尽可能采取轻刑化、非监禁化，甚至“转处”等非刑事化措施解决，并逐渐成为国际社会应对未成年人犯罪的基本策略。

基于“少年福祉”和“国家亲权”原则，非刑事化、非监禁化和轻刑化已经成为未成年犯刑罚执行的国际基本理念。对于前述基本理念最为经典的阐释是：1896年英国犯罪学家W. D. 莫里森在其著作《少年犯罪人》一书中明确反对对未成年犯采用监禁执行，他认为监禁会将一个天真的少年犯变成一个顽固的、习惯性的犯罪人。只有在迫不得已时才能使用监禁。监禁机构和自由社会差别极大，它不可能教给少年犯罪人在自由社会中所需要的行为方式，监狱如果

---

① 魏平雄：《犯罪学教程》，中国政法大学出版社1998年版，第615页。

② 康树华：《犯罪学通论》，北京大学出版社1996年版，第215页。

要有效地教育犯罪人,就必须使它的条件和外面的自由社会大致相似。[①] 同时,这一基本理念也得到了《联合国少年司法最低限度标准规则》(北京规则)的认可与支持——要求会员国应努力按照其总的利益来促进少年及其家庭的福利,应充分注意采取积极措施,这些措施涉及充分调动所有可能的资源,包括家庭、志愿人员及其他社区团体以及学校和其他社区机构,以便促进少年的幸福,减少根据法律进行干预的必要,并在他们触犯法律时对他们加以有效、公平及合乎人道的处理。既保护青少年的健康成长,又维护社会的安宁秩序,这是《联合国少年司法最低限度标准规则》的宗旨。其体现的原则有:保护青少年,使其健康成长并得到应有教育,减少不良行为对其的影响;以社会力量为主,尽量减少司法介入,包括家庭、学校、社区等多种力量的介入,等等。[②]

受行刑社会化思想所影响,少年最佳利益原则、保护优先主义及司法谦让原则成为当今许多国家和地区在传统刑事司法制度之外专门创设少年司法制度的立法价值。日本将"犯特别严重的罪行"作为对未成年人采取惩罚性措施的必要条件,剥夺人身自由是最终行刑手段。口头警告、保护措施或训练学校等方式才是家庭裁判一般考虑采用的矫正措施。意大利法官自身可以决定以非刑罚措施代替刑罚,采取诸如"家庭监禁"的"半自由式"方法,将对未成年罪犯的处理赋予社会服务的意味与性质。以家庭、社会为教育基础是印度在处理未成年罪犯时最先考虑的行刑层面,在训诫、罚金或缓刑之后将未成年罪犯交给其父母或监护人。[③] 在我国,我国香港特别行政区以及我国台湾地区,主要采取"宜教不宜罚"的原则对未成年罪犯执行刑罚。尤其是在 1997 年我国台湾地区"为保障少年健全之自我成长,调整其成长环境,并矫治其性格",[④]制定了专门适用于少年刑事案件之处理的《少年事件处理法》,凸显对未成年罪犯的保护、教育、感化、改造,凸显少年司法的人道主义。

英国、美国、德国等国家还对未成年社区矫正对象开展了区别于成人矫正的监管模式。这一监管模式主要体现在以下几个方面:一是成立了专门的矫正

---

① 吴宗宪:《西方犯罪学史》,警官教育出版社 1997 年版,第 373 页。

② 《〈联合国少年司法最低限度标准规则〉解读》,载 http://www.cycs.org/Article.asp? ID=737,最后访问日期:2021 年 11 年 2 日。

③ 阎敏才:《我国内地与港澳台地区未成年人犯罪之刑事责任比较研究》,载《刑法论丛》2002 年第 6 期。

④ 赵淑敏:《我国未成年人犯罪刑罚执行制度走向——兼论本土化进程中的社区矫正困境破解》,载《预防青少年犯罪研究》2018 年第 3 期。

机构。美国成立了儿童辅导中心、青少年咨询中心等，英国建立了未成年司法委员会，澳大利亚成立了青少年司法部等；二是实施立法保障。如德国专门出台《少年辅助法》《少年刑法》；三是针对未成年社区矫正对象，专门配备了心理学、教育学等方面的社会志愿者；四是在矫正方式方法上更注重教育为主。各国社区矫正执行机关非常重视未成年社区矫正对象的文化教育和心理教育。

二、我国未成年人犯罪现状

当前，我国未成年人犯罪呈现出低龄化、暴力化、团伙化、成人化、物质化等时代表征。重特大个案、极端个案也时有发生。[①] 未成年人犯罪案件，多数被判处社区矫正。从全国来看，2010－2019 年全国累计接收未成年社区矫正对象7.8 万人。[②] 笔者曾经根据 S 省司法厅提供的数据统计，截至 2019 年 6 月，全省未满 18 周岁的未成年社区矫正对象 855 人，占社区矫正对象总数的 2.3%，855 名未成年社区矫正对象中有 413 名还处于就学状态。[③] 从数据上看，未成年社区矫正对象在社区矫正对象总数中所占比例不大，但其社会影响较大，对未成年人的未来影响较大。如何在惩罚与保护之间保持平衡，如何实现保护涉罪未成年人与保护被害人的平衡，如何实现保护涉罪未成年人和社会防卫的平衡，如何让涉罪未成年人重返社会等问题，在“少年司法”淹没于“刑事司法”，缺失独立“少年司法”体系的中国语境下，我们不得不谨慎思索并找寻答案。

未成年人犯罪曾与毒品犯罪、环境污染犯罪一起成为“世界三大公害”。在我国，未成年人犯罪也是一个非常严重的社会问题。在未成年人犯罪中，（统计时段：2015 年 1 月 1 日至 2016 年 12 月 31 日），判处 3 年以上有期徒刑的占全部有期徒刑的 25.8%。[④] 这意味着，1/4 以上的未成年犯罪人将被判处一个较长时间的监禁生涯。有学者以 2010 年作统计显示，14 岁未成年人占总的未成年犯的 14.5%，15 岁的占 27.8%，16 岁的占 35.6%，17－18 岁的占 22%。通

---

① 例如，2012 年 8 月 1 日，辽宁抚顺一名 17 岁少年李某，因女友提出和其分手，竟丧心病狂地杀死了女友亲属 2 人，逃跑途中又杀死 6 人、刺伤 5 人。又如，发生在 2012 年 3 月 23 日哈尔滨的 17 岁少年李某，认为医生故意刁难他，随即心生不满，对哈尔滨医科大学附属第一医院 4 名医生行凶，致 1 死 3 伤的恶性医院安全事件。

② 钟蕾：《扎实推进未成年人教育矫正工作》，载《人民法治》2020 年第 2 期。

③ 数据来源：S 省司法厅 2019 年 6 月《社区矫正人员情况信息统计表》。

④ 司法大数据研究院、司法案例研究院：《司法大数据专题报告之未成年人犯罪》，载 http://www.court.gov.cn/fabu－xiangqing－71052.html，最后访问日期：2021 年 7 月 11 日。

过对比发现,14－15 岁的未成年人犯罪占未成年犯罪总量的比例略有上升,16－18 岁的未成年人犯罪占未成年犯罪的总量的比例有所下降,且 15－16 岁的未成年犯罪占总的未成年犯罪比例超过 60%,也就是说,低龄未成年人犯罪比重上升,未成年人犯罪呈现向低龄化转移的态势。① 根据最高检公布的数据显示,2020 年,全国检察机关共受理审查逮捕未成年犯罪嫌疑人 37,681 人,受理审查起诉 54,954 人。②

共青团中央权益部与中国青少年研究中心于 2011 年合作的"预防青少年重新犯罪的路径和模式"课题组赴广东、江苏、河南、湖北、四川五省的调研发现,未成年犯中重新犯罪比例为 12.5%。③ 教育部某课题组于 2008－2009 年在北京、湖北、贵州三地未成年犯管教所的调查数据更显示出高达 56.9% 的重新犯罪率。④ 根据国家统计局年度数据——1999 年至 2017 年全国人民法院审理刑事案件罪犯人数⑤,通过人民法院系统所审理的刑事案件罪犯人数统计情况说明,近年来我国刑事犯罪人数总体上升,但未成年罪犯占当年刑事罪犯总数的比例在逐步下降。说明近年来在遏制未成年人犯罪方面取得了一定成效。

年份	1999 年	2000 年	2001 年	2002 年	2003 年	2004 年	2005 年
刑事罪犯总数(人)	602,380	639,814	746,328	701,858	742,261	764,441	842,545
不满 18 岁刑事罪犯数(人)	40,014	41,709	49,883	50,030	58,870	70,086	82,692
年份	2006 年	2007 年	2008 年	2009 年	2010 年	2011 年	2012 年
刑事罪犯总数(人)	889,042	931,745	1,007,304	996,666	1,006,420	1,050,747	1,173,406

① 李玫瑾、勒高风:《未成年人犯罪与少年司法制度创新》,中国人民公安大学出版社 2015 年版,第 5 页。

② 《"守护孩童"系列之三:预防未成年人犯罪从避免过早监禁与过度指责开始》,载中国网,http://news.china.com.cn/txt/2021－07/02/content_77602384.htm,最后访问日期:2021 年 5 月 15 日。

③ 郭开元:《预防青少年重新犯罪研究报告》,中国人民公安大学出版社 2013 年版,第 5 页。

④ 张远煌、姚兵:《中国现阶段未成年人犯罪的新趋势——以三省未成年犯问卷调查为基础》,载《法学论坛》2010 年第 1 期。

⑤ 国家统计局年度数据——人民法院审理刑事案件情况。转引自张戈曦:《青少年犯罪现状及预防探讨》,载《犯罪研究》2019 年第 3 期。

续表

年份	2006 年	2007 年	2008 年	2009 年	2010 年	2011 年	2012 年
不满 18 岁刑事犯罪数（人）	83,697	87,506	88,891	77,604	68,193	67,280	63,782
刑事罪犯总数(人)	1,157,784	1,183,784	1,231,656	1,219,569	1,268,985		
不满 18 岁刑事犯罪数（人）	55,817	50,415	43,839	35,743	32,778		

北京市第一中级人民法院 2017 年《未成年人案件综合审判白皮书》显示：未成年人犯暴力犯罪、财产犯罪、性犯罪的案件几乎占到全部未成年人犯罪案件的 90%，其中，未成年人犯故意杀人、故意伤害、聚众斗殴等暴力犯罪案件占 40.4%，[①]显现严重的暴力倾向。特别是近年来发生的未成年人故意“杀亲案”，更是严重挑战民众的脆弱神经与底线。

虽然最新司法解释规定，对未成年罪犯适用减刑、假释、暂予监外执行可以适度从宽。但由于责任追究制度的存在，实践中对包括未成年人在内的假释适用十分谨慎保守。多年来，假释适用一直在低水平徘徊。2016 年全国假释率为 1.28%，25 个省（区、市）的假释率不足 1%，为近 10 年最低水平。[②] 虽然未成年犯罪人不再受累犯不得假释的限制，但因故意杀人、强奸、抢劫、绑架、放火、爆炸、投放危险物质或有组织的暴力性犯罪被判处 10 年以上有期徒刑、无期徒刑的未成年犯罪分子，依然被排除在假释之列。

我国一直重视对未成年人犯罪的社区矫正工作，从社区矫正工作试点开始，就一直把未成年社区矫正对象作为社区矫正的重点对象。从全国来看，据统计，未成年社区矫正对象共有 9562 人，占社区矫正对象总数的 1.38%。[③]

三、我国未成年人社区矫正立法

1984 年，联合国“青少年犯罪与司法”北京会议通过的《少年司法最低限度

① 周光营：《罪错未成年人分级处遇制度构建论》，载《青少年犯罪问题》2019 年第 3 期。

② 林仲书：《关于完善假释适用的思考》，载《中国司法》2017 年第 9 期。

③ 张宝山：《社区矫正：立法迈出重要一步》，载《中国人大》2019 年第 13 期。

标准规则》第16条明确规定,“在主管当局作出判决前的最后处理之前,应对少年生活的背景和环境或犯罪的条件进行适当的调查,以便主管当局对案件作出明智的判决”。为了贯彻该项国际规则,我国最高人民法院2001年颁行的《关于审理未成年人刑事案件的若干规定》中,首次规定了“审前社会调查制度”。该《规定》第21条规定:“开庭审理前,控辩双方可以分别就未成年被告人性格特点、家庭情况、社会交往、成长经历以及实施被指控的犯罪前后的表现等情况进行调查,并制作书面材料提交合议庭。必要时,人民法院也可以委托有关社会团体组织就上述情况进行调查或者自行进行调查。”此条规定被学界视为我国未成年人刑事案件社会调查制度的雏形。

未成年人社会调查不同于拟纳入社区矫正的适用前社会调查:首先,未成年人社会调查重在成长经历、犯罪原因以及家庭约束、监护教育等情况调查和犯罪原因分析。而拟纳入社区矫正的适用前社会调查,则重在评估其再犯危险性以及对所居住社区的影响;其次,调查的功用也不同。按照我国的刑事政策,对未成年人犯罪应该是能不捕则尽量不捕、能不诉则尽量不诉、能不判则尽量不判、能判缓刑则尽量判缓刑。如何在捕与不捕、诉与不诉、判与不判、缓与不缓之间做出决断,社会调查结果就是一个重要的参考,因此,未成年人社会调查在公安机关侦查阶段就可以开始。与此同时,未成年人社会调查对随后帮教措施的选择也有重要的指向价值。换言之,未成年人社会调查不仅影响人民法院裁判,乃至影响侦查、起诉甚至判后矫正方案的制订。而一般的社会调查无法影响案件的侦查与起诉。

《刑法修正案(八)》规定在符合缓刑条件下,对于不满18周岁的未成年人,应当宣告缓刑,并规定不满18周岁的人犯罪不构成累犯,使其在刑罚裁量和执行中摆脱了这一身份所带来的种种不利影响,为社区矫正的适用进一步释放了空间。同时,为了更好地保护未成年犯罪人的诉讼权利,2012年修订的《刑事诉讼法》专章设立未成年人刑事案件诉讼程序,建立了未成年人犯罪案件“审前社会调查制度”以及“合适成年人制度”,规定“对被拘留、逮捕和执行刑罚的未成年人与成年人应当分别关押、分别管理、分别教育”,并在《刑法》附条件免除未成年犯罪人前科报告义务的基础上,建立了“犯罪记录封存制度”,从而规范了未成年人社区矫正的运行,为更好地保护这一群体提供了法律依据。

2012年《实施办法》第33条明确了未成年社区矫正对象的概念(犯罪的时候不满18周岁被判处5年有期徒刑以下刑罚的未成年人)以及对未成年社区

矫正对象的八种监管方式。[①] 八种监管方式主要包括“未成年人与成年人分开矫正，予以身份保护；对未成年社区矫正小组的成员配备、监护人的职责义务予以细化；开展有针对性的教育学习及帮扶措施”等。综观这八种监管方式，除了“身份保护、分别矫正”相对具体外，其他规定均较为原则笼统。加上2012年《实施办法》终归只是具有司法解释性质的规范性文件，法律位阶太低，效力自然有限，难以达到应有的效果。

《社区矫正法》为了加强对未成年社区矫正对象的权益保障，结合未成年人特点，促进其顺利回归社会，该法用7个条文对未成年人社区矫正作了专章规定。其中明确，社区矫正机构为未成年社区矫正对象确定矫正小组，应当吸收熟悉未成年人身心特点的人员参加；未成年人社区矫正应当与成年人分别进行；对未成年社区矫正对象的监护人怠于履行监护职责的，社区矫正机构应当督促、教育其履行监护职责；社区矫正机构应当保护未成年社区矫正对象的身份信息；对为完成义务教育的未成年矫正对象，社区矫正机构应当通知并配合教育部门为其完成提供条件；未成年矫正对象在复学、升学、就业等方面享有与其他未成年人同等权利，不得歧视。

《社区矫正法》对未成年人社区矫正设立专章，体现了对未成年人社区矫正的特别保护。当然，专章规定未成年人社区矫正，也是大多数国家的做法。如英国，专门建立了适用未成年社区矫正对象的社区矫正令，包括监禁令、出席中心令、行为规划令。对未成年社区矫正对象进行区别对待，有利于保障未成年犯的正当权益。

四、循证矫正在未成年人矫正中的应用

将“循证”技术运用于未成年社区矫正对象，基于同类问题大量的元分析会形成解决问题最优方案的“最佳证据”，通过“最佳证据”的分享，会生成更多科学“证据”或数据，再通过整合多个地区循证干预后获得的证据及经过检验的证

---

① 八种监管方式主要包括：(1)对未成年人社区矫正应当与成年人社区矫正分开进行；(2)对未成年社区矫正对象给予身份保护，其矫正宣告不公开进行，其矫正档案应当保密；(3)未成年人社区矫正小组应当有熟悉青少年成长特点的人员参加；(4)针对未成年人的年龄、心理特点和身心发育需要等特殊情况，采取有益于其身心发展的监督管理措施；(5)采用易为未成年人接受的方式，开展思想、法治、道德教育和心理辅导；(6)协调有关部门为未成年社区矫正对象就学、就业等提供帮助；(7)督促未成年社区矫正对象的监护人履行监护职责，承担抚养、管教等义务；(8)采取其他有利于未成年社区矫正对象改过自新、融入正常社会生活的必要措施。

据,可以逐步构建大数据网络,可以为未成年社区矫正对象帮扶提供决策参考。

(一)循证矫正在未成年人矫正中应用的优势

基于社会学习理论的循证矫正其核心目标在于调整个体的“认知—控制”系统,而对于未成年人而言,其个体的“认知—控制”系统正处于形成阶段,相对于成年人其可塑性更强,欺骗性稍弱,而且未成年人的社会系统也尚未完全定型,改善其周围的社会纽带关系也具有可行性,因此从理论上推测,循证矫正模式适用于未成年人的社区矫正应该具备较大优势。

第一步通过阅档、量表测试、行为观察与访谈等方法选定项目对象;第二步用相关评估工具进行评估。选用《矫正需要评估表》(加拿大)为主导性评估工具,对项目对象的就业需要、婚恋与家庭需要、社会交往需要、成瘾性需要、社区需要、个人情感和态度需要七大方面进行评估;第三步进行结构性面谈,对前述量表中仍需明确或有疑惑之处的犯因性需求进行确证,经过以上三步开始制订矫正方案。矫正方案的制订首先要寻找理论支撑,其次是确定矫正目标,最后制订详细的矫正计划。每个矫正方案各有特色,矫正过程中一般至少需要进行两次效果评估。

比起传统矫正,循证矫正有更高的矫正密度,干预范围更广,能满足矫正活动中多元的实践需求。社区矫正任务包括监督管理、教育矫正和社会适应性帮扶。对于基层司法所而言,除了日常的监管之外,教育矫正是整体工作的重点,而根据司法部的统计,2017 年全国社区矫正对象人均教育矫正平均值为 17.2 次,[①]这已经是历年的最高点,但就平均每月而言,教育矫正的次数为 1.4 次,而循证矫正模式是在传统社区矫正模式的基础上另行辅之矫正方案,在前述两期针对未成年人的循证矫正活动中平均每月达到 2 次以上;最后,循证矫正比传统社区模式更强调矫正者与研究者、管理者、社区罪犯多方合作,保持良好的互动关系。未成年人年龄小,可塑性大,社工与其建立信任关系的难度上较成年人更小,更有利于多方合作互动的开展。在前述两期的矫正活动中,尤其是开展一些公益活动,角色扮演活动、布置课外作业方面,未成年人的配合度都比较高,对项目的满意度也比较高。

---

① 司法部社区矫正管理局编:《2012—2017 年全国社区矫正工作统计分析报告》,法律出版 2018 年版,第 37 页。

(二)循证矫正在未成年人矫正中的应用对策建议

目前,我国未成年人社区矫正主要项目包括公益活动、思想教育、法治教育、社会公德教育、心理矫正、技能培训以及就业指导、生活指导等。这些项目的设定和实施可以从思想、心理方面帮助未成年矫正对象转变及预防其再犯。但实践中,因受限于社区矫正工作者专业性、矫正资金等因素影响,极少开展相关的技能培训、就业指导等项目,开展矫正项目前通常也未进行精准需求评估,仅凭社区矫正工作人员个人主观意愿选择矫正项目,项目之间无先后顺序规定,项目组合缺乏最优性的考虑,极大地影响了矫正的针对性与有效性。为此,将循证矫正应用于未成年人矫正,需要从以下方面加以考量:

1. 转变矫正思维,确保矫正关系的平等性

在未成年矫正对象循证矫正实践过程中,社区矫正工作者应更新以往的重刑观念,树立“司法为民”理念,尊重和保障人权。引导社区矫正工作者学习循证矫正理念,积极、稳步运用循证矫正模式。另外,在社区矫正实践中,矫正对象处于被动及被监管的地位,并没有意识到自己是活动的主体,参与矫正活动积极性不大,以致矫正效果收益不佳。如何激发矫正对象的主观能动性,为矫正对象提供一个相对公正的平台则显得十分迫切。

2. 创设有针对性的矫正项目,实施个别化的矫正方案

社区矫正实践应当遵循“区别对待”的原则,为未成年矫正对象设立有针对性、可操作性的矫正项目,建立一个综合性的数据库。该数据库主要用于存储个案项目和矫正经验,由三个部分组成:一是理论研究成果库。该理论研究成果库可以作为专业参考资料库。通过建立的内网收集散见于论文及公共网络等媒介中的研究成果,经过专业数据的合采后提交专家审阅核准,后期还需注意数据库的运转中的数据更新、维护;二是矫正研究专家库。主要收录相关专家的信息,如特长、单位联系方式等。在循证矫正实践中遇到某些特殊问题时,请教专家进行指导和论证,进而提出科学合理的措施建议;三是矫正对象个案库。该个案库,包括由矫正对象个案案例库与个人台账库。前者收录的标准化的案例,有利于在今后的实践工作中寻找最佳证据和提炼有效措施,侧重于证据服务。后者主要用于归纳存储未成年人矫正的实践信息,为检验案例及效果评估提供科学依据,侧重于矫正活动的个别化管理。数据库三大部分合理性布

局后具有资料丰富、格式多样的特点，方便信息查询和统计审查。[1]

3. 健全管理机制，充实专业的社区矫正工作人员

未成年犯社区循证矫正工作专业队伍应当由管理者、研究者、矫正工作者三方合作组成。管理者负责编制矫正手册等文件指导矫正工作，从全局角度统筹安排专业综合数据库的维护，组织专家和工作者设计并实践矫正制度、矫正个案等工作。最后，根据最佳证据对个案实施综合性效果评估。研究者大都具有丰富的矫正经验或专业技能，负责组建、更新矫正数据库，同时参与并解决矫正个案的方案实施中的问题，为循证矫正工作提供强有力的理论支持。矫正工作者是矫正小组的核心成员，通过上岗培训和定期考核选拔，能够熟练的运用矫正原理和方法与矫正对象进行沟通。另外，考虑到社区矫正工作的现实需要，应积极吸纳广大具有法学、教育学等背景知识的大学生参与未成年人循证矫正工作中，解决矫正工作人力资源不足、专业类别需求广等问题。

五、未成年人社区矫正的关键环节

修订后的《未成年人保护法》和《预防未成年人犯罪法》的实施，使我国未成年人保护和预防未成年人犯罪工作已经跨入新阶段。法律的价值能否得到实现，关键在于法律能否得到落实。在未成年人保护涉及的相关部门中，笔者认为最值得点赞、行动迅速并富有成效的是检察机关。最高人民检察院已经决定，自 2021 年 5 月起至 2022 年 12 月在全国检察机关开展“检爱同行共护未来”未成年人保护法律监督专项行动，充分展现了检察机关主动作为，积极履行法律所规定的未成年人保护检察监督职责。在《未成年人保护法》所构建的新的“家庭、学校、社会、网络、政府、司法”保护格局中，检察机关参与未成年人司法保护的全过程，无疑是司法保护的核心力量。《未成年人保护法》第 105 条还赋予了检察机关对涉及未成年人的诉讼活动以及诉讼活动以外的事项依法进行监督的职权，这使检察机关的法律监督职权源自司法保护，同时又能覆盖整个未成年人保护体系，涵摄对所有涉及未成年人的法律法规的执行监督。《预防未成年人犯罪法》第 60 条也以同样的方式规定了检察机关对未成年人重新犯罪预防工作实施监督。如果说，之前检察机关在未成年人保护的薄弱环节可

---

① 韩大娜:《循证矫正视角下我国未成年犯社区矫正问题研究》，载《赤峰学院学报(汉文哲社版)》2016 年第 11 期。

能承担了一些本职工作以外的"补位"甚至替代的工作,是基于未成年人保护的现实紧迫需要和使命感。那么,在"两法"实施并确立了未成年人保护"国家责任"这一指导思想,在各个职能部门与相关主体的共同责任和法定义务得到明确的情况下,在未成年人保护的新格局之中,未成年人检察工作则需要坚守司法保护和覆盖全面的法律监督这一定位,以推动"六大保护"格局建立为己任。

新修订的《未成年人保护法》,吸收了检察机关前期探索的强制报告制度和入职查询制度,在前期探索的基础上扩大了相应的报告和查询范围,并明确相应的法律责任。这两项制度对于未成年人保护意义重大,但实际执行中还存在难度。如针对旅馆、酒店等对未成年人实施侵害的高发地点,虽然《未成年人保护法》规定了住宿经营者在未成年人入住时的询问、报告和联系的义务,但如何让住宿经营者树立起未成年人保护的自觉意识并积极主动履行义务,尚需相关主管部门持续性地履职和有力度地监管,需要各地检察机关积极推动,明确相应的配套制度和实际操作流程。

笔者认为,在对未成年社区矫正对象开展矫正的过程中,应当重视一些与成年社区矫正对象有所不同的关键环节:

(一)重视审前调查

审前调查,又称"社区矫正适用前调查"。做好审前调查,是恰当处理未成年人犯罪案件的重要基础。通过审前调查,清楚了解犯罪事实之外的更多内容,包括未成年犯罪人的犯罪原因、既往历史、社会交往、兴趣爱好、行为习惯、身体和心理健康状况、家庭情况、就学情况、就业情况、社区环境情况以及被害人的情况等,可以为法庭恰当处理案件提供必要的参考信息。

审前调查的结果,体现在审前调查报告之中。所谓审前调查报告,就是由审前调查机构撰写的表明审前调查情况的正规文书。审前调查报告至少应当包括以下三部分:(1)事实陈述。这一部分应当详细、具体地说明对有关事实进行调查的结果;(2)处理建议。提出审前调查机构对于如何处理未成年犯罪人的具体建议,包括免予刑事处罚的建议、量刑建议等;(3)矫正建议。针对对未成年犯罪人实施社区矫正而提出帮扶、教育等方面的建议。例如,采取区别于成年人矫正措施的有针对性的矫正项目等。

(二)落实行为监管

社区矫正的重要内容是对社区矫正对象实行监督管理,对于未成年犯罪人而言,做好行为监管工作,尤其重要。这是因为对于自控能力较差、社会经验不足、行为容易冲动的未成年犯罪人来讲,他们同时也存在抵御诱惑能力较差、容易不良交往、遇到合适机会时难以自我约束等缺点。因此,如果不落实对他们的行为监管,他们很有可能在自由的行为状态中进行新的违法、犯罪行为。为此,社区矫正机构应根据未成年犯罪人的情况,具体落实社区矫正工作者、家庭、学校、工作单位、社区等方面对未成年犯罪人的行为监管措施,将其日常行为纳入严密的监管之中,消除监管盲点,这样可以减少其实施违法犯罪行为的机会。

(三)从未成年人需要发力,实施针对性的矫正项目

《社区矫正法》第 52 条规定,应根据未成年社区矫正对象的身心特点以及学习、工作等情况"采取针对性的矫正措施",在确立矫正小组时,"应当吸收熟悉未成年身心特点的人员参加",并"与成年人分别进行"。

为了取得好的矫正效果,应该从未成年的需求出发,准确选择个性化方案。可以按照马斯洛需要层次理论制定量表来测量未成年罪犯的心理需求。马斯洛的需要层次说对矫正未成年罪犯具有重要的指导性,我们不了解一个罪犯的真正需求而盲目矫正,效果可想而知。如果一个未成年罪犯连基本的衣食住行都保障不了,他很有可能会再次从事财产型犯罪;如果一个罪犯的爱与归属的需要没有得到满足,他也有可能从事侵犯人身权的犯罪。所以,对未成年矫正对象要认真调查其真正需要,设计个性化矫正方案。针对未成年社区矫正对象特别状态,理论界有学者设计了"梯形结构"矫正项目体系,①该体系第一步,采用教育性和非监管性的矫正项目,如训诫、赔礼道歉、父母管教等;第二步(第一步措施无效时),采取不限制人身自由的监管性的矫正项目,如定期报告、个别化教育、心理矫正;第三步(第二步措施无效时)是在一定时间内限制人身自由的矫正项目,如电子监控、居家监禁等。该"梯形结构"矫正项目体系的设计,值得我们关注。当然在矫正的过程中矫正工作者应当依据矫正对象的变化及时

---

① 王顺安:《试论我国未成年犯社区矫正项目体系之构建》,载《青少年犯罪问题》2005 年第 1 期。

反馈和调整进度，以做到对未成年矫正对象的对症下药。

（四）避免过度干预

对未成年犯罪人实施社区矫正的根本目的，不是惩罚他们，对他们进行报复，而是避免他们重新犯罪和帮助他们顺利成长。为此，在社区矫正工作中，应当避免对其正常学习和生活实施过度干预。凡是有可能影响他们正常学习和生活的活动，都应当尽量避免。例如，监管措施应当不妨碍他们的正常学习和生活；心理矫正应当尽量在闲暇时进行；公益活动可以在节假日进行，并尽量避免让无关的人知晓其真实身份，活动应当以正面的、积极的方式进行，以鼓励未成年社区矫正对象树立自信，避免他们由此产生心理阴影和消极情绪。

严厉的刑罚可能对未成年人造成终身的负面影响。一个发生在美国的故事足以说明这个问题：两个流浪少年在街面实施不法行为，被警察发现。一个少年逃脱后，被好心人收养，经过其教育培养成为了社会的精英；另一个则被警察抓获后扔进监狱，最后成为惯犯。两者起点一致，人生境遇竟如此迥异，令人唏嘘。未成年人的成长是一个家庭的希望所在，对其家庭的安宁和幸福都有举足轻重的影响。

（五）充分发挥禁止令的作用

禁止令特别适合于那些具有缺乏自控能力、养成不良嗜好、有很强的结群性等特征的未成年人。例如，对有“网瘾”的未成年犯罪人适用禁止令，实践效果较好。为了做好禁止令的执行，在未成年人社区矫正工作中应关注下列事项：

1. 加强网络管理

网吧已经成为未成年人犯罪的高发场所。据统计，2016 年 1 月 1 日至 2017 年 12 月 31 日，全国法院审结的未成年人犯罪案件中，有相当数量的案件发生在网吧、KTV、酒吧等娱乐场所。另外，深夜和凌晨为未成年人犯罪高发时间。未成年人犯罪案件中，案发时间主要集中在 21 时至凌晨 3 时，深夜和凌晨作案占比较高。[①] 为此，禁止相关的未成年人进入网吧等娱乐场所，对某些未成年人

---

① 中国司法大数据研究院：《从司法大数据看我国未成年人权益司法保护和未成年人犯罪特点及其预防》，载 http://www.court.gov.cn/zixun-xiangqing-99402.html，最后访问日期：2019 年 4 月 16 日。

宣告宵禁极为必要。首先，鉴于未成年社区矫正对象犯罪中，团伙犯罪比较突出，为了避免受到不良交往的影响，应禁止其接触同案犯。其次，探索禁止令的执行，真正做到令行禁止。在这个过程中，要坚持正式控制与非正式控制的结合，尤其发挥父母等监护人的作用。同时，还应做到人力管理与技术管理的结合，注重采用电子监控等技术，强化对未成年社区矫正对象的行为控制，以预防再犯的发生，提高社区矫正的效果。最后，加强网络管理。新修订的《未成年人保护法》增设网络保护专章，明确规定对于未成年人要加强网络保护，免受来自网络不良信息和行为的侵害。并明确规定：网络游戏服务提供者不得在每日22时至次日8时向未成年人提供网络游戏服务。未成年人网络保护单设一章，此举初步构建起了我国未成年人网络保护的法律基础。

2. 增加监督方面的投入

与其他年龄阶段的社区矫正对象相比，未成年社区矫正对象需要给予更多监督；在未成年社区矫正对象中，与未被适用禁止令的未成年社区矫正对象相比，那些被适用禁止令的未成年社区矫正对象，又是需要给予更多监督的人员。因此，社区矫正工作者应当在监督此类矫正对象方面投入更多的精力，把他们作为“重中之重”予以监督，避免他们实施违反禁止令的行为和由此引发更加严重的违法犯罪行为。

3. 动员更多的社会力量参与监督和帮教工作

基于未成年社区矫正对象的自控能力较弱等因素，仅仅依靠社区矫正工作者是难以严密监督其遵守相关规定的。为此，应当动员社会力量参与未成年社区矫正对象的监督和帮教工作。例如，动员未成年社区矫正对象的父母、监护人、保证人等监督他们的行为，促使他们遵守禁止令规定的事项。为此，《社区矫正法》第53条规定，未成年人的监护人“怠于履行监护职责”的，社区矫正机构可应当对其“督促、教育”。对于拒不履行监护职责的，社区矫正机构可以“通知有关部门依法作出处理”。

六、未成年人社区矫正制度的进一步完善

我国未成年人社区矫正的工作体系与流程已基本确立。但深入考察，就会发现实际执行中监管内容单一，矫正内涵挖掘不足，程式化突出。虽然在一定程度上体现了对于未成年人的区别对待，但从总体上来看，“盆景”效应明显。未成年人社区矫正制度需要进一步的完善。

(一)找寻有针对性的矫正项目

我国社区矫正实践中,虽然对未成年人社区矫正模式进行了积极的探索,但社区矫正项目不够丰富。在美国、英国等西方国家,经过多年的发展,已经形成了比较完善的未成年人社区矫正体系。比如在美国,未成年人的社区矫正项目众多,包括缓刑、释放安置及其他项目,如前文提到的养育家庭项目、日处遇项目、小组之家项目、新兵训练营、争取生存项目、预备海事学校等。[①] 在英国,对犯罪未成年人的非监禁刑包括罚金、缓刑、社区服务、复合命令(将缓刑和社区服务结合)、电子监控、赔偿、有条件的解除指控、完全解除指控、责令犯罪人行为平和守规矩、判决暂不生效、警察警告等多种选择。[②] 在国外,未成年人矫正项目还特别强调公益活动与职业教育相结合。公益活动内容尽量与未成年人选择的职业教育方向相结合,且当公益活动与职业教育存在冲突时,优先保障未成年人受教育的时间[③]。

与国外丰富多彩的矫正项目相比,我国的矫正项目相对贫乏,在少数的几种选择中,适合未成年人的项目更加有限。因而难以适应未成年人社区矫正的需要,成为影响其运行效果的重要原因。在当前,需要针对不同地域和不同种类的未成年矫正对象,借鉴国外成功经验基础上,采取个性化矫正项目。例如,借鉴美国未成年人矫正的成功做法,在我国的一些发达城市,小区设施比较完善,社区氛围比较和谐,可以尝试建立"养育家庭"项目,而在一些农村的偏远地区,人们生活水平普遍不高,不容易找到愿意提供食宿的志愿者,可以由政府出资建立"小组之家"或者"中途之家",再吸纳专业的社工来承当抚养、教育工作。而对于一些从小娇生惯养、生性顽劣、不知悔改的未成年矫正对象,则可以将其置于"争取生存项目"或者"新兵训练营"之中。当他们离开舒适窝,体会到了生存的不易,会收到意想不到的矫正效果。

正如不能奢望用一种药治愈所有病一样,社区矫正对象也不能仅用一种方法进行矫治,对于未成年矫正对象,应当遵循"区别对待"原则,设立具有针对性、可操作性的矫正项目。诸如惩罚性服务、家庭监禁、禁毒矫治、宵禁、电子监

---

① 刘强:《美国犯罪未成年人的矫正制度概要》,中国人民公安大学出版社 2005 年版,第 89 页。

② 王运生、严军兴:《英国刑事司法与替刑制度》,中国法制出版社 1999 年版,第 73 页。

③ 吴宗宪:《社区矫正比较研究》(上、下),中国人民大学出版社 2011 年版,第 26 页。

控、中途训练所、连续报告制度、半开放式工作等矫正方式,在全国不少地方均在探索。[①] 实践中,还有一些实务部门针对未成年矫正对象特殊情况,制订了个别化矫正方案,或曰"私人订制""矫正套餐",个别化矫正方案包括禁止从事的事项与必须履行的义务。[②] 前述探索,对于构建未成年人社区矫正项目无疑具有启迪与推动作用。但笔者认为,在借鉴国外经验的同时必须要考虑本土环境,这样才能实现被移植制度与现有环境的耦合,进而构建符合国情的未成年人社区矫正制度。

(二)将附条件不起诉的未成年人纳入社区矫正

根据《刑事诉讼法》以及《人民检察院办理未成年人刑事案件的规定》第 41 条规定,被附条件不起诉的未成年犯罪嫌疑人的监督考察机关是检察机关。被附条件不起诉的未成年犯罪嫌疑人应当遵守的规定包括:(1)遵守法律法规,服从监督;(2)按照考察机关的规定报告自己的活动情况;(3)离开所居住的市、县或者迁居,应当报经考察机关批准;(4)按照考察机关的要求接受矫治和教育。事实上,前述这些规定与目前"四类"矫正对象的履行的法定义务基本是一致的。如果将这一群体纳入未成年社区矫正对象监督管理体系之内,对促进刑事司法资源合理配置,促进社区矫正发展无疑具有重要意义。同时,也有利于检察机关机集中精力从事自己"主业"——法律监督。

此外,《社区矫正法》仅将犯罪时不满 18 周岁而"矫正期间年满 18 周岁"的矫正对象,继续按照未成年人社区矫正的有关规定执行。但现实中有部分年轻人,法定年龄已经成年,因家庭、学业、社会阅历等因素影响,认识力、判断力、意志力、耐受力等心智能力明显较弱。笔者认为,基于感化、挽救原则,可以探索实施将矫正期间不满 25 周岁的矫正对象按照未成年人社区矫正相关规定执行,以体现法律的宽恕。

(三)排除适用从业禁止制度

为了适应刑罚观念从惩罚犯罪向预防犯罪的转变趋势,《刑法修正案

① 缪文海:《社会管理创新视阈下的社区矫正创新》,载《行政与法》2014 年第 4 期。

② 尹华、钟丽君:《重庆五中院未成年犯社区矫正私人订制》,载《人民法院报》2014 年 2 月 16 日,第 6 版。

（九）》新增了“从业禁止”条款，作为《刑法》第37条之一，规定：“因利用职业便利实施犯罪，或者实施违背职业要求的特定义务的犯罪被判处刑罚的，人民法院可以根据犯罪情况和预防再犯罪的需要，禁止其自刑罚执行完毕之日或者假释之日起从事相关职业，期限为三年到五年。”自此，从业禁止进入我国刑罚体系。“从业禁止的理论基础源于对犯罪人人身危险性的考察，由法官根据犯罪的具体情况和预防再次犯罪的需要，在综合评估的基础上对于当事人决定是否适用从业禁止。”[①]未成年罪犯区别于成年罪犯，少年司法应贯彻“教育为主，惩罚为辅”理念，遵循未成年人犯罪特别程序，应实施相对特殊的制度。从法条条款所规定的内容来看，从业禁止制度的适用主体为利用职业便利实施犯罪或实施违背职业要求的特定义务的犯罪，被法院判处刑罚的犯罪人，适用从业禁止的目的是预防其再犯罪。虽然从业禁止制度不是刑罚，是一种保安处分，[②]但一旦适用从业禁止将会对行为人的公民权利与社会生活产生重大影响，它具有强制性与约束性。基于未成年矫正对象成长与回归社会的需要，笔者认为，对未成年罪犯适用从业禁止，不利于少年司法理念和少年司法制度的践行，未成年罪犯应当排除适用从业禁止制度。

（四）落实犯罪记录封存制度

犯罪记录封存制度，彰显了“宽严相济”的刑事政策，有助于未成年社区矫正对象顺利完成从“去标签化”到“再社会化”的成功蜕变。根据《刑事诉讼法》的规定，犯罪的时候不满18周岁，被判处5年有期徒刑以下刑罚的，应对犯罪记录予以封存。为进一步提高该制度的可操作性与可行性，犯罪记录封存制度还需要进一步细化：首先，应明确犯罪记录封存的范围。犯罪记录的封存不应仅仅是对终局性裁决和刑事强制措施记录的封存，侦查、起诉、审判三个阶段中的犯罪记录也应做到“应封尽封”，即对于被刑事立案、采取刑事强制措施、不起诉、终止审理或者宣告无罪的记录，也应予以封存。否则，犯罪前科这一标签仍会被贴于未成年人的生活中；其次，犯罪记录被封存的人员因复学、升学、就业等需开具相关证明时，除涉及国家安全等重大利益的情形外，公安机关应当出

---

① 参见《从业禁止制度的定位与资格限制、剥夺制度的体系化》，载《法学评论》2016年第1期。

② 对从业禁止制度的性质在学界仍有争议，主要存在刑罚说（资格刑），保安处分、刑罚执行方式、预防性措施等观点，其中通说认为从业禁止制度是一种保安处分。

具无犯罪记录证明。未成年人在就业、入伍时不负有报告上述记录的义务；针对实践中存在的社会力量介入未成年社区矫正对象帮扶时，部分司法机关以犯罪记录封存为由拒绝提供相关情况，[①]笔者认为，要正确处理好犯罪记录封存与未成年矫正对象隐私之间关系，在保护隐私前提下，司法机关应当提供社会力量帮扶所需的基本信息；最后，还应明确违反犯罪记录封存制度的责任。若司法机关和有关单位工作人员违反犯罪记录封存制度，将未成年人犯罪记录泄露，应当承担相应的责任，可根据其泄露的程度和造成的影响给予其相应的行政处分乃至刑事责任。

七、罪错未成年人的分级干预

罪错未成年人分级干预，是指国家对未成年人的罪错行为设置轻重不同、各有侧重并呈现为梯级衔接状态的教育矫治体系。

分级干预体系是在尊重未成年人身心特殊性，并在遵循注重保护、强调恢复、积极预防的罪错未成年人处置规律基础上形成的轻重有别、逐渐递进的措施体系。越轨失范是未成年人的天然属性，“易受伤害、易受影响，缺乏对长期利益和短期利益进行衡量的成熟眼光，在特定情形下，缺乏应如何应对的洞察力和他人会如何反应的想象力，缺乏区分极有可能发生与仅仅可能发生的经验”[②]。对未成年人罪错行为进行体系性的分级干预不仅是域外少年司法较为成熟国家和地区的普遍做法，而且也被纳入联合国少年司法相关准则。

(一)《预防未成年人犯罪法》关于分级干预的规定

新修订并于2021年6月1日起施行《预防未成年人犯罪法》初步构建了我国的罪错未成年人分级干预体系。该法基本采用了各国少年法通行的“虞犯”概念[③]，贯彻三级预防的逻辑，将未成年人的罪错行为划分为不良行为、严重不

---

① 曾国建、杨美琴、张吕、沈春凤：《未成年人社区矫正监督现状及问题研究——以余杭社区矫正工作为例》，载刘强、姜爱东主编：《社区矫正评论》（第八卷），中国法制出版社2018年版，第155页。

② ［英］安德鲁·阿什沃斯：《刑法的积极义务》，姜敏译，中国法制出版社2018年版，第250页。

③ 虞犯，是指现在没有违法犯罪行为，但根据其品性和环境，将来有可能实施违法犯罪的人。在《日本少年法》中就有“虞犯少年”概念。通常是指不服从家长监督管教、与有犯罪习性的人交往、深夜在外游荡、出入不良场所、无故携带刀械、逃学逃家或吸食迷幻物品等违反善良风俗行为的不良习性或违纪行为的少年。

良行为[①]、犯罪行为,并结合我国实际情况制定了一套教育矫治力度不断升级的干预体系。

《预防未成年人犯罪法》将“不良行为”界定为“未成年人实施的不利于其健康成长的”行为,更加清晰的界定了“不良行为”的内涵和外延。不良行为不具有社会危害性,行政执法和司法尚不具备介入的法理基础。为此,对于未成年人不良行为采取非正式干预为主的立场。干预措施主要包括:家长训诫管教、校方警诫、行为矫治服务(通过学校心理咨询或专业社工组织)。

《预防未成年人犯罪法》还进一步完善了“严重不良行为”这一概念,将其更加清晰地明确为未成年人实施的有刑法规定、因不满法定刑事责任年龄不予刑事处罚的行为,以及严重危害社会的九种行为。它包括治安违法行为、不予刑事处罚行为。对于未成年人的严重不良行为则采取了正式干预的立场,通过设立“专门学校”实施“专门教育”[②],用“专门矫治教育”取代“收容教养”,从而构建了一套中国特色的保护处分措施体系,即矫治教育措施、专门教育措施、专门矫治教育措施。

触犯刑法行为:包括犯轻罪行为以及犯重罪行为两类。

针对犯轻罪者的未成年人,实行非刑罚干预措施:(1)对于犯罪情节轻微,符合《刑事诉讼法》关于相对不起诉、附条件不起诉条件的未成年人,检察机关对其帮教考察后,作出相应的非刑罚决定,并进行司法化宣告;另外,对于犯罪轻微不需要判处刑罚的,根据《刑法》第37条的规定,可以根据案件的不同情况,予以司法训诫、责令具结悔过、赔礼道歉、赔偿损失等;(2)社会化帮教措施。未成年人的父母或者其他监护人、学校以及基层自治组织应当采取有效的帮教措施。监护人怠于履行的应由公安机关予以训诫,责令改正;(3)犯罪记录封存。前面已经阐述,在此不再重复。

针对犯重罪者的未成年人,实行刑罚干预措施:犯重罪实行刑罚处遇,主要包括非监禁刑和监禁刑:(1)适用于未成年人的非监禁刑,即社区矫正。《社区

① 不良行为是指吸烟、喝酒,多次旷课、逃学,无故夜不归宿、离家出走,沉迷网络等九种不利于未成年人身心健康成长的行为;严重不良行为,是指未成年人实施的有刑法规定、因不满法定刑事责任年龄不予刑事处罚的行为,以及严重危害社会的九种行为。

② 《预防未成年人犯罪法》第43条规定:“对有严重不良行为的未成年人,未成年人的父母或者其他监护人、所在学校无力管教或者管教无效的,可以向教育行政部门提出申请,经专门教育指导委员会评估同意后,由教育行政部门决定送入专门学校接受专门教育。”

矫正法》用专章对未成年人社区矫正作了特别规定,体现了教育、保护原则。但笔者认为,对未成年犯,应倡导并进一步完善社区刑罚。如可以放宽未成年犯缓刑的适用标准。《刑法》第72条规定:“对于被判处拘役、三年以下有期徒刑的犯罪分子,同时符合下列条件的,可以宣告缓刑。对其中不满十八周岁的人、怀孕的妇女和已满七十五周岁的人,应当宣告缓刑……”由此可见,未成年犯适用缓刑的标准明显宽于成年犯。但实践中,部分司法人员纠结于缓刑适用条件中第1款,即“犯罪情节较轻”。他们认为,“犯罪情节较轻”表明严重暴力犯罪不适用缓刑。但实际上,“严重暴力犯罪”不等于“犯罪情节不轻”。犯罪情节是整体评价要素,[①]并不能直接将“严重暴力犯罪”作为否定“犯罪情节较轻”的唯一理由。事实上,严重暴力犯罪完全有可能被评价为“犯罪情节较轻”。如故意杀人罪是严重的暴力犯罪,但其量刑的第二档幅度为3年以上10年以下有期徒刑的前提就是“情节较轻”,充分说明严重暴力犯罪也可能属于“犯罪较轻”。评价是否“犯罪较轻”,应当综合罪名、犯罪行为的具体的社会危害性、是否具有法定减免情节、犯罪动机等予以整体考察。因此,即使是未成年犯多次抢劫,法定刑在3年以上10年以下,但如果除未成年犯情节以外,还有其他法定、酌定减轻处罚情节,综合全案仍然有可能判处3年有期徒刑并宣告缓刑;(2)对未成年人执行监禁刑应当坚持教育矫治的原则,安排的活动应当符合未成年人的身心特点,以学习文化知识、接受职业教育和技能培训为主。组织未成年服刑人员从事相关劳动的,要严格控制工作时间和强度,不能简单地以工作量来考核评价其表现。并应当定期地对未成年犯罪人进行心理状况评估并且对其进行心理干预,对于即将离所的未成年服刑人员提供适应社会的相关技能培训和心理辅导,以期使未成年犯罪人更好的复归社会。服刑期间,应当督促未成年人的父母或者其他监护人探视未成年人,做好未成年人教育矫治的配合工作。对即将刑满释放的未成年人,在征求未成年人及其监护人的意见后,可以建议作出过渡性辅助安排,联系社工组织或者社会观护基地,进行跟踪帮教等社会化支持,帮助其尽快适应社会。

(二)分级干预体系的进一步完善

《预防未成年人犯罪法》配合《刑法修正案(十一)》法定最低刑事责任年龄

---

① 张明楷:《刑法学》(第四版),法律出版社2011年版,第127页。

的下调,[①]重新定义了“严重不良行为”,不再使用“收容教养”概念,设置“专门矫治教育”,构建了阶梯式教育矫治体系,体现了立法机关在未成年人罪错行为治理方面对民意和舆论的积极回应。但现有罪错未成年人干预体系还存在以下困境:一是无统一的立法。对罪错未成年人的处遇措施规定散见于《刑法》《治安管理处罚法》《未成年人保护法》《预防未成年人犯罪法》等法律中,因这几部法律的性质不同,故各种教育矫治措施之间还缺乏有效对接;二是分级干预措施尚未发挥应有作用。刑事手段操作简单,但教育、感化、挽救效果不佳;非刑事手段措施存在“空转”问题,如责令监护人严加管教难以保证效果、治安处罚缺乏强制力和有效性,矫治教育、专门教育、专门矫治教育难以区别与实现衔接,特别是专门矫治教育还缺乏适用标准及操作程序,等等。

专门矫治教育是一种后置于父母管教的、由政府代替父母或者其他监护人履行教育保护与干预帮教职责的国家监护制度。以往的收容教养,过分强调限制人身自由的惩罚威慑属性,将触法未成年人置于全封闭的机构之内,采取集中关押的处遇方式,执行期限一般是1年至3年,特殊情况下可延长至4年。从执行期限来看,收容教养对人身自由的约束甚至比部分有期徒刑、拘役、管制等刑罚措施更为严厉。此外,收容教养对触法未成年人的处遇思路仍然倾向于劳动改造或半工半读,与少管所并无二致,忽视教育感化、情感疏导、心理治疗等保护性处遇措施的运用,导致不良行为干预“重惩轻教”问题严重,与“教育为主,惩罚为辅”的立法精神背道而驰。

新修订的《预防未成年人犯罪法》中,关于专门矫治教育的内容,仅仅是增加了少许法条简单予以叙述。为避免专门矫治教育重蹈收容教养处遇效果不佳的覆辙,笔者认为,需要在深刻反思收容教养缺陷的基础上,完善专门矫治教育的运行机制,保障专门矫治教育的处遇有效性,促进触法未成年人顺利复归社会。目前,围绕专门矫治教育的立法完善,特别需要明确适用年龄范围、适用条件、程序正当性、法律监督等方面加以规范,以促进我国少年刑事司法的发展。

根据我国《刑法》对刑事责任年龄及构成要件行为的最新规定,再考虑到不

---

① 2020年12月26日第十三届全国人民代表大会常务委员会第二十四次会议通过《刑法修正案(十一)》,将刑事责任年龄条款作出增加,即“已满12周岁不满14周岁的人,犯故意杀人、故意伤害罪,致人死亡或者以特别残忍手段致人重伤造成严重残疾,情节恶劣,经最高人民检察院核准追诉的,应当负刑事责任。”

满10周岁的触法未成年人不宜司法处遇的惯例,笔者认为,触法未成年人可以分为以下三类:第一类,已满10周岁不满12周岁实施刑法分则规定的行为的未成年人;第二类,已满12周岁不满14周岁实施除故意杀人、故意伤害致人死亡或者以特别残忍手段致人重伤造成严重残疾以外的犯罪的未成年人;第三类,已满14周岁不满16周岁实施除《刑法》第17条第2款所规定的八种严重暴力犯罪以外的犯罪的未成年人。然而,并非所有符合形式标准的触法未成年人均有必要接受专门矫治教育。首先,应根据触法未成年人的人身危险性与触法行为的社会危害性实质解释"在必要的时候"这一限制性适用条件,对于人身危险性与社会危害性相对较小且家长确有能力管教的情形,应优先责令父母或者其他监护人加以管教。其次,精准施策强调针对触法未成年人的处遇措施应具有灵活性、针对性,尽量轻缓化、人道化,实现高度福利保护和有限责任承担有机结合,以推动专门矫治教育科学化。特别是:(1)专门矫治教育的执行期限应遵循《联合国少年司法最低限度标准规则》(北京规则)第19.1条所确立的最短必要性原则,采取相对固定期限与浮动期限相结合的方式加以确定,一般是6个月至2年,原则上最长期限不超过3年,并且可以在精准评估教育矫治效果的基础上,动态调整执行期限或解除专门矫治教育措施;(2)引入社会支持力量参与专门教育矫治。《预防未成年人犯罪法》明确提出"社会化矫治"的新思路,即构建专门矫治教育社会支持体系,促进触法未成年人回归健康成长道路;(3)限制公安机关的专门矫治教育决定权,发挥教育行政部门的关键作用,增设专门教育指导委员会负责调查评估,加强专门学校建设并作为专门矫治教育的法定执行场所,强化检察机关的法律监督地位,从而理顺各机构之间的权责关系;(4)构建司法化的专门矫治教育运行程序。起源于英美法系的程序公正理念已然深入人心,非经正当法律程序,不得限制或剥夺任何人的生命、自由和财产。专门矫治教育,带有一定限制人身自由的性质,非经过正当程序,容易引发争议。① 在这里,需要正确认识替代收容教养的专门矫治教育措施的法律性质:一方面,与强制隔离戒毒、强制医疗一样,属于矫治类措施;另一方面,与强制隔离戒毒这一行政性强制措施不同,与强制医疗一样,属于司法性强制类措施。因此,专门矫治教育的法律性质更应是针对未成年人的司法性强制矫治措施。

---

① 王顺、王春丽:《域内外罪错未成年人分级处遇比较与借鉴》,载《山西省政法管理干部学院学报》2021年第3期。

此外,公安机关既是事实和行为的调查者,又是矫治措施的裁判者,是典型的"既是运动员,又是裁判员"做法,也有违正当程序的要求。专门矫治教育是一项长期限制人身自由的矫治措施,已经超出我国公安机关职权配置范围。笔者从广东首个公办未成年人罪错学校来看,学校全封闭管理、全年无休,民警、老师24小时值班陪护。[①] 我国公安机关仅有临时或者短期限制公民人身自由的权限,无决定适用长期限制公民人身自由措施的权力。对此,应当参照强制医疗程序对专门矫治教育予以司法化改革,采取法院决定的模式,[②]以实现程序构造的司法化。

罪错未成年人,是司法的边缘点、公安的无奈点、教育的缺失点和家庭的刺痛点。[③] 从具体干预措施上来讲,结合基层司法实践,笔者认为,以下措施值得推广及借鉴:

1. 推广社会观护

罪错未成年人社会观护制度,是指在符合一定条件的前提下,由检察机关将部分罪错未成年人送入观护站对他们进行帮教,并根据观护站的考评意见,作为最终处理的一项重要依据。当前,不少地方检察院开展"涉罪未成年人社会观护"试点[④],将诉讼期间的涉罪未成年人置于自由社会,交由社会力量进行辅导、监督、观察、矫正等,以帮助他们改善行为和保证诉讼进行。在符合一定条件的前提下,检察机关可将部分罪错未成年人送入观护站实施帮教,并根据观护站的考评意见,作出最终司法处理。

观护工作虽然既不能取代法律和行政的力量,也不能代替学校的教育和家庭的关爱,却是法律和行政手段的补充,是学校教育和家庭关爱的延伸。观护工作从心理、法律意识、家庭关系、人格塑造、生存技能、社会责任、人际沟通等多方面全方位地对涉罪的未成年人进行挽救和改造,为他们重返社会做好充分准备,同时也有利于重构健康和谐的家庭关系。

---

① 《探访未成年人罪错学校:怎样解救游离于刑罚和教育之外的问题少年》,载中国网,http://news.china.com.cn/2020-09/21/content_76723587.htm,最后访问日期:2021年11月21日。

② 苑宁宁:《论未成年人犯罪三级预防模式的法律建构——以预防未成年人犯罪法修订为视角》,载《预防青少年犯罪研究》2021年第2期。

③ 《完善罪错未成年人分级处遇制度》,载正义网,http://news.jcrb.com/jsxw/2021/202104/t20210408_2268488.html,最后访问日期:2021年11月24日。

④ 《检企共建观护帮教基地涉罪未成年人"重获新生"》,载翠屏区,https://www.sohu.com/a/432421422_120152515,最后访问日期:2021年11月24日。

2. 赋予教师惩戒权

马卡连柯曾告诫，"任何教育都应该是尊重学生与严格要求相结合，应该尽可能多地尊重一个人，也尽可能多地要求他。教师使用惩戒也是一种教育，因此应该遵循这一原则。"[①]作为学校的学生，在接受外在规范并将其转化为自身行为准则的过程中也离不开强制性约束，在真正变为其自律能力的时候，他律往往是必经的途径之一。即便是非常强调学生保护与权益的西方教育体系，惩戒在西方各类学校也普遍存在。比如，对严重违规的学生关禁闭，对严重影响课堂秩序的学生，则会被校警拖出课堂。美国至今仍有 19 个州在法律层面支持对严重违规学生适用体罚——打板子（类似"戒尺"）。[②] 惩戒，是教育的基本手段，对罪错未成年人而言，更是如此。当下，需要赋予学校以及教师必要的惩戒权，增强对不良行为少年的管教刚性，改变中小学教师对严重不良行为少年不敢管、管不了的状况。建议通过完善教育相关法律法规，细化学校管制制度，赋予中小学教师必要的惩戒权，明确具有哪些惩戒权，如何行使，并确定行使程序，保障惩戒权的合理使用。同时预防滥用，提高学校和教师进行教育矫正的权威性。可以参照美国在中小学校校园设置校园警察，一方面通过扮演教育者、法律顾问、执法人员三重身份，维护校园秩序稳定，预防校园违法犯罪，帮助不良行为少年；另一方面可以震慑外来力量试图染指校园、污染未成年人。

3. 开展强制亲职教育

为贯彻"教育、感化、挽救"方针和坚持"教育为主，惩罚为辅"原则，人民法院对未成年人犯罪判处的刑期一般较短。但无论是接受短期监禁刑抑或社区矫正的涉罪未成年人，由于服刑时间短而自身又缺乏独立生存的能力，其最终都还是要回归家庭。而涉罪的"熊孩子"的背后往往都有一个"一言难尽"的家庭监护。

梳理我国现有监护干预措施，从《预防未成年人犯罪法》规定的"训诫、责令严加管教"直接到《民法典》规定的"撤销监护人资格"，中间缺乏必要的过渡措施。为此，对监护缺失或监护不当的家庭进行干预是未成年保护及犯罪预防的重要一环，强制亲职教育制度的意义也由此凸显。"亲职教育"是教育为人父母

---

① 何国华、燕国材：《马卡连柯教育思想》，湖南教育出版社 1986 年版，第 223 页。

② 《明确教师惩戒权是教育上的一次纠偏》，载人民网，http://edu.people.com.cn/n1/2019/1128/c1053－31478410.html，最后访问日期：2021 年 11 月 21 日。

应该如何做好父母这项职业。强制亲职教育是以国家强制力的方式帮助监护人正确履行监护职责并为涉罪未成年人再社会化营造健康和谐的家庭环境。湖北、上海与四川等地检察机关自2016年开始试点强制亲职教育，以“政府购买服务”的方式借助专业力量开展强制亲职教育，开设家庭沟通、亲子关系、情绪疏导等课程内容，以助力“不合格”监护人转变，成效明显。如2019年四川全省未成年人检察案件亲职教育覆盖率已达90%，①并积极探索综合运用行政处罚、个人征信管理的方式对监护人形成约束力。对于无故不配合的监护人，检察机关将书面送达告诫书。拒绝或不配合超过两次，且认定属于不依法履行监护职责或侵害被监护未成年人合法权益的，将移送公安机关依法处理。

目前，强制亲职教育还缺乏专门的法律支撑。如根据《未成年人保护法》和《预防未成年人犯罪法》，对于监护不当的行为，可以由公安机关对监护人进行行政处罚，或者对监护人予以训诫，责令严加管教。也就是说，对于监护人的监护不当行为，主要由公安机关予以处罚，而且一般是采取训诫、责令严加管教的方式，并没有赋予检察机关处罚和强制的权力，因此检察机关在当前推行强制亲职教育的过程中只能采取告诫等非强制手段督促监护人参加亲职教育，必然会面临惩罚手段不足，强制性欠缺的问题。一些地方，如四川省检察机关，为此只好无奈将“强制亲职教育”更名为“强化家庭教育指导”。实践中，实施强制亲职教育的主体主要是司法机关，但公、检、法三机关是否都可以成为强制亲职教育的实施主体，三者之间是何种关系，还存在一定的争议。笔者认为，强制亲职教育的主体应包括公安机关、检察院和法院，且应以检察机关实施为主，同时建立公安机关与检察院、法院之间的信息衔接机制。此外，应当制定《家庭教育法》，用法治力量推动家庭教育，让司法干预家庭教育有法可依，可以让那些监护失职、监护不当的未成年人父母正视家庭问题、重视亲职教育。

4. 充分关注专门学校和专门教育

2019年，中共中央办公厅、国务院办公厅印发了《关于加强专门学校建设和专门教育工作的意见》，明确提出加强和改进专门学校和专门教育。专门教育属于半机构化处遇措施，专门学校的接收对象主要是12周岁至18周岁具有严重不良行为的未成年人，但在分级干预体系内还具有向上和向下的辐射功能：

---

① 《未成年人犯罪案四川全省检察院去年受理总数下降16.8%》，载手机新浪网，https://news.sina.cn/detail－ihvhiews5473802.d.html? pos＝3，最后访问日期：2021年11月21日。

一方面,可以向上对接刑事处遇措施,将相对不起诉和附条件不起诉的未成年人也纳入专门教育的范围之内,并能为在未成年人管教所内服刑的未成年人提供义务教育和职业技能教育等社会支持。此外,对于适用机构化处遇措施的未成年人,其在正式回归社会前可能还需要在专门学校中过渡或者继续观察一段时间,因此还具有对接机构化处遇措施的功能;另一方面,专门学校还可以向下对接或支持家庭、学校开展针对不良行为的教育措施,如可以对有一般不良行为的或者不满 12 周岁的孩子适用分班体验式学习。此外,专门学校还可以作为法治教育基地或者亲职教育基地,开展一般性的预防工作等。因此,在今后构建我国分级干预制度时应当以专门学校和专门教育为重要切入点和抓手,从理顺专门学校与分级干预其他主体的关系、扩大接收对象范围、明确入学离校程序和办学标准、提升教育矫治措施的科学性与有效性并引入更多社会资源等方面进行建设。

第十一章

社区矫正对象的考核与奖惩

社区矫正对象不仅要服从监督管理、接受教育矫正,同时,也将面临社区矫正期间的各项考核。考核结果是对社区矫正对象进行分类管理和实施奖惩的重要依据。

一、社区矫正对象的考核

对社区矫正对象的考核,是社区矫正机构或受委托的司法所按照《社区矫正法》和相关规定,依照程序对社区矫正对象在一定时间内接受教育矫正情况进行综合评定的刑事执行活动。对社区矫正对象的考核,事关社区矫正刑事执行目的的实现,是提高矫正质量的重要环节,是矫正活动顺利实施的重要保障。笔者曾对S省调查发现:自2012年《实施办法》施行以来,截至2019年6月,S省对社区矫正对象的各类行政处罚和刑事处分就累计一万多起。其中,警告11,464人,行政拘留149人,司法拘留37人,撤销缓刑2262人,撤销假释761人,对暂予监外执行罪犯收监执行74人①,有效发挥了惩罚措施对社区矫正对象的警示与教育作用。

对社区矫正对象实施考核,是法律赋予社区矫正机构的一项刑事执行权力,更是社区矫正机构落实对社区矫正对象监督管理和教育帮扶的一项重要职责。依据《社区矫正法》第28条的规定②,社区矫正机构对社区矫正对象的"表

① 数据来源:S省司法厅2019年6月《社区矫正人员情况信息统计表》。

② 《社区矫正法》第28条规定:社区矫正机构根据社区矫正对象的表现,依照有关规定对其实施考核奖惩。社区矫正对象认罪悔罪、遵守法律法规、服从监督管理、接受教育表现突出的,应当给予表扬。社区矫正对象违反法律法规或者监督管理规定的,应当视情节依法给予训诫、警告、提请公安机关予以治安管理处罚,或者依法提请撤销缓刑、撤销假释、对暂予监外执行的收监执行。

现”实施考核奖惩。在认罪悔罪、守法依规、服从监管、接受教育等方面“表现突出”的，应当给予“表扬”；对违反法律法规或监管规定，“应当视情节给予训诫、警告、提请公安机关予以治安管理处罚，或者依法提请撤销缓刑、撤销假释、对暂予监外执行的收监执行”。依据前述规定可以看出，对社区矫正对象的考核主体是社区矫正机构。

社区矫正对象考核的内容概括认罪悔罪、遵纪守法、服从监管、接受教育等方面。需要注意的是，对不同类型的社区矫正对象，其考核内容的侧重点是有所不同的。例如，对管制犯、缓刑犯和假释犯三类矫正对象，重点考核的是报告活动、迁居审批、请销假及参加学习教育、公益活动等方面的情况；对暂予监外执行矫正对象，重点考核的是就医、请销假、报告活动、迁居审批、接受教育等情况。

考核结果是对社区矫正对象实施奖惩的依据。如按照相关规定，社区矫正对象受到社区矫正机构两次训诫仍不改正的，给予警告处罚；宣告缓刑、裁定假释的社区矫正对象受到社区矫正机构两次警告仍不改正的将被提请撤销缓刑或者撤销假释，暂予监外执行罪犯受到两次警告即可被提请收监执行。对社区矫正对象的考核，会引起社区矫正对象刑事执行方式变更，关系到社区矫正是否终止。

二、行政奖惩

行政奖惩是指社区矫正机构依据社区矫正对象的日常表现和考核情况，依照行政权限对社区矫正对象给予的奖励或处罚。行政奖惩分为行政奖励和行政处罚两种。

《社区矫正法》关于对社区矫正对象行政奖励的规定仅有“表扬”，而没有近年来许多省（自治区、直辖市）探索的“记功”，且明确规定要在认罪悔罪、遵纪守法、服从监管、接受教育等方面“表现突出”才能给予表扬。2020 年《实施办法》第 33 条明确规定，社区矫正对象接受矫正 6 个月以上并且同时符合“服从人民法院判决，认罪悔罪”“遵守法律法规”“遵守关于报告、会客、外出、迁居等规定，服从社区矫正机构的管理”“积极参加教育学习等活动，接受教育矫正”四个方面条件，才“可以给予表扬”。此外，“社区矫正对象接受矫正期间，有见义勇为、抢险救灾等突出表现，或者帮助他人、服务社会等突出事迹的”，也可以给予表扬。在此，对“表现突出”进行了细化。笔者认为，在这里，行政奖励仅规定“表扬”一种，突显激励手段不足。社区矫正对象的“积极表现”可能有极为不同的情形，多规定几种行政奖励方法，其实更有利于激励其的接受矫正。

对社区矫正对象的行政处罚，主要包括训诫、警告、治安管理处罚。根据2020年《实施办法》第34条的规定，社区矫正对象有以下四种行为的会受到执行地县级社区矫正机构“训诫”处罚；根据2020年《实施办法》第35条规定，社区矫正对象有“违反法院禁止令，情节轻微的”，不按规定时间报到；违反报告、会客、外出、居住地变更规定；保外就医人员无正当理由不按时提交病情复查情况或者未经批准进行就医以外的社会活动且经教育仍不改正的；受到社区矫正机构两次训诫，仍不改正的；有其他违反监管规定行为的等六种情形，社区矫正机构应当给予“警告”。

根据《社区矫正法》第59、60条以及2020年《实施办法》第36条的规定，社区矫正对象有违反监督管理规定或者殴打、威胁、侮辱、骚扰、报复社区矫正机构工作人员和其他依法参与社区矫正工作的人员及其近亲属，尚不构成犯罪的，或者违反人民法院禁止令，依法给予治安管理处罚的，由执行地县级社区矫正机构向同级公安机关提请，并向执行地县级人民检察院抄送治安管理处罚建议书副本，及时通知处理结果。

三、司法奖惩

司法奖惩是指社区矫正机构在考核的基础上提出建议，主要由人民法院对社区矫正对象给予的奖励或处罚。当然，司法奖惩的有权决定机关不仅是法院，在暂予监外执行罪犯收监执行的情形下，有权决定机关除了法院，还包括省级以上监狱管理机关和设区的市一级以上公安机关。司法奖惩分为司法奖励和司法处罚两种。

（一）司法奖励

对社区矫正对象的司法奖励主要是指减刑。减刑作为一种司法奖励，目的在于鼓励社区矫正对象积极主动的完成改造，顺利回归社会，但减刑必须经过一定的程序，因此，当自己的条件符合减刑时可以主动申请。

根据《刑法》第78条以及2020年《实施办法》的规定，可以对管制、缓刑、暂予监外执行三类社区矫正对象适用减刑。虽然，被宣告缓刑的矫正对象一般不适用减刑，但如果在缓刑考验期内有重大立功表现的，可以参照《刑法》第78条的规定予以减刑，同时应当缩短其缓刑考验期限。《社区矫正法》第 33 条还进一步规定了适用减刑的程序：(1)社区矫正机构向执行地的中级以上人民法院提出减刑建议。为便于监督，社区矫正机构还需“将减刑建议抄送同级人民检察院”；(2)法院应当在收到减刑建议后 30 日内作出裁定，并送达社区矫正机构。为便于法律监督及协助执行，法院需“同时抄送人民检察院、公安机关”。

这里的减刑程序需要明确：县级社区矫正机构的减刑建议是报地(市)社区矫正机构审核同意后，由地(市)社区矫正机构提请执行地的中级人民法院裁定。依法应由高级人民法院裁定的减刑案件，由执行地县级社区矫正机构提出减刑建议书并附相关证据材料，逐级上报省级社区矫正机构审核同意后，由省级社区矫正机构提请执行地的高级人民法院裁定。为便于监督，社区矫正机构的减刑建议书和法院减刑裁定书副本，应当同时抄送社区矫正执行地同级人民检察院、公安机关及罪犯原服刑或者接收其档案的监狱。

(二)司法处罚

对社区矫正对象的司法处罚，主要包括撤销缓刑、撤销假释和撤销暂予监外执行三类。与行政奖惩相比，司法奖惩的力度更大，对社区矫正对象的影响和触动也更大。社区矫正对象受到这三种司法处罚的后果是一样的，都是收监执行。

1. 撤销缓刑、假释

《社区矫正法》中规定“社区矫正对象具有刑法规定的撤销缓刑、假释情形的，应当由人民法院撤销缓刑、假释”①，与《刑法》第 77 条②和第 86 条③相互呼

---

① 2020 年《实施办法》第 46 条还进一步规定，被宣告缓刑社区矫正对象有以下五种行为之一的将被撤销缓刑、假释而收监执行：(1)违反禁止令，情节严重的；(2)无正当理由不按规定时间报到或者接受社区矫正期间脱离监管，超过一个月的；(3)因违反监督管理规定受到治安管理处罚，仍不改正的；(4)受到社区矫正机构二次警告，仍不改正的；(5)其他违反法律、行政法规和监管规定，情节严重的。

② 《刑法》第 77 条规定：“被宣告缓刑的犯罪分子，在缓刑考验期限内犯新罪或者发现判决宣告以前还有其他罪没有判决的，应当撤销缓刑，对新犯的罪或者新发现的罪作出判决，把前罪和后罪所判处的刑罚，依照本法第六十九条的规定，决定执行的刑罚。被宣告缓刑的犯罪分子，在缓刑考验期限内，违反法律、行政法规或者国务院有关部门关于缓刑的监督管理规定，或者违反人民法院判决中的禁止令，情节严重的，应当撤销缓刑，执行原判刑罚。”

③ 《刑法》第 86 条规定：“被假释的犯罪分子，在假释考验期限内犯新罪，应当撤销假释，依照本法第七十一条的规定实行数罪并罚。在假释考验期限内，发现被假释的犯罪分子在判决宣告以前还有其他罪没有判决的，应当撤销假释，依照本法第七十条的规定实行数罪并罚。被假释的犯罪分子，在假释考验期限内，有违反法律、行政法规或者国务院有关部门关于假释的监督管理规定的行为，尚未构成新的犯罪的，应当依照法定程序撤销假释，收监执行未执行完毕的刑罚。”

应。同时将刑法规定进一步细化，区分了法定撤销和酌定撤销：发现漏罪和再犯新罪时，由审理漏罪和新罪的人民法院撤销缓刑、假释。此为法定撤销情形，不需要社区矫正机构提请，而是由人民法院直接撤销，“并书面通知原审人民法院和执行地社区矫正机构”；而其他情形下，由社区矫正机构酌定是否撤销，向人民法院提出撤销建议，此时有管辖权的人民法院为“原审人民法院或者执行地人民法院”。

与此前相比，《社区矫正法》的一大突破是在此引入了《刑事诉讼法》的逮捕和追捕。[①] 长期以来，社区矫正机构对拟撤销缓刑、假释和在逃矫正对象手段不足，长期困扰着基层社区矫正工作。《社区矫正法》引入逮捕和追捕，对于解决这一难题发挥了重要作用。逮捕是《刑事诉讼法》规定的强制措施之一，“被提请撤销缓刑、假释的矫正对象可能逃跑或者可能发生社会危险的，社区矫正机构可以在提出撤销缓刑、假释建议的同时，提请人民法院决定对其予以逮捕。人民法院应当在四十八小时内作出是否逮捕的决定。决定逮捕的，由公安机关执行。逮捕后的羁押期限不得超过三十日。”追捕不是《刑事诉讼法》的强制措施，也不是正式制度，但是在《刑事诉讼法》中反复出现。《社区矫正法》中规定，“被裁定撤销缓刑、假释和被决定收监执行的矫正对象逃跑的，由公安机关追捕，社区矫正机构、有关单位和个人予以协助”。该规定在此用“追捕”代替2012 年《实施办法》中的“追查”，其强度明显增大。同时，追捕的责任主体由司法行政机关变为公安机关，改变了有追捕责任的司法行政机关无追捕能力，有追捕能力的公安机关无追捕责任的问题，强化了社区矫正的刑事执行的威慑属性。

2. 暂予监外执行收监执行

为加强暂予监外执行罪犯的管理，2014 年 10 月 24 日最高人民法院、最高人民检察院、公安部、司法部、国家卫生计生委联合印发《暂予监外执行规定》。《社区矫正法》第 49 条规定，“暂予监外执行的矫正对象具有刑事诉讼法规定的应当予以收监情形的，社区矫正机构应当向执行地或者原社区矫正决定机关提出收监执行建议”，“社区矫正决定机关应当在收到建议书后三十日内作出决定”。这与《刑事诉讼法》第 268 条关于暂予监外执行犯的收监条件保持一致，并且进一步明确了决定程序的时间要求和收监的责任主体。

---

① 司绍寒：《论社区矫正法的意义与不足》，载《犯罪与改造研究》2020 年第 8 期。

《社区矫正法》和2020年《实施办法》对暂予监外执行罪犯的日常监管做出了特殊规定，在日常监管环节，除了定期报告、遵纪守法、接受监督管理等一般性监管规定外，暂予监外执行的罪犯还应当每个月报告本人身体情况；保外就医的，应当到省级人民政府指定的医院检查，每3个月向县级社区矫正机构、受委托的司法所提交病情复查情况。无正当理由不按时提交病情复查情况，经教育仍不改正的，将会对其给予警告处分；此外，还规定了出现不符合暂予监外执行条件、受到社区矫正机构两次警告等八种情形，社区矫正机构应当提出收监执行建议。但实践中，暂予监外执行还存在四大突出的问题：

一是女性矫正对象恶意怀孕逃避收监。曾有媒体报道，新疆乌鲁木齐一名犯贪污罪的女性暂予监外执行罪犯，利用暂予监外执行期间反复怀孕来逃避收监长达十年。而在现实中，因身患重病或者严重传染病而迟迟无法收监的违规、再犯罪、发现漏罪的暂予监外执行罪犯也不在少数。尽管《刑事诉讼法》对因怀孕、哺乳情形而暂予监外执行的规定是“可以”而非“应当”表述，实践中基于人权保障考虑，对正怀孕的或正哺乳自己婴儿的罪犯基本不予收监执行。为此，部分女性矫正对象为逃避收监而恶意怀孕，钻法律漏洞，人性化条款在此被异化。倘若严格执行收监，在此，面临婴幼儿权利保护与惩罚罪犯的之间的价值选择如何平衡的问题。

二是保证人法律责任不明确。保证人担保是暂予监外执行工作的重要环节，一方面促使暂予监外执行罪犯的近亲属积极参与对罪犯的监督管理教育，实施内部制约，可起到良好的辅助作用，暂予监外执行的罪犯慑于亲属家庭利害关系，不敢随意违规违法，增强守法改造的自制力；另一方面保证人可以照顾好暂予监外执行罪犯的生活，充分发挥他们对监外执行罪犯的教育和感化作用。但是，我国《刑事诉讼法》对保外就医罪犯的保证人的条件、义务和法律责任均没有做出规定，导致现实中许多保证人根本没有履行责任，出现“只保不管，只保不矫”的情况，保外就医罪犯失去制约，保外就医之后即成为“自由人”，严重损害了法律的尊严及司法公正。

三是病情复查不规范。《暂予监外执行规定》第21条规定，社区矫正机构应当及时掌握暂予监外执行罪犯的身体以及疾病治疗等情况，每3个月审查保外就医罪犯的病情复查情况，并根据需要向批准、决定机关或者有关监狱、看守所反馈情况治；2020年《实施办法》第24条规定，保外就医的，应当到省级人民政府指定的医院检查，每3个月向县级社区矫正机构、受委托的司法所提交病情复查情况。首先,依据上述两条规定,暂予监外执行罪犯可自行进行病残鉴定,自行提交病情复查报告,社区矫正机构判断保外就医罪犯是否病情好转主要依赖于罪犯本人提供的病情复查报告,这为其伪造“病情尚未好转”的证明文件以继续逃避羁押监禁提供了可乘之机,使权钱交易、弄虚作假、徇私舞弊有机可乘,导致以保代放和收监难等问题;其次,病情鉴定、诊断证明难以判断。司法实践中,医院仅就暂予监外执行罪犯病情提供诊断证明,该证明仅仅是对罪犯患了什么病或可能患什么病等病情的客观描述,常常使用一些医学术语。至于是否符合暂予监外执行条件、是否属于《保外就医严重疾病范围》,对不具备专业医学知识的社区矫正机构工作人员而言难以判断;最后,困难人员主动鉴定难。《暂予监外执行规定》第 4 条规定:“罪犯在暂予监外执行期间的生活、医疗和护理等费用自理。”由于有些保外就医罪犯生活困难,有的甚至要靠“低保”维持生活、治病,根本无法负担高额的医疗和体检费用,社区矫正机构也没有专项经费来开展保外就医罪犯的病情复查。《暂予监外执行规定》要求罪犯主动鉴定、主动提交报告,但在司法实践中,罪犯往往不能及时提供相关病情证明和复查的资料,3 个月 1 次的病情检查常常沦为形式。

四是管控难。社区矫正是一种以教育、感化、挽救为核心的刑事执行制度,接收的矫正对象中被判处管制、宣告缓刑、裁定假释的,都有一个前提条件——社会危害性不大、有悔改表现。唯独暂予监外执行的罪犯主要以“身体状况”为条件,这在客观上就已经留下了此类人员“难管”的隐患。有些自恃身患严重疾病,漠视监管规定,对负责监管的社区矫正工作人员的劝说、警告充耳不闻,我行我素。身体状态对部分暂予监外执行的矫正对象而言,成了违法犯罪的“豁免书”。

笔者认为,前述暂予监外执行的难点、痛点的解决,仅靠现有规定是不够的,司法部应当联合相关部门及时修改《暂予监外执行规定》,进一步细化对暂予监外执行罪犯的监督考察和教育帮扶举措。同时,监狱管理部门还应在人才培养、队伍建设、医疗设备、基础设施建设等方面加大对监狱医院的投入,切实提高监狱医院收治病犯的能力和水平,从源头上减少暂予监外执行罪犯的数量。当前,需要做好以下几个方面的工作:

一是严格把控源头审核。决定机关对保外就医罪犯应严格把控,严格按照《暂予监外执行规定》和《保外就医严重疾病范围》进行实质性审核,决定机关不能过多考虑其他因素而忽视基本的原则性条件,不能人为的降低标准,应当客观、公正的进行审核。与此同时决定机关应当充分运用好调查评估手段，核实罪犯在其居住地是否适合暂予监外执行，坚决把不符合暂予监外执行对象拒之门外。

二是完善保证人法律责任。应以法条形式，明确保证人义务及可能承担的法律后果。具体而言，需要细化保证人条件，建立保证人的保证金制度和担保责任追究制度，就保证人的范围、义务、责任等内容进行明确的规定，使保证人真正地发挥作用。如在保证人条件上，不仅需要其具有完全民事行为能力、人身自由未受限制，还需要其提供一些量化的经济或生活情况说明；在保证人担保责任上，可让保证人缴纳一定数额的保证金，当保证人未履行担保义务时根据未履行程度分别予以处理，情节较轻者可予以一定的行政处罚，也可同时没收保证金，情节严重构成犯罪的，依法追究刑事责任，促使保证人对暂予监外执行罪犯进行监督管理教育。

三是设立暂停计算刑期制度。对意图通过持续怀孕逃避收监执行的，可以考虑自其怀孕时停止计算刑期，暂由社区矫正机构代为管理，自怀孕状态消失后再行收监执行剩余刑期。这样既符合立法的目的，又维护了司法的权威。暂停计算刑期制度适用的对象，应明确为暂予监外执行期间通过故意怀孕以逃避监禁刑惩处的罪犯。与患有严重疾病、生活不能自理的罪犯不同，法律规定对孕妇可以适用暂予监外执行，更多体现的是对胎儿的一种特殊保护，是人类健康生存、繁衍发展的伦理观在刑事法律层面的体现。是否对罪犯适用暂停计算刑期制度，直接关系到罪犯的执行方式和实际执行刑期，决定主体应当是人民法院。对暂予监外执行期间再次故意怀孕的罪犯，社区矫正机构应当及时向人民法院提出暂停计算刑期的建议。暂停计算刑期期间虽然不计入刑期，但罪犯的身份不发生变化。

四是畅通收监渠道。实践中存在保外就医罪犯在监外执行中违法违规或者重新犯罪，但是其身体健康状况仍然符合保外就医标准，且不适合监内执行的现象。根据《刑事诉讼法》对有严重疾病需要保外就医的是“可以”暂予监外执行而不是“必须”，且对可能有社会危险性的罪犯，不得保外就医。根据《暂予监外执行规定》，对在暂予监外执行期间因违法违规被收监执行或者因重新犯罪被判刑的罪犯，需要再次适用暂予监外执行的，应当从严审批。对符合收监执行条件或严重违反保外就医规定和社区矫正监管规定的暂予监外执行罪犯，畅通收监渠道，社区矫正机构应及时通报并会同相关部门给予收监执行，与暂予监外执行决定机关、看守所、监狱等机构进行沟通、协调，看守所、监狱对被暂予监外执行决定机关已作出收监执行决定的罪犯不得以身体健康原因拒收，确保收监执行决定不沦为一纸空文，保障刑事执行的严肃性和强制性。

五是健全病情复查机制。应该建立专门鉴定机构，审查指定医院作出的病情诊断证明和病情复查报告；多途径解决诊断鉴定经费来源问题；建立与社会接轨的罪犯医疗保险制度，降低罪犯及其家庭的医疗费用支出；建立和完善经费保障制度，对于必需的诊断鉴定经费应列入财政预算；推进政府购买服务方式，积极协调相关医院为暂予监外执行罪犯病情复查在挂号、付费、候诊、检查、治疗等具体环节开设绿色通道，确保能及时完成相关检查和诊疗工作；严格执行暂予监外执行相关规定。承担监督管理职责的社区矫正机构建立罪犯保外就医医疗和鉴定档案，对符合收监执行条件或严重违反保外就医规定和社区矫正监管规定的暂予监外执行罪犯依法收监执行，维护法律的权威。

四、被采取强制措施矫正对象的解矫问题

刑事诉讼中的强制措施，是指公安机关、人民检察院和人民法院为了保证刑事诉讼的顺利进行，依法对犯罪嫌疑人、被告人的人身自由进行限制或者剥夺的各种强制性方法。从性质上说，强制措施是预防性措施，而不是惩戒性措施，同刑罚和行政处罚存在本质区别。现行《刑事诉讼法》所规定的强制措施有拘传、取保候审、监视居住、拘留、逮捕五种。

社区矫正实践中常常会遇到这样一种情况：社区矫正对象在接受社区矫正期间因再犯罪被司法机关采取了强制措施，在强制措施执行且案件未决期间，其矫正期限却已经届满。对于此种情形，究竟是按时解除社区矫正还是待其案件处理结束后再根据结果处理？对此实务界有不同的看法。

第一种观点认为，社区矫正对象被刑事拘留、逮捕期间矫正期满，司法行政机关不应解除社区矫正，应待刑事实体处理后再根据情况作出处理。

第二种观点认为，社区矫正对象被采取强制措施期间，没有应当撤销缓刑、撤销假释或者暂予监外执行收监执行情形的，如矫正期满，社区矫正机构依法对其解除社区矫正。

前述两种观点其实都有一定道理，但均无法涵盖四种矫正类型，也就是说，两种观点都没有在社区矫正对象被判处的刑罚性质上进行区分，而是希望能用一种通用的办法解决这一问题，这样思路之下显然难以得出正确的结论。

笔者认为,在目前社区矫正的四种类型中,对于暂予监外执行的罪犯,如果矫正对象被采取强制措施且案件未决期间其矫正期限届满,可以对其解除社区矫正。但对于管制犯、缓刑犯、假释犯,则需要待其刑事实体案件处理结束后再根据情况进行处理。

(一)就暂予监外执行而言

根据《暂予监外执行规定》第26、27条的规定,如果没有不计入刑期的情形(不符合暂予监外执行条件的罪犯通过贿赂等非法手段被暂予监外执行的、在暂予监外执行期间脱逃的两种情形),被监狱和公安机关决定暂予监外执行的罪犯刑期届满后,则应当由监狱、看守所办理释放手续;被法院决定暂予监外执行的,在刑期届满后则应宣告解除社区矫正并通报原判法院。在这个问题上,无论是《刑事诉讼法》《监狱法》还是《暂予监外执行规定》均没有针对暂予监外执行期间再犯新罪或者发现漏罪做出例外的规定。

对于在押罪犯再犯罪后刑期届满应如何处理的问题,司法部等四机关《关于监狱办理刑事案件有关问题的规定》在第2条中规定:"罪犯在监狱内犯罪,办理案件期间该罪犯原判刑期即将届满需要逮捕的,在侦查阶段由监狱在刑期届满前提请人民检察院审查批准逮捕,在审查起诉阶段由人民检察院决定逮捕,在审判阶段由人民法院决定逮捕;批准或者决定逮捕后,监狱将被逮捕人送监狱所在地看守所羁押。"从这一规定可以看出,在押罪犯涉嫌再犯罪并不影响其刑期计算,笔者认为同样的结论也可以适用于暂予监外执行的罪犯。

暂予监外执行决定是社区矫正机构对该类矫正对象进行矫正的唯一依据,如果刑期届满,社区矫正也就失去了基础。故笔者认为,暂予监外执行罪犯从其被决定暂予监外执行之日起至又犯新罪或者发现漏罪后新判决执行前这段时间,如果原判刑期届满,且没有不计入刑期的情形的,就应当宣告其解除社区矫正,并在宣告书鉴定意见中注明其再犯罪或发现漏罪的情况。

(二)就管制而言

1981年7月27日最高人民法院颁布的《关于管制犯在管制期间又犯新罪被判处拘役或有期徒刑应如何执行的问题的批复》(已失效)中规定:"在对新罪所判处的有期徒刑或者拘役执行完毕后,再执行前罪所没有执行完的管制。对于管制犯在管制期间因发现判决时没有发现的罪行而被判处拘役或有期徒刑应如何执行的问题,也可按照上述意见办理。”

自 2015 年 11 月 1 日起施行的《刑法修正案(九)》吸收了上述规定,在《刑法》第 69 条中增加一款作为第二款:“数罪中有判处有期徒刑和拘役的,执行有期徒刑。数罪中有判处有期徒刑和管制,或者拘役和管制的,有期徒刑、拘役执行完毕后,管制仍须执行。”

那么,在司法实践中上述规定是如何执行的呢? 有这样一个案例:2015 年 4 月 22 日,河南省清丰县人民法院审结了一起管制期间又犯新罪的盗窃案件,被告人罗某某因犯盗窃罪于 2014 年 3 月 28 日被该院判处管制 2 年。管制期间自 2014 年 4 月 9 日开始,折抵刑期 30 日,至 2016 年 3 月 9 日刑满。罗某某在管制期间因涉嫌犯盗窃罪于 2015 年 2 月 10 日被清丰县公安局刑事拘留,尚未执行的管制刑期为 1 年零 1 个月。该院最终以盗窃罪判处被告人罗某某有期徒刑 7 个月,并处罚金人民币 5000 元;与前罪未执行完毕的管制剩余刑期 1 年零 1 个月,并处罚金人民币 4500 元数罪并罚,决定执行有期徒刑 7 个月,管制 1 年零 1 个月,并处罚金人民币 9500 元。

根据上述规定,管制期间发现漏罪或者又犯新罪的,应当按照《刑法》有关规定进行数罪并罚,未执行完毕的管制在有期徒刑或拘役执行完毕后仍需要执行。而从案例则可以看出,被判处管制的社区矫正对象,因被羁押导致管制无法执行的,其未执行完毕的管制应当同新罪数罪并罚。但上述规定及案例并不能体现被采取非羁押强制措施的管制犯是否继续计算管制刑期的问题。

笔者认为,对于管制类社区矫正对象,被采取羁押性强制措施导致管制无法执行的,应当停止计算管制刑期,在此期间矫正期限届满的,自然也不能解除社区矫正。但如果这类社区矫正对象仅仅是被采取拘传、取保候审、监视居住的强制措施,并不影响管制执行的,自然也无法产生停止计算管制刑期的后果,故其矫正期限届满,依然可以解除矫正。

(三)就缓刑、假释而言

《刑法》第 77 条第 1 款规定:“被宣告缓刑的犯罪分子,在缓刑考验期限内犯新罪或者发现判决宣告以前还有其他罪没有判决的,应当撤销缓刑,对新犯的罪或者新发现的罪作出判决,把前罪和后罪所判处的刑罚,依照本法第六十九条的规定,决定执行的刑罚。”第 86 条第 1、2 款规定:“被假释的犯罪分子,在假释考验期限内犯新罪,应当撤销假释,依照本法第七十一条的规定实行数罪并罚。”“在假释考验期限内,发现被假释的犯罪分子在判决宣告以前还有其他罪没有判决的,应当撤销假释,依照本法第七十条的规定实行数罪并罚。”根据上述规定,被判处缓刑、裁定假释的罪犯,其再犯的新罪或者被发现的漏罪被法院作出生效判决前,其原判刑罚是否会同新罪、漏罪所判刑罚进行数罪并罚实际上处于不确定的状态。如果对处于此种情形下的缓刑、假释类矫正对象解除矫正,则意味着产生其原判刑罚不再执行或执行完毕的法律后果。这样一来,如果其漏罪、新罪成立,其羁押期间解除矫正所产生的法律后果势必同其后人民法院作出的数罪并罚的判决相冲突,违反了刑法的规定。

笔者认为,对被采取刑事强制措施期间的缓刑、假释类矫正对象解除矫正,只能适用于其新罪、漏罪被审判机关宣告无罪、检察机关决定不起诉以及侦查机关撤销案件的情形,届时可以向其补发解除社区矫正证明书。但在其新罪、漏罪未决之前,不能对其解除矫正。

(四)被采取留置措施的处理

值得注意的是,2018 年 3 月 20 日颁布的《监察法》第 22 条规定,对涉嫌贪污贿赂、失职渎职等严重职务违法或者职务犯罪的被调查人以及对涉嫌行贿犯罪或者共同职务犯罪的涉案人员,监察机关可以采取留置措施。留置虽然属于调查活动,并非刑事诉讼中的强制措施。但从其执行方式、留置时间(不得超过 3 个月。但在特殊情况下,可以延长不超过 3 个月)上来看,其对人身自由的限制强度并不弱于羁押性强制措施。故被留置的社区矫正对象是否按期解除社区矫正,也应当参照被采取羁押性强制措施的情形处理。

五、考核奖惩机制存在的问题与完善

(一)考核奖惩机制存在问题

1. 考核奖惩规范的繁杂与不透明

社区矫正被认为是一项刑事执行制度,其中对管制犯的监督管理属于对刑罚的执行,暂予监外执行则涉及对刑罚的变更执行。按照《立法法》第 8 条第 4 项的规定,犯罪和刑罚属于法律保留事项,刑罚的种类和执行方式只能制定法律,对执行中需要细化、解释的问题,也只能通过司法解释或中央一级的文件加以解决。而社区矫正却不然,除了省一级的《实施细则》,甚至连区县司法局都

可以自行制定《社区矫正计分量化考核办法(试行)》类似的规范性文件。随着检察机关对社区矫正对象外出申请难问题的关注,一些地区的检察机关也联合当地司法局出台了关于外出审批的规范性文件。

作为社区矫正执行依据的各级规范性文件的性质是什么?是行政规范性文件还是司法规范性文件,如果是前者,就应当受到国办发〔2018〕37 号文件的制约[①],未向社会公开的社区矫正规范性文件不能作为社区矫正工作的依据。但如果是司法规范性文件,目前在备案审查及公开方面尚未有明确规制。《各级人民代表大会常务委员会监督法》只规定了司法解释性文件应当进行备案审查,对其他规范性文件未作规定。正是这一性质的模糊,导致了不少社区矫正规范性文件尚处于不透明状态,直接作为工作规范的不少省级《社区矫正实施细则》没有及时公开,无法查询。如果社区矫正对象及其委托的律师,对社区矫正机构如何进行考核、如何认定社区矫正对象是否违反监督管理规定以及是否达到"情节严重"都不了解,显然无法捍卫社区矫正对象的权利。

2. 考核奖惩的强度弱化

目前,对社区矫正对象的考核奖惩机制方面存在激励和威慑不足。在监狱行刑阶段,有比较系统的奖惩措施,当前普遍实行的积分制,将监狱服刑罪犯的日常表现与减刑挂钩,对服刑罪犯有较大的激励效应。对于服刑罪犯来说,缩短服刑期限是最大的激励。监狱的计分考核制度,就能公正公平地通过对罪犯日常改造五个方面的情况进行日记载、周评议、月汇总考核来确定考核等次。

在社区矫正领域,减刑的停滞是不争的事实。哪些情形可以"表扬"社区矫正对象,也没有形成很好的经验。现有司法解释还明确规定,原则上不予缩短社区矫正期限,因此一般意义上的表扬等奖励手段对社区矫正对象没有激励作用。社区矫正工作人员普遍满足于"不出事"的工作现状,社区矫正对象则消极应对,"混满"矫正期限则万事大吉。

虽然司法解释规定了撤销缓刑、假释的情形,但一般即便"严重违规",社区矫正工作人员仍然不愿意轻易启动这一最严厉的惩罚措施。社区矫正的最大特点,就在于社区矫正工作者与社区矫正对象多生活在同一社区,存在典型的

---

① 《国务院办公厅关于加强行政规范性文件制定和监督管理工作的通知》中规定,行政规范性文件经审议通过或批准后,由制定机关统一登记、统一编号、统一印发,并及时通过政府公报、政府网站、政务新媒体、报纸杂志、广播、电视、公示栏等公开向社会发布,不得以内部文件形式印发执行,未经公布的行政规范性文件不得作为行政管理依据。

“熟人”现象。“熟人”现象在有利于发挥社区矫正优势的同时,也会导致社区矫正工作者不愿意“得罪”社区矫正对象,除非社区矫正对象的“严重违规”行为已经超出社区矫正工作者的容忍限度。

3. 权利保障难以跟进

《社区矫正法》明确了律师可以参与撤销缓刑、假释程序。《社区矫正法》第 48 条规定:“人民法院拟撤销缓刑、假释的,应当听取社区矫正对象的申辩及其委托的律师的意见。”

缓刑、假释罪犯被撤销缓刑、假释的情形有三种:一是又犯新罪;二是发现漏罪;三是违反法律、行政法规或者监督管理规定(撤销缓刑需达到“情节严重”的程度)。而《社区矫正法》第 48 条主要针对的是第三种,即违反法律、行政法规或者监督管理规定的情形。但在目前的社区矫正实务中对规范性文件的制定缺乏应有的规范,从国家法律到区县司法局的内部红头文件,都可以作为刑事执行的依据,且连部分省级《实施细则》都缺乏公开、无法查询,不少社区矫正规范性文件尚处于不透明状态,成为律师介入社区矫正的现实障碍。即使律师参与撤销缓刑、假释程序,目前也缺乏制度性保障。《社区矫正法》第 48 条在规定人民法院于撤销缓刑、假释程序中听取社区矫正对象委托的律师的意见时所用的词汇是“应当听取”,但如果社区矫正对象因为经济或者其他原因没有委托律师,“应当听取”的立法目的难以实现。

(二)考核奖惩制度的完善建议

1. 制定全国统一的《社区矫正考核奖惩办法》

目前,各地的考核规定差别很大。社区矫正对象的同一行为在不同地方会得到不同的考核结果,从而影响对其奖惩,严重影响了刑事执行的严肃性。因此,对社区矫正对象的日常考核制度应当由司法部统一作出规范,不应任由各省(自治区、直辖市)社区矫正管理机构自行制定。

2. 建立与社区矫正相匹配的惩罚机制

现阶段,社区矫正的惩罚机制是训诫、警告、治安管理处罚、收监执行。警告、治安管理处罚与收监执行在惩罚力度上差异过大,中间缺少缓冲。表面上看,似乎建立了警告→行政处罚→收监执行的由轻到重的处罚体系,但实际上,这些措施效果不太理想,不能满足个性化的矫正需求。此外,轻微的警告、行政处罚与过重的收监执行之间缺少中间过渡,较为生硬。对于违法程度超越警告,但又无法处以行政处罚的社区矫正对象,缺少有效的管理手段,若动辄将其收监执行,不利于社区矫正对象的彻底改造,违背了社区矫正的初衷。对于管制犯而言,因无法将其收监执行,在其拒不履行社区矫正义务且屡教不改时,警告与行政处罚显得过于苍白无力,社区矫正工作无法继续开展。

笔者认为,在考核奖惩中,社区矫正对象被撤销缓刑、假释、暂予监外执行等具有威慑力,而社区矫正机构给予单纯警告的象征性惩罚,威慑力不足。建议引入欧美国家广为采用的“中间制裁”制度,构建社区矫正的梯度惩罚体系。具体包括以下几种:(1)训诫。依据2020年《实施办法》第34条对4种情形的“轻微违规”,由社区矫正机构实施训诫;(2)警告。由社区矫正机构给予警告;(3)罚款。对于一些轻微违反社区矫正义务规定的情形时,社区矫正机构可以对其处以罚款;(4)公益活动。当社区矫正对象违反社区劳动有关规定,或者不按规定接受监督时,可以实施一定时间的公益活动;(5)拘留。对于违反社区矫正规定较为严重但尚未达到收监执行程度的社区矫正对象,社区矫正机构有权作出拘留决定,交公安机关执行;(6)收监执行。对于符合法定条件的社区矫正对象,最严重的措施就是建议有关方面对社区矫正对象收监执行;(7)易科刑罚。这主要针对管制而言,解决被判管制的社区矫正对象难以管理的问题,以前这些人只能警告而无法收监执行,如果创设易科刑罚制度,则对于被判管制的罪犯,可以建议易科刑罚,将管制刑易科为有期徒刑并予以收监执行。

3. 畅通救济渠道

《社区矫正法》第34条第2款明确规定,“社区矫正对象认为其合法权益受到侵害的,有权向检察机关或者有关机关申诉、控告和检举。受理机关应当及时办理,并将办理结果告知申诉人、控告人和检举人。”2020年《实施办法》第32条提出要“建立内容全面、程序合理、易于操作的社区矫正对象考核奖惩制度”,第33条还设计“社区矫正对象对考核奖惩提出异议的,执行地县级社区矫正机构应当及时处理,并将处理结果告知社区矫正对象。社区矫正对象对处理结果仍有异议的,可以向人民检察院提出”。前述规范性文件,框架性地勾画出了考核奖惩的救济机制。一些省(自治区、直辖市)《社区矫正实施细则》还赋予了社区矫正对象“申请复议权”,如四川省《社区矫正实施细则》第141条规定,社区矫正对象对考核奖惩提出异议的,可以申请复议,执行地县级社区矫正机构应当及时受理,并将复议结果告知社区矫正对象。社区矫正对象对复议结果仍有异议的,可以向人民检察院申诉。

笔者认为,还应建立社区矫正对象日常违规惩处和司法惩处的听证机制和辩护机制。听证机制主要适用于社区矫正对象违反矫正监管规定行为的惩处。包括警告、提请公安机关给予治安管理处罚等处分。听证,是指某项制度、措施或处置方法在正式制定或实施前听取利害关系人的意见,对其必要性、合理性和合法性进行质证的制度。在美国,绝大多数州,听证已经成为撤销罪犯假释,收监执行前的必经程序,有专门负责撤销假释听证的官员。如何设定听证程序和辩护程序呢?可以将对社区矫正对象日常违规行为的惩处与司法惩处程序适当分开。对日常违规行为的惩处,在正式决定做出之前,应公示,并告知矫正对象的听证权和申请听证的机关,期限为7天。如果社区矫正对象或者其他参与矫正的人员没有意见,公示期满即生效;如果社区矫正对象认为惩处不当,应当向县级社区矫正机构申请听证,县级社区矫正机构必须严格按照程序组织听证。社区矫正对象对听证结果不满意的,可以依法向检察机关申诉。

对于依法提请法院或者监狱机关撤销缓刑、假释而收监执行的罪犯,若社区矫正对象有可能逃跑或者发生社会危险性的,社区矫正机构在启动收监执行程序时,应启动强制措施,即提请法院决定对其予以逮捕。但同时,应向矫正对象宣布违反监管规定或者其他违法情况以及社区矫正执行机关的决定,并告知其辩护的权利。对于此类案件,法院应公开审理,听取社区矫正对象的申辩及其委托的律师的意见。这一程序设计,可以有效避免社区矫正对象收监时的各种非法、非程序操作。最典型的是,社区矫正对象对整个收监程序都不知道,直到被骗至司法所或其他社区矫正场所,才知道自己被收监。这种做法会极大的损害社区矫正执法的严肃性和规范性,不仅剥夺了社区矫正对象的自我辩护权,而且对于社区矫正工作者的人身安全和威信也有很大的负面影响。

此外,还应将拟撤销缓刑、假释社区矫正对象委托律师纳入法律援助范围,对于因经济困难或其他原因没有委托律师的,由法律援助中心指派律师开展代理工作。

第十二章

社区矫正检察监督

“一切有权力的人都容易滥用权力”[①]、“绝对的权力,绝对的腐败”。任何公共权力的行使都离不开一定的监督机制,缺乏监督,握有权柄者必然会运用手中权力谋取私利,从而导致腐败。社区矫正价值彰显,除了依赖制度规范与矫正主体的自觉遵守,还需要外部监督力量的制约。同时,社区矫正对象进入社区,仍然逃脱不了既有观念的束缚,必然又要遭受一些不公正的对待甚至歧视,因此,“在社区矫正执法中必须引入合理的监督制约机制,使社区矫正对象的合法权益得到有力保护”。[②] 同时,也才可以避免社区矫正各项工作流于形式。

一、社区矫正检察监督概述

(一)社区矫正检察监督的必要性

随着2019年《最高检刑诉规则》的修订,刑事执行检察监督的扩张,[③]检察机关内设机构改革等一系列举措,《社区矫正法》施行后,社区矫正检察监督在各地实施了诸多创新。如在乡镇司法所或者区县社区矫正机构设立派驻检察室,[④]通

---

① [法]孟德斯鸠:《论法的精神》,张雁深译,商务印书馆1982年版,第154页。

② 陶建平:《法律监督热点问题研究》(二),上海交通大学出版社2012年版,第210页。

③ 从对传统的刑罚执行、监管活动监督等内容扩张到了对指定居所监视居住、羁押必要性审查、强制医疗活动、财产刑执行监督等。2014年年底最高人民检察院正式将以往的“监所检察厅”更名为“刑事执行检察厅”。

④ 郭树合、邵倩、柳英华:《山东乳山检察院派驻检察室开展社区矫正监督活动》,载正义网,http://www.jcrb.com/procuratorate/jckx/201607/t20160705_1631491.html,最后访问日期:2021年11月21日。

过地方人大立法确立检察建议强制反馈制度,[①]实行检察建议“一发两抄送”制度,即向违法的对象发出纠正违法通知书,抄送被监督单位的上一级机关和上一级检察院刑事执行检察部门,达到上级机关控制、纠正、规范检察建议的目的。检察机关还创新检察建议宣告、送达形式,在公开宣告、公开送达时邀请人大代表等第三方人员全程参与,并将检察建议落实情况向有关第三方通报。检察机关为督导破坏生态环境资源犯罪的社区矫正对象“补植复绿”,将生态修复纳入社区矫正考核范畴,促进生态修复与社区矫正有效衔接。[②] 由于养老金发放管理部门掌握社区矫正对象信息滞后,导致部分社区矫正对象违规领取基本养老金,造成国家社保基金的损失。为此,四川、河北、浙江等省市的检察机关通过向人社部门发出检察建议,堵住社区矫正对象养老金发放漏洞,核实并追回多发的养老金,避免了社保基金的流失。[③] 此外,部分检察机关还对有重大立功的社区矫正对象,通过检察建议督促社区矫正机构向人民法院提出减刑建议;有的检察机关更是直接从建章立制的高度协助司法行政机关落实《社区矫正法》中保障社区矫正对象权利的规定。如 2020 年四川省宜宾市叙州区人民检察院联合区司法局针对社区矫正对象请假难等影响企业经营发展和外出务工的问题,制定了《叙州区社区矫正对象外出管理办法(试行)》,在社区矫正对象外出申请、外出审批、外出管理、外出销假、经营外出、检察监督等方面进行了详细规定。2021 年四川省人民检察院联合四川省司法厅共同制定《四川省涉民营企业社区矫正对象赴外地从事生产经营活动管理办法(试行)》。前述文件的出台,简化了外出申请、审批、管理、销假等环节批准程序,有力的维护了社区矫正对象的合法权益。

与此同时,随着社区矫正的全面推行,社区矫正对象脱管、漏管乃至重新犯罪等问题也随之不断涌现。从数据上也说明了这一问题:如山东省检察机关 2021 年 1 月至 4 月对监外执行(社区矫正)违法提出监督意见同比上升

---

① 桑先军:《社区矫正检察工作相关立法思考》,载《江苏警官学院学报》2017 年第 5 期。

② 对涉生态修复的社区矫正对象,将生态修复情况作为公益活动的一种,与日常监管工作相结合,纳入社区矫正进行考核奖惩。对于社区矫正对象不履行或未完全履行《生态修复令》的,检察机关督促司法局对其教育警告,经警告三次仍不改正的,督促司法局向法院提出撤销缓刑、执行原判刑罚的建议书。载正义网,http://www. jcrb. com/procuratorate/jcpd/201804/t20180416_1859210. htm,最后访问日期:2021 年 11 月 21 日。

③ 《服刑人员还能领养老金？检察院向社保部门发出检察建议要求追回》,载 https://www. cqcb. com/shuangcheng/2020 - 10 - 22/3159900_pc. html,最后访问日期:2021 年 11 月 21 日。

127.3%[①]。从最高人民检察院2021年7月25日发布的2021年1－6月全国检察机关主要办案数据看,2021年1－6月,全国检察机关对“减刑、假释、暂予监外执行”不当提出纠正23,507人,同比上升13.5%;对刑事执行活动违法行为提出纠正23,557件,同比上升2倍;对监外执行(社区矫正)活动违法行为提出纠正23,122人,同比上升49.5%。[②] 从前述几组数据,足以说明社区矫正检察监督有其介入的必要性。因为任何公权力的行使都离不开外部监督,否则,握有权柄者会谋私而致腐败。在我国现行体制下,人大监督是宏观层面的监督,它难以监督社区矫正的具体运行。群众监督是体现民主性的监督,它难以形成与公权力的抗衡。检察机关是我国的专门法律监督机关。社区矫正各环节,涉及诸多公权力的运行与制约,自然离不开检察监督。社区矫正领域公权力的滥用,实践中也是时有体现。如一些地方的办案部门,将适用社区矫正作为平衡各方关系的工具。[③] 一些被告人社会关系复杂的案件,通过轻判适用社区矫正,被作为平衡各方关系的折中做法。甚至个别司法人员实施“辩诉交易”,以社区矫正作为权力寻租的工具。

基于检察官秉持“客观公正立场”之需要,社区矫正检察监督的内容,不仅包括“权力监督”,以制约和规范公权力的运行,也包括“权利救济”,让社区矫正对象的合法权益能公平拥有而不被限制或者剥夺。《社区矫正法》将“社区矫正人员”改为“社区矫正对象”的去标签化称谓,还通过保护社区矫正对象的身份信息、个人隐私,保障其就学、就业等权利不受歧视,坚持“不得过度干预”社区矫正对象工作与生活的原则,以及突出精准矫治、个别化矫正等方式,其最终目的是帮助社区矫正对象能顺利回归社会。但实践中,侵犯社区矫正对象合法权益现象还确实存在。这在社区矫正执行地的确定方面尤为突出。依据《社区矫正法》第17条和2020年《实施办法》第12条规定,社区矫正决定机关应当核实并确定执行地。并按照“居住地→经常居住地→有利于社区矫正对象接受矫正地”顺序确定“执行地”。有“固定住所”“固定生活来源”是2020年《实施办

---

① 《省检察院案管办负责人就2021年1至4月全省检察机关主要办案数据答记者问》,载澎湃新闻,https://www.thepaper.cn/newsDetail_forward_12862522,最后访问日期:2021年11月21日。

② 《最高检发布上半年全国检察机关主要办案数据》,载https://www.360kuai.com/pc/9f8fd934700c27d47?cota=3&kuai_so=1&tj_url=so_vip&sign=360_57c3bbd1&refer_scene=so_1,最后访问日期:2021年7月11日。

③ 何斐明、龚卫清:《检察机关介入社区矫正工作的问题及对策》,载《法治论丛》2007年第1期。

法》对“经常居住地”的解释。如果没有居住地，或者居住地、经常居住地无法确定或者不适宜执行社区矫正的，社区矫正决定机关应当根据有利于社区矫正对象接受矫正、更好地融入社会的原则，确定社区矫正执行地。在这里，赋予了社区矫正决定机关核实并确定执行地的权力。决定机关能否严格依法做好社区矫正执行地确定工作是实行社区矫正的首要一环。但实践中存在有的决定机关“一刀切”以户籍地来确定执行地；“图方便”以电话简单询问结果来确定执行地；“自定义”以各地自设标准来确定执行地。有的社区矫正机构还单独或者联合有关部门以“实施细则”或其他文件形式出台确定执行地的地方标准和接收条件。有的人民法院没有核实实际居住地就以户籍地作为实际居住地而下发执行通知。社区矫正对象一到户籍地社区矫正机构报到，因生计所迫只好提出变更执行地申请。由于多种原因若变更执行地不成功，会极大影响社区矫正对象接受矫正的积极性和配合度，对社区矫正工作带来消极影响。此类问题，需要通过检察监督，以维护社区矫正对象的合法权益。

（二）社区矫正检察监督的依据

我国《宪法》第 129 条明确规定人民检察院是国家的法律监督机关。《刑事诉讼法》第 269 条的规定明确了社区矫正的执行主体是社区矫正机构。《刑事诉讼法》第 8、276 条均明确了检察机关作为法律监督机关对刑事执行活动的监督权。但无论是《宪法》还是《刑事诉讼法》，没有对“社区矫正检察监督”作出专门规定。

在规范性文件层面，“两高两部”联合发布了多个具有“准司法解释”效力的有关检察监督的文件，如 2003 年《试点通知》首次规定了检察机关在社区矫正中的“法律监督”地位。在 2005 年《扩大试点范围通知》，强调公、检、法、司等部门在社区矫正中要“协调配合”。在 2012 年《实施办法》第 37 条规定：人民检察院发现社区矫正执法活动违反法律和本办法规定的，可以区别情况提出口头纠正意见、制发纠正违法通知书或者检察建议书。在 2016 年《衔接配合意见》第 12 条规定，检察机关应当加强对社区矫正的监督，发现有关情形的，应依法提出纠正意见。

总的来讲，在《社区矫正法》颁布前，社区矫正检察监督规定散见于规范性文件中，呈现出明显的原则化、碎片化特征，一般是从宏观层面强调检察机关要强化法律监督，完善监督程序。但对于如何开展监督、具体的监督程序、监督方式和监督后果等内容没有明确规范,实践操作无章可循。特别是从 2012 年《实施办法》的内容来看,大部分的篇幅在于规定基层司法行政机关及司法所的工作内容和程序,关于人民检察院的职责只做了简短性、概括性的规定。

2019 年 12 月全国人大常委会通过《社区矫正法》,标志着社区矫正检察监督从此纳入法治化轨道。该法第 8 条第 2 款①,将“人民检察院对社区矫正实施监督”上升到法律层面。为细化社区矫正检察监督,最高人民检察院于 2019 年 12 月发布了修订后的《最高检刑诉规则》,“两高两部”在 2020 年 6 月也联合印发了 2020 年《实施办法》。

《社区矫正法》、《最高检刑诉规则》、2020 年《实施办法》颁行后,社区矫正检察监督有了新变化:一是厘清了社区矫正检察监督的职责。2020 年《实施办法》第 6 条详细列举了检察机关依法履行的八项职责,如“对调查评估活动实行法律监督”“对监督管理、教育帮扶活动实行法律监督”“对相关职务犯罪,可以立案侦查直接受理”等,充分体现了检察机关对社区矫正全过程的监督,并解决了此前理论界关于审前调查评估、教育帮扶活动是否纳入检察监督的争议;二是检察监督力度加大。针对被监督单位对纠正违法通知、检察建议的不纠正,不整改,2020 年《实施办法》第 57 条②规定,检察机关可以向自己的上级机关“报告”,向被监督单位的上级机关、行政主管部门或者行业自律组织“通报”,甚至还可以向同级党委、人大“报告”,向同级政府、纪检监察机关“通报”。

综观前述规范性文件的相关规定,为社区矫正检察监督提供了依据。但是,在法律层面,无论是《社区矫正法》还是《刑事诉讼法》,依然缺乏对社区矫正检察监督的具体规定,凸显空泛、过于原则。《社区矫正法》仅仅是“人民检察院依法对社区矫正工作实行法律监督”的概括性规定。即使是《最高检刑诉规则》,也是带有浓厚的公文性色彩,不够具体。法律赋权的“集中空白”,使检察机关在履行监督职责中缺乏权威性,渐感被动。

---

① 《社区矫正法》第 8 条第 2 款规定,人民检察院依法对社区矫正工作实行法律监督。

② 2002 年《实施办法》第 57 条规定:“有关单位对人民检察院的书面纠正意见在规定的期限内没有回复纠正情况的,人民检察院应当督促回复。经督促被监督单位仍不回复或者没有正当理由不纠正的,人民检察院应当向上一级人民检察院报告。有关单位对人民检察院的检察建议在规定的期限内经督促无正当理由不予整改或者整改不到位的,检察机关可以将相关情况报告上级人民检察院,通报被建议单位的上级机关、行政主管部门或者行业自律组织等,必要时可以报告同级党委、人大,通报同级政府、纪检监察机关。”

(三)社区矫正检察监督的模式

检察机关是我国的专门法律监督机关。社区矫正的法律监督,实际上就是社区矫正的检察监督。因为"检察权与法律监督权是一体的,它们仅是对检察机关所享有职权的不同表述而已。[①]"检察机关是我国的法律监督机关,承担着对刑事执行和监管活动监督的法定职责。特别是对基层检察机关刑事执行工作来讲,社区矫正检察已经成为新的业务增长点,原来以看守所检察为绝对核心的工作格局转变为强制措施执行检察与社区矫正检察、财产刑执行检察的"三驾马车"。

有学者将"社区矫正检察监督"内容界定为"检察机关依法对社区矫正机构及相关职能部门的监督管理、教育帮扶等活动进行法律监督,从而维护社区矫正对象的合法权益,敦促执法机关正确执行刑罚的一系列活动"。[②] 还有学者认为社区矫正法律监督还应包括对矫前评估、矫前裁判的监督。但我们认为,矫前裁判本身的合法性在检察机关内部是有明确的职能部门承担的,审判监督由公诉部门来承担。刑事执行检察部门的主责是交付执行后对司法机关在矫正过程中是否存在的违法行为进行监督。为此,社区矫正法律监督不应包括矫前裁判的监督。我们不应打破检察机关内部的分工配合机制。为此,社区矫正检察监督不应当包括刑罚执行之前的审判监督,以及刑罚执行完毕之后的安置帮教的监督。

《社区矫正法》第62条规定,"人民检察院发现社区矫正工作违反法律的,应当依法提出纠正意见、检察建议。有关单位应当将采纳纠正意见、检察建议的情况采用书面的方式予以回复,没有采纳的应当说明理由"。该条规定也仅是明确了人民检察院发现违法矫正行为的事后处理方式,并未对事前的刑事执行检察监督予以明确规定。

基于历史原因,我国法律监督机构设置不健全:有的基层检察院,若本辖区没有监狱,通常不设立刑事执行检察部门;即使设立刑事执行检察部门的基层检察院,基于近年来监管场所发生的"躲猫猫死"等非正常死亡事件影响,其主要精力大多投放在监禁刑的监督上,而对社区矫正的检察监督,通常没有专门

---

① 朱孝清:《检察的内涵及其启示》,载《人民检察》2010年第9期。

② 刘强:《社区矫正制度研究》,法律出版社2007年版,第498页。

的机构、缺乏专业人员，且结构老化、知识更新缓慢。

目前，社区矫正检察监督主要模式：(1)派驻检察。按照“同级派驻、对等监督”的原则，部分检察机关建立了与司法行政机关相对应的派驻检察室。通常在一些市(州)、区(县)司法行政机关，检察机关设立了自己的派驻室；(2)巡回检察。一般是一年两次的监外执行和社区矫正专项检察。目前全国绝大多数区(县)人民检察院是采取此种模式。部分省(自治区、直辖市)实施了全省范围内交叉巡回检察。全省范围内交叉巡回检察，可以很好地避免人情关系，但是范围过广，意味着进行一次交叉巡回检察将会花费很大的人力、物力、财力。为此，不少地方正在以地市(州)级为交叉巡回检察范围，将市级辖区内区(县)相关单位列为交叉巡回检察，同时扩大巡回检察的次数。市级范围内交叉巡回检察涉及范围小，可以减少人力、财力浪费。个别地方建立了每季度一次的市级范围内交叉巡回检察，辅之以相邻市级巡回检察制度。①

二、社区矫正检察监督对象问题

社区矫正由司法行政机关“主管”、社区矫正机构组织“实施”，因此对其执法活动进行检察监督自然是理所应当。同时，社区矫正也是一个从交付到解除的完整过程，在此过程中同样会涉及其他单位的执法(包括司法)活动，如法院、监狱、看守所的交付执行活动，公安机关对实施违法违规行为的社区矫正对象的处罚活动，法院裁定撤销缓刑、假释的司法活动，等等。对于这些执法活动也应当纳入社区矫正检察监督的对象，实践中也不存在多大异议。但从监督对象来看，侧重于对社区矫正机构每半年一次的“例行性监督”以及派驻监督、巡回监督，而对公安机关、人民法院是否认真贯彻《社区矫正法》缺失制度性的监督规定。

在我国，普通刑事案件由公、检、法机关分别负责侦查、起诉、审判工作，由于法院实际介入案件的时间相对较晚，而且受审理期限的制约，法院开展审前调查评估并不合适。笔者认为，可以将审前调查评估提前至检察院审查起诉阶段。检察机关在公诉环节增加对于刑事被告人的调查评估，根据评估结果对符合社区矫正条件的被告人建议适用社区矫正。联合国《东京规则》规定：“在适

---

① 张樊、康文辉：《社区矫正法视角下检察监督机制的完善探析》，载《北京政法学院学报》2021年第2期。

当时并在不违反法律制度的情况下，对轻微犯罪案件，检察官可酌情处以适当的非拘禁措施，对于轻微刑事犯罪案件，检察机关有量刑建议权。”为此，2019 年《最高检刑诉规则》第 277 条规定，对拟提出适用缓刑或者判处管制的量刑建议，检察机关可以委托犯罪嫌疑人居住地的社区矫正机构进行审前调查评估，也可以自行调查评估。

虽然，2012 年《实施办法》第 4 条规定审前调查评估的委托机关包含了人民检察院。但《社区矫正法》第 18 条没有赋予检察机关委托调查评估的权限。[①]需要立法部门作出协调，不然，《最高检刑诉规则》会违反上位法《社区矫正法》的规定，会产生正当性存疑问题。

关于社区矫正检察监督对象问题，学界存在以下争论：

一是有关社会组织等社会力量、社区矫正“相关主体”是否属于检察监督范围。《社区矫正法》第 18 条规定，社区矫正决定机关根据需要，可以委托有关社会组织进行调查评估。若社区矫正决定机关委托社会组织从事调查评估活动，检察机关是否应实施监督？笔者认为，社会组织被授权从事的行为，当然需要监督。无论是司法行政机关自身组织评估调查，还是委托社会组织开展评估，都不影响调查评估包含一定的行政属性。因此，社区矫正调查评估的组织实施、量表确定与统计分析应当报送同级检察机关，以此实现检察机关对调查评估活动的同步监督。此外，通过政府购买社区矫正服务中，社会组织通过招投标参与社区矫正“教育帮扶”工作，仍然具备“委托执法”性质，也应当纳入社区矫正检察监督的范围。[②]《社区矫正法》还将社区矫正对象的就读学校、所在单位、共产主义青年团、妇女联合会、未成年人保护组织等纳入了教育帮扶的“相关主体”，并规定其应当依法协助社区矫正工作。对前述“相关主体”，检察机关当然也应进行法律监督。但在实际工作中，检察机关基于人手不足等原因，一般是重点监督社区矫正机构，导致前述“相关主体”成为检察监督的“边缘性主体”，也导致其对社区矫正工作的消极参与。

二是社区矫正对象的活动是否属于检察监督的对象范围。对此一般持否

---

① 《社区矫正法》第 18 条规定：“社区矫正决定机关根据需要，可以委托社区矫正机构或者有关社会组织对被告人或者罪犯的社会危险性和对所居住社区的影响，进行调查评估，提出意见，供决定社区矫正时参考。”既然调查评估的对象仅是“被告人”“罪犯”，此处的“社区矫正决定机关”应排除了审查起诉阶段的检察机关。

② 薛芳：《社区矫正中派驻检察室监督机制研究》，载《中州大学学报》2016 年第 4 期。

定意见。但也有论者予以肯定,并认为,“对社区矫正对象的法律监督主要是监督社区矫正对象是否服从社区矫正管理,在接受社区矫正过程中是否有违法行为”。

也正是基于对社区矫正检察监督对象的不同认识,实务工作中产生了多种不同的做法。其中,主要就是除履行正常的执法监督外,许多检察院还将社区矫正对象的守法活动也纳入了监督范围。例如,福建省龙海市检察院为每名社区矫正对象发放GPS定位手机,实时做好跟踪管理、历史轨迹查询、警示告知、短信提醒等监管工作,并对社区矫正对象积极开展多种形式的心理矫正活动。①又如,山西省高平市检察院采用“重点跟踪法”,对不服管教、有轻微违法行为或重新犯罪可能、暂予监外执行等重点矫正对象进行跟踪谈话,掌握其思想动态、改造情况以及生活状态,杜绝其再次犯罪。② 再如,四川省成都市崇州检察院对未成年社区矫正对象开展线上集中教育活动。③

虽然有学者提出,不能认为只要和社区矫正相关的司法或执法活动都属于社区矫正检察监督的范围。否则,不仅会打破检察机关内部的分工配合机制,而且也会带来操作上的困难。④ 笔者认为,对参与社区矫正的“相关主体”需要“应检尽检”,依法纳入社区矫正检察监督的范围。如对于社区矫正对象所在单位、就读学校、共产主义青年团、妇女联合会等组织不履行相关责任的情况通过督促,引导其担负相关责任,积极参与社区矫正工作。只有社区矫正所涉及的主体都担负起相应职责,才能推动社区矫正工作发展,达到对社区矫正对象监督管理、教育帮扶的目的。

三、社区矫正检察监督工作存在的问题

肇始于欧美的社区矫正,在我国应用不到20年,法律、制度还处于完善之中。社区矫正检察监督,除却前述法律依据过于空泛外,还存在以下几个问题,实践中亟待解决。

---

① 林志南:《福建龙海市检察院多项举措加强社区矫正监督》,载http://www.jcrb.com/procuratorate/jcpd/201706/t20170601_1758729.html,最后访问日期:2021年11月21日。

② 杨锐、郭志平:《晋城社区矫正检察职能“有的放矢”》,载《山西法制报》2017年6月13日,第1版。

③ 《崇州检察院联合司法局开展涉罪未成年社区矫正人员线上集中教育活动》,载http://cd.newssc.org/system/20200327/002894825.html,最后访问日期:2021年11月21日。

④ 敦宁:《社区矫正检察监督对象与内容的合理确定》,载《铁道警察学院学报》2018年第6期。

(一)检察监督定位:监督者抑或参与者?

《社区矫正法》施行前,就有过是否将检察机关定位为既是社区矫正的“参与者”又是“法律监督者”的争论。[①] 有的学者认为,检察机关是“权力滥用的制约者,矫正对象权利的保障者,社区矫正工作的重要参与者”。一些地方探索的“嵌入式”检察监督模式[②],认为只有将检察权如同“楔子”一样插入被监督权力流程之中,方可保障监督的强制力。否则,被监督者无视甚至撕毁检察建议的情况仍会不时出现。[③] 通过向社区矫正机构派驻检察官,深入社区矫正各执法环节,以“旁观者”身份实施“楔入式”同步监督,才能及时发现问题、及时提出提出纠正意见。

实践中,有的社区矫正机构为了达到他们容易管理矫正对象的目的,常常邀请检察机关参与对社区矫正对象的管理,假借检察机关惩治违法犯罪职能,以形成对社区矫正对象的威慑。与此同时,社区矫正很多工作如何把握尺度,从宽还是从严,实践中难以拿捏。如社区矫正对象外出请销假方面,《社区矫正法》仅规定有“正当理由”即可。但何谓“正当理由”,《社区矫正法》以及2020年《实施办法》均未做明确界定。请销假过于宽松,一旦重新犯罪,会启动倒查机制而面临追责;如果把握从严,在倡导保护社区矫正对象合法权益的当下,检察院机关又会制发《纠正违法通知书》。为了避免如此,不少社区矫正机构或司法所一遇到问题就去找检察院,似乎检察院是社区矫正机构的业务指导部门,混淆监督部门与上级业务指导部门的职能,该“指导”的演变成了“监督”,该“监督”的却成了业务“指导”。前述诸多现象的存在,无法凸显检察机关的独立的法律监督者地位。

(二)检察监督的立法疏漏

《社区矫正法》第20条规定,社区矫正决定地与执行地不在同一地时,由执行地社区矫正机构将法律文书转送所在地的人民检察院、公安机关。在该法施

---

① 游支红、许泽:《社区矫正检察监督的思考——以E市为参考》,载《法制博览》2019年第12期(中)。

② 贾永胜:《打造嵌入式社区矫正检察监督新模式》,载《检察日报》2019年6月23日,第5版。

③ 徐继敏、张承思:《宪制视野下法律监督和检察权能逻辑的重构》,载《四川师范大学学报》2020年第2期。

行前，实践中判决生效的法律文书由决定机关向执行地社区矫正机构和检察院同时邮寄送达。执行地的社区矫正机构和检察院在收到法律文书后进行双向的法律文书核查，从而确保“全额”入矫，有效杜绝“漏管”现象。而由执行地社区矫正机构将法律文书转送所在地的人民检察院，将直接导致执行地人民检察院无法从源头上获取信息，从原本的双方比对变为单方比对，这极易造成社区矫正对象的“漏管”。与此同时，等待社区矫正机构转送法律文书，这将直接导致法律监督工作的被动性、滞后性，笔者认为，会大大削弱了法律监督的主动性和前瞻性。

（三）社区矫正检察监督工作滞后

社区矫正涉及接收交付、日常监管、教育帮扶、违规处置等矫正活动，节点多，而检察机关通常无法在第一时间获取信息、共享信息，往往在违法违规行为发生以后才跟进监督，使监督常常是亡羊补牢，检察监督工作始终处于滞后的状态。具体表现在以下几个方面：

1. 监督信息获取难

虽然，2020年《实施办法》第14条要求社区矫正机构将调查评估意见应“同时抄送执行地县级人民检察院”，但未规定：如若社区矫正机构不抄送，应承担何许责任？而社区矫正机构调查过程和结果检察机关不了解，决定机关采信调查评估情况检察机关也不知晓。此外，一些工作档案存在造假嫌疑，记录千篇一律，教育学习和公益活动时间随意填写，检察监督时的“面对面谈话”，社区矫正对象担心受到处罚或者更严格监管不敢讲真话等。在这样的情形下，监督信息的获取显得异常困难。

2. 信息共享滞后

《社区矫正法》第5条规定：“社区矫正工作相关部门之间依法进行信息共享。”目前，部分区县社区矫正机构与检察院之间实现了数据核对与共享，但与法院、公安之间的信息未联通，相互之间各自拥有。同时，区县社区矫正机构建立了自己的社区矫正信息管理平台，但不同区县社区矫正机构的信息管理平台未联通、信息未共享，更别说是市一级、省一级层面的“横向”联通与共享。也就是说，检察机关一般情况下无法从“横向”的同级公安、法院、监狱乃至司法行政部门的信息管理平台获取社区矫正各环节的信息。检察机关的信息收集很大程度上依赖于法院、公安机关、司法行政机关、监狱机关送达的文书。造成了检察机关获取信息的不及时、不完整、不利于开展检察监督工作。特别是各省级社区矫正系统互不连通，导致像社区矫正的对象跨省办理执行地变更这类业务，根本无法通过系统实现数据转移。

自 2016 年检察机关纠正违法意见实施“办案化”方式以来，各地大力推进的“智慧矫正”与“政法数据大平台”，也仅仅是解决部分数据通联，没有解决数据变更并及时推送相关部门的问题，导致社区矫正对象被依法决定行政拘留、司法拘留、强制戒毒或者因涉嫌再犯新罪、发现漏罪被采取强制措施的，相关的公安机关、人民法院不能及时向执行地社区矫正机构和检察机关通报。社区矫正机构往往在发现和社区矫正对象联系不上，经查询后才知道其被拘留、强制戒毒或者被采取强制措施，而检察机关则是在社区矫正机构提请撤销缓刑、假释或暂予监外执行时才掌握该情况，这给检察监督工作带来了很大困难。

（四）社区矫正检察监督缺乏刚性

对于已经发出的纠正违法意见、检察建议，有关部门及人员是否真正整改落实，没有相应机制予以监督。《最高检刑诉规则》虽然就检察监督的具体业务部门、提出纠正的情形等进行了规定，但对如何发现违法情形、如何提出纠正意见等规定不明确。实践中，全国各地对社区矫正的检察监督模式不一，有的实行派驻检察、有的设立检察官办公室，更多的是不定期巡回检察，对同样的违法行为，有的是发“纠违通知”，有的是提检察建议。个别地方检察机关为片面追求纠正违法数量，竟凭空制造违法情形向社区矫正机构提出“纠违通知”。“为配合考核而纠正”而非“因违法而纠正”的应对心态严重削弱了纠正违法的监督效果。正如学者所言，“法律监督权力设置的力度不够是我国现行监督立法的重大结构性缺陷。”[①]在此情形下，如何把检察监督工作顺利推进落实，使监督对象接受监督并配合工作，让监督效力真正得以发挥，乃是亟待解决的问题。

检察机关对被监督机关虽然有纠正违法的权力，但是对于人民法院、公安机关、社区矫正机构等相关主体的违法行为，检察机关只能以制发纠正违法通知书和检察建议方式来进行，仅仅属于督促纠正，没有实质上的强制力。从检察机关的职能来看，其所享的法律监督本身是不包含实体处分权，一般只有启动问题解决的“程序功能”。之所以如此，是因为检察机关的法律监督是一种系

---

① 杨家庆、肖君拥：《人民检察院社区矫正监督权诠释》，载《人民检察》2006 年第 3 期。

统外的监督，由于其本身并不享有行政权或者裁判权，因而也不能享有直接的撤销权和变更权。

(五)社区矫正检察监督模式单一

提出检察建议、纠正违法意见和查办职务犯罪案件，由轻到重、由软到硬，构成了刑事执行检察有机结合的三种监督手段。基于现有的机构设置与人员配置，全国各地检察机关每年至少开展两次“例行性检察”模式，通常采取“一听、二看、三访、四见、五反馈”的办法，以查阅台账、翻看档案、询问谈话等方式进行事后的审查，且以书面审查为主，致使社区矫正检察监督长期以来流于形式。

笔者调研发现，S省L市8个区(县)检察机关3年内共计发出书面纠正违法通知书25份，平均每个基层院每年1份(据调查，个别地方市级检察机关考核基层检察院时要求每年至少要向社区矫正机构发出一份纠正违法通知)，其中有14份系法院关于社区矫正期间计算错误或者文书制作错误，占全部纠正违法数50%以上，这些错误多由法院书记员填写时笔误造成，即使不发纠违通知，法院也会裁定更正。检察建议，大多是对社区矫正机构应当提请收监执行而没有提请的情况予以监督。其实，社区矫正机构已经掌握了相关社区矫正对象应当收监执行的违法违规信息。因为提请收监执行建议需要向公安机关提供社区矫正对象违法违规信息，调取行政拘留等相关材料，具体是否收监一般还需要司法行政机关开会讨论，报领导审批等多个程序，耗时较长。也就是说，提请收监程序并非因为检察建议而启动。①

对于已经发出的纠正违法意见、检察建议，有关部门及人员是否真正整改落实，没有相应机制予以监督。实践中，不仅存在被监督单位“以文书回复”代替实际纠正。“藐视或者无视纠违通知和检察建议的情况时有发生，而检察机关却只能无可奈何。”②如检察机关针对法院刑期计算错误发出《纠正违法通知书》后，一些法院虽然改正了相关错误，但是却不复函反馈。这种缺乏强制力、没有惩罚性的“乞丐式监督”③，极大地损害了检察监督的权威性和严肃性。

---

① 刘强、姜爱东：《社区矫正评论》(第八卷)，中国法制出版社2018年版，第207页。

② 蒋伟亮、张先昌：《国家权力结构中的检察监督》，中国检察出版社2007年版，第241页。

③ 张建伟：《从权力行使型到权力抑制型：刑事程序构造的重新设定》，载《政法论坛》2004年第3期。

（六）检察监督人员配备严重不足

专门健全的机构，充分专业的人员是社区矫正检察监督权规范有效运行的基本保障。但过去一段时期存在“重审判、轻执行”，在执行环节，又存在重“墙内”轻“墙外”。在西部省份，通常一个区县的刑事执行员额检察官为1－2名，书记员1名。

社区矫正检察工作主要由刑事执行检察部门负责，该部门承担着监狱检察、看守所检察、罪犯又犯罪、社区矫正检察、财产刑执行检察等诸多职责。面对庞大的社区矫正对象群体、烦琐的监督环节和工作量，缺乏专门的社区矫正检察监督机构，会产生检察监督工作时间、精力的付出以及专业水平与现实需求不相匹配的矛盾。[①]《社区矫正法》、2012年《实施办法》中多次出现“抄送”一词，这是对人民检察院在社区矫正中功能定位的一种描述，具有明显的被动性，也在一定程度上折射出刑事执行检察监督的工作量与刑事执行检察监督的人员力量之间存在较为突出的紧张关系，“事多人少”已然成为制约刑事执行检察监督的现实“瓶颈”。

由于历史原因，我国检察监督机构设置混乱：有的基层检察院，若本辖区没有监狱、看守所，则没有设立刑事执行检察部门；即使设立刑事执行监察部门的基层检察院，基于近年来监管场所发生的“躲猫猫死”等非正常死亡事件影响，其主要精力大多投放在监禁刑罚的监督上，而对非监禁刑罚性质的社区矫正的检察监督，没有专门的机构、缺乏专业人员，且结构老化、知识更新缓慢。

同时，检察官专业化水平达不到司法实践要求。我国司法改革提出了检察官要走精英化、职业化、专业化的发展道路。“大家都有一个惯性思维，认为年龄大的同志就应该到执检这样的业务部门”。刑事执行检察队伍数量不足、员额检察官比例偏低、年龄结构老化、学历偏低，这是普遍现象。市、县一级大多没有出台专门规定社区矫正检察监督的实施细则或相关操作规范。加之，社区矫正检察监督队伍稳定性较差，在开展社区矫正专项检察等工作量较大的事项时，常常临时抽调其他检察人员从事边缘性、文字性等工作，待专项工作结束，借调人员又回归其本职岗位。此种情形又加剧了社区矫正检察监督力不从心、疲于应付，极大地影响了社区矫正检察监督工作的质量和效率。

---

① 王燕飞、贾瑞：《社区矫正检察监督实证研究》，载《湖北警官学院学报》2019年第6期。

这里不得不探讨一个问题：社区矫正对象的脱管[①]、漏管[②]乃至重新犯罪与社区矫正执法人员的关系问题。笔者以 2012 年 - 2020 年在裁判文书网以“社区矫正职务犯罪”进行检索，共搜集到 46 个案件。其中，玩忽职守案 33 件，占 71.7%。大多数玩忽职守案件对社区矫正执法人员最终被判处有罪免于刑事处罚或者判处缓刑。

综观大部分玩忽职守案件，几乎是在矫正期间社区矫正对象实施抢劫、故意杀人等重新犯罪，同时，社区矫正执法人员未严格落实好管控措施而被追究刑事责任的。但从构成要件分析，社区矫正执法人员的渎职行为与社区矫正对象重新犯罪行为之间必须存在刑法意义的因果关系，才能认定构成玩忽职守罪。在判断两者之间因果关系时，《社区矫正法》施行前，实践中普遍存在从结果倒推原因的悖论。检察机关、上级社区矫正机构基于逆向倒推思维，只要社区矫正对象重新犯罪，或者被拘留、强制戒毒就启动责任倒查机制，并基于档案或者管理不规范给予相应处理，让社区矫正执法人员承担“背锅式责任”，似乎认为社区矫正执法人员严格履职就能避免社区矫正对象的重新犯罪。

实际上，上述思维与做法忽略了社区矫正的社会性、开放性特征。社区矫正对象在比较自由的空间下，社区矫正执法人员对其重新犯罪是难以预见和控制的。目前仅有的定期报告、外出请假、禁止令等管控手段无法阻却社区矫正对象的重新犯罪。尤其是电子定位装置被限制使用后，社区矫正对象的外出机会更大，脱管风险更高。特别是互联网时代，犯罪不受时间和空间的限制，能预防矫正对象去外地犯罪，无法预防他在本地犯罪。能预防矫正对象实施强奸、杀人犯罪，无法预防他在互联网上实施电信诈骗、组织卖淫犯罪，等等。

笔者由于工作原因，对曾经轰动四川省的社区矫正基层执法人员郑某玩忽职守案，有过接触和长期关注。案情其实很简单：2013 年 9 月，四川省 N 区裴石乡司法助理员郑某因矫正对象冯某重新犯罪致人死亡，被 N 区人民检察院以玩忽职守罪提起公诉，成为四川省首例 2012 年《实施办法》生效后社区矫正基层执法人员被提起公诉的案件。公诉机关认为：冯某系 N 区的社区矫正对象，

---

① 脱管，是指社区矫正对象在社区矫正期间下落不明，脱离居住地社区矫正机构的监督管理，或者虽能查找到其下落但拒绝接受监督管理。

② 漏管，是指社区矫正对象被交付执行脱节，执行机关未将其列入或未及时列入监督管理的情形，它包括执行机关从未接收过社区矫正对象并且未将其实施社区矫正，还包括执行机关未及时将社区矫正对象纳入监督管理。

冯某在接受社区矫正期间,未向司法所请假,擅自离开居住地到C区,多数时间居住在C区朋友家中,长期脱离监管。冯某在此期间有过入户盗窃,但公安机关、检察机关均未将此事告知司法行政机关,未能及时对冯某提请收监执行。被告人郑某在此期间没有采取实地检查等有效措施,未能及时掌握、了解冯某的动态,在2012年9月了解到冯某外出的情况后,没有及时汇报,致使司法行政机关未能采取相关措施追查冯某,导致2013年9月冯某故意伤害致人死亡。公诉机关认为,郑某的行为已触犯《刑法》第397条之规定,应当以玩忽职守罪追究其刑事责任。法院经审理认为,冯某在社区矫正期间故意伤害致人死亡的结果,与郑某的履职不到位行为并无直接、必然的因果关系,该过程也有其他机关失职因素介入。且该案发生期间,系2012年《实施办法》刚刚施行,相关配套机制尚不完善,司法行政机关刚接手社区矫正工作,尚处于摸索阶段,郑某虽有履职不到位的行为,但不属于工作严重不负责任,尚未达到追究刑事责任的地步。一审、二审均判决宣告郑某无罪。郑某虽然被判决宣告无罪,但在四川省司法行政领域引起了较大震动,不少基层司法助理员时刻感受着社区矫正执法的巨大风险。

本案中,郑某履职不到位行为与冯某故意伤害致人死亡是否存在刑法意义的因果关系,是认定郑某构成玩忽职守罪的前提。在判断玩忽职守行为与危害结果之间的因果关系时,实践中普遍存在从结果倒推原因的悖论,只要有矫正对象重新犯罪的结果,就认定社区矫正执法人员有渎职行为,并认定其渎职行为与社区矫正对象犯罪结果之间有因果关系,就追究司法所人员之罪责。

笔者认为,在判断行为人的玩忽职守行为是否具有可归责性时,可借鉴胡萨克的控制理论进行因果关系的判断。胡萨克认为,一个人对事态的控制包括行为、后果和意图等①。如果行为人即便是认真履职也不能预见和控制结果的发生,那么便不能认定行为人的玩忽职守行为与结果之间存在刑法意义的因果关系;行为人之所以要对结果承担刑事责任,就是因为其被法律赋予了特定的风险控制义务,故行为人对不履行特定的职责义务将会出现的结果就具有相应的预见性,也才能通过认真履职来对结果的发生进行有效地控制,这种预见性和控制力便是行为对结果的发生所具有的原因力,亦是认定玩忽职守罪因果关系的本质所在。将这一理论运用于社区矫正领域来审视,无论是《社区矫正

---

① 胡萨克:《刑法哲学》,中国人民公安大学出版社2004年版,第159页。

法》,还是2020年《实施办法》和地方省(市)的社区矫正《实施细则》,关于对社区矫正执法人员的职责规定,都没有赋予其社区矫正对象重新犯罪的预见性与控制力。正如胡萨克所说:“把刑事责任施加于人们无法控制的事态即为不公正”。反之,人们仅对其能够控制的事态承担刑事责任。胡萨克认为,控制的核心内容是:“一个人,如果他不能防止事情的发生,就是对事态不能控制。如果事态是行为,他应该能不为该行为;如果是后果,他应该能防止其发生;如果是意图,他应该能不具有这个意图”。[①] 对一个小小的司法所人员来说,他既不能预见和控制矫正对象的重新犯罪行为,更不能控制矫正对象的犯罪意图。

为此,笔者认为,应通过明晰社区矫正执法人员权力清单、职责清单,做到职责明确、执法留痕、过程规范,以建构“尽职免责”机制。只要社区矫正执法人员基本履行了监管职责,社区矫正对象的偶发性犯罪,应当免除社区矫正执法人员的法律责任。目前,虽然多数省份《社区矫正实施细则》有“尽职免责”的规定,但从不少社区矫正对象重新犯罪个案处理来看,多数案件仅仅为“尽职”社区矫正执法人员免于刑事责任追究,而依然交由地方纪委、监察委等机构让社区矫正执法人员承担了行政责任。笔者强调的是,基于权责一致,在此的“免责”不仅应免除刑事责任,而且还应免除行政责任。毕竟,社区矫正领域的渎职有其特殊性。在开放的社区,社区矫正执法人员现有的管控手段,无法排除或者阻止社区矫正对象重新犯罪。

习近平总书记提出的“加强社区矫正机构和队伍建设,切实提高社区矫正工作水平”还没有完全实现,社区矫正机构还未真正完全的建立,社区矫正工作者队伍整体业务能力还有待提高,“新手上路”“新司机上岗”还比较常见,社区矫正工作职业共同体还没真正形成。在此背景下,笔者认为追责需要考虑以上“矫情”。如果检察机关、上级社区矫正机构基于逆向倒推思维,只要被社区矫正对象脱管漏管或重新犯罪,甚至被拘留、强制戒毒就倒查管理责任,并基于档案或者管理不规范给予相应处理,那真的就会“压垮”基层社区矫正工作人员。

作为社区矫正工作人员,能够做到组织放心、社会认同、群众满意,同时自己又尽职免责,规避执法风险,这当然是最高境界。对于社区矫正对象重新犯罪,检察机关就启动刑事责任追究的问题,笔者认为,追责不应过于绝对化。考虑到目前权责不对等、人、财、物保障不充分等,应该建立一定的容错机制,而不

---

① 胡萨克:《刑法哲学》,中国人民公安大学出版社2004年版,第159页。

一味地采取刑事制裁。2018年中共中央办公厅印发了《关于进一步激励广大干部新时代新担当新作为的意见》。该意见强调,要"建立健全容错纠错机制,宽容干部在改革创新中的失误错误""切实为敢于担当的干部撑腰鼓劲"。真正让广大干部克服"怕出错"的心理障碍,"卸下包袱""轻装上阵",既要建立科学完善、切实可行的容错纠错机制,更要在实际工作中将其落到实处。在此,笔者呼吁应结合现状建立社区矫正的容错机制,当然容错不是放纵,容错仍要纠错,对于情节恶劣的仍要予以刑事制裁。

笔者认为,应当区分社区矫正工作中的"过失"与刑事责任的"过错"。应重点考察社区矫正执法人员能否预见"重大损失"的出现,以及是否实际具备对"重大损失"的防范(控制)能力;客观要件认定方面,应注意分清一般工作失误与玩忽职守的不同;在存在玩忽职守行为的情况下,仍应依法判断是否出现"重大损失"的法定后果,而不能仅以矫正对象再犯罪事实,便一律追究社区矫正执法人员刑事责任。因果关系认定方面,应重视玩忽职守行为是否能与矫正对象再犯罪及其"重大损失"形成事实上的有力因果关系。

如果社区矫正工作人员并非严重不负责任,且不负责任行为与社区矫正对象重新犯罪之间存在因果关系,都不应当追究其的刑事责任。毕竟,社区矫正领域的渎职有其特殊性。社区矫正工作人员对社区矫正对象虽然有一定人身管控手段,但社区矫正对象处于开放的社区,这些管控手段难以排除或者阻止其"重新犯罪",或者说这些管控手段对"重新犯罪"缺失防范(控制)能力。[①]

四、社区矫正检察监督的完善路径

"只要是权力,就有扩张的倾向,有滥用的可能,因此,权力扩张到哪里,法律控制就应该跟到哪里。"[②]为保障社区矫正规范运行,防止脱管、漏管、重新犯罪,强化社区矫正对象人权保障,以及社区矫正执行主体的清正廉洁,外部监督的重要性无疑重要。在当前的社区矫正检察监督,急需完善以下问题:

(一)社区矫正检察监督的功能定位

我们认为,检察机关作为法律监督者,不是社区矫正机构,不应越位直接参

---

① 但未丽:《社区矫正执法人员玩忽职守罪认定偏差与匡正》,载《法律适用》2020年第22期。

② 胡亚球:《论行政自由裁量权的司法控制》,载《法商研究》2001年第4期。

与社区矫正对象的监管、帮教乃至心理矫治。一些地方探索的“嵌入式”社区矫正检察监督模式[①]，认为只有将检察权如同“楔子”一样插入被监督权力流程之中，方可保障监督的强制力。通过向社区矫正机构派驻检察官，深入社区矫正各执法环节，以“旁观者”身份实施同步监督。虽然能及时发现问题、及时提出纠正意见，但在基层刑事执行检察人员普遍不足且短期难以改变的境况下，难以复制推广。对于派驻检察模式，要求社区矫正检察官与相关执行人员“朝夕相处”，但时间一长有可能出现“同化”现象，甚至相互勾结、共同徇私枉法的“异化”问题。

笔者认为，如果检察机关插手社区矫正机构的有关工作，就不是一个独立的监督者，会大大影响检察机关在社区矫正中的法律监督的效果。如何既要保证检察职能的充分发挥，也要做到不超出权限范围，不越俎代庖？值得思考。在社区矫正检察监督的对象方面必须予以明确：检察监督的对象不包括社区矫正对象。尽管检察监督也不可能脱离对社区矫正对象的有效监控，但这种监控的目的是作为及时发现社区矫正执法部门在工作中的不当、失职或违法行为的“证据”，以督促其采取改正措施，而不是要代替其行使管理或矫正职责。

既然社区矫正的性质界定为“刑事执行”活动，那么社区矫正检察监督的内容范围自然也不应当包括执行之前的审判和执行完毕之后的安置帮教。不能认为，只要和社区矫正相关的司法或执法活动都属于社区矫正检察监督的范围。否则，不仅会打破检察机关内部的分工配合机制，而且也会带来操作上的困难。[②] 由专门的社区矫正检察监督机构来承担如此大范围的监督工作，受司法流程和职能分配的限制，在实践中是难以实现的。

据此，社区矫正检察监督的内容范围应限定为社区矫正执行过程中的相关执法或司法活动，即从接收社区矫正对象到解除（或终止）矫正的整个执行过程。主要的监督内容包括：(1)对社区矫正部门接收社区矫正对象的工作进行监督，并对社区矫正对象是否符合社区矫正的法定条件进行审查。在此可以考虑，把社区矫正部门受委托对拟适用社区矫正的被告人或罪犯所进行的调查评估工作，也纳入社区矫正检察监督的内容范围。因为最终的评估意见的核心内容就是社区矫正部门是否同意接收，故属于广义的接收工作范围。而且，这一

---

① 贾永胜：《打造嵌入式社区矫正检察监督新模式》，载《检察日报》2019年6月23日，第5版。

② 敦宁：《社区矫正检察监督对象与内容的合理确定》，载《铁道警察学院学报》2018年第6期。

工作是在社区进行的，由社区矫正检察监督机构来进行监督也更为便利；(2)对社区矫正机构日常的管理、监督、矫正、奖惩、帮扶等工作进行监督。既要监督社区矫正机构是否存在违法或滥用职权的行为，也要监督其是否积极、有效地履行了职责；(3)对公安机关处罚违法违规社区矫正对象的活动进行监督；(4)对人民法院裁定撤销缓刑、假释的活动进行监督；(5)对人民法院、监狱管理机关或公安机关决定收监执行的活动进行监督；(6)对社区矫正机构提请减刑、人民法院裁定减刑的活动进行监督；(7)对社区矫正机构终止社区矫正的活动进行监督，即社区服刑人员死亡、被决定收监执行或者被判处监禁刑罚的，监督社区矫正机构是否依法终止社区矫正；(8)对社区矫正机构解除社区矫正的活动进行监督，即社区矫正对象矫正期满的，监督社区矫正机构是否依法解除社区矫正。

同时，应树立监督线索案件化办理的理念。实践中，检察机关更多地将刑事执行监督定位为"办事"而非"办案"，缺乏必要的程序启动、流转、终结的相应法律依据，监督工作规范性不够，从而导致检察监督工作流于形式、缺乏力度。对此，检察机关应当落实"在监督中办案，在办案中监督"的要求，积极探索社区矫正监督线索案件化办理工作机制，规范监督线索受理、审查立案、调查核实、公开宣告等程序，明确监督方式，切实提高检察监督的规范化、精准化水平，增强监督实效性。

（二）搭建全国统一的社区矫正信息共享平台

公、检、法、司等部门应打破部门"信息垄断"，实现社区矫正信息共享。近年来，公安机关依托"天网工程"建设，在DNA、人脸识别以及行动轨迹等大数据建设上成效显著，检察机关、司法行政机关各自独立建立社区矫正大数据平台，既不可能超越公安机关，又会造成重复建设而浪费财力。为此，应在政法委或社区矫正委员会的协调统筹下，在公安机关大数据平台的基础上，构建全国统一、公、检、法、司等部门共享的社区矫正信息平台，设定刑事案件不同阶段不同部门的权限，实现网上移送、情况通报、预警提示、全流程监督等功能，确保社区矫正检察的同步监督、动态监督。

2016年《衔接配合意见》最重要的一个内容，就是明确提出利用互联网技术加强公、检、法、司之间针对社区矫正工作的信息交换与信息共享，并规定该信息交换平台由司法行政机关牵头建立，且要推动与公、检、法信息的互联互通。而平台一旦建立,所需共享信息的上传与流转才是重点,那么由谁来推动这项工作才能更好地解决前文所说的各系统因自身“小九九”所形成的阻碍呢?那最好是一个更加利益无涉的更超然更权威的主体,如政法委或者社区矫正委员会。

(三)建立社区矫正检察监督纠错机制

检察监督一般不具有实体性处分权,仅有“程序审查与程序启动功能”。但可以运用多种手段确保检察监督的纠错“刚性”:一是增强法律文书的说理性。在纠违通知、检察建议等文书的说理论证中应事实清楚,证据确实充分,法律依据具体明确。特别应加强类案检察建议的高质量制发,聚焦社区矫正对象权利保障等社会高度关注的问题,在共性、普遍性问题上发力;二是建立法律文书的公开宣告机制。邀请人大代表、政协委员、社区代表和相关单位参与纠违通知、检察建议等文书的宣告活动①,并通过网络、媒体向社会公开并允许查询。借助社会力量,督促被监督单位及时纠正;三是设置复议复核程序,赋予被监督单位程序救济权利。被监督单位对纠违通知、检察建议有异议的,可向监督机关提出复议,对复议决定有异议的,可向监督机关的上一级机关申请复核;四是发挥地方人大常委会作用。对于被监督单位既不纠正又不提出异议,或者经复议复核检察机关维持原纠正意见、检察建议,仍然不予以纠正和落实的,检察机关在向被监督单位上级主管部门抄送和通报的同时,可以提请本级人大常委会启动监督程序。人大常委会可以视情况采取询问、质询、执法检查等方式启动监督程序。对不执行检察建议造成严重影响的,人大常委会可以依法组织特定问题调查或提出撤职案,或要求相关机关对负有领导责任和直接责任的人员依法予以处理。

(四)加快立法进程,强化机制建设

实践中,看守所为了规避羁押风险,收押标准把握过于严苛,对审判和刑事执行带来了不利影响。有的法院对患有严重疾病但又不符合保外就医条件的被告人,考虑到看守所不能不予以收押,在判决时人为降低量刑标准,应当被判

---

① 邓贵杰、朱砚博:《以再社会化理念指引社区矫正检察监督》,载《检察日报》2021年1月18日,第5版。

处实刑的被宣告缓刑或者单处罚金,应当送交监狱、看守所执行的却被决定暂予监外执行;有的暂予监外执行的社区矫正对象,进入社区矫正后,觉得身体有疾病,有恃无恐,违反监管规定,而社区矫正机构却对其束手无策,甚至在其违反法律法规时,因看守所拒收而无法对其进行收监执行,严重影响了兼职工作的正常开展。为此,首先应尽快出台《看守所法》,并作出以下规定:(1)对患有疾病、生活自理受限、年老等情形但不符合暂予监外执行的罪犯,看守所应当收押;(2)对感染艾滋病病毒、患有艾滋病或者其他传染性疾病,依法不符合暂予监外执行的罪犯,应当在看守所设置的专门监区收押;(3)对病残罪犯收押、监管,看守所收押困难的,由看守所报上级公安机关协商解决;(4)对体内有异物或者故意吞食异物的罪犯,由公安机关负责联系医院采取手术方式取出后由看守所予以收押。看守所在对罪犯收押后,如果认为符合暂予监外执行条件的,可以按照保外就医程序委托鉴定后提出建议,报主管公安机关审查和决定。只有这样,才能纠正当前收押难的实际问题,促进社区矫正变更执行环节的顺利进行。目前,部分省(自治区、直辖市)也在积极探索解决收押难的问题,如2021年8月30日印发的《广东省社区矫正实施细则》,就明确了看守所、监狱不得以超容量、无关押病残犯能力为由,拒绝收押被裁定撤销缓刑、假释、决定收监执行的病残犯,解决了收监难问题。只是,该《细则》效力层级过低,若能尽快出台《看守所法》、修改《监狱法》是最为便捷的解决问题之策。

其次,对一些法律法规应该及时梳理与调适。正如前述的《社区矫正法》第18条,与《最高检刑诉规则》第277条,以及"两高三部"联合印发的《关于规范量刑程序若干问题的意见》第3条,三者关于人民检察院是否具备委托社区矫正机构进行调查评估的职责与权限,需要从立法层面予以梳理与调适。否则,地方省市制定《社区矫正实施细则》,依然将人民检察院增补为调查评估的委托机关,并不断自我扩权、任务层层加码,并规定过细、过严、过于烦琐的流程,必然会给基层社区矫正工作造成极大压力和困难。

最后,建立联合社区矫正机构出台相关文件。在遇到有争议的疑难问题或办理敏感、重大事项时,检察机关可以联合司法行政部门共同出台相关文件,对特定问题达成共识,供基层适用。如2020年7月,四川省宜宾市叙州区人民检察院联合区司法局针对社区矫正对象请假难等影响企业经营发展和外出务工的问题,制定了《叙州区社区矫正对象外出管理办法(试行)》,该《办法》在社区矫正对象外出申请、外出审批、外出管理、外出销假、经营外出、检察监督等方面进行了详细规定，简化外出申请、审批、管理、销假等环节批准程序，提升了外出审批的可操作性。四川省人民检察院联合四川省司法厅，也正在联合制定《四川省涉民营企业社区矫正对象赴外地从事生产经营活动管理办法（试行）》，以规范涉民营企业社区矫正对象赴外地从事生产经营活动的监管执法和法律监督工作。前述做法值得效仿与推广。与此同时，相关规范性文件还需要进一步完善与细化，如四川省《社区矫正实施细则（试行）》第70条明确了要提前三个工作日书面申请和紧急情况下的口头申请，[①]但对于临时性的跨市县活动该如何申请以及紧急情形的划分没有明确与细化，使社区矫正机构在实际操作中不好把握分寸，也让检察监督难以进行。如何让涉民营企业社区矫正对象接受监管和生产经营两不误，如何发挥检察职能，把法律的刚性规定与实践中的灵活方式结合起来，找寻涉民企矫正对象外出管理经验方法，还需要在实践中进一步探索。

（五）延伸派驻检察，创新检察监督模式

延伸派驻检察，是基层组织权力制衡的要求。现实中的派驻检察，大多入驻市、区（县）社区矫正机构，而且没有真正派员常驻一线社区矫正机构，其实质仍然是巡回检察。巡回检察始终存在巡回时间和检察对象相对固定、检察内容受限、监督滞后等问题。而在我国的乡镇基层政权中，已经普遍设立了人民法庭、公安派出所、司法所等机构。权力延伸到基层是当前加强基层事务管理的发展趋势，承担法律监督职能的检察机关将权力延伸到基层，是对基层司法（执法）活动的合法性依法进行法律监督的体现。为此，将派驻检察延伸到乡镇（街道）司法所，实现实时、同步监督，可以在一定程度上消除检察监督的盲点，实现基层权力的制约与均衡，保障社区矫正依法规范开展。针对实践中派驻检察存在的问题，笔者认为应严格落实派驻检察岗位责任制和人员定期轮岗交流制度，防止出现派而不驻、驻而不察、察而不纠等问题。为提高司法公信力，社区矫正派驻检察应当坚持最高人民检察院关于派驻监管场所的标准，执行每月派驻检察时间不少于16个工作日的要求。

---

① 《四川省社区矫正实施细则（试行）》第70条规定，社区矫正对象确需离开所居住的市、县的，一般应当提前3个工作日向执行地县级社区矫正机构或受委托的司法所提出书面申请；社区矫正对象发生紧急情形的，可以用电话方式提出口头申请，按审批权限报请批准，紧急情形消失后应当及时补办书面手续。

社区矫正检察监督多为事后监督、程序性监督，缺乏事前监督、事中监督，长久以往形成的是被检察监督对象对检察监督工作“了如指掌”，出现检察工作还没开展，被检察监督对象相应的工作材料已经准备齐全的“怪现象”。[①] 巡回检察可以很好的避免这种提前“做作业”，但是巡回检察囿于自身范围广、参与人员多的原因，一年内组织巡回检察的数量有限，一般每年 1 - 2 次，巡回检察的效果往往又大打折扣。为此，需要创新检察监督模式，笔者认为，可以实施随机检察监督。将社区矫正检察监督分内容列为几个模块，例如，将暂予监外执行、假释、未成年人矫正对象、使用电子定位装置矫正对象等按对象分类，在检察监督中随机抽中部分内容重点监督。对检察监督内容的不确定性，对被监督单位来说是一种激励，随机检察模式要求被监督单位做好日常工作。同时，有侧重的检察监督对被监督单位来说也是一种减负，尤其是纸质材料不宜拿取，这样也减轻了被监督单位的工作量。

---

① 张樊、康文辉：《社区矫正视野下检察监督机制完善探析》，载《北京政法职业学院学报》2021 年第 2 期。

结 语

肇始于西欧和英国，发展于美国的社区矫正，已成为刑事司法制度适用的主导。社区矫正事业的蓬勃发展在我国得到了刑事政策与规范性文件的回应，经历16个春秋后，相继颁行《社区矫正法》、2020年《实施办法》以及地方省（自治区、直辖市）《社区矫正实施细则》，创立了基本完备的规范性文件体系，实现了社区矫正的法治化、规范化。特别是《社区矫正法》确立的社区矫正工作由社区矫正委员会“统筹协调”，司法行政机关“主管”，社区矫正机构“具体实施”，司法所“受委托参与”的工作架构，开创我国特色社区矫正工作的新局面。

尽管司法行政部门对《社区矫正法》有极大抱怨，在几轮《社区矫正法》草案征求意见的过程中，基层社区矫正管理部门还表现出一定的抵触情绪，不仅未能解决其执法“警察”身份与所期盼的执法权限，还因立法的盲点与“模糊”，让基层社区矫正工作者显得被动与无奈。大家最为关心的独立的社区矫正机构并未真正建立，与工作相匹配的人员配备并未到位，还是那些人干着那些事，只不过司法所从社区矫正工作的日常管理部门变成受委托从事社区矫正工作，工作量没变，人员没有增加。但社区矫正是贯彻宽严相济刑事政策，推进国家治理体系和治理能力现代化的一项重要制度。《社区矫正法》在立法理念上发生了重大转折，改变了以往“非监禁刑罚执行”的定性表述，而使用更为中性的“刑事判决、刑事裁定和暂予监外执行决定的执行”；实施社区矫正的目的也由“将社区矫正人员改造成为守法公民”，转变为“促进社区矫正对象顺利融入社会”。在文字上不再刻意突出对社区矫正对象的惩罚改造，而是强调社区矫正对象的再社会化，要求社区矫正工作“应当依法进行，尊重和保障人权”，不得对社区矫正对象的正常工作、生活实施“过度干预”。无论是普通民众，还是社区矫正机构、相关执行主体，乃至社会力量，都可能首先必须要转变理念。

的确，社区矫正还面临诸多困境，尤其是社区矫正机构尚未真正设立、社区矫正执法权限与手段显得匮乏、社区矫正队伍尚未实现专业化、社会力量的介入过于缓慢、社区矫正对象权利保障还难以到位,社区矫正检察监督还缺失刚性,等等。多数地方的教育帮扶工作除延续《社区矫正法》施行前的学习和劳动外,基本处于停滞状态,教育帮扶职责基本没有开展。尽管不少省(自治区、直辖市)已经颁布《社区矫正实施细则》,社区矫正有了各自的地方标准,增强了日常监管、帮扶教育的可操作性。但各地《社区矫正实施细则》,对于《社区矫正法》模糊或缺乏规定之处的"自我扩权",看似有利于社区矫正工作具体推进的精细化规范,但是可能带来操作僵化、任务过重、衔接失当等方面的问题。迫切需要从《社区矫正实施细则》和《社区矫正法》、2020 年《实施办法》之间的法理逻辑入手,提出优化完善《社区矫正实施细则》的深度边界和广度限制。

正如英国著名人类学家弗雷泽说:"一个时代对于新知识积累的总和所贡献的数量很小,一个人所能增添的数量就更少了;忽视那些已经大量积累起来的知识,吹嘘我们自己可能增加上去的点滴知识,这种做法除了不知感恩以外,还暴露出愚蠢或不诚实。"①幸好社区矫正的方向明确,前景不言自明,否则,如果根本不知道道路会导向何方,我们就不可能智慧地选择路径。因此,笔者认为中国特色社区矫正之路的探索,依然是理论界的创新和实务界探索结合起来共同积累的过程。

---

① [英]詹·弗雷泽著,刘魁立编:《金枝精要——巫术与宗教之研究》,上海文艺出版社 2001 年版,第 243 页。